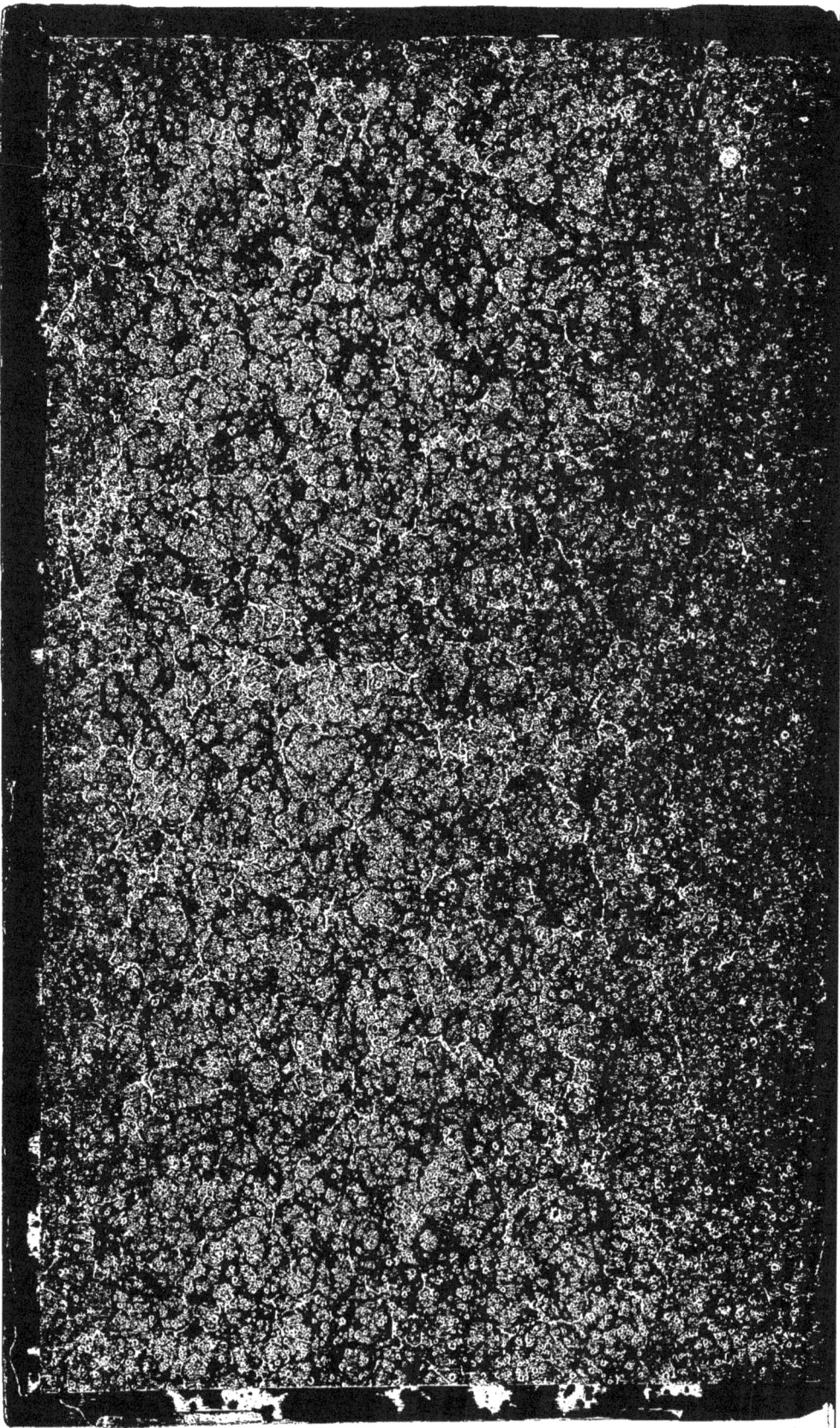

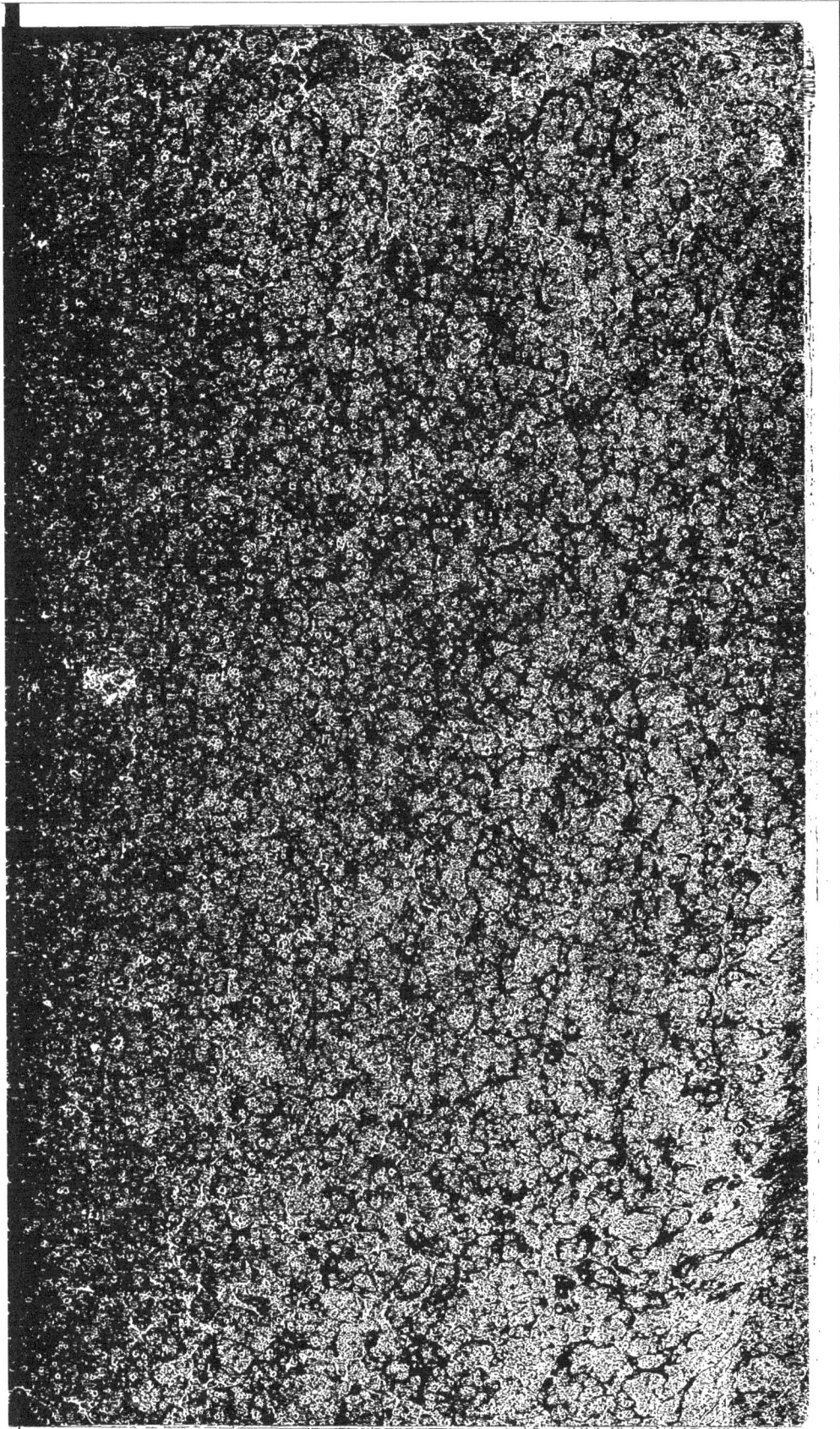

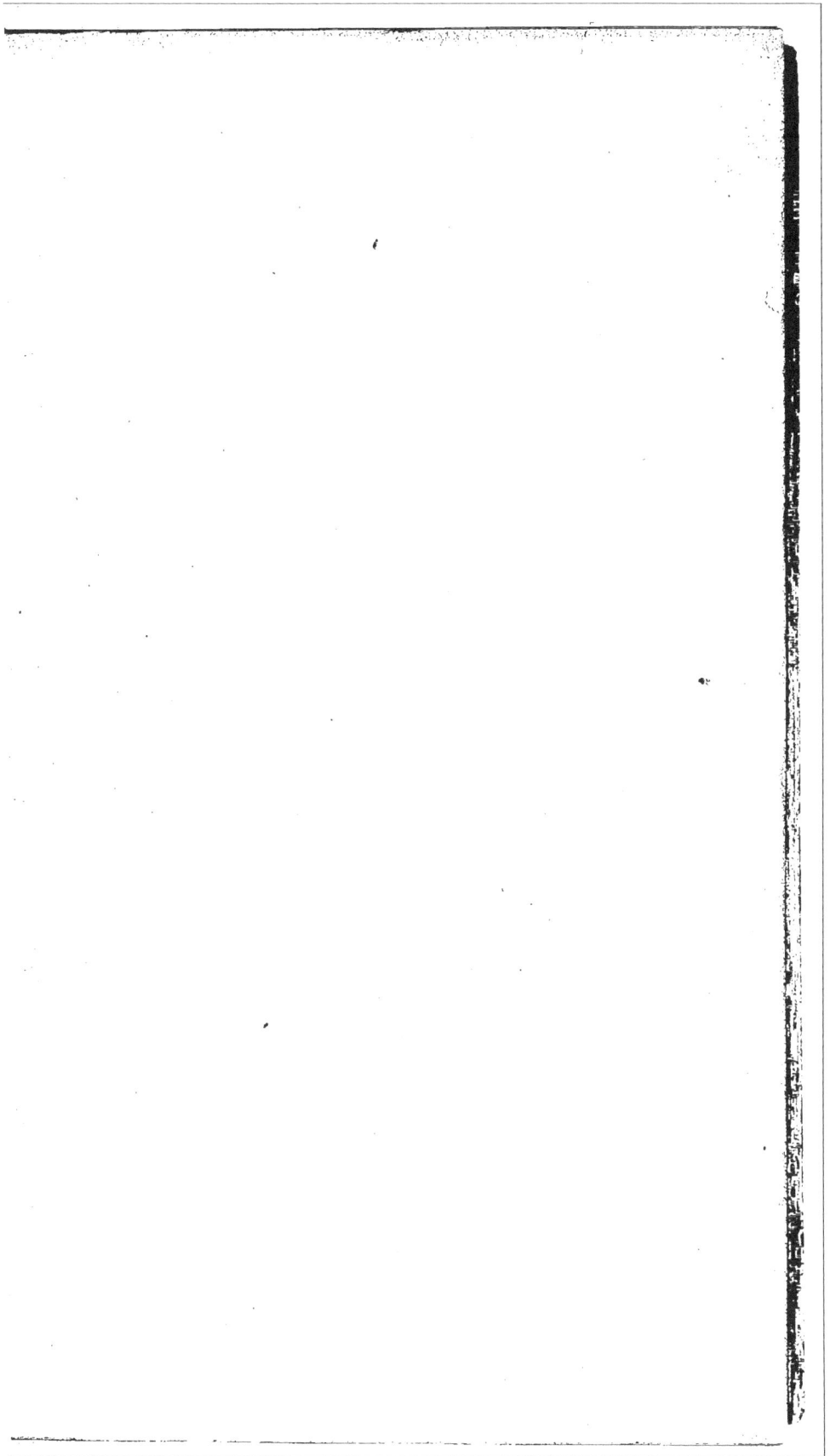

RÉCRÉATIONS

PHILOLOGIQUES.

Paris. — Imprimerie de L. MARTINET, rue Mignon, 2.

RÉCRÉATIONS
PHILOLOGIQUES

OU

RECUEIL DE NOTES

POUR SERVIR A L'HISTOIRE DES MOTS DE LA LANGUE FRANÇAISE

PAR

F. GÉNIN

Vox populi !.....

TOME SECOND.

PARIS

CHAMEROT, LIBRAIRE-ÉDITEUR

RUE DU JARDINET, 13

OCTOBRE 1856

RÉCRÉATIONS
PHILOLOGIQUES.

CHAPITRE PREMIER.

« Qui chage braise cherche son aise », explication de ce dicton. —
Du grasseyement français, et de l'r finale omise dans la prononciation. — Être dans la nasse, être à Naxos, *essere in asso*. —
« Qui qu'en ait », locution imaginaire. — « *Quoique* », solécisme
autorisé par l'usage et par l'Académie. — « *Malgré moi* », autre
solécisme, ou non-sens, autorisé de même.

A Monsieur F. GÉNIN.

« Paris, 27 novembre 1853.

» Monsieur, permettez à un de vos lecteurs assidus
d'avoir recours à vos lumières pour obtenir l'explication d'un vieux dicton populaire de mon pays. J'habite
pendant une partie de l'année aux environs de la petite
ville de Sainte-Marie-aux-Mines, dans les Vosges. Il
est à remarquer que dans cette petite ville et dans
plusieurs villages des environs, on parle également le
français et l'allemand. Les protestants, en général, se
servent de préférence de l'allemand, les catholiques
du français.

» Parmi une foule d'expressions qui résultent de ce
mélange, et qu'il est assez facile d'expliquer au moyen
de cette double origine, j'en ai remarqué une qui jus-

qu'ici a échappé à toutes mes recherches. C'est pour cela que je viens aujourd'hui m'adresser à l'infatigable chercheur de l'*Illustration*.

» Quand un jeune homme de la vallée épouse une femme plus âgée que lui, il est de tradition de lui dire, en forme de plaisanterie :

> Qui chage braise
> Cherche son aise.

» J'ai pensé tout d'abord que ce mot *chage* avait une étymologie allemande, et qu'il pouvait bien dériver, par corruption, du verbe allemand *jägen* (chasser).

» J'étais d'abord porté à adopter cette interprétation, d'autant plus que ce mot étrange, *chage*, me paraissait être une corruption soit du mot français *chasser*, soit du mot allemand *jägen*. Peut-être même dérivait-il de l'un et de l'autre à la fois, par suite de l'emploi fait indistinctement de l'un ou de l'autre. Ces confusions ne sont pas rares dans le langage que l'on parle dans les Vosges. Mais j'ai renoncé à cette idée, ne trouvant pas une suite logique suffisante entre le mot *chasser* et le mot *braise*, qui, dans mon pays, n'est pas employé dans son acception ordinaire, et signifie *herbe sèche*. Cette difficulté, qui m'arrête depuis longtemps, n'en sera sans doute pas une pour vous, monsieur, qui avez habitué vos lecteurs à ne plus connaître d'énigmes.

» Recevez, monsieur, etc.

» FRÉDÉRIC SCHOEPZ,

» Membre correspondant de la Société de l'union des arts et des lettres, à Munich. »

RÉPONSE.

Monsieur, l'allemand n'est pour rien dans le dicton que vous cherchez à interpréter; le mot *chage* me paraît une corruption de *charge*. Ce grasseyement est le vice de l'organe français, et les exemples en fourmillent. Les manuscrits du moyen âge vous les offriront par centaines : *gason* pour *garson*; — *amure* pour *armure*; — *paler* pour *parler*; — le verbe *ardre* fait, au participe passé, *arsi*, brûlé : *rue des Arsis*; toute la Picardie prononce encore *asi* : — *Cela sent l'*ASI; *ma robe est* ASIE. Cet *asi* est devenu du patois, mais vous prononcez en bon français *palsembleu!* au lieu de *par le sang bleu* (*bleu, bieu*, par euphémisme pour *Dieu*). On ne disait pas *des perles*; on disait et l'on écrivait le plus souvent *des pelles* : « Item, un » estuy à corporaulx tout ouvré de *pelles*. » — « Les » entrechams de grosses *pelles* fines. » (*Inventaire de la sainte Chapelle*, de l'an 1363, dans Du Cange, sous CHASTO.) On écrivait *varlet*, et l'on prononçait *valet*; nous avons depuis conformé l'orthographe à la prononciation. Lorsque, dans les *Variations du langage français*, j'émis cette proposition, jusqu'alors inouïe, qu'on ne prononçait pas jadis deux consonnes consécutives, quel scandale! quels cris! quelles risées! Entre autres argumens, un critique s'amuse à orthographier des phrases d'après ce système; et comme cette orthographe lui semble ridicule, il en conclut que la proposition est absurde et le livre impertinent.

C'est le plus fort logicien à qui j'aie eu affaire dans cette querelle. Je me souviens qu'il tirait surtout un parti admirable du mot *pour*, qu'il avait soin de figurer *pou*. Ce critique ne connaissait pas l'enseigne de ce cabaret du parvis Notre-Dame, laquelle disait en rébus : « Aux sonneurs pour les trépassés. » On y voyait un os, un amas de sous censés tout neufs, et des poulets morts : « Os sous neux poulets trépassez (1). »

Mon critique ne connaissait pas davantage cette inscription qui se lit sur une clochette de bronze gravée dans le *Bulletin des comités historiques* (janvier 1849, p. 24) : — « Ceste clochete est faicte des biens de l'hostel Dieu pov les habitans de la ville de Poix. » Ni ces vers de *Baudouin de Sebourg* :

> *Pou* l'amour de mon père qui fut de bonne part....
> (Chant XVIII.)

> *Pou* cause dou lignage i ot de mort garant....
> (Chant XX, p. 249.)

ni une foule d'autres exemples. Qu'importe? sa plaisanterie fut trouvée spirituelle, charmante, adorable, et fit plus contre ma doctrine que l'avalanche de raisonnemens pédantesques sous laquelle d'autres s'efforcèrent de l'ensevelir. « Ainsi vit-on chez nous autres Français. »

Le latin même (le latin du moyen âge, s'entend) témoigne de cette horreur de la double consonne dans le langage parlé. Voyez seulement Du Cange, au mot Pallamentum pour *parlamentum*, parlement.

(1) Voyez les Bigarrures du sieur des Accords.

Si j'insiste sur ce point, c'est d'abord qu'il est très-important pour l'étude de notre vieille langue ; c'est ensuite que j'y appuie toute l'explication que vous souhaitez. En effet, ce mot étrange, ce mot *chage*, dont vous cherchez la racine dans l'allemand *jāgen*, je tiens qu'il n'est autre chose que le mot *charge*, du verbe *charger*, et qu'il faut entendre :

> Qui *charge* braise
> Cherche son aise.

Braise est ici dans son acception usuelle, et non dans l'acception locale d'herbe sèche. Celui qui charge braise, que fait-il ? Il fait acte de prévoyance, il se précautionne contre la mauvaise saison, il montre qu'il ne veut pas se laisser atteindre du froid, mais au contraire passer l'hiver à son aise au coin d'un bon foyer. Et le jeune homme pauvre qui se charge d'une vieille femme riche ? Cela parle de soi. Quant au rapport entre la braise et une vieille amoureuse, il n'est besoin de l'expliquer. L'ironie populaire fait donc une application aussi maligne que juste lorsqu'elle chante à ce jeune marié :

> Qui charge braise
> Cherche son aise.

Sans métaphore : — Jeune homme qui prend une vieille femme ne songe qu'à son intérêt.

Voilà, monsieur, l'explication qui s'est présentée à moi en lisant votre lettre ; je désire qu'elle vous satisfasse.

¶ Être dans la nasse. — M. Théodore Parmentier, ancien élève de l'école polytechnique, nous adresse sur cette expression une note érudite et ingénieuse que nous nous faisons un plaisir de publier, en nous réservant, bien entendu, le droit d'y joindre nos observations :

« *Être dans la nasse* (Acad.), *Être dans les nasses* (Boiste). — D'où vient cette expression que l'Académie définit : « Être engagé dans une affaire fâcheuse dont on ne peut se tirer » ? Le mot *nasse* étant le nom d'un panier de jonc pour pêcher, ou celui d'un filet pour prendre des oiseaux, l'expression *être dans la nasse* s'explique d'elle-même. Je crois pourtant que, primitivement, cette locution avait une tout autre étymologie. Et voici pourquoi :

» Les Italiens emploient dans le langage familier une expression tout à fait analogue : *Lasciare in asso*, ce qui ne signifie absolument rien et n'est évidemment qu'une corruption de *lasciare in nasso*. Cette corruption s'explique aisément : la prononciation des deux expressions est fort peu différente, et ceux qui répétaient la dernière sans avoir l'intelligence du vrai sens des mots, ont fini par ne plus faire entendre les deux *n*. On trouve en effet, dans la comédie *I Lucidi* d'Agnolo Firenzuola : « *Che lasciarono la povera signora in Nasso.* » Or, *lasciare in Nasso* veut dire *laisser à Naxos*, c'est-à-dire abandonner quelqu'un dans l'embarras, comme Thésée abandonna Ariane dans l'île de Naxos.

» Les deux expressions : *Être dans la nasse*, —
Lasciare in Nasso, se ressemblent trop pour qu'il ne
soit pas naturel de penser que l'une dérive de l'autre.
Mais il ne paraît pas facile de déterminer *directement*
laquelle est la plus ancienne. Ce qu'il y a de certain,
c'est que la locution italienne remonte assez haut,
puisqu'elle était déjà dans l'usage général du temps
de Firenzuola (né à Florence le 28 septembre 1493).
Est-il probable que l'expression française dont il est
question soit aussi ancienne ? A défaut de dates, le raisonnement nous aidera peut-être à décider la question
d'une manière assez probable. Peut-on supposer, en
effet, que les Italiens aient traduit *être dans la nasse*
par *essere* ou *lasciare in Nasso* ? Auraient-ils rendu le
sens assez direct (*être engagé dans un filet*) de l'expression française d'une manière aussi détournée
qu'*être abandonné à Naxos*, pour une vaine ressemblance dans les mots *nasse* et *Nasso*, quand il leur eût
été si facile de conserver la locution française *mot
pour mot*, puisque le mot italien *nassa* répond exactement à notre mot *nasse* ? Cela n'est guère soutenable.
Mais on peut admettre qu'à une époque où la plupart
des Italiens qui se servaient de *lasciare in Nasso*
avaient déjà perdu la vraie signification de ces mots,
on ait imité cette expression en France en disant :
Laisser quelqu'un dans la nasse, d'autant plus que ces
mots présentaient un sens naturel et clair. »

A cette argumentation en forme, je suis obligé de

répondre dans le style de l'école : *Nego majorem et consequentiam.*

D'abord il n'est pas exact de dire que la locution italienne *lasciare in asso* « ne signifie absolument rien ». *Asso* est l'as aux dés ou aux cartes. Laisser quelqu'un *in asso*, c'est le laisser dans la position d'un as, c'est-à-dire tout à fait isolé, abandonné.

Et pour le noter tout de suite, *as* en français, en italien *asso*, viennent de l'ancien latin *assus, a, um,* dont, au témoignage de Nonius Marcellus, Varron s'était servi dans un de ses ouvrages, aujourd'hui perdu, dans le *Traité de la vie du peuple romain.* L'usage était, dit Varron, que dans les repas on fît chanter aux enfans les louanges des aïeux, tantôt *à voix seule,* tantôt avec un accompagnement de flûte : « *et assâ voce,* et cum tibicine. » Nonius en cite un second exemple, aussi de Varron.

Il est tout naturel que Firenzuola ait dit d'une amante abandonnée : La pauvre demoiselle, on la laissa à Naxos. Cette allusion mythologique n'était obscure pour personne, surtout au XVIᵉ siècle, surtout en Italie. Mais il n'est pas évident, au moins pour moi, que « laisser dans la position d'un as », *lasciare in asso,* soit une locution corrompue de « laisser à Naxos », *lasciare in Nasso.* Les deux façons de parler ont pu exister chacune en soi ; le double rapport du fond et de la forme a fait supposer qu'il pouvait y avoir parenté entre l'une et l'autre. Cette idée était déjà venue à l'abbé Antonini : « *Lasciare in asso* (dit-il au mot Asso) est

» peut-être la même chose que *lasciare in Nasso*, par
» allusion à l'histoire d'Ariane abandonnée par Thésée
» dans l'île de Naxos. — Ou bien parce que l'homme
» abandonné reste tout seul comme un as. »

Pareillement l'expression française : *Laisser quelqu'un dans la nasse*, peut fort bien être indépendante
des deux locutions italiennes. Songez donc combien
de proverbes et de métaphores nos pères avaient empruntés de la chasse, leur exercice favori! On en ferait
un livre. *Laisser dans la nasse* offre, je le veux, quelque ressemblance de forme avec *lasciare in Nasso;*
mais on disait aussi bien *attirer dans la nasse.*

« NASSE se dit figurément de tous les piéges qu'on
» dresse à quelqu'un : *Cet homme a donné dans la
» nasse. — Les trois nasses où tout le monde tombe
» sont le jeu, les femmes et le vin.* »

Ainsi parlent les révérends pères jésuites de Trévoux,
et je m'en rapporte à leur expérience; mais il paraît
difficile de faire comparaître ici l'île de Naxos, Ariane
et Thésée, et de dire que les trois *Naxos* où tout le
monde tombe, etc.

Vous m'avouerez qu'un filou pris en flagrant délit
par la police et abandonné de ses compères, ressemble
plutôt à un as isolé, et mieux à un poisson enfermé
dans un filet, qu'à la princesse Ariane. Nous voyons,
il est vrai, Bacchus consoler l'une et l'autre; mais
Bacchus, après avoir consolé Ariane, en fit une constel-
lation, et il n'empêche pas le voleur d'être envoyé
aux galères. Ainsi la parité ne se continue pas loin.

Je crois que les trois expressions : *Lasciare in asso;* — *Lasciare in Nasso;* — *Laisser dans la nasse*, n'ont de commun qu'une ressemblance extérieure toute fortuite. Ces accidens ne sont pas rares dans l'histoire des langues : celui-ci n'en est pas moins piquant, et nous remercions notre correspondant de nous l'avoir signalé.

¶ QUI QU'EN AIT.

A monsieur F. GÉNIN.

« Reims, le 25 septembre 1853.

» Monsieur, dans un des numéros de l'*Illustration* vous avez fait connaître ces trois expressions de même forme : *qui qu'en poist, qui qu'en grogne* et *qui qu'en tonne;* permettez-moi d'en signaler une quatrième qui a échappé à vos recherches ou à votre souvenir, c'est *qui qu'en ait.* Je ne veux pas ici me donner l'air de ce que je ne suis pas, d'un érudit : nos poëtes du moyen âge, je ne les lis guère et les entends encore moins. Ce n'est donc pas dans mes lectures savantes que j'ai rencontré la locution que je vous signale, non : c'est dans un auteur contemporain ; mais elle n'en est pas moins authentique, puisqu'elle est citée dans le discours prononcé par M. Paulin Paris, de l'Académie des inscriptions, à l'ouverture du cours d'histoire de la langue française au collége de France. M. Paris expose à ses auditeurs comme quoi M. le ministre de l'instruction publique l'a choisi : « Sans avoir égard à

» mon insuffisance que de mon côté j'ai le tort de ne
» lui avoir pas représentée avec toute l'énergie dési-
» rable... Quoi qu'il en soit de nos motifs, lui pour
» me choisir, moi pour ne pas refuser, la chaire est
» instituée, le professeur est nommé... Il n'est plus
» temps de revenir, et bon gré, mal gré, il faut,
» comme on disait autrefois, passer outre, *qui qu'en*
» *ait et qui qu'en grogne.* »

» **M. P.** Paris peut, par une bienséance oratoire,
s'accuser d'insuffisance : mais tout ce qu'il a publié le
convainc du contraire, et je rends hommage à cette
suffisance notoire en venant, sur la seule foi de ce
témoignage, réclamer une place pour *qui qu'en ait*
parmi les idiotismes de notre vieux français.

» Agréez, monsieur, etc. »

RÉPONSE.

Monsieur, il me sera, je crois, facile de vous démontrer que si *qui qu'en ait* est un idiotisme, il n'appartient pas à notre vieux langage.

Quoi est exactement le pronom latin *quid*, quelque
chose, et si exactement que vous pouvez les substituer
à volonté dans ces locutions : *quoi qu'il en soit, quoi
qu'on en ait ;* c'est quelque chose qu'il en soit, quelque chose qu'on en ait, quelque sentiment qu'on en
ressente, joie, indifférence ou chagrin.

Dans *qui qu'en grogne, qui qu'en tonne, qui (cui)
qu'en poist,* les verbes *tonner, grogner,* sont neutres,
il pèse est impersonnel, tous trois se construisant sans

complément. Dans *qui qu'en ait*, *avoir* est verbe actif,
il lui faut un complément direct ; où est-il ?

A-t-on jamais dit *en avoir* absolument, isolément,
pour signifier être fâché ? Jamais. Peut-on supposer un
dialogue comme celui-ci : — Que pensez-vous du discours d'inauguration de monsieur un tel ? — Ah ! j'en
ai…. Pour trouver un sens à cette réponse, vous seriez
obligé de sous-entendre *assez*.

Il m'en coûte de le déclarer, mais je ne veux pas
vous tromper directement ni indirectement. Je le déclare donc : le prétendu gallicisme *qui qu'en ait* en
réalité n'est qu'un logogriphe de fabrique moderne,
aussi obscur à l'esprit que blessant à l'oreille.

Ici une réflexion me vient en pensée : N'auriez-vous
pas, monsieur, voulu vous amuser et me mystifier avec
un passage controuvé ? Je suis à la campagne, loin de
Paris, et hors de portée de rien vérifier. Quelle apparence que M. Paris ait servi à son auditoire *qui qu'en
ait* pour une locution de notre vieille langue, et ce
précisément dans un discours d'ouverture du cours
d'histoire de la langue française ! Il y a là une difficulté
presque matérielle.

Autre difficulté, celle-ci toute morale : ou ces mots
« *qui qu'en ait et qui qu'en grogne* » sont une allusion,
ou ils tombent des nues et ne signifient rien du tout.
La dernière supposition ne soutient pas l'énoncé : ce
n'est pas un savant comme M. Paris qui écrit pour ne
rien dire. On lui reprocherait plus justement de vouloir
toujours faire entendre au delà de ses paroles. Mais

d'autre part comment admettre que M. Paris, venant prendre possession de la chaire transformée de M. Quinet, eût débuté par une allusion si transparente au mécontentement présumé de son prédécesseur réfugié en Belgique? Ce triomphe serait d'un goût et d'une convenance bien étranges.

Aussi mon premier mouvement, après vous avoir lu, avait-il été de ne pas vous répondre. Puis est venu le second mouvement, et je vous réponds : 1° parce que, après tout, le passage allégué peut bien exister ; 2° parce que les observations précédentes servent d'introduction naturelle aux observations qui vont suivre et que j'avais sur le cœur depuis longtems. Somme toute, si votre lettre est une mystification, je vous la mets sur la conscience, et vous voyez que je l'avais éventée (1).

¶ QUOIQUE. — Dans notre français moderne dont nous sommes si fiers, je dis le français épuré, criblé, vanné, trié sur le volet, le français consenti par l'Académie, un curieux tant soit peu attentif pourrait dépister nombre de locutions qui ne sont au fond que de gros et gras solécismes. Vous les voyez s'épanouir en pleine séance de l'Institut, en plein Dictionnaire de l'Académie, où ils ont surpris le droit de cité ; Dieu sait pourtant que si on leur faisait bonne justice, ces intrus seraient chassés à coups de sifflet. Par exemple,

(1) Ce n'est point une mystification. Nous avons vérifié depuis , le passage se trouve à la page 4 du discours d'ouverture.

qu'est-ce, je vous prie, que la *conjonction* QUOIQUE ?
Il y a le pronom *quoi*, en latin *quid*, et le pronom
relatif *que*, en latin *quod;* mais de conjonction *quoique*, il n'y en eut, il n'y en aura jamais en droit, encore
que (et non *quoique*) l'Académie l'établisse en fait,
disant :

« QUOIQUE, conjonction qui régit toujours le sub-
» jonctif. Encore que, bien que : *Quoiqu'il soit pauvre,*
» *il est honnête homme*, etc. (1). »

Comment deux pronoms rapprochés par l'écriture
peuvent-ils devenir une conjonction ?

Je ne crains pas de dire que c'est là une fausse doctrine suggérée par une fausse analogie. *Quoi qu'on die*
est très-bon; *quoiqu'il gèle* est un solécisme : *dire* est
verbe actif; *il gèle* est impersonnel.

Quoi écrit plus près ou plus loin de *que* demeure
toujours un pronom, et le seul emploi légitime de
quoi que est celui dont les vers suivans fournissent
l'exemple :

> *Quoi qu'en dise* Aristote et sa docte cabale.

> Sans la langue, en un mot, l'auteur le plus divin
> Est toujours, *quoi qu'il fasse*, un méchant écrivain.

> *Quoi que* la voix du ciel *ordonne* de Séïde.

Dire, faire, ordonner quelque chose; *quoi* représente le complément de ces trois verbes actifs. Mais

---

(1) L'édition de 1814 ajoutait : « *Il est de très bonne maison, quoiqu'il ne soit pas riche.* » A cet exemple l'édition de 1835 substitue
celui-ci : « *Il revint, quoiqu'on l'eût maltraité.* »

par quelle analyse me justifierez-vous *quoique* dans le rôle de *quamvis ?* « *Il est honnête*, QUOIQUE *pauvre.* »

Vous pourrez l'autoriser par des exemples : *quoique* adverbe ou conjonction se trouve dans Pascal, dans les *Provinciales :*

« Le bon père dont je souffre toujours les discours » *quoique* avec bien de la peine. » (8ᵉ prov.)

« Notre père Lamy prouve fort bien cette doctrine, » *quoique*, par un trait d'humilité, il la soumette aux » lecteurs prudens. » (7ᵉ prov.)

« Et *quoique* je ne fasse que rapporter et citer fidèle- » ment leurs paroles. » (7ᵉ prov.)

Mon admiration pour Pascal et pour ses *Provinciales* n'est pas douteuse ; mais quoi ! je suis disciple de saint Paul : *obsequium vestrum sit rationabile*, et quand une manière de parler choque la raison, fût-elle de Pascal, je la réprouve. Eh bien ! Pascal en ces endroits parle mal français ; il a eu tort d'accueillir quelquefois une faute de langue qui courait dès lors, mais n'avait pas en sa faveur les autorités dont elle a pu se couvrir depuis. La nature humaine est faillible, même dans le style de Pascal ; c'était à l'Académie à le recon- naître.

Pour l'y aider les bons exemples ne manquaient pas. D'abord celui de Pascal lui-même, qui se sert le plus souvent de l'expression correcte *encore que.* Ensuite il y avait le Dictionnaire de Furetière, dont l'édition de 1696 ne fait aucune mention d'un *quoique* con- jonction. Cela méritait d'être considéré, d'autant que les *Provinciales* sont de 1658; le silence de Furetière est donc une véritable protestation.

Enfin, prenez les trois grands prosateurs du xvie siècle, Amyot, Rabelais et Montaigne : vous ne rencontrerez pas chez eux la conjonction *quoique*. Ils disent *combien que, encore que, nonobstant que*. Reculez dans le siècle précédent, voyez Antoine de La Sale, dans le *Petit Jehan de Saintré*, dans les *Cent Nouvelles nouvelles* : son expression est *jaçoit que* ou *jaçoit ce que* (*jam sit hoc quod*). L'orthographe a défiguré l'étymologie : elle n'en fait pas d'autres.

Jà soit que ou *ce que* doit être la forme primitive; c'est celle qu'on rencontre dans la version des *Rois*, monument au delà duquel on ne remonte pas jusqu'à présent. C'est David qui parle à ceux d'Israël : — « E ore vus haitez e seiez pruz et vaillanz, car *ja seit* » *ço que* morz seit vostre sire Saül, ne pur quant cil » de Juda n'unt eslit e ennuint que jo seie lur rei. » (Page 125.) — « Et maintenant réjouissez-vous et soyez preux et vaillans, car *jà soit ce que* Saül votre seigneur soit mort, néanmoins ceux de Juda m'ont élu et oint pour être votre roi. »

On trouve encore chez les bons écrivains cette forme *pour tant* ou *pour autant que; comment que*.

Vous voyez que ce n'est pas la disette d'expressions correctes qui a forcé de recourir à l'expression vicieuse.

Si l'usage de *quoique* était inconnu au xve et au xvie siècle, c'est déjà une preuve contre lui; mais la preuve sera bien meilleure si cet usage était connu, car alors son absence des textes que j'allègue ne sera pas un effet nécessaire ou fortuit, mais le résultat d'une exclusion préméditée. Eh bien! c'est ce qui arrive. L'emploi adverbial de *quoique* se rencontre une fois dans les *Cent Nouvelles* : — « Dont tous ceux qui là » estoient et qui l'ouyrent eurent grant ris, *quoique* » ils eussent pitié du larron. » (*Le Duel d'Aiguillette.*)

Comme on n'a point de manuscrit des *Cent Nouvelles*, il est impossible de vérifier ce passage, qui peut être une faute du premier éditeur, dont tous les autres se sont faits les échos, ou bien un *lapsus calami*, une distraction de l'auteur lui-même. En effet, le solécisme *quoique* avait cours dès le XIVe siècle, au tems de Philippe le Bel; en voici la preuve :

Hé, m'amie, dist il, hé! car ne m'oubliez
Quoique je soie pauvre et mal enlinagiez.

(Baudouin de Sebourg, ch. III, p. 89.)

Ainsi l'on est fondé à dire que l'adverbe ou conjonction *quoique* n'a pas été ignoré, mais rejeté par Amyot, Rabelais, Montaigne, Marot, la reine de Navarre et tous les bons écrivains de cette époque;

Que Furetière, en 1685, et son éditeur Basnage en 1696, savaient très-bien ce qu'ils faisaient lorsqu'ils l'excluaient de leur dictionnaire, malgré l'exemple de Pascal et d'autres;

Enfin, que l'Académie française avait sa prudence endormie lorsqu'elle a délivré des lettres de grande naturalisation à ce grossier solécisme : « QUOIQUE *pauvre, il est honnête.* »

Le mal est fait, dira quelque professeur officiel de langue française ou *françoise;* il n'y a pas à revenir, et il faut passer outre « *qui qu'en ait et qui qu'en grogne* ». — Non pas, s'il vous plaît! L'erreur ne prescrit pas contre le sens commun : il est toujours tems de revenir sur une mauvaise mesure et de désavouer une absurdité. En attendant qu'une nouvelle édition du Dictionnaire corrige l'édition de 1835, les écrivains soigneux de leur style feront bien de remettre en honneur les vieilles et légitimes expressions à la veille de disparaître, et d'expulser de leur place qu'il usurpe ce vilain *quoique* « mal né pour les oreilles », dirait Boileau.

Quoique.... quelque que, qui que ce soit qui.... voilà du français moderne. Cela ressemble à quelque imitation du coassement des grenouilles et du chant des cailles et des perdrix. C'est le progrès; il est beau!

Hélas! qu'avons-nous fait de cet idiome dont le maître de Dante proclamait *la parlure délitable* entre toutes celles de l'Europe, et que pensera la postérité de l'harmonie du français au XIXe siècle?

On ne peut s'empêcher d'en pleurer et d'en rire !

¶ Malgré moi. — Puisque nous sommes sur les solécismes et non-sens consacrés, profitons-en pour en signaler un des plus notables. C'est l'emploi de ces formules : *malgré moi, malgré lui, malgré nous.*

Mal est l'adjectif latin *malus,* mauvais. Ces locutions reviennent donc exactement à *mauvais gré moi, mauvais gré lui, mauvais gré nous.* On voit tout de suite que le pronom possessif y devrait être substitué au pronom personnel en cette forme : *mauvais gré mien, sien, notre, leur,* etc..., et c'est en effet comme on s'exprimait dans l'origine :

> O Rogier que *maugré sien* glennent
> Trente et six chevaliers y prennent.
> (GUILL. GUIART, t. I, p. 190.)

« Avec Roger qu'ils ramassent (qu'ils glanent) malgré lui, ils y prennent trente-six chevaliers. »

« Se tes voisins t'a proié que tu li lesses fere une » mesière (1) en ta terre, por ce n'est il pas prové que » ta terre li doie servise, ne il ne puet pas dire que il » i puisse edefier *mal gré tuen.* » (*Ancienne trad. du Digeste.*)

A cette façon de parler conforme au bon sens, comment a pu se substituer une syntaxe absurde? En voici, je crois, l'explication. *Moi* et *toi,* qui ne sont plus aujourd'hui que des pronoms personnels, ont été jadis des adjectifs possessifs traduisant *meus, tuus.* Avant d'aller plus loin, établissons bien ce fait :

> Je te ferai deux espees bailler :
> Li une en sera *moie,* et li altre Renier.
> (*Gérard de Viane.*)

> La dame respondi : Chier sire, je l'ottroie
> Car vostre voulenté si doit estre la *moie.*
> (*Chron. anglo-normandes,* III, 176.)

« La raison en est *moie* et non *vostre.* » (*Assises de Jérus.,* II, 404.)

(1) *Muraille.* Le nom de la ville de *Mézières* signifie *les murs.*

Mal gré moi a donc pu se dire pour *mal gré mien*, et puis grâce à l'équivoque, source de tant de maux, on a passé de *malgré moi* à *malgré nous*.

Cette équivoque s'est fortifiée encore de celle qui est contenue dans ces formules du xvᵉ siècle : *Bon gré saint Pierre de Rome! — Mal gré saint Georges!* où *saint Pierre* et *saint Georges* sont réellement au génitif par apposition, comme *Dieu, Aymon, Molière*, dans *la Fête-Dieu, les Quatre fils Aymon, rue Fontaine-Molière. Malgré nous* a paru construit comme *mal gré saint Pierre.* C'était une illusion, mais personne ne s'y opposant, l'erreur s'est accréditée, et le solécisme est aujourd'hui bien et duement scellé dans l'usage et dans le Dictionnaire de l'Académie. Eh! c'est là justement qu'il fallait la combattre et protester contre les ignorans, au lieu de les suivre! Ce n'est pas la seule fois que la science et l'ignorance aient conspiré ensemble sans s'en douter.

Si nous avions eu l'esprit de garder l'adjectif *envis,* rien ne nous serait si facile que de traduire correctement ces ablatifs absolus : *me invito, illo invito;* ce serait *moi envis, lui envis.* Encore si nous disions : *malgré* DE *moi, malgré* DE *lui,* la locution serait acceptable ; mais qu'est-ce que c'est que *malgré moi, malgré lui?* Il faut donc analyser : — Moi étant mauvais gré ; — lui étant mauvais gré? L'absurdité se laisse toucher au doigt.

De tout ce qui précède il ressort qu'on ne peut pas

dire : « MALGRÉ QUE *je sois malade,* » mais qu'on dira très-bien : « MALGRÉ QUE *vous en ayez.* » C'est : Mauvais gré que vous en ayez, vous avez beau en avoir un mauvais gré, une mauvaise disposition ; parce qu'on peut avoir ou perdre le gré.

> Simonide promit ; peut-être qu'il eut peur
> De *perdre,* outre son dû, *le gré* de la louange.
>
> (LA FONTAINE.)

Malgré que, comme *quoi que,* exige de s'appuyer sur un verbe actif auquel le nom *gré* et le pronom *quoi* puissent faire complément ; et ceux qui permettent QUOIQUE *je sois malade* n'ont pas le droit d'interdire MALGRÉ QUE *je sois malade,* car c'est absolument la même chose.

L'Académie travaille à un Dictionnaire historique de notre langue : ce sera une torche fixée dans le présent pour éclairer le passé et l'avenir (prions Dieu seulement qu'elle ne soit pas trop fumeuse). On doit vivement désirer que l'Académie veuille bien placer, toutes les fois qu'il y aura lieu, à côté de l'expression aujourd'hui en usage, l'expression ou les expressions qui en faisaient l'office dans les époques antérieures. C'est là l'histoire de notre langue. Par exemple, avons-nous toujours eu le mot *malgré?* — Non. — Et quand est-ce qu'on a commencé de s'en servir? — Au XIVe siècle on disait déjà *malgré vos dens,* ou plutôt *malgré vos dens devant.* (Les dens de devant sont les premières qui happent le gibier.) Au tournoi de Valenciennes,

Baudouin se voit attaqué par cinq adversaires conjurés ; mais

> Amours de ses vertus si bien le pouvéoit
> Qu'il li estoit avis se cent y en avoit
> *Maugré leurs dens devant* bien lor escaperoit.

(Baudouin de Sebourg, ch. III, v. 843.)

Cette locution est donc une métaphore tirée de la chasse. — Et lorsqu'on n'avait pas encore *malgré*, comment disait-on ? — On disait *sur mon poids*, ou bien l'on tournait par le verbe *poiser* (peser) :

> Ils seront desrobeit, *ou poist leurs dens ou non.*

(Baudouin de Sebourg, ch. I, p. 366.)

« Il seront dérobés bon gré mal gré, qu'*il en pèse ou non* à leurs dens. » — Vous vous ressouvenez ici de la rue *cui qu'en poist* ?

Dans le roman de *Partonopeus*, composé au XIIe siècle par Denis Pyrame :

> Tot *sor lor pois*, à quel que paine,
> Sor le ceval le roi l'emmaine.

(V. 8233.)

« Le roi l'emmène sur son cheval, *bien malgré eux* ; tant pis pour qui y trouve à redire. »

Dans *Gérard de Viane*, dont l'auteur, Bertrand de Bar-sur-Aube, mourut en 1308 :

> C'est *sor mon pois* que me suis combattu.

(V. 2921.)

« C'est *malgré moi* que j'ai combattu. »

Pourquoi n'avoir pas retenu cette locution *sur mon*

poids, faite comme *sur ma foi, sur mon honneur?*
Les Italiens ont été mieux avisés qui disent encore
al mio pesar, al pesar di loro. Ils se servent aussi
de *mal grado*, mais ils s'en servent logiquement,
comme nous faisions jadis, avec un pronom possessif :
mal grado mio, tuo, suo, nostro, vostro ; ou bien en
tournant par le datif : *al lor mal grado.*

Vous voyez que autre chose est vieillir, autre chose
se perfectionner. S'il est trop tard pour corriger
malgré moi, que cette faute du moins nous soit une
leçon et un avertissement de veiller et faire bonne
garde aujourd'hui dans l'intérêt de demain.

CHAPITRE II.

Frime et frimas. — Débaucher. — Ce que c'est que de la *bauche*. — Bouquin. — Boucle. — Trouble, tribouil et tribulation. — Rabâcher. — Mousse (d'un navire). — Pimpesouée. — Pimbêche.

Qu'il est beau de savoir le sanscrit, de savoir l'hébreu, l'arménien, le chaldéen, le persépolitain, le syriaque, le teuton, le saxon, le kymri, de tout savoir enfin! mais aussi quels dangers s'attachent à cette science universelle! Pour en avoir voulu tâter, nos premiers parens se sont fait jeter à la porte de l'Éden. Pour moi, si l'on me donnait à choisir, j'aimerais mieux habiter le paradis terrestre.

Telles sont les réflexions auxquelles je me livrais l'autre soir en finissant un article du *Moniteur* sur un livre nouveau : *La langue française dans ses rapports avec le sanscrit et les autres langues indo-européennes*. Je n'aurais jamais imaginé que le français descendît du sanscrit ni des autres langues indo-européennes; après lecture du *Moniteur*, je suis convaincu qu'il en descend comme Louis XV de Pharamond.

A Dieu ne plaise que j'aie la témérité de démentir un auteur qui possède le sanscrit, moi qui ne sais rien, pas même le chinois; mais cet article est rempli d'étymologies tirées de ce livre, sur lesquelles le savant critique se récrie d'admiration, et dont je voudrais bien examiner tout doucement quelques-unes, en demandant pardon de la liberté grande.

L'article : — « Demandez à un homme du monde » et même à un savant ce que signifient *brouille,* » *frime, trouble, baliverne, bizarre, pimbêche, niais,* » *piper, attraper, débaucher,* il se perdra dans des » généralités, il rendra tous ces mots vagues par des » mots aussi vagues, et peut-être plus vagues encore, » il n'arrivera pas à la signification simple, primitive » et poétique. »

L'auteur paraît bien sûr de son fait; cependant celui qui va débrouiller ces terribles mystères est un savant aussi : or pourquoi n'existerait-il pas dans la nature un second savant de la force du premier? Comment pouvez-vous être sûr que tout savant, hormis le vôtre, se perdra dans les généralités, et rendra tous ces mots vagues par des mots plus vagues encore? Au surplus si cette réprobation *à priori* est injuste, il n'y va rien du mien; je n'ai aucun titre pour prendre en main la cause de ceux qu'elle frappe : des savans! cela, Dieu merci, ne me regarde pas. Voyons vite le mot *frime* expliqué sans vague ni généralité.

« *Frime* tient à *frimas* comme *brouille* à *brouillard.* » Une *frime* est un léger *frimas*, un verglas mince et » brillant qui manque de solidité et qui casse sous les » pieds de l'homme assez imprudent pour les y poser. » Quand on dit : *Ce n'est que pour la frime,* —*il n'en*

» *a que la frime*, on fait une métaphore élégante,
» mais qui a perdu tout son mérite depuis que *frime*
» n'a plus que le sens vague que tout le monde
» connaît. »

Très-bien ! c'est ingénieux, c'est poétique, c'est
vraisemblable, cela ne laisse rien à désirer, rien, hormis un point. Et lequel? c'est un exemple, un seul
petit exemple de *frime* employé au sens de *léger
frimas*, de verglas mince et brillant. Les exemples,
voyez-vous, il n'y a rien de tel pour y appuyer une
théorie. Vous n'êtes pas sans doute embarrassé pour
les fournir, non; mais vous ne les avez pas sous la
main. Eh bien, cherchez-les : je vous souhaite bonne
patience, et jusqu'à ce que vous les ayez trouvés,
j'aurai plus de tems qu'il ne m'en faut pour proposer
une explication différente.

Et d'abord vous parlez de primitif : *frime* n'est pas
la forme française primitive, mais *frume*, qui signifiait *mine*, mauvaise mine, semblant, grimace :

> De bien se doit on esjouir :
> Li bon, car c'est droit et coustume,
> Et li mauvais *en font la frume*.
>
> (*Le lai d'Aristote.*)

> Et jasoit ce qu'il li anuit,
> N'en fait semblant, cière ne *frume*.
>
> (*Miracles de Notre-Dame.*)

Frume vient manifestement du latin *frumen*, la
gorge, le gosier, d'où *frumentum*, le blé, et l'ancien
verbe *frumere*, se nourrir. Dans le trajet de l'une à

l'autre langue, le sens s'est modifié de *gosier* à *mine*, du physique au moral : ce n'est pas merveille. *Frume*, *frime*, *frimouse* : une vilaine *frimouse*.

La preuve de ce passage du sens propre au sens figuré, c'est que *frimas*, une autre forme altérée de *frime*, aujourd'hui consacrée exclusivement à un objet matériel, s'est employé jadis dans le sens figuré :

> Hau ! Wattwille, *pour le frimas*
> Faites venir frere Thomas
> Tantost, qui me confessera.
>
> (*Patelin.*)

« Holà, Watteville, faites venir le père Thomas, qui me confessera *pour la frime*. »

Voilà un exemple de *frimas* pour *mine*, en attendant que vous en trouviez un de *frime* pour *gelée* ou *verglas*.

Mais les frimas de l'hiver ? — Hé bien, ce sont tous les phénomènes atmosphériques par où le ciel nous déclare sa mauvaise humeur, nous fait la mine : pluie, neige, vent, gelée, etc. Les *noirs frimas* sont blancs ou sans couleur ; mais ce qui est noir, métaphoriquement parlant, c'est *la frume*. Ne dit-on pas encore *faire grise mine* à quelqu'un ; une *mine sombre, rembrunie*, etc., etc.

Par conséquent, au lieu que *la frime*, dans son acception propre et primitive, soit du verglas, c'est au contraire le verglas qui est une *frime* au sens figuré, et même par une figure très-hardie.

Mais comme les Latins disaient *cœli facies*, nos

pères, leurs élèves, ont été conduits naturellement à prêter une *frime* au ciel.

J'insiste sur la nécessité d'exiger des exemples : les exemples sont l'unique frein des étymologistes, qui, délivrés de ce salutaire contre-poids, s'emportent dans les nuages à la poursuite de chimères colorées ; et le bon public ne manque pas d'admirer ce vaste essor d'érudition. Mais les exemples les rattachent, quoi qu'ils en aient, au bon sens et à la réalité des choses :

> C'est le balancier qui vous gêne,
> Mais qui fait votre sûreté.

« L'explication du mot *débaucher* n'est pas moins ingénieuse, » dit l'article du *Moniteur*, qui est un article de foi, en ce sens qu'il accepte les yeux fermés toutes les explications de son livre. — « L'ancien mot » *bauche* signifie boutique ou atelier... » (Où prenez-vous cela, s'il vous plaît ? « .... De là *embaucher*, » engager un commis pour une boutique, admettre un » ouvrier dans un atelier. *Débaucher* est le contraire. » M. Delâtre fait venir *bauche* de l'allemand *balken*, » une poutre, et par extension une construction quel-» conque. »

En vérité, c'est une extension un peu trop étendue. *Balken*, une poutre, une *bauche*, donc une boutique ! J'ajouterai : donc un palais, une grange, un vaisseau, une potence, et même la guillotine, car tout cela emploie des poutres. Ah ! s'il lui avait fallu pro-

duire des exemples au bout de ces belles assertions,
M. Delâtre les eût sans doute laissées à Huet et à
Ménage.

Une *bauche*, en latin du moyen âge *bauca*, est une
sorte de tuile ou d'ardoise de bois, ce qu'on appelle en
Lorraine *essandre* ou *ancelle;* ailleurs des *essaux*, du
bardeau, etc. Quiconque a un peu voyagé a remarqué,
surtout dans nos provinces de l'Est, des maisons couvertes et souvent aussi habillées de la sorte du côté
exposé au vent de la pluie. Ce genre de toiture, ce
revêtement, cette boiserie en feuilles, cela s'appelle
dans le Dictionnaire de l'Académie, *du bardeau;* cela
s'appelait du tems de nos pères *de la bauche*, dans la
bouche des Picards *de la bauque.* La racine n'est pas
l'allemand *balken*, mais tout uniment le français *bois*,
qu'on prononçait, comme fait encore le patois, *du bos,*
témoin les noms propres *Dubos, Dubochet, Boquet,
Dubosquet, Boquillon,* etc.

Dans *Baudouin de Sebourg*, les fossés de la ville
d'Orbrie sont comblés par les chrétiens assiégeans

Qui d'arbres et de *baus* ont chez fossés emplis.

Des exemples de *bauche?* en voici :

« L'esglise Nostre-Dame et de tous Sainz qui jadis
» fut apelée *Panthéon*, fist couvrir de *bauche.* »
(*Chroniques de Saint-Denis*, V, chap. 17.)

« Nous li devons livrer et amener tout mairien sur
» le liu, hormis pel, latte, verge et *bauke.* » (*Charte
de* 1301, Du Cange, sous Baudatum.)

Le nom propre *Bauchart* signifie un charpentier de *bauche*.

Les *embauchoirs* sont des *bos* qui se placent *en* ou *dans,* — sous-entendu les bottes. Les gens qui préfèrent *embouchoirs* sont déterminés parce qu'ils connaissent la racine *bouche* et ne connaissent pas la racine *bos*. L'Académie a raison d'admettre *embauchoir*, mais je crois qu'elle a tort de permettre *embouchoir* comme synonyme. Quel rapport y a-t-il entre un *embouchoir* de cor ou de pipe et des *embouchoirs* de bottes?

Baucher, revêtir de *bauche*.

Embaucher, faire entrer dans la *bauche*.

Débaucher, en faire sortir.

Rien de plus régulier à l'œil que cette *bauche*. Quand l'extrémité de chaque *essandre* est arrondie, l'ensemble présente l'aspect d'une peau de serpent ou d'un poisson couvert d'écailles. Après avoir établi le sens propre, il serait superflu de montrer l'analogie du sens figuré. Le vent *débauche* une ardoise de votre toit; le maître ouvrier *embauche* un compagnon pour remplir un vide dans son monde.

Ébaucher, tirer un ouvrage du bloc, dégager l'image enfermée dans un tronc d'arbre. Mais *ébaucher* est moderne : nos pères se servaient de *débaucher* pour signifier *sculpter*, mot barbare, atroce, révoltant, qui n'a pu être forgé qu'au xvie siècle, après le bouleversement et l'oubli de toutes les règles du parler français.

— « *In quo salino est* DEBOYSCHATUS *unus draco.* »

— « Sur laquelle salière on voit un dragon sculpté, *débauché*. » (Texte de D. Martenne, cité par Du CANGE, sous DEBOYSCHATUS.)

Après cela, est-il encore possible de douter que toute cette lignée sorte de la racine *bois* ?

La poutre allemande, *balken*, n'a donc rien à faire ici : le dénouement ne réclamait pas l'intervention du germanisme ; ce qui n'empêche pas la justesse de la réflexion qui suit :

« Le peuple donc est un grand poëte, et les langues, » qui sont un de ses chefs-d'œuvre, attestent la jus- » tesse de son coup d'œil et la richesse de son imagi- » nation. Le peuple anime tout ce qu'il voit ; il donne » à tout un corps et une âme. »

Tout cela est très-vrai, mais l'étymologie qui l'amène est fausse. Un bachelier du tems de la scolastique dirait ici : « *Nego majorem, concedo consequentiam.* » C'était un affront dans l'école, aussi ajoutait-on la formule : « *salva reverentia,* » sauf votre respect. Je l'ajoute donc.

Un des correspondans de l'*Illustration* m'avait dans le temps offert de faire venir *bouquin* et *bouquiniste* de l'anglais *book*, un livre. La proposition paraissait assez avantageuse ; je l'ai refusée toutefois, et j'en ai regret, en présence de l'étymologie que nous impose ce même article, sous l'autorité majestueuse des langues indo-européennes.

« Prenez pour exemple, nous dit-on, l'anglais *bough*,

» branche. Assurément ce mot-là n'existe pas dans la
» langue française. Que signifie *bough*? il signifie ce
» qui ploie, ce qui est flexible; il vient du germanique
» *biegen*, courber. Or, ce verbe nous a donné cinq ou
» six mots, entre autres *boucle*, ce qui est recourbé;
» *bouquin*, ce qui est plié, livre. »

Admettons un moment qu'un livre soit plié comme
une branche d'arbre, la ressemblance n'est pas saisissante, mais je veux m'en contenter; à ce compte, un
livre tout neuf est donc un *bouquin?* car il n'est pas
plié différemment, et tout ce qui se plie aurait droit
de s'appeler un bouquin : une table, un mouchoir, un
arc, le bras, la jambe, etc., etc., bouquins, bouquins,
bouquins! Sans doute! ne vous l'a-t-on pas fait voir
par raison démonstrative! c'est le germanique *biegen*,
courber.

Les logiciens disent qu'une bonne définition doit
non-seulement convenir à l'objet défini, mais ne convenir qu'à lui. On peut dire la même chose d'une
bonne étymologie. Si je définis le sang une liqueur
rouge, je serai moqué des garçons marchands de vin.
De quel droit, par quelle fantaisie, selon vous, aurait-
on appliqué le *biegen* au livre plutôt qu'à la table,
plutôt qu'au mouchoir, à l'arc, au bras, à la jambe,
enfin à tout objet qui se plie? Voilà ce que vous êtes
tenu de nous dire, et de quoi vous ne vous mettez
nullement en peine.

Je risquerai une autre explication.

La demi-reliure est une invention de notre siècle

économe. Au tems jadis, on ne faisait que de belles
et bonnes reliures pleines, en veau, basane, maro-
quin, etc.; c'est qu'alors les livres en valaient la
peine et étaient estimés. Aujourd'hui les relieurs font
cent cartonnages contre une seule reliure pleine, et
par là seulement on pourrait juger de la situation des
lettres dans l'opinion publique. Or, quand un de ces
anciens volumes, faisant partie d'une bibliothèque sécu-
laire, était resté de longues années immobile et privé
d'air sur son rayon, où la poussière combinée avec
l'humidité avait fini par l'encrasser, le pénétrer, le
ronger (sans compter les mites et autres malignes
bêtes), il contractait une odeur forte analogue à celle
d'un bouc ou bouquin (*cornet à bouquin* et non *cornet
à bouc*); et de là est venu qu'un volume moisi qui sen-
tait le bouquin s'est appelé par abréviation un *bouquin :* car notez que ce vieux livre rhabillé de neuf ne
s'appelle plus un bouquin, non plus qu'un volume
d'impression récente, mais qui serait gâté, déchiré,
dépenaillé; il y faut la vieillesse, la décomposition de
la peau et l'odeur qui s'ensuit.

Cette origine n'a pas, j'en conviens, la noblesse du
germanique, du sanscrit ni de l'indo-européen; mais,
dame! chacun ne peut donner que selon ses moyens, et
la Providence est si bonne, qu'elle permet qu'on fasse
des étymologies, ne sachant même que le français.

Book du moins, ce *book* que j'ai rejeté, se prononçait *bouc,* tandis que *bough* se prononce *bau.* Il ne
faut pas nous laisser duper par les yeux : il y a pour

l'oreille une certaine distance de *bau* à *bouquin;* or les idiomes, quoi qu'on dise, ont été forgés par les langues pour les oreilles, et non par les doigts pour les yeux. C'est ce qu'oublient toujours les savans.

Boucle ne vient pas davantage de l'anglais *bough* ni de l'allemand *biegen*, mais du latin *buccula* sur lequel on a pratiqué l'éviscération dont j'ai marqué ailleurs le procédé : BUC(*cu*)LA.

Que si vous vous imaginez que *boucle* dans l'ancien français ait signifié une boucle de soulier, de ceinture ou de culotte, vous êtes loin de compte! Détrompez-vous : *boucle* était cette pointe qui se dresse au centre de l'écu (*scutum*). L'usage de l'antiquité était de peindre à cette place une tête humaine, avec la bouche béante comme pour avaler l'ennemi. De cette énorme bouche, appelée par antiphrase *buccula*, bouchette, sortait cette pointe menaçante. En sorte que *buccula* a fini par désigner et la pointe et l'écu tout entier. Juvénal décrivant un trophée d'armes :

> Lorica et fracta de casside *buccula* pendens.

« Une cuirasse et un écu, un *bouclier* rattaché à un casque brisé. »

Aussi, dans la langue de nos pères, *bouclier* n'est-il pas un substantif, mais un adjectif, épithète ordinaire d'écu : *un escu bouclier*, c'est-à-dire *scutum bucculatum*, un écu armé d'une pointe centrale; puis par abrégé, *un bouclier*, et le mot *écu* a disparu.

Ce qu'on appelle aujourd'hui *ardillon* et qui ressemble à cette pointe saillante au centre de l'écu, voilà ce qui a valu plus tard le nom de *boucle* à l'objet que les Latins nommaient *fibula*. Prenez une de ces grosses boucles ovales de ceintures de cuir; dressez l'ardillon, et vous aurez une image assez fidèle d'un *escu bouclier*, ou *à boucle*, ou *à bouche*, puisque *boucle* n'est en somme autre chose que le diminutif latin de *bucca*.

Mais consentir que *boucle* vienne de l'anglais *bough* parce qu'une boucle ressemble à une branche d'arbre, *veto !*

Faut-il laisser dire aussi que *trouble* vient de *tribulus*, chardon, à preuve que la forme première de *trouble* était *triboil?* Non; je n'y puis consentir. Certes, votre étymologie est très-poétique; mais comme tout ce qui est vrai n'est pas toujours poétique, de même tout ce qui est poétique n'est pas nécessairement vrai.

Trouble vient de *turba*, dont Plaute et Apulée ont employé les diminutifs *turbula*, *turbela*. L'*r* a été transposée comme en des centaines d'autres mots, et appuyée derrière la consonne forte pour le soin de l'euphonie; mais l'orthographe *tourble* et *tourbler*, qui dépose de l'origine du mot, n'était pas encore en désuétude au xive siècle :

> Et Gaufrois et les siens furent en grant tourment
> Pour le *tourble* du tems qui dura longuement.
>
> (*Baudouin de Sebourg*, I, p. 283.)

Dans un manuscrit de la *Pénitence d'Adam*, cité par

Du Cange au mot PARTURITIO : — « Et quant le tems
» de parturir ou d'enfanter approucha, elle (Ève) se
» commença à *tourbler*. » — « *Cœpit turbulari*. »

Et *turbulent*? Le ferez-vous venir aussi de *tribulus*?

Dites-moi que *tribulus* a fait *tribulation*, ah! ceci
est une autre affaire. *Tribulare*, dans Caton (*De re
rusticâ*), au propre, c'est fouetter avec des orties; au
figuré, affliger, inquiéter. S'il y a quelque poésie à
avoir fait de *tribulus*, *tribulare* et *tribulatio*, ce mérite appartient aux vieux Romains et nullement aux
vieux Français qui ont calqué *tribouil* et *tribouiller*
sur les formes latines.

Encore ne faut-il pas croire que *tribouil*, chez nous,
ait jamais signifié un chardon; nos pères n'avaient
emprunté que le sens métaphorique; voilà la vérité.

Mais cette vérité est fade, et il semblera toujours
plus ingénieux de dire : Nous avons fait *trouble* avec
le mot latin qui signifie *chardon*. C'est avec ces rap-
prochemens qu'on se fait applaudir de la foule;
qu'importe alors qu'ils soient faux?

Veux-je insinuer par là que l'auteur a sacrifié la
vérité au désir d'être applaudi? rien n'est plus éloigné
de ma pensée. Non, non, l'on ne fait pas si bon
marché de la vérité lorsqu'on a tant travaillé pour la
chercher. Ainsi je suis convaincu de la parfaite sincérité de M. Delâtre; mais je crois aussi que lui-même
tout le premier s'est laissé éblouir aux faux brillans de
son étymologie.

Je reprends le *Moniteur :*

« *Rabâcher* paraît à première vue un des mots les
» plus difficiles à expliquer; cependant aucun n'est
» plus clair quand on sait décomposer ce mot dans
» ses éléments constitutifs, qui sont la particule *re,*
» et *a,* et le primitif *bâche.* Cherchez *bâche* dans le
» premier dictionnaire venu, et vous aurez le sens
» de *rabâcher.* — « BACHE, dit l'Académie, *sorte de*
» *cuvette où se rend l'eau puisée par une pompe aspi-*
» *rante, et où elle est reprise par d'autres pompes qui*
» *l'élèvent de nouveau.* » Ainsi *rabâcher*, c'est pro-
» prement puiser et repuiser sans cesse la même eau
» dans une bâche; puis, métaphoriquement, sans cesse
» les mêmes choses. »

Il y a des formules d'un effet infaillible : *Ouvrez le*
premier dictionnaire venu... Vous êtes bien sûr que
personne n'ouvrira aucun dictionnaire. Eh bien ! j'en
ai ouvert plusieurs, et voici ce que j'ai constaté.

BACHE, cuvette hydraulique, ne se trouve pas dans le
Dictionnaire de Trévoux, en six volumes in-folio (1740);

Ni dans le Supplément publié en 1752 ;

Ni dans le grand Dictionnaire français-latin du
P. Joubert (1732);

Ni dans l'Académie, édition de 1778 ;

Ni dans le Manuel-Lexique des mots dont la signification n'est pas familière à tout le monde (Didot, 1755);

Ni dans le Vocabulaire de Wailly (1803);

Ni dans le Vocabulaire portatif des mécaniques, par
Cotte (1801);

Ni dans le Dictionnaire de l'Académie, édition de 1814.

Où l'Académie l'a-t-elle pris pour le mettre dans sa dernière édition? c'est ce qu'il est impossible de savoir, puisque l'Académie ne cite jamais d'exemples ni d'autorités.

Quoi qu'il en soit et sans pousser plus loin l'expérience, je me crois fondé à conclure : 1° que *bâche* ne se trouve pas dans le premier dictionnaire venu; 2° que ce mot technique, inconnu au XVIII° et même au commencement du XIX° siècle, est un contemporain né des progrès récens de la science hydraulique. Or, comme *rabâcher* date de plus de cent ans, s'il procède de *bâche*, c'est un fils plus vieux que son père.

Et puis les pompes aspirantes ne reprennent pas toujours « la même eau » : elles reprennent une eau sans cesse renouvelée. La similitude est inexacte.

Et puis quand le peuple emprunte des façons de parler aux métiers, il les prend dans les professions familières à tout le monde; il ne va pas les quêter au Bureau des longitudes ni dans le cabinet des ingénieurs-hydrographes. Il dira par exemple : Où diable allez-vous *pêcher* cette étymologie? — Votre explication est *tirée par les cheveux*. Voilà qui est clair, cela s'entend sur le simple énoncé et sans qu'il soit besoin d'ouvrir aucun dictionnaire. Mais *bâche!* qui est-ce qui connaît *bâche?* qui est-ce qui aurait pu s'aviser le premier d'en faire *rabâcher*, d'autant que le simple *bâcher* n'existe pas? Je me figure cet inventeur arrêté court par son

interlocuteur : *Rabâcher*, dites-vous, qu'est-ce à dire?
— Ah! c'est qu'on appelle *bâche* une sorte de cuvette
où les pompes aspirantes... — Eh non, non! cent fois
non! ce n'est pas ainsi que les métaphores viennent au
monde et y font leur chemin.

Rabâcher est tout simplement une autre prononciation de *ravasser*, fréquentatif de *rêver*, que nous disons
aujourd'hui *rêvasser*. La forme *ravasser* était jadis la
seule en usage.

> Comme un hibou qui fuit la lumière du jour,
> Je me lève et m'en vay dans le plus creux séjour
> Que Royaumont recèle en ses forêts secrètes,
> Des renards et des loups les ombreuses retraites ;
> Et là, malgré mes dens rongeant et *ravassant*,
> Polissant les nouveaux, les vieux rapetassant,
> Je fay des vers.
>
> (Regnier, Sat. XV.)

Revenant sans fin ni trève sur les mêmes rimes et
les mêmes hémistiches : n'est-ce pas là rabâcher?

« Pantagruel soy retirant aperçeut par la galerie
» Panurge en maintien d'un *resveur ravassant.* »
(Rabelais, III, 36.)

> Tant plus, songeurs, en *resvant ravassez.*
>
> (B. Desperriers.)

Le Ravasseur des cas de conscience, que Rabelais
met dans le Catalogue de la bibliothèque de Saint-
Victor, est une raillerie du *rabâchage* des casuistes du
tems, Sanchez et autres.

A qui est-il nécessaire d'apprendre la promiscuité de

ces articulations B et v; — c ou ss et ch? Les petits grimauds de collége sont en état de démontrer sur le bout du doigt cette double formule :

$$V = B \qquad SS = CH.$$

La première rappelle une jolie épigramme de Scaliger contre les Gascons :

> Non temere antiquas mutat Vasconia voces
> Cui nihil est aliud *vivere* quam *bibere*.

La seconde nous fournit en passant l'origine du nom des *mousses* de navire. On a voulu le faire venir de l'espagnol *moço*, un garçon, mais pas du tout : *mousse* est la même chose que *mouche*, parce que ces petits mousses voltigent dans les cordages comme des mouches. La preuve de cette poétique origine se trouve dans ce fait que les *mousses* s'appelaient autrefois *mousques*. Trévoux donne encore les deux formes, et à *mousque* il ajoute : « C'est aussi un nom que le peuple » donne aux petits garçons éveillés : *C'est un petit* » *mousque.* »

Il est assez curieux que *la mousse* des bois vienne du masculin *muscus*, et *le mousse* d'un navire du féminin *musca.*

Pour en revenir à *rabâcher*, vous voyez.... mais l'étymologie suffit sans l'exemple.

Un dernier effort de patience, lecteur, pour ces deux petites étymologies; je vous le demande au nom de Molière et au nom de Racine; faites cette faveur à

Covielle et à Mme la comtesse de Pimbèche, Orbèche, *et cœtera.*

Covielle voulant déprécier à Cléonte les charmes de Lucile : « Voilà une belle mijaurée ! une *pimpesouée* » bien bâtie pour vous donner tant d'amour ! »

« *Pimpesouée,* dit **M.** Auger, vient probablement du vieux verbe *pimper,* qui signifie *parer, attifer,* d'où il nous reste *pimpant.* » — Oui, mais par malheur le vieux verbe *pimper* est encore à naître. Dans mon *Lexique de Molière,* j'ai accueilli cette explication avec trop de confiance : *meâ culpâ !*

Le *Moniteur* nous en fournit une autre : « Les Pro-» vençaux appellent *pimpe* une cornemuse. M. Delâtre » voit dans *pimbêche* une mauvaise *pimpe,* et dans » *pimpesouée* une *pimpe soufflée,* c'est-à-dire une » cornemuse soufflée et faisant entendre son bour-» donnement monotone et fatigant. »

Non, Covielle ne compare pas la pauvre Lucile à une cornemuse soufflée; il lui reproche des grâces minaudières, et non pas un bourdonnement monotone et fatigant.

Pimpe est l'italien *bimbo, bimba,* une poupée. « Mot, dit Alberti, dont on appelle par badinage les petits enfans : un poupon. »

Souée n'est pas davantage pour *soufflée;* c'est le féminin de *souef,* qu'on prononçait *soué : suavis.* Donc une *pimpesouée* est à la lettre une agréable pouponne.

La comtesse de Pimbèche aussi n'est pas une mau-

vaise cornemuse ; c'est la comtesse de *pince-bec* ou
du bec pincé : la syllabe *ce* transposée du milieu à la
fin et changée en *che* à la picarde. C'est un sobriquet.
Je n'en veux d'autre preuve que le nom du méca-
nicien anglais *Pinchbeck*, imitateur du génie de notre
Vaucanson, et de plus inventeur de ce métal composé
qui s'appelle en Angleterre du *pinch beck*, et en
France du *similor*.

Notez bien que ce mot de *pinch beck* était d'usage
en France au milieu même du XVIII⁰ siècle. Dans
l'*Almanach parisien* pour 1768 on lit, page 181 :
« Boutons d'habits d'or, d'argent et *pinchbech* es-
» tampés. »

Il est clair que le nom *Pinche-bec* existait avant le
XVII⁰ siècle. Racine est-il l'inventeur de la forme *pimbêche* ? Je ne le pense pas : il aura trouvé ce sobriquet
attaché à un caractère ; mais il a rajeuni et renforcé
l'un et l'autre par l'application qu'il en a faite, et la
célèbre comtesse des *Plaideurs* restera le type immortel
de la dame au bec pincé, de la vieille précieuse acariâtre,
de la *pimbêche* enfin.

Je crois le mot *pimbêche* antérieur à Racine, d'autant
mieux que je rencontre le mot *espimbesche* dès le
XIV⁰ siècle. Le *Ménagier de Paris* donne la recette d'un
espimbesche de rougets, d'un *espimbesche* de bouilli
lardé. On voit qu'il entrait dans cette sauce du verjus
qui faisait *pincer le bec*, d'où lui venait apparemment
son nom.

Je rends justice à tout ce que peut renfermer de

sérieux et d'intéressant l'ouvrage dont le compte rendu
m'a suggéré ces remarques, mais je ne saurais m'empêcher, à cette occasion, de placer ici une moralité
que je crois utile. Les chercheurs d'étymologies ne
peuvent se tenir assez en garde contre trois inconvéniens qui les menacent incessamment, leur font
obstacle et nuisent pis que peste. Ces trois inconvéniens, dont j'ai expérimenté les deux premiers chez
autrui et le dernier chez moi, sont : l'esprit, la science
et l'ignorance.

CHAPITRE III.

« *Avoir toute honte bue* », origine de cette façon de parler. — De cette autre : « *C'est le pont aux ânes.* » — Chantage, faire chanter.

Il n'y a pas d'histoire plus intéressante que l'histoire des mots d'une langue, car cette histoire est celle de la nation elle-même, à toutes les heures et dans tous les détails de son existence. Mais il n'y en a pas aussi de plus difficile.

Si une langue se faisait par les savans qui taillent des mots à coups de serpe dans le grec et le latin, et les lancent à peine dégrossis dans la circulation, rien au monde ne serait plus simple que d'en rendre compte : deux dictionnaires, trois au plus en feraient l'affaire. Mais dans la formation d'une langue, les savans de profession ont si peu de part, si peu, que pour eux j'en ai honte. — Qui donc fait la langue, qui lui imprime le cachet de la nationalité ? — Qui ? Le peuple. — Quoi ! le peuple ignorant ? — Oui, le peuple ignorant, le boutiquier, le soldat, l'artisan, le manœuvre, la blanchisseuse, ce gamin qui passe dans la rue, l'artiste surtout ; enfin, que vous dirai-je ? vous, moi, personne et tout le monde, voilà ceux qui font la langue, qui la pétrissent continuellement, qui y jettent à pleines mains les métaphores, les ellipses, les proverbes, le mouvement, la couleur, la vie et le génie. Et chose admirable,

miracle devant lequel on ne se peut assez extasier,
c'est de cette coopération multiple et diverse que sort
l'unité, tout ce qu'il y a de plus rare au monde! l'unité
et l'originalité. Donnez une langue à faire à un seul
homme, il ne parviendra pas à y mettre d'unité. Cette
qualité ne peut se rencontrer que dans l'œuvre collec-
tive dont les collaborateurs ne se sont jamais con-
certés. Eh, sans doute! mais tous ils avaient même
cœur et même patrie. L'idiome pousse dans le cœur,
comme l'arbre pousse dans le sol. Il n'y a pas de
crainte que la banlieue de Paris ne produise un pal-
mier, ni le peuple de Paris une phrase turque.

C'est donc dans les coins et recoins, c'est au fond des
mœurs et coutumes du peuple qu'il faut aller pêcher
les élémens d'une histoire de notre langue. Tâche
d'autant plus laborieuse que la surface incessamment
en ébullition nous retient, nous amuse, nous trompe
et nous empêche de plonger dans les profondeurs du
passé, calmes, obscures et silencieuses. Vous concevez
que ce métier de plongeur ne se fait guères assis dans
un bon fauteuil, bien rembourré, bien douillet, et qui,
placé à l'abri de l'orage et du vent, sollicite son heureux propriétaire à un sommeil rempli de majesté.

Vivite felices quibus est fortuna peracta!

Cependant l'Académie française nous promet un
Dictionnaire historique de la langue française. Quoi?
vous, grande dame, vous sortirez de votre béate non-
chalance, vous vous arracherez à l'importante mélan-

colie de vos souvenirs politiques pour courir après tous
ces mots déguisés? Vous les poursuivrez jusqu'au sein
de leur roture pour leur arracher le secret de leur
origine et vérifier leur acte de naissance? Vous inter-
rogerez les parvenus et les déchus, les anciens et les
modernes, les vivans et les morts, vous saurez les contraindre à vous répondre, et vous dresserez procès-
verbal de leur confession?

Si vous faites cela, vous ne ferez pas peu.

D'autant que l'Académie française, jadis corps littéraire, a trouvé beau, depuis quelques années, de
se transformer en corps politique et aristocratique.
Aujourd'hui les premiers titres qu'elle exige sont des
titres de noblesse. Ce ne sont que ducs, comtes,
vicomtes, marquis, barons, prélats, hauts dignitaires.
Il leur manque un prince; mais on travaille à combler
cette déplorable lacune : avant peu ils en auront un.
Je vous le demande, qu'irait faire le pauvre Béranger
dans cette cohue d'altesses, d'excellences et d'émi-
nences? S'il osait y paraître, quelque baron de Monte-
fiascone ne viendrait-il pas lui chanter :

> Uomo vile, alma di fango,
> Che fai qui fra tanti eroi?

Béranger s'est fermé les portes de l'Académie française le jour où il a démenti le *de* qui précède son nom :

> Hé quoi! j'apprends que l'on critique
> Le *de* qui précède mon nom.
> Êtes-vous de noblesse antique?
> Moi, noble, messieurs? Vraiment non.

Dès lors tout fut dit. Béranger fut impossible à
l'Académie. Il est vrai que depuis ce tems-là, pour
donner satisfaction à la clameur européenne, on s'est
montré disposé à fléchir et à l'admettre *fra tanti eroi;*
mais il n'est plus tems : elle n'a pas voulu de lui, il ne
veut plus d'elle. Qui pourrait l'en blâmer, toute ran-
cune à part? Le chansonnier se sentirait-il là chez lui?
Ne serait-il pas plutôt dans le salon de *monsieur le*
chancelier, de monsieur le duc, ou de Son Altesse le
prince de ***? la jolie figure qu'il y ferait, son recueil
à la main! Il aurait l'air de chanter à M. Pasquier :

> Quel honneur!
> Quel bonheur!
> Ah! monsieur le sénateur,
> Je suis votre humble serviteur!

Voilà donc la situation; un mot l'éclaire et le juge:
Béranger à l'Académie serait dépaysé. Ce n'est pas la
faute de Béranger. Il préfère garder son caractère, et
les choses en sont à ce point qu'il faut l'en remercier
pour l'honneur de la république des lettres.

Votre Majesté n'a qu'à faire chanter ses feld-
maréchaux, disait à Catherine II la Gabrieli. On dira
de même à l'Académie : Votre Majesté n'a qu'à faire
faire son dictionnaire par ses ducs et ses marquis.
Après cela, que sait-on? peut-être le feront-ils. Nous
vivons dans le tems des prodiges. Encore que le passé
n'autorise guères de si vastes espérances, ne laissons
pas de toujours espérer.

L'histoire de notre langue, pour employer une

figure en harmonie avec la grande préoccupation du
jour, l'histoire de notre langue est une citadelle autour de laquelle le tems a creusé un fossé immense,
effrayant rien qu'à le voir. Pour s'emparer de la ville
il faut de toute nécessité le franchir, et pour le franchir
il faut le combler. En attendant les larges et puissantes
fascines de l'Académie, depuis plusieurs années déjà
je lance dans le fossé des petits fagots de deux liards.
Chacun fait ce qu'il peut. Après tout, il ne s'agirait
que d'en jeter assez.

Un journal très-répandu, l'*Illustration*, a bien voulu
naguères prêter à mes recherches le secours de sa
publicité. A cette époque, je reçus un très-grand
nombre de lettres où l'on me faisait l'honneur de me
proposer des difficultés à résoudre ; je n'ai pas eu le
tems alors de répondre à toutes. Aujourd'hui je tire
de cette correspondance les questions qui me paraissent les plus dignes d'intérêt, car ces problèmes ne
ressemblent pas à la manne du désert, qu'il fallait con-
sommer entre deux soleils sous peine de la trouver
corrompue le lendemain.

A *Monsieur* F. GÉNIN.

« Quimperlé, 1ᵉʳ décembre 1853.

» Monsieur, il y a dans la langue française, et je
crois bien dans toutes les langues, des expressions si
bizarres qu'elles sembleraient un pur galimatias sans

l'habitude qu'on a de les entendre toute la journée. J'en notais l'autre jour une de celles-là dans La Fontaine :

> Bartholomée *ayant ses hontes bues.*
>> (*Le Calendrier des vieillards.*)

> .....Soit que sentant son cas,
> Simone encor n'*ait toute honte bue.*
>> (*Richard Minutolo.*)

» *Boire sa honte,* ou *ses hontes; avoir toute honte bue*, où diantre est-on allé chercher une pareille métaphore? Qui est-ce qui s'en est avisé le premier? Ce devait être quelque personnage de grande autorité pour être venu à bout de la mettre en crédit et de la faire passer dans l'usage.

» J'ai remarqué encore celle-ci, pour menacer quelqu'un du même accident dont on vient de parler : *Autant vous en pend à l'œil,* ou *vous en pend à l'oreille.*

» Je vous serais très-reconnaissant, monsieur, si vous pouviez me donner de ces deux façons de parler et de leur origine une explication satisfaisante que j'ai vainement demandée aux grammairiens morts ou vivants sur lesquels j'ai pu mettre la main.

» Agréez, monsieur, etc.

» UN VIEIL AMATEUR. »

RÉPONSE.

Un poëte célèbre du xiiie siècle, assez inconnu dans le nôtre, un écrivain que Geoffroy Tory met dans le canon des auteurs dignes de faire autorité en matière de langue française, et que Henri Estienne cite plusieurs fois avec éloge, Hugues de Méry, publia vers 1240 un poëme intitulé *le Tournoiement de l'Antéchrist*. La donnée en est fort simple et conforme à l'esprit du tems : l'Antéchrist rassemble tous les vices de l'enfer pour livrer bataille à toutes les vertus du ciel conduites par Jésus-Christ. C'est l'éternel antagonisme du bien et du mal. Il va sans dire que le mauvais principe est écrasé. L'ouvrage est une allusion continuelle à l'hérésie des Albigeois, qui étaient alors en lutte ouverte avec l'Église catholique et la religion de l'État. On comprend que cette circonstance seule dût procurer la vogue au poëme d'Hugues de Méry, même indépendamment du talent très-réel que l'auteur y a déployé. Je ne veux pas entreprendre ici l'analyse de cette composition surchargée d'allégories forcées, froides, insipides à notre goût, mais qui semblaient aux contemporains de saint Louis les plus ingénieuses du monde. Je me borne à ce qui est de mon sujet.

L'Antéchrist, logé dans la ville de Désespérance, donne un grand banquet à son armée. Les hôtels, les rues, les places, les environs de la ville, champs, prés, bois, vignes, tout est couvert de longues tables où l'on sert aux convives des mets inconnus dans les festins

des rois de la terre, de vrais plats infernaux. D'abord
une entrée de gras usuriers qui avaient bien deux doigts
de lard sur les côtes, c'est le mets ordinaire des dé-
mons; ils en sont servis en tout tems, hiver comme
été. Ensuite des champions vaincus à la sauce à l'ail,
des larrons assassins tout couverts du sang de leurs
victimes également détrempés dans du jus d'ail; surtout
des hérétiques à la broche, des langues d'avocats sautées
dans la malice entre deux mensonges, et frites dans
le *tort* qu'ils ont fait du *droit*, c'est la friandise favorite du diable. De vieilles courtisanes (le mot du texte
est plus énergique) sont servies en guise de fromage :
— « Encore en sens-je puir (puer) l'air ! » — Les faux
dévots, les membres du clergé régulier, ne sont pas
oubliés :

> Bediaus brulez, bien cuits en paste,
> Papelars à l'ypocrisie,
> Noirs moines à la tenoisie (1),
> Vieilles prestresses au civé (2),
> Noires nonnains au cretonné (3),
> Sodomistes bien cuis en honte.

(1) La tanaisie, aujourd'hui reléguée chez les pharmaciens et les
herboristes, était alors employée dans la cuisine. Le *Ménagier de
Paris* donne la recette des *œufs à la tenoisie* (tome II, p. 209).

(2) *Civet* est une orthographe moderne. Regnier écrit encore *civé*
dans la satire du *Mauvais gîte*, où il trouve à son lit des draps

> Blanchis en un *civé*, non dans une lessive.

Le *civé* tire son nom des *cives* (oignons), qui dominaient dans ce
ragoût. *Cœpa* (Pline et Varron), *ceba* (basse latin.), *cive*, et diminutif
ciboule.

(3) Le *cretonné* est une purée de viandes ou de légumes, où il entrait du safran et du gingembre. (Voyez le *Ménagier de Paris*, II, 159.)

Au dessert viennent « les gingembres confits au soufre », et « des dragées de tous les vices », dragées ardentes qui embrasaient la gorge des convives déjà fort allumée par les ragoûts excitans dont j'ai indiqué le menu. Aussi l'assemblée ne cessait-elle de crier : A boire ! à boire ! De toutes parts on n'entendait que le mot *à boire !* (1). Pour les désaltérer, des échansons allaient versant à pleins brocs *la honte.* La honte servait de sauce, de boisson et même de digestif. Le poëte le dit expressément : « On apporta une friture merveilleuse de péchés contre nature. Il fallut abreuver ces entremets d'une tonne de honte, car ceux qui mangèrent de cette friture en seraient crevés, s'ils n'*eussent toute honte bue.* »

> ●●●●●Un entremes i ot
> D'une merveilleuse friture
> Des péchés fais contre nature.
> ●●●●●●●●●●●●●●●●●●●●●●●●●●
> D'une tonne de honte plaine
> Convint l'entremes abeuvrer,
> Car ceus en convenist crever
> Qui orent la friture éüe,
> S'ils n'*éüssent honte béüe.*

L'auteur insiste sur cette fiction et cette figure de la honte bue. Un peu plus loin il dit : « Le vin aux noces de Cana fut prodigué en moindre abondance.

(1) Hugues de Méry ne donne pas autant de détails ; il se contente de dire pour abréger :

> Tous les mets Raoul de Houdau.

C'est dans le *Songe d'enfer*, de Raoul de Houdan, que se trouve l'énumération développée des mets dont l'enfer se régale, mais l'invention

Ils avaient de la honte à discrétion : Outrage, qui faisait l'office du bouteiller, la leur servait par setiers et par muids ; il la livrait à la grande mesure, ou plutôt sans mesure. »

> Sans escrit, sans taille et sans compte.
> Onques mais chez roi ne chez comte,
> N'ot tant de honte despendue!

« Je n'en bus point, continue le poëte avec une malicieuse modestie, je n'en bus point, car l'entremets ne vint pas jusqu'à moi ; et quand il y serait venu, je n'y aurais pas touché... »

> Car ce n'est pas mets à pauvre homme.

Voilà, je crois, l'origine et la date de cette expression *avoir toute honte bue*, au moins je n'en connais pas d'exemple plus ancien. Cette métaphore est une idée poétique d'Hugues de Méry, qui pénétra bien profondément dans le goût de la nation, puisque, après six cents ans, la trace en subsiste encore aussi vigoureuse que le premier jour.

Il est digne de remarque que l'expression est restée

---

de la honte bue appartient à Hugues de Méry. Raoul avait dit simplement :

> Et burent, si come devin,
> Vilonies en leu de vin.

Ce trait assez faible n'avait fait aucune impression ; Hugues de Méry trouva le mot qui devait rester.

Le Tournoiement de l'Antéchrist, composé entre 1230 et 1240, est en quelque façon la suite du *Songe d'enfer*. Hugues parle de son devancier Raoul comme de la merveille de son tems.

dans la forme précise où l'avait employée le poëte, *honte bue*, et qu'on ne dit pas *boire sa honte* (1).

Combien de locutions obscures s'éclairciraient de même, si nous étions plus familiers avec la littérature du moyen âge. Car il ne faut pas croire que l'esprit de nos aïeux ait été plus émoussé que celui de leurs petits-enfans. C'est une fatuité qui ne peut naître que de l'ignorance. L'esprit, comme l'amour, est de tout âge. Nos pères ont eu besoin comme nous de saillies et d'allusions, et comme nous ils les saisissaient au vol dans les œuvres littéraires qui leur passaient sous les yeux. Un bon mot n'est jamais perdu, surtout en France. Mais un bon mot devenu proverbe ne livre toute sa saveur qu'à celui qui en connaît la source et qui peut rejoindre par un éclair de mémoire le point de départ et le point d'arrivée. C'est de cet éclair que naît la satisfaction de l'intelligence.

J'ai remarqué ailleurs que cette façon de parler : *Autant vous en pend à l'œil*, fait allusion au dénouement d'une farce intitulée *Sœur Fessue*, qui est le sujet

---

(1) Regnier s'est servi de *boire* métaphoriquement pour subir, supporter, comme on dit *avaler* et *digérer* :

> Honorable défaite ! heureuse eschapatoire !
> Encores derechef me la fallut-il *boire*.
>   (Satire VIII.)

Il a même risqué *boire une erreur* :

> Qui gay fait une erreur *la boit* à repentance.
>   (Satire XI.)

Les Italiens usent de la même figure : « Il buon marito se la bevve ! » — Son bon mari avala cette bourde.

du *Psautier* de La Fontaine; que ce dicton trivial : *Va-t'en voir chez nous si j'y suis*, se rapporte à un mot du drapier Guillaume dans la farce de *Patelin*. Je ne répéterai pas les détails où je suis entré là-dessus, mais j'y ajouterai un nouvel exemple de ces vestiges demeurés dans la langue populaire. C'est au sujet du *pont aux ânes* si fréquemment cité dans la conversation.

« *C'est le pont aux ânes* se dit des réponses tri-
» viales dont les plus ignorants ont coutume de se
» servir lorsqu'on leur propose quelque difficulté à
» résoudre. — *N'avez-vous rien de mieux à répondre*
» *à mon objection? Ce que vous dites là, c'est le pont*
» *aux ânes!* »

Ainsi parle l'Académie; mais quel est ce fameux pont aux ânes? où est-il situé? L'Académie ne le dit pas. Au fait, elle ne doit pas le savoir : ce pont n'est pas à son usage.

Eh bien! ce pont aux ânes se trouve dans les archives de notre vieux théâtre français.

Les misères et les infortunes de la vie conjugale ont défrayé la gaieté de tous nos vieux poëtes, jusques et y compris Molière. Celui-ci, dont le nom est inconnu, nous présente un pauvre homme qui ne parvient pas à inculquer à sa moitié le précepte de saint Paul : « Femmes, soyez soumises à vos maris. » L'époux, ne sachant plus à quel saint se vouer, s'en va consulter un grave personnage, une espèce de docteur Pancrace, nouvellement débarqué de Calabre, et qui s'appelle

Dominé Dé, autrement *saint Jourd'hui*. A toutes les
doléances de son client, Dominé Dé n'a qu'une réponse :

Vade, tenez le pont aux asnes !

C'est son refrain, il ne sort pas de là. L'autre n'y
comprend rien, mais à force de s'entendre répéter :
« *Vade*, tenez le pont aux asnes ! » il finit par exécuter
littéralement la sentence ; il va s'établir en observation sur le pont du village, où les ânes passent jour-
nellement.

Hé bien doncques, pour vous complaire,
Je vais voir que ces asnes font
Et qu'on leur faict dessus ce pont.

Il n'y est pas longtems en sentinelle qu'il voit arriver un bûcheron chassant devant lui son âne. La
bête rétive tout à coup s'arrête et refuse d'avancer.
Le maître ne perd pas son tems à la semondre, il
lève le bâton :

Et hay ! de part le diable, hay !
Puisque j'ay ce baston de houx,
Je vous frotteray les costez.
Trottez, Nolly ! trottez, trottez !
Vous avez trouvé vostre maître !

LE MARY.

Vertu bien ! comme vous frottez !

LE BUSCHERON.

Trottez, Nolly ! trottez, trottez !
Gens mariez, notez, notez ;
Tout se explique en ceste lettre :
Trottez, Nolly ! trottez, trottez !
Vous avez trouvé votre maistre.

LE MARY.

Hé, ne faut-il que bois de hestre
Pour frotter les costes sa femme ?
Ha ! par la Saint-Jourd'huy, no dame
Vous vous sentirez de la feste !
Voylà le propre enseignement
(Et j'ay bien peu d'entendement !)
Dont le saint homme me parla.
Ho ! saint Jourd'huy, est-ce cela ?
J'en auray tantost la raison.

Il rentre au logis, bien décidé à mettre à profit la parabole du pont aux ânes et la leçon de saint Jourd'hui. Tout en arrivant : « Çà, mon souper ! » La femme ne manque pas de faire la récalcitrante : elle n'a point de feu, et ceci, et cela. Le mari, sans daigner discuter ses mauvaises raisons, empoigne un gourdin et la rosse comme une madame Sganarelle :

LA FEMME, criant.

Hélas ! hélas ! les rains ! le dos !
Au meurdre sur ce traistre Ganes (1).

LE MARY.

Dea ! j'ay esté au pont aux asnes,
Je sçay comme il les fault conduyre.
Heu ? quoy ?... mettrez-vous le pot cuire ?

LA FEMME.

Si. Je vais allumer du feu...
Pardonnez-moy, au nom de Dieu,
Et je feray vos voulentez.

LE MARY.

Trottez, vieille ! trottez, trottez !

(1) Ganelon, dont le nom était resté en proverbe.

LA FEMME.

Hélas ! espargnez mes costez !

LE MARY.

Trottez, vieille ! trottez, trottez !
Et servez quand il est besoing.

LA FEMME, à l'auditoire.

Nobles dames, qui avez soing,
Vous pouvez par cecy noter.
Le pont aux asnes est tesmoing :
Besoin faict la vieille trotter.

LE MARY, au public.

Adieu, seigneurs, et près et loing
Qu'il vous a pleu nous escouter.
Le pont aux asnes est tesmoing :
Besoin faict la vieille trotter.

Telle est la farce du *Pont aux ânes*. Le remède était
facile, à la portée de tout le monde : c'était le pont
aux ânes. Le mot est resté proverbe, qui dépose encore
du succès populaire de cette comédie.

Elle n'est point datée, mais j'observe qu'il y est question des *Évangiles des quenouilles*, dont la première
édition, selon M. Brunet, est de Lyon, 1493.

Le rôle de *Dominé Dé* ou *saint Jourd'hui* est écrit
en un jargon méridional, mélange d'italien, de latin et
de français; ou plutôt en baragouin pur, où l'on ne
distingue de net qu'un seul vers :

Vade, tenez le pont aux asnes !

Aussi est-ce le mot essentiel.

J'ai pensé qu'on ne verrait pas sans intérêt un échan-

tillon des gaietés de ce bon vieux tems qu'on s'efforce
de remettre à la mode.

¶ CHANTAGE est un des mots les plus usités de nos
jours : *C'est du chantage, — c'est un vrai chantage !*
Il n'y a personne qui ne comprenne cette façon de
parler et ne l'emploie couramment. Elle est connue
des salons comme des tribunaux, qui ont si fréquemment occasion de faire justice du *chantage*. Les mœurs
de notre tems ont rendu nécessaire, ont consacré cette
expression qui n'a point d'équivalent chez nous. L'Académie pourtant a refusé de l'accueillir, encore que
messieurs de l'Académie s'en servent au besoin sans
scrupule ; et, en effet, comment diraient-ils autrement ?

Chantage n'est pas dans les anciens dictionnaires,
cela est vrai, mais *chanter* se trouve dans Furetière
avec l'acception métaphorique de *chantage :* — « On
» dit figurément d'un homme à qui l'on veut faire faire
» quelque chose par force, qu'on le fera bien *chanter*,
» qu'on l'obligera à payer, à faire ce qu'il doit. »

Cette locution est née manifestement de la coutume
où étaient nos pères de chanter à table au dessert.
Chacun devait payer son tribut d'une chanson ; que
si quelqu'un des convives voulait s'y soustraire, les
instances de l'assemblée ou de l'amphitryon ne lui
laissaient point de relâche ; aucune excuse n'était
admise, et bon gré mal gré, le récalcitrant arrivait à
s'exécuter : on le faisait bien chanter !

Aussi voyons-nous ce verbe consacré pour exprimer un consentement forcé.

Dans le *Comédien poëte*, comédie de Montfleury jouée en 1673, don Richard dit à don Pascal :

> Vous croyez donc ainsi disposer de son âme ?
> Vous l'avez rebutée, et j'appréhende fort...
>
> D. PASCAL.
>
> Hé bien, enlevons-la, je vous l'ai dit d'abord ;
> Quand nous la tiendrons seule, il faudra qu'elle *chante*.
>
> (Acte III, sc. IX.)

Dans la *Musicomanie*, représentée en 1781, on retrouve cette expression prise à double sens :

« Le Baron. Comment, faquin ! et la musique ?

» Le Laquais. Eh, c'est mon fort ! Je sais *faire* » *chanter* l'Anglais le plus boutonné, le Hollandais le » plus avare, quand l'un ou l'autre est amoureux d'une » femme que je protége. » (*Scène* IV.)

Il est clair que cette expression *faire chanter quelqu'un* appartient à la langue française du XVIIe siècle, et n'est pas de l'argot. Pourquoi donc le Dictionnaire de l'Académie n'en fait-il aucune mention ? Ce dictionnaire devrait-il se trouver en 1835 plus incomplet que celui de Furetière en 1688 ? Messieurs les quarante nos contemporains ont cédé à une fausse délicatesse. Je leur abandonnerais encore *chantage*, mais il paraît du moins indispensable qu'ils restituent le verbe *chanter* dans la prochaine édition de leur dictionnaire. S'ils persistent dans ce système de bégueulerie, ce sera un pauvre livre que le dictionnaire historique de notre langue auquel on dit qu'ils travaillent !

CHAPITRE IV.

Brocante. — Brocanter, brocanteur. — Argot, latin, jargon. —
Patois. — Malotru.

A Monsieur F. Génin.

« Metz, 1ᵉʳ octobre 1853.

» Monsieur, je lisais l'autre jour que Ménage mourut de chagrin de n'avoir pu découvrir l'étymologie du
mot *brocanteur*, qu'il avait pourtant vu naître. Je serais
bien marri que ma curiosité coutât la vie à personne,
et j'avoue en même temps que j'ai grande envie de
savoir l'étymologie de *brocanteur*. J'espère, monsieur,
que vous pourrez nous la déterrer à meilleur marché
que Ménage, lequel encore a fini par s'en passer.

» Dans cet espoir et en vous remerciant d'avance de
la peine que vous aurez bien voulu prendre, etc.

» Un de vos lecteurs. »

RÉPONSE.

Pour essayer de répondre à votre question, monsieur,
examinons ensemble, je vous prie, les traits caractéristiques du *brocantage*.

Le brocanteur ne fait pas fabriquer; il n'achète pas
dans les fabriques qui existent telle ou telle partie de
marchandise d'une nature déterminée.

Il achète au hasard, à droite, à gauche, d'indi-
vidus qu'il ne connaît pas, qu'il ne reverra peut-être
jamais, toute sorte d'objets déflorés par l'usage, im-
prévus, disparates, dont il tire ensuite le meilleur
parti qu'il peut ; car, de prix fixe, il n'en saurait être
question chez lui. Chacun de ses marchés est un traité
de gré à gré et débattu verbalement. Notez ce point.

Si vous voyez aujourd'hui au brocanteur un magasin, une boutique, c'est un effet de la civilisation qui
finit par tout agrandir et tout organiser ; mais en principe, le brocanteur n'attend pas le chaland : il va le
chercher ; il va de maison en maison, comme l'ancienne
marchande à la toilette, offrir les objets qu'il suppose
de nature à séduire les amateurs. C'est là l'essence
du brocantage, industrie cousine germaine de l'usure.
Harpagon avec ses vieux luths de Bologne, ses trous-
madame, ses jeux de l'oie et ses lézards empaillés, était
un véritable brocanteur. Et madame la Ressource :

> C'est une illustre, au moins ! et qui sait en secret
> Couler adroitement un amoureux poulet,
> Habile en tous métiers, intrigante parfaite,
> Qui prête, vend, revend, *brocante*, troque, achète,
> Met à perfection un hymen ébauché,
> Vend son argent bien cher, marie à bon marché.
> . . . .
> . . . . Il fait bon avec elle,
> Je vous en avertis : en bijoux et brillans,
> En poche elle a toujours plus de vingt mille francs !
>
>   (*Le Joueur*, V, 2.)

Voilà l'ancien type du genre, le type primitif.

A présent, fermez Regnard et ouvrez Du Cange;
allez au mot ABROCAMENTUM : « C'est un commerce
» d'objets de toute espèce achetés en dehors du marché
» public et revendus en détail. » — On ne peut mieux
définir le brocantage.

Transportez-vous au mot ABROCATOR. *Abrocator* est
un intermédiaire, un courtier qui s'abouche avec les
deux parties et les amène à conclure. Du Cange renvoie
au mot ABBOCATIO comme étant de la même famille,
et il a traduit *abrocamentum* par l'italien *abbocca-
mento*, abouchement. Il est clair, d'après cela, que
Du Cange ne considère pas l'*r* d'*abrocamentum* et
d'*abrocator* (1) comme appartenant à la racine de ces
mots; elle y est parasite, adventice, attirée par l'euphonie, pour mieux faire saillir la consonne précédente. Les exemples ne manquent pas : *Fronde*,
de FUNDA; — *trésor*, de THESAURUS; — *chartre*, de
CARTA (2); *malingre*, de MALIGINOSUS ; — de REGESTUM,
registre, etc. (3).

(1) Du Cange donne aussi la forme *abboccator*.

(2) Il faut distinguer deux racines, comme deux sens de *chartre* :
carta et *carcer*. Du second l'on fit primitivement *charcre*, et par corruption, confusion du *c* et du *t*, *chartre*. Tenir en *chartre* privée, *in
privato carcere*. — L'école des *chartres*, c'est la mauvaise forme et
celle que veut faire prévaloir l'Académie. L'école des *chartes*, c'est la
forme adoptée par cette école même. Cependant les uns et les autres
disent *chartrier*.

(3) *R* est encore adventice dans *poutre*, qui vient du latin *postis*
(poste, poute, poutre, poteau, poutrelle), et dans *patrouille*, *patrouiller*,
dont la racine est *patte*. *Patrouiller*, c'est toucher et retoucher avec
les pattes; c'est agiter ses pattes, patauger. La forme est fréquenta-

La racine commune d'*abrocamentum*, d'*abrocator*
et de *brocanteur*, est *bocca* ou *bucca*, la bouche, combiné avec la préposition *ad*, parce que ce commerce
interlope ne peut s'exercer qu'en s'abouchant directement, vendeur et acheteur.

Dans tout commerce, le marchand. vante sa marchandise; sans doute. Mais le brocanteur s'attache
particulièrement à faire valoir l'occasion exception-
nelle, le merveilleux hasard dont l'amateur est à même
de profiter.

> ..... — Montrez-nous votre écrin.
> — Volontiers. J'ai toujours quelque hasard en main.
> Regardez ce brillant..., etc.

Je dis que la parole, la bouche, *bocca*, par corruption *brocca*, est l'instrument essentiel du brocantage.
On conçoit parfaitement un négociant faisant son commerce de loin, par correspondance; mais se figure-t-on
un brocanteur muet ou réduit à écrire? Il ne vendrait
pas une lorgnette !

Brocanteur a été fait comme *charlatan*, qui vient

---

tive et méprisante. De ces deux acceptions de *patrouiller*, le bel usage
n'admet plus que la seconde. Voici des exemples qui prouvent la
légitimité de l'une comme de l'autre :

« Le bonhomme s'en va souper. On luy aporte de la viande froide
» qui n'est pas seulement demourée des commères, mais est le demou-
» rant des matrones, qu'elles ont *patrouillé* à la journée en beuvant
» Dieu scet comment! » (3ᵉ des *Quinze joies de mariaige*.)

« Hélas ! il n'y a guères que je suis accouchée ; et il vous tarde bien
» que je sois jà à *patrouiller* par la meson ! » (*Ibid.*)

Le nom propre *Patouillet* indique que la forme *patouiller* a été
usitée. Amyot aussi ne dit que *fonde* ; jamais *fronde*.

de l'italien *ciarlare*, babiller, jaser, étourdir de son caquet, *blaguer* (passez-moi le mot) ; imposez la loi du silence à un charlatan, il n'y a plus de charlatan.

M. Paulin Paris fait venir *charlatan* de *chalan*, sorte de bateau, nacelle, qu'il a rencontré deux fois écrit avec une *r*, *charlan*.

« Nous n'hésitons pas, dit le savant académicien, » à y reconnaître (dans *chalan*) l'origine d'une autre » expression qui jusqu'à présent avait bien donné de » l'occupation aux étymologistes. *Charlatan* en est » dérivé, comme *bateleur* de *bateau*. L'analogie est » même ici trop frappante pour avoir besoin d'être » démontrée. » (*Les Man. français de la Bibl. du roi,* III, 160.)

Nous n'hésitons pas ! C'est votre droit de savant officiel, mais en vérité il serait bien utile d'hésiter quelquefois. Pour ma part, je ne saisis pas l'analogie frappante qui se trouve entre un bateau et un charlatan. Mais je devine l'enclouûre : c'est le mot *bateleur* qui a dupé M. P. Paris. M. P. Paris croit que *bateleur* vient de *bateau*. Il s'est dit : Bateau, bateleur, *ergò* chalan, charlatan, et il n'a pas hésité. Faut-il donc apprendre... non ! rappeler à M. P. Paris que ces petits meubles à l'usage des escamoteurs, appelés aujourd'hui des *gobelets*, s'appelaient au xive et au xve siècle des *basteaux*; qu'on disait alors *faire les basteaux, jouer des basteaux ? — Jongleur* ou *faiseur de bas-teaux.* — « Tous lesquels *basteleurs* fussent venus » en la ville de Saint-Moris-sur-Vigenne pour *jouer*

» *des basteaulx.* » (*Lettres de rémiss, de* 1409) (1).
M. P. Paris a confondu les *bateliers* et les *basteleurs*.
Sur cette première illusion, il en élève une seconde,
et il s'autorise de l'une et de l'autre pour gourmander
Calepin, Ménage et le père Labbe, qui n'ont pas su
faire venir *charlatan* de *chalan* ou *charlan!* les ignorans! Il est vrai que, dans un autre endroit, le même
savant n'a pas hésité non plus à dériver *charlatan* de
buccator, trompeur (à ce qu'il dit) (2). Cette absence
d'hésitation de la part du spirituel académicien en
donnera nécessairement beaucoup à ses lecteurs :
« Devine, si tu peux, et choisis, si tu l'oses! »

Je clos cet épisode, et je reviens aux brocanteurs,
d'où les bateleurs et les charlatans m'ont un peu
détourné.

Ni les pères de Trévoux, ni MM. Didot, dans leur
Complément du Dictionnaire de l'Académie, ni M. Napoléon Landais, n'ont accueilli le substantif *brocante,*
de la brocante. Je suis donc obligé, pour qu'on ne me
soupçonne pas de l'inventer, de prendre l'article tel
quel du *Dictionnaire des expressions vicieuses :*

« BROCANTE. Tous les ouvriers appellent impropre-
» ment *brocante* un ouvrage inattendu et de peu de
» valeur qu'ils font pour leur compte, pendant les
» heures de repos et sans nuire à l'intérêt du maître
» qui paye leur journée : — *Cet ouvrage n'est qu'une*

---

(1) Du Cange, sous Bastaxius.
(2) *Berte aus grans piés,* p. 88.

» BROCANTE. — *Il a fait une* BROCANTE *qui lui a valu*
» *trois livres...*

» On appelle encore *brocante* un petit marché. Je
» n'ai eu, je n'ai fait, dira un marchand, que deux ou
» trois petites *brocantes* aujourd'hui. Dans ce sens on le
» dérive de *brocanter*, *brocanteur*, qui sont français. »

Rien n'est excellent comme le langage du peuple
pour mettre sur la voie des véritables origines. Déga-
geons de cet article le trait essentiel. La *brocante*,
terme technique des ouvriers, est donc un ouvrage fait
irrégulièrement, en dehors des heures du travail payé
par le patron, un ouvrage qui n'ira pas dans la boutique, mais que l'ouvrier vendra de gré à gré, pour
son propre compte, quand il pourra, quand il en trouvera l'occasion, en l'offrant à celui-ci, à celui-là ; c'est
toujours le sens d'*abrocamentum*. Le *brocantage* est
l'industrie favorite des juifs, et c'est précisément cette
incertitude de l'origine et de la valeur vraie des mar-
chandises brocantées qui jette une défaveur sur cette
profession bâtarde, et attache une nuance de mépris
aux expressions *brocante*, *brocanter*, *brocantage*, *brocanteur*.

Le colporteur ne subit pas ce mépris, pourquoi ?
Parce qu'il exerce franchement une profession loyale,
reconnue, patentée. Ce n'est pas l'importance ou la
modestie du métier, c'est l'honnêteté qui en déter-
mine l'estime. Sur quoi il y a lieu d'admirer la délicatesse qui préside à l'établissement de ces nuances dont
notre langue est pleine.

En termes d'argot, une *brocante* est une bague (1).
La raison se comprend toute seule. « *Ces obscurs brillans* » de M. Toutabas, « *qui vont de doigts en doigts
tous les jours circulans* », autant de *brocantes ;* le
rubis des îles Philippines, dont Camille fit un troc
si galant avec Gil Blas, *brocante,* pure *brocante !*
Valère, mettant en gage le portrait d'Angélique chez
Mme la Ressource, a fait de ce don de l'amour une
brocante. Quel avilissement ! On conçoit l'indignation
de Nérine :

> S'il met votre portrait ainsi chez l'usurier
> Étant encore amant, il vous vendra, madame,
> A beaux deniers comptans, quand vous serez sa femme !

C'est une langue sinon très-claire, au moins très-
philosophique que l'argot ; nous en dirons tout à l'heure
quelque chose.

Le Duchat fait venir *brocanteur* du latin *recantare,
se dédire,* parce que, dit-il, les brocanteurs avaient
vingt-quatre heures pour se dédire de leur marché.
Voilà une plaisante étymologie ! Où cette règle des
vingt-quatre heures est-elle écrite ? A moins que ce ne
soit dans Aristote, au chapitre des brocanteurs, qui suit
le fameux chapitre des chapeaux ? De plus, où prend
Le Duchat que *recantare* ait jamais signifié *se dédire ?*
Il le prend sous son bonnet. Non, le motif réel de
Le Duchat, qu'il n'ose pas avouer, ce qui lui a suggéré
cette belle étymologie, c'est que la syllabe *cant* est

(1) Dictionnaire de l'argot, à la suite du poëme de *Cartouche.*

commune à *recantare* et à *brocanter* (toujours l'histoire de *bateau* et *bateleur*). Voilà la vérité ; je le défie de produire une autre raison.

M. Napoléon Landais va chercher *broque*, ancienne prononciation de *broche*, attendu que les brocanteurs étalent leur marchandise sur des broches ou tringles de bois. Mais les épiciers aussi étalent leurs chandelles sur des broches, et les charcutiers leurs andouilles et leurs saucissons. D'où vient alors que les épiciers et les charcutiers ne s'appellent pas des brocanteurs ?

Et les rôtisseurs, donc, qui ne font qu'embrocher ? A ce compte, ils seraient les premiers brocanteurs du monde !

Ménage mourut à soixante et dix-neuf ans. Si le chagrin de n'avoir pu trouver l'étymologie de *brocanteur* abrégea ses jours, c'est bien le cas de dire que la mort a toujours des excuses. Mais c'est un conte : Ménage n'était pas homme à tomber dans le désespoir pour une étymologie : on peut dire qu'il en a dompté de plus rebelles que celle-là. Pour assouvir sa passion, il prenait tout ce qui lui tombait sous la main, et quand il ne trouvait rien, il inventait. C'est le moyen de ne jamais rester court, et personne ne l'a pratiqué avec plus de licence que l'auteur du Dictionnaire des origines de la langue française. Il a laissé en cet art d'illustres élèves.

¶ Argot.— On m'a demandé de plusieurs côtés l'origine de ce mot. Sur une pareille question, avant de dire mon sentiment, je cède, comme il est juste, la parole à l'un des camarades de Cartouche et à Cartouche lui-même :

> Mais à propos d'argot, dit alors Limosin,
> Ne m'apprendrez-vous pas, vous qui parlez latin,
> D'où cette belle langue a pris son origine?
> — De la ville d'Argos, et je l'ai lu dans Pline,
> Répondit Balagny. Le grand Agamemnon
> Fit fleurir dans Argos cet éloquent jargon.
> Comme sa cour alors étoit des plus brillantes,
> Les dames de son tems s'y rendirent savantes :
> Electre le parloit, dit-on, divinement ;
> Iphigénie aussi l'*entravoit gourdement* (1).
> Jusqu'aux champs phrygiens les Grecs le transportèrent :
> Tous les chefs en argot leurs soldats haranguèrent,
> Connoissant quelle étoit sa force et sa vertu
> A pouvoir relever un courage abattu.
> J'ai vu, s'il m'en souvient, dans Ovide ou Virgile,
> Que lorsqu'on disputa pour les armes d'Achille,
> L'éloquent roi d'Ithaque en eût été le sot
> S'il n'eût pas su charmer ses juges en argot.
> — Tu dis vrai, Balagny, reprit alors Cartouche ;
> Mais cette langue sort d'une plus vieille souche,
> Et j'ai lu quelque part, dans un certain bouquin
> D'argot traduit en grec, de grec mis en latin,
> Et depuis en françois, que Jason et Thésée,
> Hercule, Philoctète, Admète, Hylas, Lyncée,
> Castor, Pollux, Orphée et tant d'autres héros
> Qui *trimèrent* (2) pincer la toison à Colchos,
> Dans le navire *Argo*, pendant leur long voyage,
> Inventèrent entre eux ce sublime langage
> Afin de mieux tromper le roi Colchidien
> Et que de leur projet il ne soupçonnât rien.

(1) L'entendait à merveille.
(2) Allèrent péniblement.

Après que la toison fut par eux *embandée* (1),
Jason, à son retour, l'apprit à sa Médée,
Qui depuis s'en servit dans ses enchantemens.
Hercule en ses travaux l'employa fort longtems;
Thésée en ses exploits, Orphée en sa musique
Avec utilité le mirent en pratique.
Enfin tous les *doubleurs* (2) de la riche toison,
De leur navire *Argo* lui donnèrent le nom.
Amis, voici quelle est son étymologie.

(*Cartouche, ou le Vice puni*, chant X, p. 74.)

J'en sais beaucoup qui, pour être signées de noms académiques, ne valent pas mieux ou valent moins. J'aime autant faire venir *argot* du navire *Argo* et des Argonautes, que *avec* de *ab usque cum*, et de *tintin-nabulum*, *clarinette*.

Voici quelques recherches en faveur des esprits plus difficiles à contenter, de ceux, dis-je, qui ne jurent pas sur la parole du maître.

Aussitôt qu'une langue vulgaire commença de s'établir dans les Gaules, elle y fit des progrès rapides, et le pur idiome des Romains perdit autant de terrain qu'en gagnait chaque jour l'idiome nouveau. Dès lors toute langue étrangère, barbare, inintelligible, s'appela du *latin*. Ce mot s'appliqua durant tout le moyen âge au ramage même des oiseaux, au cri des bêtes sauvages et domestiques :

Li oisiaus dit en son *latin* :
Entendez, fet il à mon lai.

(*Le lai de l'oiselet.*)

(1) Enlevée de force.
(2) Voleurs.

Dans le *Fierabras* provençal, un musulman menace le Français en langue turque :

> Olivier autz sa voz et entend ses *latis*.
>
> *(Fierabras,* v. 354.)

« Olivier entend sa voix et comprend son latin. »

> Gascelin l'ot, si tint le chief enclin ;
> Dit à son oncle deux mos en son *latin*.
>
> *(Auberi le Bourguignon.)*

Ce que nous disons un *interprète*, par un terme tout à fait moderne, s'appelait au moyen âge un *latinier*. Dans le *Doomesday book* de Guillaume le Conquérant (1066), on trouve sur la liste des officiers du palais :. « *Hugo latinarius*, » Hugues latinier, interprète.

> *Latinier* fu, si sot parler roman,
> Anglois, Gallois et Breton et Norman.
>
> *(Garin.)*

On ne dit même pas que ce *latinier* sût le latin.

> L'arcevesques Franchois à Jumèges ala,
> A Rou et à sa gent par *latinier* parla.
>
> *(WACE, Chron. des ducs de Norm.)*

La comtesse de Ponthieu étant recueillie sur un vaisseau turc, le capitaine « le fist requerre par *latinier* qu'ele li dist de quel linaige ele estoit. » (*Voyage d'outre-mer du comte de Ponthieu.)*

Froissart, qui mourut vers 1400, se sert encore de ce mot *latinier.*

Mais bientôt *latin*, dans cette acception, va céder la

place à *jargon*, qui se trouve déjà dans les poésies de
Charles d'Orléans, mort en 1465 :

> Le tems a laissié son manteau
> De vent, de froidure et de pluye,
> Et s'est vestu dé broderie
> De souleil luisant cler et beau.
> Il n'y a ni beste ne oyseau
> Qu'en son *jargon* ne chaute et crie :
> Le tems a laissié son manteau,
> De vent, de froidure et de pluye.

Villon nous a légué six ballades en argot de son
tems, qui s'appellent dans les premières éditions :
« le *jargon* et *jobelin* de Villon. »

Argot me paraît n'être autre chose qu'une altération
de *jargon*, altération faite par ceux mêmes qui usaient
de l'argot. *Argot* est originairement un terme d'argot,
qui a fini par entrer dans le commun usage et au Dictionnaire de l'Académie.

D'où vient *jargon* ? Les Italiens l'appellent *lingua
gerga*, ou, par abréviation, *gergo*. Varchi, mort au milieu du XVIᵉ siècle, au quinzième livre de son *Histoire de
Florence*, nous montre l'argot employé dans la diplo-
matie : « On découvre, dit-il, plusieurs lettres écrites,
non en chiffres, mais en argot, en jargon (*ma in gergo*)
très-singulier, comme est cette langue des voleurs. »
Je suis donc très-porté à croire que nous avons emprunté *jargon* à l'italien (1), où ce mot est adjectif,

---

(1) Ménage se déclare pour *jargon* contre *jergon*, ce qui prouve
que cette dernière forme était encore en usage. Ménage choisissait mal,
car *jergon* était plus voisin de *gergo*.

et Salvini (1) me paraît avoir rencontré juste quand
il dérive cet adjectif du grec ἱερός, ἱερά (*hieros, hiera*),
qui signifie *sacré. Lingua gerga,* langue sacrée, c'est-
à-dire secrète, connue des seuls initiés.

Il est à noter que les mots tirés du grec où ils commencent par *hié* changeaient autrefois cette syllabe
en *gé.* Ainsi nous prononçons aujourd'hui *hiérarchie ;*
mais le père Bouhours soutenait que la bonne prononciation était *gérarchie.* Trévoux donne *hiéroglyphe* ou
jéroglyphe ; hiérophante ou *jérophante ;* il ne veut pas
qu'on dise *Hiérusalem,* mais *Jérusalem ;* nous ne disons
pas non plus *saint Hiérôme,* mais *saint Jérôme* (2).

Il ne faut pas s'étonner de trouver à un terme d'argot
une étymologie grecque. On en pourrait citer d'autres
exemples qui prouveraient surabondamment que tous
les voleurs ne sortent pas de la classe illettrée, et que
l'argot a compté des savans parmi ses fondateurs.

ARTON, du pain, en argot ; — en grec, *artos,* à
l'accusatif *arton.*

ORNIS (grec), un oiseau. — *Ornie* (argot), une poule ;
ornichon, un poulet ; *ornion,* un chapon.

PIEIN (grec), boire. — *Piolle* (argot), cabaret ;
piollier, cabaretier (3).

Un fait d'argot des plus curieux, c'est le synonyme
que donne aujourd'hui le peuple à un mot qui com-

(1) Sur le *Malmantile,* II, st. 5.

(2) Voyez aussi DU CANGE, sous GERAPICRA (*hiera picra*).

(3) Dictionnaire argot-français, à la suite du poëme de *Cartouche,*
1725.

mence apparemment à lui sembler trop grossier : *C'est
un bon zigue ! tu es un bon zigue !* Or il se trouve que
les *Zigues* figurent à côté des Bulgares dans une chronique grecque, en vers politiques, des premières années
du XIVᵉ siècle. — « Théodore Lascaris, dit l'auteur,
» approvisionna ses forteresses et prit à son service,
» moyennant salaire, des Turcs, des Cumans, des Lains,
» des *Zigues* et des *Bulgares*. » (BUCHON, *Chron. de
Romanie*, p. 92 et 93.)

Comment peut être venue, à des hommes du peuple,
l'idée de cette maligne substitution des Zigues aux Bulgares ? C'est un trait d'érudition très-raffinée ! Je ne
vois d'autre explication sinon que ce mot et ce rapprochement s'étaient conservés au fond de la tradition
populaire depuis la conquête de Constantinople et
l'établissement des Français en Morée. Mais cette explication même donne beaucoup à réfléchir, et montre
combien le langage du peuple mérite l'attention des
philosophes.

Un bon dictionnaire d'argot, bien authentique, four-
nirait des renseignemens précieux, des étymologies
de toutes les époques et de tous les pays. Il en serait de
celui-là comme de tous les vocabulaires techniques.

En résumé : *lingua hiera,* — *lingua gerga, il gergo ;*
— *jergon* ou *jargon, argot.*

Langue sacrée, secrète, à l'usage des seuls initiés.

Vous avez cru peut-être que cette belle étymologie
argot, d'Argos, était une invention bouffonne de l'auteur de *Cartouche* ? Détrompez-vous. Grandval, à la

vérité, l'a développée, ornée des grâces de sa versification ; mais, quant au fond, il l'avait prise en lieu fort
respectable, non pas précisément dans Pline, mais chez
Furetière. Rien n'est plus sérieux, comme vous voyez,
et la raison de Furetière est bonne à connaître : « Parce
que la plus grande partie de ce langage est composée
de mots tirés du grec. » Je vous l'avais bien dit : l'argot
nous conduit au seuil de l'Académie des inscriptions.

Le Duchat se moque de la bonhomie de Furetière,
et dérive *argot* de *Ragot*, « belitre fameux du tems
de Louis XII et des premiers tems de François Iᵉʳ. « Il y
» a, dit-il, un in-douze de soixante pages au plus et de
» vieille impression, traitant des *gueux de l'hostière*,
» où le nom de *Ragot* est fort souvent répété. *Argot*,
» qu'Oudin, dans ses dictionnaires, interprète *gueuse-*
» *rie*, mais qui signifie proprement le jargon des bohé-
» miens, vient aussi très-vraisemblablement de *Ragot*,
» par une légère transposition de lettres (1). »

Ragot, argot, cela est bien fin pour être vrai ! C'est
une étymologie dans le genre de *poltron*, POL(*lex*)
TRON(*catus*), et de *cadaver*, CA(*ro*) DA(*ta*) VER(*mibus*).
Parler argot serait donc *parler Ragot* ?

Ce livre sur l'illustre belitre Ragot n'est autre que
Les Propos rustiques de Noël du Faïl, auquel un fripon
de libraire mit pour second titre, *ou les ruses et finesses*
de Ragot, capitaine des gueux. C'est un leurre impu-
dent pour allécher la pratique. Il n'y est question de

_____

(1) Sur *Pantagruel*, II, chap. 11, p. 129.

Ragot qu'au chapitre 8, et occasionnellement au sujet de Tailleboudin, élève dudit Ragot. De ce chapitre même je tire un argument contre l'étymologie de Le Duchat ; en effet on y lit, à propos de l'organisation des gueux et des faux malades, estropiés, contrefaits : « Et ceux-là envoyons pour voir le monde, pour ap- » prendre ; par lesquels nous mandons de ville en ville » (le tout *en nostre jargon*) ce que savons de nou- » veau. »

En nostre jargon ; si dès lors le mot *argot* eût existé, c'était le cas ou jamais de s'en servir, surtout pour un disciple admirateur et successeur de Ragot ! Au lieu de cela, Tailleboudin emploie l'ancien mot *jargon*. J'en conclus que la proposition de Le Duchat n'est qu'une rêverie, fondée sur un rapprochement ingénieux peut-être, mais résultant d'un pur effet du hasard.

Au reste, j'ai fidèlement rapporté toutes les pièces du procès : le lecteur jugera.

¶ PATOIS. — Dans mon introduction à la farce de *Patelin*, j'ai conjecturé que ce mot pouvait être con- tracté de *patelinois :* mieux éclairé, je reviens sur cette erreur.

ᐩ *Patois* était en usage dès le milieu du xvᵉ siècle. Dans les *Cent Nouvelles nouvelles*, écrites certaine- ment entre 1456 et 1461, le mot *patois* se rencontre déjà : « Et les servoit grandement en son *patois* à ce » disner. » (20ᵉ nouv.)

Il paraît ici dans l'acception qu'il a de nos jours, et qui emporte une idée de moquerie et de mauvais langage.

Mais ce sens est dégénéré. *Patois* est employé dans sa forme et son acception primitives par Brunetto Latini, au milieu du XIIIe siècle. C'est au début de son *Trésor :* « Et s'aucuns demande por coi chis livres » est escris en romans, selonc le *patois* de France, » puisque noz somes Ytaliens, je dirai que c'est por » il raysons.... »

M. Michelant, à qui je suis redevable de cette indication, a consulté dix-neuf manuscrits pour constater la vraie leçon de ce passage. Il en a trouvé sept donnant *patois*, *patrois*, *pratois*, et douze qui substituent *langue, langage, parleure, raison de France.* Ceux-ci sont manifestement rajeunis. La leçon *patrois*, qui est la bonne, nous livre l'étymologie du mot : c'est *patrius*, sous-entendu *sermo*, discours ou langage *patrois*, c'est-à-dire du pays particulier, de la patrie ; par métathèse *pratois*, et en laissant tomber l'*r*, *patois*.

Il est à noter que cette terminaison *ois* appartient à une classe nombreuse d'adjectifs dont beaucoup s'emploient substantivement, c'est-à-dire avec ellipse du substantif. Tels sont *hongrois, françois, turcois, grégeois, anglois, chinois;* le peuple *souriquois* dans La Fontaine; dans Rabelais, le *patelinois*, le *lanternois* (langage de Patelin, du pays des lanternes); dans Eutrapel, le *cornillois*, la langue des corneilles.

Ois, dans tous ces mots, paraît une forme calquée sur la finale *osus*, du latin. Le français l'aurait admise

pour représenter les différentes terminaisons latines
en *us*, *ius*, *iensis*, etc.

¶ MALOTRU. — Ce mot a passé par plusieurs vicissitudes d'orthographe : *malostru*, *malôtru*, *malautru*,
malaustru. Cette dernière est la plus voisine de l'étymologie, qui est *male* et *astrum*, ou plutôt *male* et
astrosus, employé dans le même sens par Sidoine Apol-
linaire. Ce mot se retrouve dans la langue d'oc sous
la forme *astruc*, qui est aussi un nom propre ; mais
astruc est celui qui a les astres favorables, qui est né
sous une heureuse planète ; *mal astruc* ou *malaustru*
est le contraire. Observez que nous avons en français
le composé *désastreux*, et que nous manquons du
simple. Beaucoup d'adjectifs sont dans le même cas.
Ainsi, dans son origine, *malotru* n'emporte qu'une idée
de malheur et de compassion ; mais, par une pente qui
ne fait pas trop d'honneur à l'espèce humaine, on
glisse facilement de la compassion au mépris. Montaigne emploie *malotru* dans sa véritable et primitive
acception. Les mères, dit-il, sont mauvaises apprécia-
trices du mérite de leurs enfans : « Communément on
» les void s'addonner aux plus foibles et *malostrus*,
» ou à ceulx, si elles en ont, qui leur pendent encore
» au col. »
Dans la *Satire Ménippée*, il signifie à la fois un
homme malheureux et de la dernière classe du peuple :
« Le sort ne tomba sur aucun d'eux, ains sur un pauvre
» *malautru* meneur d'asne. »

Scarron emploie encore *malotru* dans son acception précise et étymologique :

> Parbleu, bon ! Je vay par les rues
> Mais je n'y vay pas de mon chef
> Ni de mes pieds, qui par méchef
> Sont parties très *malotrues !*
>
> (*Le Chemin du Marais au faubourg Saint-Germain.*)

Malotrues, qui ressentent la mauvaise influence des astres, étant paralysées.

Mais, dès le XIVe siècle, on trouve ce mot pris dans un sens général, comme injure ; tant il est vrai que de tout tems le malheur a été imputé à vice.

> Bauduins fiert et frappe as garchons *malostrus.*
>
> (*Baudouin de Sebourg*, I, p. 197.)

> Dont jura dame Dieu qui en crois fut pendus
> Qu'ainsi n'escapera li prestres *malostrus.*
> . . . .
> Vo ribaut *malostrus* sera pendut au vent.
>
> (*Ibid.*, I, 198, 199.)

Au XVIIe siècle, l'abbé de Saint-Martin, de Caen, aussi difforme de sa personne que bizarre dans ses idées et sa conduite, était célèbre sous le nom de l'abbé Malotru. Son nom avait fini par disparaître dans ce sobriquet imposé par le peuple. Le *Furetieriana* et le *Menagiana* sont pleins de ses ridicules et de ses originalités. Il couchait sur une espèce de four de briques ; il avait inventé pour son usage cette espèce de charrette à bras connue sous le nom de *brouette* ou *vinai-*

grette, que Pascal perfectionna en la suspendant sur des ressorts. « Il est, dit Furetière, l'inventeur de ces » petites chaises qu'un homme tire, et qu'on nomme » à Paris *vinaigrettes*. Il en avoit une où il se faisoit » traîner dans les rues de Caen. »

Rien ne pouvait arriver à l'abbé Malotru comme à un autre : c'était l'influence de sa méchante étoile. Dans un procès qu'il eut au tribunal de Caen, la sottise d'un clerc de procureur fit rire à ses dépens les juges et l'auditoire. L'abbé avait le titre de protonotaire du saint-siége apostolique. Or, en tête d'une pièce, ce malheureux clerc ne s'avise-t-il pas d'écrire, au lieu de *protonotaire, propriétaire !* L'avocat de la partie adverse, en vrai huguenot et Normand qu'il était, lut tout du long comme il y avait écrit, et de peur que la chose ne passât inaperçue, il eut soin d'ajouter : « Notez, messieurs, que le pape n'est que son fermier! » Personne ne put y tenir.

La première épigramme latine du recueil de Huet, intitulée *Énigme*, et toute en épithètes composées avec des racines grecques, est un portrait physique et moral de l'abbé Malotru. Je traduirais ici cette pièce curieuse de tout point, si la meilleure partie de la plaisanterie ne consistait dans la fabrication de ces mots intermi- nables qui servent à peindre l'extérieur hétéroclite du personnage, et ne peuvent se transporter en français.

L'abbé Malotru mourut à Caen en 1687. Il était natif de Saint-Lô. Aujourd'hui que la manie d'élever des statues a envahi les plus petites localités, la ville de

Saint-Lô devrait orner sa place publique de l'image de l'abbé Malotru. Il ne faudrait pas omettre de graver sur le piédestal les vers de l'évêque d'Avranches. Cela vaudrait mieux que la statue de Lhomond à Chauny.

Il faut bien prendre garde de confondre deux mots très-voisins de forme et de sens, *malostru* et *malestrut*. Celui-ci signifie malbâti, et vient de *malè structus*.

CHAPITRE V.

Fruits secs. — Pays et mât de cocagne. — Guêtres. — Brimer. —
S'exbigner. — Çamon. — La bête à deux dos. — Dosnoi, dosnoier.

¶ FRUITS SECS. — Un fait digne de remarque, c'est
la tendance de toute société, corporation, agrégation
d'hommes ou d'enfans à se créer un langage particulier, un argot. Voyez les écoles, les divers métiers, les
sectes religieuses, les associations politiques ou dé-
votes, les philosophes, les courtisans (je laisse à part
les courtisanes et les voleurs), partout vous rencontrez
des mots et des locutions à l'usage des seuls confrères
et initiés, une langue sacrée plus ou moins complète,
intelligible pour eux seuls. Dans nos campagnes, le
patois se modifie d'un village à l'autre, en sorte que
l'établissement d'une langue universelle, si jamais cette
idée se réalise, ne pourra être que le dernier effort de
la civilisation. Sans insister davantage sur ce point,
je le recommande à ceux qui s'occupent de rechercher
l'origine de la diversité des langues.

Dans le langage convenu de l'école polytechnique,
on dit d'un élève qui a manqué ses examens de sortie,
et par conséquent se trouve déchu du bénéfice de son
titre, que c'est un *fruit sec*, ou plutôt qu'*il est dans
les fruits secs*, car c'est là la forme primitive, la véri-

table forme de la locution ; tout à l'heure on en verra
la différence. Cette façon de parler s'étant répandue
hors des murs de l'école, est aujourd'hui entendue de
tout le monde ; on l'emploie dans la conversation, et
elle pourra bien un jour ou l'autre entrer au Dictionnaire de l'Académie ; on y en a reçu qui sortaient de
moins bon lieu. Il n'est donc pas sans utilité d'en marquer l'origine.

La chose, au premier coup d'œil, paraît n'avoir pas
besoin d'explication. Il semble que ce soit une métaphore prise des fruits desséchés sur l'arbre avant
d'avoir atteint leur maturité. Ce n'est pas cela. L'histoire m'a été racontée par un ancien élève de l'école,
contemporain de l'affaire, aujourd'hui l'un des membres
les plus illustres de l'Académie des sciences.

Donc il y avait alors à l'école (il s'agit d'une des premières promotions) un élève venu d'une province du
Midi, où son père faisait en grand le commerce des fruits
secs. Ce jeune homme, dont la vocation n'était pas du
côté des mathématiques, travaillait peu ou ne travaillait
pas du tout. Et quand ses camarades essayaient de
le stimuler par la crainte de manquer ses examens et
de perdre sa carrière, il répondait d'un ton insouciant
et avec son accent provençal : « Eh ! qu'est-ce que cela
me fait ? Eh bien ! je serai dans les fruits secs, comme
mon père ! » Ce mot, obstinément répété, fit fortune.
Le jeune homme fut effectivement dans les fruits secs ;
et depuis on a dit par allusion et par euphémisme : Un
tel sera dans les *fruits secs ;* — il a été *fruits-secs ;*

— c'est un *fruits-secs* de l'école polytechnique (et non *fruit sec* au singulier).

J'ai recueilli cette anecdote, d'autant qu'il serait plus naturel de prendre le change sur le sens et l'origine de l'expression.

Par une rencontre singulière, mais toute fortuite, les Napolitains donnaient déjà ce sobriquet de *fruits-secs* aux pauvres abbés étudians. Je laisserai Galiani lui-même en exposer la cause.

« En 1753, la veille de Noël, deux étudians calabrois se rendirent à la poste pour retirer des lettres de leurs familles. L'un des deux avait confié à son camarade qu'il attendait de son père un grand panier de pommes tapées, de figues, de raisins secs, enfin de tout ce que les Calabrois désignent sous le nom générique de *fruits secs*. Les deux pauvres garçons, n'ayant pas une obole, comptaient sur cet envoi pour se régaler comme c'est l'usage en ces jours de fête solennelle. Effectivement don Nicolas trouve la lettre qu'il attendait ; il l'ouvre, il lit, non pas l'annonce du bienheureux panier, mais une verte semonce sur sa mauvaise conduite, sa dissipation, sa paresse, etc., etc. Quel désappointement ! L'autre abbé, que la foule avait séparé de son ami et qui ne pouvait se douter du contenu de l'épître paternelle, crie de loin en se servant du plus franc dialecte calabrois : — Hé bien, don Nico ! est-il arrivé des fruits secs ? Le malheureux don Nicolas, tout entier à son dépit, répond d'une voix irritée : — Il est arrivé les cornes du diable ! Là-dessus tous les assistans qui

venaient aussi chercher leurs lettres éclatent de rire.
Il faut savoir que les Napolitains ne peuvent souffrir ni
l'accent ni le dialecte calabrois, très-indulgens d'ailleurs
pour tous les autres. Les polissons des rues qui avaient
entendu le dialogue des deux abbés s'attachent à leurs
talons et les poursuivent de cette question : — Hé bien,
don Nico, est-il arrivé des fruits secs ? Les abbés se
fâchent ; les polissons redoublent d'insolence, et leur
nombre s'accroît : tumulte, combat à coups de poing,
à coups de pierres. Enfin les abbés, voyant qu'ils n'a-
vaient pas beau jeu, parvinrent à s'échapper ; mais ce
fut miracle. Le lendemain, pendant plusieurs semaines,
plusieurs mois, les gamins, chaque fois qu'ils rencon-
traient un abbé, le suivaient en l'appelant *don Nico* ou
fruits-secs. On en fit des chansons qui coururent la
ville ; ce fut une véritable persécution. *Don Nicolas* et
fruits-secs sont restés comme deux expressions syno-
nymes pour désigner un abbé de triste figure. Nous
avons voulu sauver la mémoire de cette véridique tradition en faveur des don Nicolas et fruits-secs à venir ;
afin, lorsqu'on leur adressera cette injure proverbiale,
qu'ils en sachent au moins l'origine et se rappellent la
mésaventure des deux abbés, leurs devanciers. Cette
note servira aussi pour l'intelligence de quelques passages dans les comédies de ce tems-là (1). »

Je reviens à ce que je disais tout à l'heure, qu'on
doit toujours écrire dans cette locution *fruits - secs*

(1) *Vocabolario del dialetto napoletano*, au mot PACCHE SECCHE.

au pluriel : *C'est un fruits-secs*, parce que l'idée, abrégée par l'expression, est : c'est un élève voué au commerce des fruits secs. Le substantif qui porte le singulier est caché dans l'ellipse, et la phrase s'achève régulièrement au pluriel. Par la même raison l'on doit dire : *Ce sont des garde-nationale*, des hommes faisant partie de la garde nationale ; le substantif qui porte le pluriel est caché dans l'ellipse. L'Académie pourtant veut qu'on dise *un garde national*, *des gardes nationaux*. Pourquoi? qu'est-ce que ce garde a de national? Il appartient à la nation comme tous ses compatriotes : pourquoi lui faire une épithète distinctive d'une qualité commune? Mais dire que cet homme, ce citoyen, ce Français fait partie d'une garde qui est nationale, et non étrangère, composée exclusivement de Français, de la garde nationale enfin, oh ! c'est une autre affaire et un autre sens.

En 1835, lorsque l'Académie fit paraître son Dictionnaire, il existait un journal appelé *le National*. Je suppose un académicien quelconque voulant acheter cinquante exemplaires d'un numéro où l'on aura parlé de son livre avec éloge. Aurait-il dit : Donnez-moi cinquante *nationaux* de ce matin? Le garçon de bureau lui eût ri au nez.

Cinquante *gardes nationaux* est absolument la même chose. *Gardes nationaux* renferme un solécisme de genre, le masculin pour le féminin, et un solécisme de nombre, le pluriel pour le singulier. Dans le tems qu'on parlait français en France, est-ce qu'on disait

des gardes français? Non ; l'on disait *des garde-fran-
çaise*, témoin la chanson populaire où ce mot rime
avec *braise :*

> Dans les *garde-française*
> J'avais un amoureux,
> Ardent, chaud comme *braise...*

L'Académie chanterait donc : Dans *les gardes nationaux* j'avais un amoureux? Mais, dira-t-on , tout le
monde parle comme cela ; les journaux ne s'expriment
pas autrement. A quoi je réponds que le tort des journaux n'excuse pas celui de l'Académie. Elle n'est pas
instituée pour suivre la foule, mais pour la guider ; elle
est pour contrôler le mauvais usage, et non pour l'en-
registrer en greffière aveugle, en le scellant du cachet
de son autorité. Grâce à cette autorité, voilà implantée
au beau milieu de notre langue une locution antigram-
maticale, absurde, et qui donne un audacieux démenti
à une locution jumelle que le xviie siècle nous avait
léguée. De par l'Académie il faut dire *un garde française*, sans l'accord , et avec l'accord , *des gardes
nationaux*. La logique s'arrangera !

Tout le monde sait et comprend qu'il faut écrire *des
reine Claude*, c'est-à-dire des prunes de la reine Claude ;
l'ellipse est entre *des* et *reine*. Cependant l'Académie
veut nous faire écrire *reines* au pluriel, uni à *des : —
Des reines Claude.* Combien donc l'Académie compte-
t-elle de reines dans cette locution? Hors de l'Académie on n'y avait jamais vu que la bonne reine,
fille de Louis XII, et première femme de François Ier,

à laquelle nous sommes redevables de cette espèce de prunes (que sa mémoire soit bénie !).

Des airs du pont neuf, qui se chantent sur le Pont-Neuf, s'appellent par abréviation *des pont-neuf*. Des oiseaux qui ont la gorge rouge s'appellent *des rouge-gorge*. Paris n'a qu'un Pont-Neuf, et chaque oiseau n'a qu'une gorge rouge. Ici encore le pluriel tombe dans l'ellipse. Cependant l'Académie écrit sans ellipse et avec le signe du pluriel *des ponts-neufs, des rouges-gorges*.

Mais elle écrit, en gardant l'ellipse, *des coq-à-l'âne*. Et pourquoi pas *des coqs-à-l'âne?* On ne sait! *Sit pro ratione voluntas*.

¶ PAYS DE COCAGNE. — *Cuccagna* est un mot napolitain. Pendant le XVIe et le XVIIe siècle, dans les occasions de réjouissances publiques, on élevait sur une des places de Naples une montagne qui était censée représenter l'Etna ou le Vésuve. Du cratère de ce volcan parodié jaillissait une éruption de saucisses, de viandes cuites et surtout de macaronis qui, en dégringolant, s'enfarinaient de fromage râpé, dont les flancs de la montagne étaient revêtus en guise de cendre. Le peuple se battait pour en attraper, et cela s'appelait une cocagne : — *Faire une cocagne, donner une cocagne.* (Voy. le *Vocabulaire napolitain* (1), au mot COCCAGNA.)

Cette fête n'était que la mise en action d'une idée

(1) *Vocabolario delle parole del dialetto napoletano che più si scostano del dialetto toscano. Napoli, 1789. 2 vol.*

de Boccace; mais Boccace ne connaissait pas le mot *cocagne*; il se sert du mot forgé *Bengodi*, *la contrada di Bengodi*. C'est dans la troisième nouvelle de la huitième journée, où il raconte les mystifications du crédule Calandrin. Je choisis, et pour cause, la version d'Antoine le Maçon. « Macé respondit que la plus grande
» part (de ces pierres) se trouvait en Berlinsone, ville
» de Basque, en une contrée qui se nommoit Bengodi,
» en laquelle on lioit les vignes de saulsicces (1) ; et y
» avoit on une oye pour de l'argent, et l'oyson parmi le
» marché. Et y estoit une montagne toute de fromage
» parmelin gratté, sur laquelle demouroient des gens
» qui ne faisoient autre chose que faire crousets et
» raviolles qu'on cuisoit en bouillon, et puis on les jetoit
» de là en bas ; et qui plus en prenoit, plus en avoit. Et
» là auprès couroit un petit ruisseau de malvoisie, la
» meilleure qui se vendit jamais, sans qu'il y eust dedans
» une goutte d'eau, dist Calandrin : c'est un bon païs ! »

Voilà certainement le pays de Cocagne, dont il est clair qu'on ne connaissait pas encore le nom en France sous le règne de François Ier. Mais après l'expédition du duc de Guise, en 1648, les soldats qui avaient assisté aux fêtes éblouissantes de cet éclair de royauté ne purent manquer de voir *la coccagne*, et ils en rapportèrent le nom dans leur patrie. Dans leurs récits merveilleux, incroyables, le royaume de Naples, plus d'une

(1) Est-ce de là que nous vient cette locution populaire : *Il n'attache pas ses chiens avec des saucisses ?*

fois sans doute, fut appelé le royaume de Cocagne. Le duc de Guise avait été le roi de Cocagne.

Et la tradition de cette origine n'avait pas encore disparu complétement au milieu du xviiie siècle, car je trouve dans les *Spectacles de Paris*, que, le 25 février 1759, on représenta *la Coccagne*, *ou les Jours gras de Naples*, ballet-pantomime par M. Sodi.

Fénelon, dans une de ses fables composées pour le duc de Bourgogne (1689-1694), en avait besoin ; il n'a pas osé s'en servir. Pourquoi ? parce que ce mot n'était alors que dans la bouche du peuple. L'Académie vous le dit encore en 1778 : « Il est familier.» L'archevêque de Cambrai ne pouvait pas enseigner au petit-fils de Louis XIV des façons de parler populaires et triviales, des mots de soldats. Le conte qui aurait dû s'intituler *Voyage au royaume de Cocagne*, s'intitule *Voyage dans l'île des Plaisirs*.

Aujourd'hui *cocagne* est bon français, comme *cuccagna* est bon italien.

Vous me demanderez où les Napolitains avaient pris leur mot *coccagna* ? ils l'avaient pris dans le vieux français, où *cocquaigne* signifiait contestation, lutte, dispute. Dans un acte de l'an 1314, accord entre le vidame d'Amiens Renaud et la célèbre abbaye du Gard, on lit ce passage : « Le traversiers jurra seur saintes » Evangiles que il n'arrestera ne fera arrester malicieu- » sement ledit navel ou naviaux de l'esglise dou Gart, » pour cause de *cocaingne*, ne pour fere ennui ne do- » mage à esciant. » (Du Cange, sous Cocagium.)

« Il ne fera pas arrêter les bateaux de l'abbaye sous prétexte d'une dispute survenue. » *Cocaingne* vient manifestement de *coq* : c'est le combat de deux coqs. Une dispute vive, animée, impétueuse, une *cocquaingne*.

GRAFI, en usage dans le Berry, correspond à l'ancien sens de *cocagne*. On dit : *Jeter quelque chose au grafi*, par exemple des dragées à la suite de la cérémonie d'un baptême, parce qu'on se *grafigne* pour en attraper (1). Ce *grafi* est une véritable *cocagne*; si le mot est différent, la chose est identique.

Le mot *coccagna* se rapportait donc, non pas à l'idée d'abondance qui depuis s'y est attachée, on voit comment et pourquoi, mais à l'idée de la lutte qu'il fallait livrer pour avoir part aux friandes éruptions de la montagne.

Et cette idée persévère dans le *mât de cocagne*, où l'abondance n'est pas extraordinaire, mais où la lutte est essentielle, où il faut se disputer les lots mis au concours. Le mât français et la montagne napolitaine offrent un rapport qu'il est impossible de méconnaître.

On insistera : mais comment les Napolitains auraient-ils été chercher le vieux français *cocaigne* pour l'adopter et en faire un mot de leur dialecte ? Aussi ne sont-ils pas venus le chercher : nous le leur avons porté. Le duc de Guise n'était pas le premier qui eût tenté avec succès de faire une pointe sur Naples. Sans

---

(1) M. le comte Jaubert, *Glossaire du centre de la France.*

remonter à Charles d'Anjou, rappelez-vous l'expédition
de Charles VIII et ses victoires à la course : les Français firent leur entrée triomphale à Florence le 14 novembre 1494 ; à Rome, le 31 décembre suivant ; à
Naples, le 21 février 1495. C'était assez brillant ! La
conquête de l'Italie ne coûta que quatre mois ; il est
vrai qu'on ne la garda que trois, mais c'est plus qu'il
n'en faut à nos soldats pour laisser de longs souvenirs
et l'empreinte ineffaçable de leur passage. Le Napolitain dit encore *toccato*, une toque, un toquet de femme ;
boccero, un boucher ; *mantò*, un manteau ; *chianchia*,
une planche, *jeffole*, des giffles ; *nciarmo, nciarmare*,
charme, charmer ; *nnoglia*, andouille ; *zosa*, sauce ;
gaveglia, cheville, etc., etc.

De notre côté, il nous est resté quelque chose de nos
communications avec Naples. Je ne dis pas cela par
allusion à la chute de l'épigramme bien connue : *Quand
le Français à tête folle*; non, non, je pense à quelques
présens moins malhonnêtes et plus utiles. Les mots
bretelle, *bourrique*, *amidon*, le verbe *voler*, bien
d'autres encore, sont des emprunts au dialecte napolitain. *Bertola*, en napolitain, est une besace qui tra-
verse l'épaule et pend devant et derrière. De là, par
analogie, est venu le nom de la *bretelle*, que le peuple
prononce *bertelle*. Il parle mal, parce qu'il est fidèle à
l'étymologie. *Borrico*, — dont nous avons fait *bourrique*, — en napolitain, comme *amito*, l'amidon, qui,
dans notre vieille langue, s'appelait *godron*. Nous disons encore familièrement : *Bête comme un chou*. Le

chou, en napolitain, a fourni la même métaphore : *un cavolo*, un sot, un imbécile, un stupide ; et *cavoleiare* quelqu'un, c'est figurément, littéralement le faire passer à l'état de chou. Ce peuple éminemment spirituel suppose qu'il y a toujours manque d'esprit à se laisser voler. Or, de *cavoleiare*, *cavoler*, et par abréviation, *voler*. Vous me direz que je retombe dans le procédé de Ménage ; pas tout à fait, car les traits d'union de Ménage ne sont pas si courts : ce sont des leviers composés. Après tout, j'aime mieux tirer *voler* de *cavoleiare*, que de le tirer avec Ménage du latin *volare*, auquel il prête le sens des composés *evolare*, *involare*. Je me range du côté de l'abbé Galiani, car c'est à lui que revient la gloire de cette étymologie, si gloire il y a.

Notez bien que *voler* est très-récent dans notre langue. Jusqu'au xviie siècle, on n'a dit que *rober* et *desrober*, ou bien *larronner*. Rabelais emploie *robbe* et *robbeur*.

Pastel est un mot italien ; le nom français est *gaude*, *guède*, *waide*. *Pastelli* sont de petits gâteaux de guède séchés en forme, soit de tablettes, soit de boules ; mais quand ces petits pains de pastel ont la forme conique, — condition essentielle spécifiée par Trévoux, par l'Académie, et les dictionnaires à la suite, — alors on les appelle dans le Languedoc, *des cocaignes*. N'est-ce pas curieux de retrouver là ce mot ? L'Académie constate tout bonnement le fait ; Trévoux, qui a la bonne habitude de fouiller plus avant, en conclut que le nom de pays de Cocagne désignait le haut Languedoc, et

fait allusion à la fertilité de ces terres. Ce n'est que
reculer la question ; car pourquoi *pays de Cocagne*? Il
resterait toujours à demander : Qu'est-ce que *cocagne* ?
d'où vient *cocagne* ? Mais si Naples a commercé jadis
avec cette partie de la France, si elle y expédiait de ces
petites pyramides de pastel, il paraît tout naturel qu'elle
leur ait conféré, vu la ressemblance, le nom qui rap-
pelait sa *coccagna*, son Vésuve de macaroni. Ou bien
c'était le pastel du Languedoc qui, transporté à Naples,
y avait reçu le nom de *cocagne*, toujours par allusion
de la forme du pain de couleur à celle du cône du Vésuve. En effet, je lis dans les Coutumes locales du bail-
liage d'Amiens, publiées par M. Bouthors, cette note :
« Le pastel d'Albi est un tourteau *de la forme d'un*
» *cône tronqué*, du poids de six décagrammes vingt-cinq
» décigrammes, etc.» (Tome II, p. 533, col. 2.) Je prie
les doctes de se recueillir sur ce texte.

L'Italie est si bien l'inventrice du pays de Cocagne
qu'elle en a fait graver une petite carte géographique.
Dans cette carte, citée par Minucci (1), on voit des prisons avec cette inscription : « *Prisons pour ceux qui
travaillent.* » Ici marche un homme entre deux sergens, et on lit : « *Il va en prison pour avoir travaillé.*»
Plus loin d'autres sergens mettent la main sur le collet
d'un paysan pris en flagrant délit : « *Cet homme travaillait : il ira en prison !* » Cela rappelle la plaisanterie de Rabelais, d'un pays où les gens gagnent cinq

(1) Note sur le vers 82 du chant 1ᵉʳ du *Malmantile*.

sous par jour à dormir, et sept sous et demi quand ils
ronflent (1). Cette bourgade devait être située aux environs du pays de Cocagne. Autour de la susdite carte
se lit un beau sonnet dont voici la traduction :

« C'est ici un bien autre pays que l'Allemagne, où
» l'on ne boit au cabaret qu'en payant son écot ! Ici
» chacun se donne du bon tems à table sans une obole
» au gousset : c'est le pays de Cocagne !

» Ici, moins on travaille, plus on gagne, et qui n'est
» pas fainéant est chassé avec ignominie. Et l'on chante,
» libre de tout soin, *La souris qui se plaint d'aimer.*

» Ici les fours produisent naturellement le pain ;
» s'il pleut, c'est une pluie de lazagnes et de miroton,
» et s'il éclaire, il tombe des crépinettes.

» De tous côtés jaillissent des fontaines, des rivières
» de muscat et de grec. Les prés sont émaillés de
» tourtes, d'omelettes et de beignets.

» Et mille autres merveilles, comme vous le verrez
» dans la carte ci-contre, dressée par monsieur Le
» Craqueur. »

En réunissant cette carte du pays de Cocagne ; la
carte du Tendre, de Mlle de Scudéry ; la carte du royaume
de Coquetterie, de l'abbé d'Aubignac (2) ; la carte du

_____

(1) *Pantagruel*, II, 32.
(2) C'est là qu'on trouve la place des Cajoleries, le combat des
Belles-Jupes, le palais des Bonnes-Fortunes, le bureau des Récom-
penses, la borne des Coquettes, la chapelle de Saint-Retour, etc.
L'abbé réclamait, prétendant que la carte du Tendre n'était qu'un
plagiat de la sienne. Cette réclamation le brouilla avec Mlle de Scudéry.
Il eût mieux fait de dire son bréviaire.

voyage de Cyrano, celle des navigations de Panurge, et quelques autres du même goût, on en ferait un joli petit atlas, mais qui ne serait pas à l'usage des colléges et maisons d'éducation.

• Un des vestiges les plus significatifs de notre ancien séjour à Naples, c'est le nom patois qu'on nous y donne. Le peuple ayant remarqué que nos soldats avaient souvent à la bouche cette affirmation : *Oui! oui!* en fit un sobriquet, et appelle les Français *les oui-oui* (qu'il figure *gui-gui*).

> Quanto avimmo'n sette anne sepportato
> Da ssi *Gui-gui* de mmerda! e tante! e tante!
>
> (FASANO.)

« Combien, depuis sept ans, en avons-nous supporté » de ces *oui-oui* de m....! et combien! et combien! »

Et l'on dit à Naples, en forme de quolibet populaire, que les cochons parlent français (*il porco parla francese*), par allusion à ce *oui, oui!* qu'ils croient reconnaître dans le grognement du pourceau. (Voy. le *Vocabulaire napol.* de Galiani, aux mots GUITTO et GUIGUI.)

Les Espagnols avaient été frappés, eux, d'une autre habitude du langage de nos troupes : c'est le *Dis donc* par lequel le soldat apostrophe son camarade. Aussi avaient-ils donné aux Français le sobriquet moqueur de *los Didones*, lequel, un jour, n'embarrassera pas médiocrement les étymologistes, aussi bien que le *Guigui* napolitain. Mais que dis-je? les étymologistes sont-ils jamais embarrassés? *Guigui* sera de l'étrusque, et *Didones* du phénicien. Didon n'était-elle pas reine

de Carthage et n'avons-nous pas conquis l'Algérie?
L'espace ôte le sentiment des distances. Je gage qu'a-
vant deux mille ans, Énée et le maréchal Bugeaud
seront devenus contemporains.

¶ GUÊTRES. — L'exclamation douloureuse *aye ! aye !*
n'appartient pas à telle langue ni à tel pays : elle est
dans tous les gosiers humains. Les Latins l'avaient
notée *væ*, les Italiens modernes la figurent *guai !* et ce
gémissement est devenu la racine des mots *guaioso*,
guaiteroso. Mais nous n'avons que faire d'aller à l'emprunt chez les Italiens : l'exclamation *guai !* se rencontre bien et duement écrite ainsi dans un texte de la
première moitié du XIIᵉ siècle (sinon du XIᵉ), dans les
Moralités sur Job : « *Guai* al pecheor entrant en la
» terre par dous voies ! » (A la suite de la version des
Rois, p. 494.) *Guai* a formé l'adjectif *guaitreux* où
chaytreux :

> Or, m'est vis, tornez est à *guai*.
>
> (*Mystère d'Adam*, XIIᵉ s.)

Jacques Bourgoing, conseiller de Henri III, qui publia
son livre en 1583, mentionne l'un et l'autre (1). Trévoux : « *Gaîtreux*, vieux mot français qui signifiait un
» pauvre ou misérable qui se plaint de ses douleurs ou
» de sa nécessité. On dit encore en quelques lieux
» *chaîtreux* en la même signification. » Rabelais, dans
l'ancien prologue du livre IVᵉ de *Pantagruel*, racontant

___
(1) *De origine et usu vulgarium vocum*, p. 57, verso.

la furieuse bataille des geais et des pies, nous apprend
que ce « vieux oncle, nommé Frapin..., avoit ung gay
» en délices à cause de son babil..., et le nommoit son
» *goitrou.* » Le Duchat prétend que *goitrou* vient de
gutturosus, à cause du bruit continuel que faisait cet
oiseau avec son gosier. Mais *gutturosus* est un mot
inventé par Le Duchat pour le besoin de son commentaire. J'estime que Le Duchat se trompe, et que
goitroux est ici le même que *guaitreux* (1). L'oncle
Frapin avait surnommé son geai *le misérable, le dépenaillé.* Et le sobriquet se trouva d'autant plus juste,
que le goitroux s'étant sauvé *de sa caige, qu'il rom-
pit en furie martiale* pour prendre part à la mêlée,
« trois jours après retourna tout pallebrené et fasché
» de ces guerres, ayant un œil poché. » Eh bien, les
guaitres (c'est comme écrivent Bourgoing et d'autres
de ses contemporains) nous viennent des *guaitreux*.
« A *Guaitreux* ergò *Guaitres*, socci humiliores, non
» usque mendicantium, ad humile quodvis opus e tela
» coriove, tibialibus superinductii. » (*De orig. et usu
vulg. voc.*, p. 58.) Quand les paysans, les pauvres gens
avaient à faire quelque ouvrage trop sale et grossier,
ils garantissaient leurs bas avec une enveloppe de
toile ou de cuir. C'est ce que font encore les ouvriers en
général ; seulement ils ne se bornent plus aux jambes :
ils se garantissent jusqu'à la ceinture par un second
pantalon de toile blanche ou bleue. Telle est l'origine des *guêtres*, que Ménage dérive du mot *vastræ*,

(1) *Roide* et *raide* ; — *croire* et *craire* ; — *froid* et *fraid*, etc.

inconnu à Du Cange, et probablement au reste de l'univers. Trévoux préfère tirer *guêtres* du bas breton *gueltrou ;* il ne voit pas que *gueltrou* est la traduction à peine déguisée du français *guêtres*. Les bas Bretons disent aussi *heuzou,* et pour mettre des guêtres, *heuza.* Il n'est pas besoin de beaucoup de pénétration pour reconnaître dans ces mots *heuse, houser, houzeaux.*

C'est encore à l'italien *guai* que Jacques Bourgoing rapporte l'origine du vieux français *quayment,* un mendiant. Nous gardons encore le verbe *quémander,* dont la première forme était *guaimenter,* se lamenter : « Survint un *caymant* avecques une jeune femme » muette, laquelle ledit *caymant* dist estre sa femme » espousée. » (*Lettr. de rémiss.* de 1400.)

Dans la *Passion de Jésus-Christ,* monument précieux et authentique du xe siècle (1), on trouve l'interjection *guai !* et le verbe composé *guaimenter :*

> Hierusalem, Hierusalem !
> *Guai* te, dis el, per tos pechet !
>
> (St. 14.)

« Jérusalem, Jérusalem ! malheur à toi (*væ tibi*), dit-il, pour tes péchés ! »

> Femnes lui van detras seguen ;
> Plorau lo van et *gaimentan.*
>
> (St. 65.)

« Femmes vont le suivant derrière ; vont le pleurant et lamentant. »

---

(1) M. Champollion Figeac l'a publiée le premier. M. F. Diez en a donné, à Bonn, une seconde édition de beaucoup préférable.

Une acception méprisante s'attache à ce verbe *qué-mander* : pourquoi ? Parce qu'on suppose que les *quémandeurs* exagèrent les doléances, multiplient les faux gémissemens pour tâcher d'inspirer la pitié. Ce sont gens qui ne cessent de pleurnicher *aye! aye! aye!* Les Italiens, de cette même racine *guai*, ont fait le verbe *guaire*, gémir, se plaindre.

Dom Carpentier fait venir *cayment* du latin *quæstor*, quêteur, dans le sens de quêteur d'église, frère quêteur. Il y avait des quêteurs qui parcouraient les diocèses : « Hinc nostratibus *caymant*, mendicus, homo » vagus et nihili. » Je crois que dom Carpentier se trompe.

C'est aussi de *quæstor* que Ménage prétend dériver *gueux*. Borel a recours à l'allemand *geiler* ; Pasquier, au latin *ganeo*. Il me paraît bien plus simple de rattacher *gueux* à *guai*, *guaioso*, et d'y voir une abréviation de *guaitreux*. Jacques Bourgoing veut les tirer de l'interjection *heu! heu! heu!* et du nom de notre grand'-mère Ève (*Heua*), qui fut la mère de toute douleur ici-bas. « Je veux, dit-il, en l'honneur des Muses, me passer la fantaisie de cette étymologie. » Elle est en effet assez fantastique ; mais quel honneur en retirent les Muses ?

¶ BRIMER. — Un officier, ancien élève de Saint-Cyr, m'écrit pour me demander d'où peut venir le mot *brimer*, employé à l'école militaire dans le sens de *vexer*, mais avec une nuance d'acception plus vive. *Brimer le conscrit*, c'est le plaisanter, le tourmenter, l'humilier par toute sorte de caprices, d'exigences, d'insolences auxquelles il doit se soumettre, car elles constituent le droit et le privilége de l'*ancien*.

Pour découvrir l'origine du sens métaphorique, il faut avant tout rechercher le sens propre.

On lit dans le *Cours complet d'agriculture* de Bosc : « BRIMÉ ou TACONÉ. Lorsque après une petite pluie, » un fort soleil se montre, les gouttes d'eau restées » sur les grains de raisin s'échauffent, et la peau à cet » endroit se brûle, se sphacèle. Il en résulte des taches » qui s'opposent à la croissance ultérieure de ces grains » et nuisent à la bonne qualité du vin. »

Voilà donc ce que c'est que *le brimé*, substantif. Voyons si nous ne pourrions pas rencontrer quelque part le verbe lui-même.

Dans le *Roman du châtelain de Coucy*, le héros du poëme ayant passé la nuit en plein air pour attendre un rendez-vous,

> Du froit y souffri grant martire,
> Car en cel jour la matinée
> Estoit gresilliée et *brimée* (1).
>
> (Page 209.)

Cela veut dire qu'il avait gelé blanc, qu'il avait fait un de ces brouillards glacés qui grillent ou grésillent les feuilles de la vigne, par exemple. Le mot propre

(1) Je n'hésite pas à lire *brimée* au lieu de *rimée* que porte le texte imprimé.

pour exprimer cet effet, c'est *brouir, brouissure*, dont l'étymologie manifeste est le latin *pruina*.

> Longa pruinosa frigora nocte pati.
>
> (OVIDE.)

C'est ce qui était arrivé au pauvre châtelain de Coucy : il avait été *brimé*. Et *brimer* n'est qu'une autre forme de *bruiner, brouir*.

Le passage du sens propre au sens métaphorique est facile à saisir. Sur quoi j'admire deux choses : d'abord la justesse et le pittoresque de cette figure ; ensuite comme les mots se conservent purs dans des recoins de la langue où personne ne va regarder. C'est apparemment quelque fils de vigneron qui aura apporté *brimer* à l'école de Saint-Cyr ; ce n'est pas cela qui m'étonne, mais l'instinct avec lequel ce mot expressif a été adopté tout de suite par les autres élèves qui ne le connaissaient pas.

Je remarque que, dans le vieil anglais, *brim* est un adjectif qui signifie sévère, fier, horrible :

> Baleful shrieks of ghosts are heard most *brim*.
>
> (SACKVILLE, *Induction*.)

« On entend avec horreur les cris lamentables des revenans. »

Je note ce rapprochement pour quelque analogie toute fortuite du sens, car il n'y en a aucune d'étymologie. Robert Nares, dans son glossaire, dit que *brim* est un mot saxon.

¶ S'EXBIGNER. — Terme du vocabulaire du peuple,
sans équivalent dans le Dictionnaire de l'Académie.
Désaugiers l'a employé dans le pot-pourri de la
Vestale :

AIR *des Trembleurs.*

Les cris d'la belle évanouie
Donnent l'alerte à l'abbaye
Qui s'réveille toute ébaubie,
Et l'amant, qui s'sent morveux,
Voyant qu'on crie à la garde,
S'exbigne en disant : Si j'tarde,
Si j'm'amuse à la moutarde,
Nous la gobons tous les deux !

La *bigne* est une sorte de pioche ; diminutifs, *binette*
et *bignon.* De cette racine viennent les verbes *biner*,
rebiner, *esbigner*, c'est-à-dire tirer de terre, arracher
avec la bigne. *S'exbigner*, métaphoriquement *rapere
se e conspectu*, s'enfuir. Mais *s'enfuir* est loin d'avoir
l'énergie de *s'exbigner*.

Ce mot est donc de très-bon français en droit. En
fait il n'est pas du français canonique, officiel. Pourquoi?... Pourquoi l'Académie l'a-t-elle repoussé ? Parce
qu'il vient du peuple. C'était presque une raison pour le
recevoir ; c'en était une au moins pour l'examiner avant
de le proscrire.

Pourquoi l'Académie, qui donne *biner* et *binage*, ne
donne-t-elle ni *binette* ni *rebiner* ?

Que dirait-on d'un professeur de logique qui tantôt
admettrait les principes en repoussant les conséquences,
tantôt proclamerait les conséquences en refusant de
reconnaître les principes ? C'est pourtant ce que fait

l'Académie à l'égard des racines et des dérivés. Il existe peu de livres aussi illogiques que son Dictionnaire.

Le patois napolitain conserve *s'exbigner*, qui sans doute lui a été porté par les soldats français. « SBIGNA (dit le *Vocabulaire napolitain* de 1789), partir, *andar via, fuggire.* » Vous trouverez ce mot employé à chaque instant dans le *Pentamerone* du comte Basile : « Renza » disse..... ca se ne sarianno *sbignate* 'nsiemme. » (*Lo viso.*) — « Laurence dit au prince qu'au lever de l'aurore, ils *s'exbigneraient* ensemble. »

Mais comment exiger que l'Académie nous mette à même d'entendre Désaugiers, quand elle ne fournit pas même les moyens d'entendre toujours La Fontaine et Corneille !

¶ ÇAMON. — Je crains d'avoir mal expliqué ce mot dans le *Lexique de Molière*, où je prends *mon* pour une transformation du latin *num*, au sens de *n'est-ce pas*, affirmatif.

Voici mon opinion d'aujourd'hui.

Mon représente à lui seul toute une phrase : *C'est mon avis.* Souvent on se bornait à dire *c'est mon*, et l'on a encore réduit cet abrégé en disant *mon* tout court.

La formule est normande. Les Normands disaient *avis* ou *viaire* (*visum*). Je tire les exemples suivans de la *Chronique des ducs de Normandie* :

> Ne me fut *avis* ne *viaire*
> Que j'en deusse autre rien faire...

> Mais ne nous est pas à *viaire*
> Que...
>
> Sire, fait-elle, *ce m'est viaire...*
>
> C'en est lo mieux, *ço m'est viaire...*

Ainsi voilà la formule approbative ou affirmative : *C'est mon avis, c'est mon.*

Çamon est composé de trois mots, *ce a mon*, dans lesquels il faut isoler le dernier qui, je le répète, constitue seul toute une phrase.

Prenons des exemples pour être plus clair.

> Si l'on disoit en oyant en sermon,
> Il a bien dit, je respondrois ; *Ce a, mon.*
>
> (*Le Miroir de l'âme pécheresse.*)

J'écris ce passage avec une virgule : *Ce a, mon.* « Je répondrais, il a fait cela, il a bien dit, *mon*, c'est mon avis, assurément. »

« — Dame, dist li sires, il a fet moult bele nuit annuit, et moult clere ! — Certes, sire, *ce a, mon*, fet, ce dist la dame. » (*Roman des sept sages*, p. 57.)

« Il a fait cela, une nuit très-belle et très-claire, *mon*, c'est aussi mon avis. » La dame pouvait répondre tout simplement *çamon*.

Autre exemple, celui-ci avec négation :

> Ta suer n'a mie peliçon.
> — En nom Dieu, mère, *ce n'a mon.*
>
> (MÉON, *Nouveau recueil*, I, 205.)

« Ta sœur n'a pas de pelisse. — Ma mère, elle n'en a pas, *mon*, certainement. »

Insensiblement *çamon* est devenu un mot unique,
indivisible, servant à l'affirmation :

> Vez, voici le plus hardi home
> Qui soit d'Illande jusqu'à Rome,
> Il a plus de cuer qu'un lion.
> Et cil respondent que *ce a mon*.
>
> (MÉON, *Nouveau recueil*, I, 253.)

Ils répondent que *çamon*. Ils répondent que *ce a
leur*, qu'il avait un cœur de lion, à leur avis ; mais on
ne tient plus compte de l'analyse de la locution : cette
locution est faite, on s'en sert telle quelle. Nous disons
de même : *Voici, messieurs*..., lorsqu'il faudrait, pour
l'exactitude de la syntaxe, *Voyez ci, messieurs*.

Les enfans, les gens du peuple font de *s'il vous
plaît* un adverbe : « Hé, Jean ! prête-moi ton couteau,
s'il vous plaît ? » Les gens lettrés se mettent à rire.
Un académicien dira à ses confrères, en levant les
épaules : « *Voilà, messieurs*, le langage absurde de ces
pauvres ignorans ! Mais nous !... »

Encore un exemple, pour montrer que *ce a* ne se lie
pas avec *mon*, mais se rapporte à l'idée précédemment
exprimée :

> Ha, sire Dieu, com de cuer fiu
> Te devons bien glorifier !
> — Par foy, dame, *ce devons, mon* !
>
> (*Th. du moyen âge*, p. 264.)

Nous devons cela, te bien glorifier ; *mon*, certainement, c'est mon avis. Il faut donc écrire *le devons, mon.* une virgule après *devons*.

Mon est donc en fait notre adjectif possessif descendu à la condition de simple particule affirmative, et cela par suite d'une ellipse méconnue elle-même. Il y a bien des mots dont la fortune est ainsi déchue ; je ne citerai que le participe passé du verbe *ouïr*, qui depuis un tems immémorial fait le service d'adverbe. Jusqu'au XVIᵉ siècle on lui conservait du moins ses deux syllabes, témoignage de son véritable rang ; mais on lui a supprimé jusqu'à ce vain souvenir de sa noble origine. Ce sont les poëtes qui ont consommé sa dégradation. Le jour n'est pas éloigné peut-être où *entendu*, *convenu*, *conclu*, et autres semblables seront aussi relégués parmi les adverbes et méconnaissables à l'œil même des grammairiens académistes.

¶ Bête a deux dos (*Faire la*). — Voltaire a mis une affectation maligne à reproduire le passage où Shakspeare emploie cette expression ; il y revient chaque fois qu'il s'agit du théâtre anglais et de ceux qui l'admirent :

« Nous ne pouvons trop nous plaindre que le traduc-
» teur nous ait privés avec la même cruauté des plus
» belles scènes de l'*Othello* de Shakspeare. Avec quel
» plaisir nous aurions vu la première scène à Venise
» et la dernière en Chypre ! Un Maure enlève d'abord
» la fille d'un sénateur. Iago, officier du Maure, court
» sous la fenêtre du père : le père paraît en chemise
» à cette fenêtre.

» — Têtebleu ! dit Iago, mettez votre robe, un

» bélier noir monte sur votre brebis blanche. Allons,
» allons, debout ! Descendez, ou le diable va faire de
» vous un grand-père !

» — LE SÉNATEUR. Quel profane coquin me parle
» ainsi ?

» — IAGO. Eh ! oui ; sachez que votre fille Desde-
» mona et le Maure Othello font à présent *la bête à*
» *deux dos.* » (*Appel à toutes les nations de l'Europe.*)

Cet *Appel* est de l'année 1761 ; en 1776, dans sa
Lettre à l'Académie française, Voltaire ramène encore
cette citation, et il met en note : « Nous demandons
» pardon aux lecteurs honnêtes, et surtout aux dames,
» de traduire fidèlement ; mais nous sommes obligé
» d'étaler l'infamie dont les Welches ont voulu couvrir
» la France depuis quelques années. »

Assurément la métaphore manque de noblesse tra-
gique et de délicatesse, et *Zaïre* est écrite d'un plus
beau style : ce n'est pas de cela que je dispute. Mais
on eût bien étonné Voltaire, qui lui eût appris que cette
scandaleuse expression, Shakspeare l'avait empruntée
à la langue française elle-même, à notre vieux théâtre
français ! et le fait ne saurait être douteux. Véritable-
ment ce n'est pas dans des tragédies, c'est dans les
farces du XVIᵉ siècle, qu'on rencontre cette expression (1). Mais qu'importe, en bonne foi ? et surtout pour
Shakspeare, qui mêlait systématiquement les deux
genres.

(1) *Othello* est de 1604.

LE BADIN.

Vous n'y allez pas par compas !
Et que dyable faictes-vous ?
Vous *faictes la beste à deux dous !...*

> (*Farce du badin qui se loue*, Anc. th. fr., I, 188.)

Mot ! mot ! paix ! paix ! là je les os.
Hon !.... ils *font la beste à deux dos !...*

> (*Farce d'un gentilhomme*, Ibid., I, 259.)

Sire Dieu, fais croistre les bledz
Afin que ne soyons trouvez
En *faisant la beste à deux dos !*
Te rogamus, audi nos.

> (*Anc. th. fr.*, II, 121.)

Cette parodie des litanies de l'Église paraît un peu
bien irrévérencieuse. On ne la souffrirait pas aujour-
d'hui, et l'on aurait raison, parce que nous sommes
dans un siècle immoral, irréligieux et pervers ; mais,
au *bon vieux tems*, tout n'était qu'édification, jusqu'aux ordures et aux impiétés.

La bête à deux dos avait engendré le verbe *dosnoier*
et le substantif *dosnoi*, plus honnêtes dans la forme,
et qui, outre leur sens littéral, s'employaient aussi
dans l'acception générale d'amour, volupté, prendre
du plaisir. Voici des exemples de l'un et de l'autre :

Il et la dame demaine son *dosnoi.*

> (*Aubri le Bourguignon.*)

Quant li vallés espousé eut,
Et sa femme le vous aqueut (accueille)
Et nuit et jour à *dosnoier*
A acoler et à besier.

> (*Du vallet aus XII femmes.*)

Se scéussiez rien de *dosnoi*
Grant pitié vous presist de moi.
(Partonopeus, v. 7033.)

C'est-à-dire tout simplement : Si vous connaissiez l'amour.

L'auteur de *Garin le Loherain* vantant la vigueur du bras de Begon :

Qui il ataint n'a soing de *dosnoier*.
(Garin, II, p. 84.)

où l'éditeur, M. P. Paris, met en note : « *Dosnoier*, faire le plaisant. »

Dosnoier est ce que les Latins disaient *amori* ou *voluptati indulgere*. La racine est le mot français *dos*. Le provençal a *domnei* et *dompneyament*, tous deux pris du français *dosnoi* et *dosnoiement*. On sait que l'*o* se sonnait souvent *ou* : le dos, *le dous*. C'est ce qui fait que l'on rencontre les formes *douznei* et *dousneier*, qui peuvent dérouter au premier coup d'œil. Par exemple, dans la *Chronique des ducs de Normandie* :

« Ah ! mon corps, s'écrie un moine repentant de ses débauches, ah ! mon corps, quelles peines vous attendent ! Désormais plus de volupté pour vous. Dieu, faites-moi miséricorde ! »

Jà n'os (1) tiendra mais de *douznei* !
Diex, or aiés merci de mei !
(Chron. des ducs de Normandie, II, p. 356.)

Le duc Guillaume s'en revient joyeux d'une bataille

_____
(1) *N'os* syncope de *ne vous* — *n'ous*.

qu'il a gagnée ; il n'avait pourtant pas l'air d'un chevalier qui sort d'une partie de plaisir ; son heaume était
percé, son haubert sanglant, etc. :

> Mais ne semblet pas chevalier
> Qui fust eissuz de *dousneier*...
>
> (*Ibid.*, I, 147.)

Dom Carpentier se trompe lorsqu'il rapporte *dosnoi*
et *dosnoier* au latin *donatus*, un bâtard. Le français
disait aussi *un donné* ou *donnet* dans ce sens ; mais
c'est une autre famille de mots.

CHAPITRE VI.

Rien moins et rien de moins. — Les pendus. — Trois petits pâtés,
ma chemise brûle ! — Porter les culottes. — Porter un poulet. —
Radoter. — Éclanche et gigot. — Un petit peu. — Foutre le camp
et Jean-foutre.

¶ RIEN MOINS. — Un candidat à un emploi du gouvernement se flattait de l'emporter, lorsqu'on l'avertit
qu'il a pour concurrent secret et redoutable monsieur
un tel. « Quoi ! *un tel* ! mon ami de vingt ans, qui tous
les jours me serre la main, et le confident de toutes mes
démarches et de toutes mes espérances?... Allons donc !
c'est impossible. » Puis par réflexion (car le poste était
lucratif) il écrit à un ami commun pour s'enquérir
confidentiellement de la vérité du fait. Celui-ci, honnête
homme et de plus membre de l'Académie française,
répondit : « Personne n'est plus à même que moi
» d'éclairer vos soupçons; il faut être net : je vous le
» déclare donc, monsieur *un tel* n'est *rien moins* que
» votre concurrent, ne songe à *rien moins* qu'à vous
» supplanter. Agissez en conséquence. » Parbleu ! j'en
étais bien certain, se dit le candidat rassuré, et il dor-
mit sur ses deux oreilles. A quinze jours de là, en dé-
pliant son journal, il voit, stupéfait : « Le ministre vient
de nommer aux fonctions vacantes monsieur *un tel*. » Il

n'en peut croire ses yeux ; il court, le journal en main, chez son correspondant : « Hé bien ! *un tel* a la place ! Vous m'aviez joliment renseigné !... — Sans doute. Que vouliez-vous de mieux ? — Qu'au lieu de m'endormir et de paralyser mes démarches... — Moi ! j'ai tout fait au contraire pour vous donner l'éveil sur votre danger. — Ah ! ceci est un peu fort ! Voilà votre lettre : « *Un tel* n'est *rien moins* que votre concurrent. » Cela veut dire qu'il ne l'était pas. — Cela veut dire qu'il l'était. — Mais non ! — Mais si ! — Je ne suis pas cause si vous n'entendez pas le français ! — C'est vous qui ne parlez pas français, académicien que vous êtes ! — Une injure n'est pas un argument. Voyons, voulez-vous nous en rapporter à une autorité ? — Volontiers. — Voici le Dictionnaire de l'Académie... — Belle autorité, ma foi ! Allez demander à mon compagnon si je suis larron ! — Eh ! mais, enfin, laquelle accepterez-vous ?... » Après quelques difficultés, on tomba d'accord de s'en remettre au *Dictionnaire des difficultés de la langue française*, de Laveaux. Le volume apporté, on lut :

« RIEN MOINS, expression adverbiale qui a quelque-
» fois deux acceptions opposées. Avec le verbe *être*,
» *rien moins* signifie le contraire de l'adjectif qui le
» suit : *Il n'est* RIEN MOINS *que sage* veut dire : il n'est
» pas sage... »

« Là ! vous voyez, s'écria le solliciteur désappointé : *Il n'est* RIEN MOINS *que votre concurrent* signifie : il n'est pas votre concurrent. — Attendez, reprit l'académicien ; *concurrent* n'est pas un adjectif. Suivons, s'il vous plaît :

« ... Mais quand cette expression est suivie d'un
» substantif (comme *concurrent*, par exemple), elle
» peut avoir, selon la circonstance, un sens positif ou
» négatif : *Vous lui devez du respect, car il n'est*
» RIEN MOINS *que votre père*, c'est-à-dire, il est votre
» père. — *Vous ne lui devez point de respect, il n'est*
» RIEN MOINS *que votre père*, c'est-à-dire, il n'est pas
» votre père... »

« Eh ! comment voulez-vous que j'aille distinguer si *concurrent* est adjectif ou substantif ? — Avec le Dictionnaire de l'Académie, tiens ! — Au diable votre dictionnaire, et la grammaire, et la chienne de règle qui me coûte ma place ! — Oh ! si vous êtes si vif !.... Il faut du sang-froid pour apprendre. Sans moi, vous perdriez la conclusion finale : — « ... Au reste, il faut
» autant qu'on peut éviter cette façon de parler,
» à cause de l'équivoque qu'elle présente assez souvent. »

On me fait l'honneur de me déférer ce cas litigieux.

Je commence par mettre hors de cause le *Dictionnaire des difficultés*, bon livre, mais qui se borne à présenter l'inventaire exact, le procès-verbal à jour de l'état de la science, sans manifester la prétention d'avoir des doctrines à soi. Il suit religieusement pas à pas l'Académie française, à laquelle par conséquent s'attache la responsabilité tout entière des solutions présentées par Laveaux.

L'Académie est faite pour résoudre les difficultés, et

ce n'est pas résoudre une difficulté que de dire : évi-
tez-la. Avec cette méthode commode, on ferait immédiatement tomber en désuétude un dixième de la langue
française.

L'Académie, pour se tirer d'embarras, n'a pas besoin
d'inventer ni de prendre sur elle ; non : elle n'a qu'à
constater l'usage des auteurs classiques, et tout au
plus à le justifier par l'analyse. On ne lui en demande
pas davantage. Ici , par exemple, il suffirait d'ouvrir
Molière. (Un académicien devrait-il même avoir besoin
de l'ouvrir.)

CHRYSALE.

Mes gens à la science aspirent pour vous plaire,
Et tous ne font *rien moins* que ce qu'ils ont à faire.

Ce qu'ils font le moins, c'est leur ouvrage. Ce qu'ils
ont à faire est la dernière chose dont ils s'occupent.

ARISTE.

Un pédant, qu'à tout coup votre femme apostrophe
Du nom de bel esprit et de grand philosophe,
D'homme qu'en vers galans jamais on n'égala,
Et qui n'est, comme on sait, *rien moins* que tout cela.

Il sera tout ce que vous voudrez plutôt que bel esprit,
grand philosophe, poëte galant inimitable. De tous les
titres possibles, ce sont là ceux qui lui conviennent le
moins.

Écoutez Molière parlant en son propre nom à
Louis XIV, dans son premier plàcet à l'occasion du
Tartufe , où les faux dévots dénonçaient une attaque
à la religion : — « Ma comédie n'est *rien moins* que

» ce qu'on veut qu'elle soit. » C'est-à-dire , ce que ma comédie est le plus loin d'être, c'est ce qu'on veut qu'elle soit.

Vous voyez que Molière ne varie pas dans l'emploi de cette tournure, et que l'analyse rend facilement compte du rôle des mots *rien* et *moins,* en suivant leur sens habituel.

Maintenant je voudrais voir par quelle subtilité d'analyse on tournerait ces trois exemples dans le sens contraire : *Mes gens font complétement leur besogne.* — *Monsieur Trissotin est un miracle de la nature.* — *Ma comédie est précisément ce que prétendent les hypocrites.*

On le pourrait cependant à l'aide d'un changement minime dans la locution, *rien* DE *moins* au lieu de *rien moins.* Oublions la logique du discours, les sentimens du personnage, et ne voyons que la syntaxe : *Mes gens à la science aspirent pour vous plaire, et tous ne font* RIEN DE MOINS *que ce qu'ils ont à faire :* — font tout ce qu'ils ont à faire, rien de plus, rien de moins.

Trissotin n'est RIEN DE MOINS *qu'un génie.* Il ne lui manque rien pour être un génie ; c'est un génie complet : rien de moins.

On n'a pas calomnié ma comédie, et, quelque forte que soit l'expression, ce n'est RIEN DE MOINS *qu'une impiété et un sacrilége.* C'est un sacrilége dans toute la force du mot.

Par conséquent les termes de l'académicien étaient de nature à induire en erreur : *Un tel n'est* RIEN MOINS *que votre concurrent*, c'est-à-dire, est tout au monde plutôt que votre concurrent. — *Vous lui devez le respect, car il n'est* RIEN DE MOINS *que votre père*, à la bonne heure. Et si l'on comprend la phrase avec *rien moins*, c'est que la pensée est entraînée par la logique de l'idée, et ne s'arrête pas à éplucher une faute de syntaxe résultant de l'absence de ce petit mot *de*. Cette rapidité de l'intelligence a introduit dans le discours beaucoup de vices qui passent ensuite dans la langue écrite ; alors l'inconvénient qui avait échappé à l'oreille saute aux yeux.

C'est contre ces entraînemens et ces surprises qu'il faudrait pouvoir mettre le poids de la gravité académique.

Mais si l'Académie elle-même jette son poids dans le plateau de l'erreur, comment la vérité l'emporterait-elle ? Tout est perdu ! « *Vos estis sal terræ ; quòd si sal evanuerit, in quo condietur ?* » — Vous n'êtes *rien de moins* que le sel de la société ; or, si le sel lui-même s'affadit, avec quoi salera-t-on ?

L'auteur d'*Antonio Perez* est assurément, par l'élévation de son talent comme par celle de son caractère, un des hommes qui font le plus d'honneur à la France. Aucun écrivain ne mérite mieux d'être proposé comme modèle d'un style pur, net et limpide. Là-dessus il n'y a pas de conteste. Eh bien, voyez ces deux passages de M. Mignet :

« Ceux-ci, renfermés dans leur château, qui était
» très-fort, *n'étaient rien moins que disposés* à céder

» aux injonctions de la révolte. » (*Antonio Perez*
p. 160.)

Étaient-ils disposés à céder ou à se défendre? A se
défendre, c'est clair. La tournure de la phrase, ces
mots : « leur château, *qui était très-fort*, » lèvent toute
incertitude : ils étaient disposés à tout plutôt qu'à céder.
Bon ! Voyons l'autre exemple.

« La victoire remportée par le peuple de Saragosse
» sur l'inquisition *n'était rien moins que définitive*. »
(*Ibid.*, p. 164.)

Était-elle définitive ou non? D'après l'exemple précédent, d'après la règle de Laveaux, *rien moins* est ici
négatif : non, cette victoire n'était nullement définitive.
— Eh bien, vous vous trompez : elle l'était. Mais il faut
avoir lu tout ce qui précède et ce qui suit pour comprendre que c'est là le sens de l'auteur, et que l'inquisition échouait définitivement dans ses tentatives
pour ressaisir Antonio Perez.

Laissez là toutes vos éprouvettes grammaticales, et
votre verbe *être*, et vos distinctions d'adjectif ou de
substantif subséquent. La pensée n'est jamais assez tôt
expliquée ; le discours ne doit pas être une énigme,
eût-on même la recette infaillible pour en trouver le
mot (et la vôtre ne l'est pas). Pourquoi ne pas adopter
ces deux formes qui suppriment toute équivoque : *rien
moins* et *rien de moins*? Si M. Mignet eût écrit : *La
victoire n'était rien* DE *moins que définitive*, il était
impossible de s'y tromper.

Je sais que l'Académie ne manque pas d'autorités

illustres. Bossuet, par exemple, a dit : « Il ne fallut
» *rien moins* que la main de Dieu et un miracle visible
» pour les empêcher d'accabler la Judée. » (*Révolu-*
tions des empires.) — « Il y a dans l'église de Sardis
» un petit nombre de fidèles qui n'ont pas souillé leurs
» vêtemens..., vêtemens qui ne sont *rien moins* que
» Jésus-Christ même. » (*Orais. fun. de Marie-Thérèse*
d'Autriche.) Il est certain que cette expression isolée
du reste est équivoque. Elle a beau venir de Bossuet :
au-dessus de l'autorité de Bossuet, il y a l'autorité de
la logique et la nécessité d'être net, qui est le génie
de la langue.

La première de ces deux phrases de Bossuet finit
ainsi : « On leur vit envahir le royaume de Babylone,
» où la famille royale *étoit défaillie.* » Or l'Académie
n'approuve pas cet emploi du participe passé. Pourquoi dans un cas s'arrêtera-t-elle devant l'autorité de
Bossuet, et dans un autre cas passe-t-elle outre ?

Il faut demander, demander sans relâche à l'Académie d'abord de dresser un canon d'auteurs ; ensuite
de ne pas hésiter à juger les écrivains même de son
canon, et à les condamner au besoin haut et ferme.
Car personne n'est infaillible, Bossuet pas plus qu'un
autre. Et puis, nous autres gallicans, nous mettons le
concile au-dessus du pape.

¶ PENDUS. — C'est chose merveilleuse que la fidélité
avec laquelle le peuple garde le dépôt des traditions.
Tous les jours nous lisons dans les journaux qu'un

malheureux s'est pendu ; des voisins , des ouvriers
étaient arrivés avant qu'il eût rendu le dernier soupir ;
mais ces gens , sous l'empire d'un préjugé populaire
profondément enraciné, n'ont pas osé couper la corde
avant d'avoir appelé le commissaire , et, pendant ce
tems, le suicide a été consommé. Là-dessus quantité
de réflexions philosophiques sur la barbarie et l'absurdité de cette opinion du peuple. On se demande chaque
fois ce qui a pu donner naissance à un préjugé si fu-
neste et si contraire à l'impulsion de la nature ; car,
enfin , le premier mouvement n'est-il pas de courir au
secours et de détacher le corps, etc., etc.?

Oui, c'est le premier mouvement, c'est l'impulsion
naturelle , à ce point qu'il a fallu édicter des peines
sévères pour l'arrêter.

La justice n'a pas toujours été environnée de cet
appareil de formes , de ces garanties solennelles au
milieu desquelles nous la voyons marcher aujourd'hui.
Durant tout le moyen âge, et même longtems auparavant, la procédure était parfois très-sommaire. Par
exemple, on saisissait un espion, un scélérat quelconque en flagrant délit, l'autorité ne perdait pas son
tems à instruire l'affaire, à la plaider contradictoire-
ment, par avocats , devant une assemblée de juges.
Point! c'est à faire à gens civilisés. On accrochait mon
coquin au premier arbre qui se rencontrait, et l'armée
continuait sa route. La justice civile n'en usait pas
autrement ; elle pendait aux ormes des grands chemins. C'est seulement au xıv^e siècle, sous Philippe

le Bel, qu'elle eut un lieu attitré pour les exécutions
et un gibet officiel dans les fourches patibulaires de
Montfaucon, élevées par Enguerrand de Marigny, lequel
y termina lui-même ses jours déshonorés par la calomnie. Jusque-là on avait la chance, en faisant une petite
promenade bucolique, de se trouver inopinément, au
fond de quelque aimable solitude, nez à nez avec un
pendu. Le premier mouvement, comme vous dites,
était de courir au secours et de couper la corde ; mais
alors que devenait la justice ? Pour assurer l'impunité
du crime, il eût suffi au criminel d'avoir un compère en
embuscade, qui serait arrivé sur les talons du bourreau.
Heureusement la loi salique y avait mis bon ordre :

« TITRE LXIX. *Article* 1er. — Celui qui décrochera
» un pendu du gibet, sans la volonté du juge, sera mis
» à l'amende de dix-huit mille deniers, ou quarante-
» cinq sous.

» *Article* 2. — Celui qui, sans le consentement du
» juge, aura osé détacher un corps de la branche où il
» était accroché, paiera une amende de douze cents
» deniers, qui font trente sous (1). »

Ces dispositions pénales s'étaient gravées dans la
mémoire du peuple, qui les avait formulées *en reprouvier*, en proverbe :

> Car on seult dire en reprouvier :
> Qui le pendu despendera,
> Dessus son col le faix cherra.
>   (*Le Castoiement.*)

_____

(1) Voyez ISAMBERT, *Lois salique et ripuaire*, 1828.

Ainsi, en décrochant le corps, on devenait responsable du crime qui l'avait fait pendre.

L'impression de cette terrible loi salique, œuvre de Pharamond ou de Clovis, s'est continuée jusqu'à nous. Le peuple se dit encore, au XIXᵉ siècle comme au Vᵉ : Ne touchons pas à un pendu hors de la présence d'un magistrat ! C'est là sans doute un des plus singuliers exemples de la persévérance des traditions, et ce n'est pas le seul.

Notons, en passant, que l'auteur de la loi salique n'a pas dû se préoccuper de la crainte d'empêcher de secourir les suicides : le suicide n'existait pas alors, c'est un fruit de la civilisation très-avancée. Au tems de la loi salique, il n'y avait que des pendus involontaires ; aujourd'hui, tout au rebours, la pendaison juridique étant abolie, il n'y a plus que des pendus volontaires. Il faudrait donc une pénalité pour obliger de les décrocher au plus vite, comme jadis il en a fallu une pour le défendre.

↗La superstition de la *bouchée maudite* nous fournit un autre exemple de cette persistance des traditions.

Un homme était soupçonné d'un crime et voulait prouver son innocence : il avalait une bouchée de pain bénite *ad hoc* par son accusateur, après avoir prié le ciel que cette bouchée, s'il était coupable, lui servît de poison. Innocent, il avalait sans difficulté ; coupable, la fatale bouchée l'étranglait au passage.

Ingulphe raconte l'histoire du comte Godwin voulant se purger auprès d'Édouard de l'accusation d'assassinat commis sur la personne du frère du roi. Or il était bien réellement l'auteur du crime. Je citerai les vers de Philippe Mouskès. Godwin dit au roi :

> Bien sai que vous me mescréez
> De vo frere qui fu tués,
> Mais trestout aussi voirement
> Puisse je manger sainement
> Cest morsel de pain que je tien,
> Que par effort ne par engien
> N'eus coulpe en la mort de vo frere.
> Lor saina li rois le morsel
> De cuer et de proiere douce,
> Et li quens le mit dans sa bouce,
> Et fut erranment étranlés,
> Voiant le roi qui fu dalés.

« Je sais que vous m'imputez la mort de votre frère assassiné ; mais puissé-je avaler cette bouchée de pain sans conséquence, comme il est vrai que par violence directe ni par artifice je n'y eus aucune part. — Alors le roi bénit la bouchée ; le comte la mit dans sa bouche, et fut aussitôt étranglé sous les yeux du roi. »

Wace, dans le *Roman de Rou*, raconte la même chose :

> Je ne sai combien il dura,
> Mais je sai bien qu'il s'estranla
> D'un morsel que le rois saina
> A Odiham où il manja.

C'est par souvenir de cette coutume (consacrée dans les lois de Canut Ier) que le peuple dit encore de nos jours, en manière de preuve et de serment : « Je veux que ce morceau de pain m'étrangle, que cette bouchée soit ma dernière bouchée, etc., si ce que je dis n'est pas vrai. »

On se servait préférablement, pour cette épreuve, de pain d'orge ; Du Cange déclare n'avoir pu découvrir pourquoi. On y employait aussi le fromage (1). Il y avait des formules d'oraisons spéciales pour cette espèce d'exorcisme par le pain ou le fromage ; Du Cange en rapporte deux.

Il rapporte aussi une anecdote singulière tirée de l'histoire de Trèves.

Henri, duc de Limbourg, avait encouru l'excommunication, mais il ne s'en mettait guères en peine, et persistait dans tous les déportemens qui avaient attiré sur sa tête l'anathème de l'Église. Un jour, un de ses soldats, garnement de la trempe de son maître, se trouvait avec lui. C'était l'heure du dîner ; on met sur table. Alors le duc dit par manière de plaisanterie : « Va-t'en, sors d'ici, excommunié que tu es ! Tu ne mangeras pas en ma présence. — Excommunié ! dit l'autre. Où, quand, et par qui ? Je ne suis ni plus ni moins excommunié que vous ! — Attends, reprend le duc, nous allons bien voir si nous sommes excommuniés et s'il doit nous en arriver malheur. » Il y avait là un chien qui les regardait manger. « Je vais donner cette bouchée à ce chien ; s'il l'avale, nous pouvons nous moquer de l'excommunication ; sinon, gare à nous ! » Il jette la bouchée, le chien la flaire et recule.

(1) Voyez Du Cange sous Corsned. C'est le mot anglo-saxon *sned*, bouchée, *corse* (*cursed*), maudit.

Vous croyez qu'il n'avait pas faim ? Point du tout. Un des assistans lui jette une autre bouchée, le chien saute dessus et la dévore. Là-dessus il n'y eut qu'un cri d'admiration. Tous les témoins du fait s'écrièrent : « Il faut venir à satisfaction ! » Et ils y vinrent.

Ainsi l'épreuve de la bouchée fut plus efficace que les foudres ecclésiastiques, mais aussi c'était un miracle ; il n'est pas étonnant que l'impression n'en soit pas encore effacée.

¶ Dans les recherches du genre de celles qui nous occupent, rien n'est à négliger, pas même les jeux des enfans.

Il n'est pas un de nos lecteurs qui ne se souvienne d'avoir joué à quelque jeu de gage touché. Celui qui s'est laissé prendre à enfreindre les règles donne un gage. Quand il y a assez de gages, on les tire au sort, et chacun est obligé de racheter le sien par une pénitence. C'est là le beau moment, le moment du plus grand amusement, car ces pénitences sont les plus bouffonnes dont on ait pu s'aviser. Il y en a une, entre autres, qui consiste à se frapper trois fois le derrière sur le plancher, en criant : *Trois petits pâtés, ma chemise brûle !...*

Cette ridicule pénitence est la parodie d'un usage pratiqué durant le moyen âge dans quelques villes d'Italie, notamment à Sienne, à l'égard des débiteurs insolvables. Ils se libéraient en faisant pendant trois jours de suite, le matin, tout nus et au son de la cloche, le tour de la place publique; à la troisième fois, ils venaient se frapper les fesses sur une pierre blanche carrée, posée à cet effet auprès de la chapelle, en disant : « J'ai consumé et mangé tout mon avoir ; à présent je paie mes créanciers comme vous voyez (1). »

L'abbé Galiani nous a conservé le souvenir d'une ancienne coutume napolitaine analogue à celle de Sienne. C'est sur le mot *zita bona*, corruption patoise de la formule juridique *Cedo bonis*. « Nos pères, dit le cynique petit abbé, voulant punir au moins par la honte les banqueroutiers toujours prêts à user du bénéfice de la cession des biens, avaient imaginé un usage bien digne de la simplicité de leurs mœurs. Sur la place du palais de justice on voit une petite colonne ; les débiteurs insolvables étaient contraints d'y monter, et là, ayant abaissé leurs culottes, de montrer au public leur derrière tout nu, pendant qu'ils criaient trois fois : *Chi a d'avere si venga a pagare.* La petite colonne subsiste ; la loi qui y fait monter les insolvables subsiste, mais la coutume d'abaisser les culottes n'existe plus. Peut-être a-t-elle semblé immodeste ; peut-être on y a vu une insulte aux créanciers autant pour le moins qu'une humiliation pour les débiteurs. Dans notre siècle de lumières, où l'on a publié tant de beaux livres sur les délits et les peines, ce serait une question intéressante d'examiner aux sublimes clartés de l'es-

(1) Girolamo Giglio, *Diario sanese.* — Voyez aussi *Peintures des treizième, quatorzième et quinzième siècles*, t. Ier, p. 141.

prit philosophique s'il n'y aurait pas lieu de rétablir
l'usage de mettre culottes bas? Déjà il y aurait cet
avantage immédiat de retenir les gens trop faciles à
faire des crédits considérables, en leur mettant aux
yeux par quel procédé court et facile ils s'exposent à
être remboursés. » (*Vocabulaire napolitain.*)

Le rapport est trop exact pour être un effet du hasard.
L'enfant débiteur envers celui qui tient les gages se
libère comme le négociant failli se libérait envers sés
créanciers. Ces mots : *Ma chemise brûle !* sont probablement une allusion à l'état de nudité où paraissait
le triste héros de la cérémonie ; et cette nudité elle-
même était une figure du manque absolu de ressources
et d'une situation entièrement dépourvue.

Le législateur avait établi d'abord que le failli s'ac-
quitterait par la cession de tout son bien ; mais on ne
tarda pas à reconnaître l'abus : il était trop commode,
en effet, d'obtenir quittance de dettes considérables
par l'abandon de quelques débris de fortune. Alors on
entoura la cession de cérémonies humiliantes, pour
mettre le contre-poids de l'orgueil aux entraînemens
de la cupidité. Ainsi, en France, celui qui avait fait
cession était astreint à porter un bonnet vert. A Venise,
le banc du banquier sur la place Saint-Marc était
rompu officiellement (d'où vient le mot *banqueroute,
banco rotto*) ; à Sienne, on avait encore raffiné sur ces
inventions par l'espèce de promenade en l'état de pure
nature et les autres circonstances que j'ai dites plus
haut.

Et ces sages combinaisons des politiques d'autrefois sont aujourd'hui un jeu d'enfans (1).

La même coutume existait à Florence. La cérémonie se pratiquait dans le Marché-Neuf, sur une dalle de marbre appelée la dalle du *carroccio*, parce que l'on y faisait stationner le *carroccio* lorsque Florence préparait le départ de ses troupes. *Dare il culo il sul lastrone* est une locution florentine pour exprimer faire faillite, ou bien renoncer à la succession paternelle. Brunetto Latini :

> Egli ha dato del cul in sul petrone.
>
> (*Pataffio*, cap. i.)

Et Lippi, parlant des femmes qui par leur luxe ont ruiné leurs maris :

> Donne che fero gia per ambizione
> D'apparir gioiettate e luccicanti
> Dar il cul ai mariti in sul lastrone.
>
> (*Malmantile*, VI, st. 73.)

(1) Le livre de Gigli étant devenu fort rare, je pense qu'on sera bien aise de trouver ici le texte dont il s'agit :

« Allato alla cappella di piazza, non lungi della porta del sale, » vedesi in terra una bianca lapide quadra, posta per l'effetto che qui » si dirà. Coloro che si trovano carcerati per debito civile, e non » hanno da soddisfare altrimenti ai creditori loro, hanno benefizio » dallo statuto di cedere ai beni (*sic*), et girare per tre mattine, all'ora » della campana, ogni mattina una volta la piazza, accompagnati dalli » sbirri e nudi, fuori che nelle parti da ricuoprisi. E nell'ultima » mattina, compita la girata, sono sforzati dalli sbirri a battere in » questa pietra le natiche, dicendo queste parole dallo statuto pre- » fisse : io ho consumato e pappato tutte le mie robe; ora io pago » i miei creditori di questa maniera come vedete. Ma un tal atto sic- » come lascia una gran nota d'infamia, così non è praticato se non da » persone di vil nascita et d'animo più vile. » (*Diario sanese*, II, 188.)

Le mariage de Catherine de Médicis, qui a introduit en France tant de modes et de locutions italiennes, peut bien dans le nombre y avoir fait connaître celle-là, et donné naissance au jeu qui la parodie.

¶ PORTER LES CULOTTES. — Cette métaphore pour exprimer qu'une femme domine son mari nous vient du XIIIe siècle. Hugues Piaucèle, trouvère du tems de saint Louis (1), nous a laissé le fabliau de *Sire Hain et dame Anieuse*, qui paraît le point de départ de cette façon de parler.

Sire Hain était un brave tailleur très-habile à raccommoder *coteles et mantiaux*. Sa femme, revêche, taquine, mettait tout son bonheur à le contrarier. Le bonhomme voulait-il manger des pois en grains, elle les lui servait en purée ; les demandait-il en purée, on les lui servait en grains. « Je mangerais bien du bouilli ! » il était sûr de voir arriver du rôti, et encore tout sali de cendres. Une fois il dit à sa femme : « Ma chère amie (car il la traitait toujours avec une extrême douceur), ma chère amie, j'aurais aujourd'hui appétit de poisson. Si vous alliez m'en acheter ? — Quel poisson ?... De rivière ? — Non, non ! de mer ; je ne puis souffrir les arêtes. — Cela suffit ! »

Elle s'en va trouver un sien cousin germain, pêcheur de son métier : « Guillart, je viens chercher des épinoches. Mon mari veut du poisson à arêtes : c'est son

(1) Lacroix du Maine le met à la date de 1260.

goût ! » Guillart livre des épinoches, petit poisson ainsi
nommé parce qu'il est rempli d'épines. Le mari, du
plus loin qu'il la voit : « Ah ! sois la bienvenue, ma
femme ! Est-ce de la raie ou du chien de mer ? — Ni
l'un ni l'autre. Êtes-vous fou ? ne savez-vous pas qu'il
a plu toute la nuit ? tout le poisson de mer pue. — Il
pue ?... Hé, mon Dieu ! tout à l'heure j'en ai vu passer
de si bon dans un panier !... — Oui ! vous en direz
tant que j'enverrai tout au diable ! Tenez ! tenez !... »
Et là voilà qui sème les épinoches dans la cour. « Mon
Dieu, ma femme, je ne peux donc pas te dire un
mot ? en vérité, tu me tiens trop court ! j'ai honte
devant les voisins de me laisser mener ainsi. — Bah !...
Eh bien ! résistez un peu, si vous l'osez ! — Tais-toi,
méchante créature ! Tiens, si je n'étais pressé de
besogne, que c'est demain le marché, tu me le paierais tout à l'heure ! — Je vous le paierais ? Ah ! vraiment ! je ne vous en dis... *beuse* (1). Voyons, venez-y
donc !... »

Sire Hain, très-courroucé en dedans, réfléchit une
minute : « Écoute, Anieuse, cela ne peut continuer de
la sorte. Nous ne serons jamais bien ensemble tant
que nous ne serons pas convenus qui doit conduire le
ménage. — Vous voulez convenir d'un chef ? et par
quel moyen, dites un peu ! — Oui, je le dirai. Demain matin j'ôterai mes culottes ; je les poserai à terre
dans notre cour, et celui des deux qui pourra s'en

(1) Bouze.

emparer aura prouvé qu'il doit rester maître et seigneur au logis. — Ma foi, dit Anieuse, j'y consens de tout mon cœur. Mais, si c'est moi qui gagne les culottes, quel témoin en aurai-je? Il faut prendre nos voisins : le père Simon et ma commère Aupais. Je vais les appeler ! — Ah ! mon Dieu ! Anieuse, comme tu es pressée ! tu crois déjà tenir le gouvernement de notre maison ! enfin, soit ! »

Simon et sa femme arrivent ; on les met au courant de l'affaire, et, les culottes étant déposées au milieu de la cour, ils prennent place comme juges du camp. Le combat commence ; c'est Anieuse qui porte le premier coup, et « à *plains bras*, » en disant : « Vilain, je te déteste ! Tiens ! garde-moi ceci ! » Hain riposte, en invoquant le Saint-Esprit. Le duel se poursuit de la sorte, et le poëte se complaît à le décrire et à compter les horions donnés et rendus. Les époux se prennent aux cheveux, se frappent au visage, le sang coule, chacun fait du pis qu'il peut. La culotte tiraillée s'en va en lambeaux. Cette description ne remplit pas moins de cent cinquante vers, et l'on ne sait à qui reste l'avantage. Tout à coup Anieuse, en reculant, heurte une espèce de hotte profonde qu'elle ne pouvait voir ; elle y plonge et s'y enfonce, les jambes en l'air, à ne pouvoir plus remuer. Elle crie à l'aide, au secours. Le mari vainqueur commence par revêtir ses culottes, et dans sa colère voulait abuser de ses avantages ; mais Simon s'interpose, et d'un ton railleur : « Eh bien, Anieuse, as-tu ton compte? en veux-tu encore un peu?

J'espère que sire Hain t'a joliment rabattu le caquet ?
— Ah ! Simon, si je n'étais pas tombée !... Mais tirez-
moi d'ici, et l'on verra... — Non, non ! tu ne sortiras
pas de la hotte avant d'avoir juré soumission pleine et
entière à ton mari. — Comment, diable ! et s'il me bat,
il faudra que je me laisse faire ? — Entends-tu cette
diablesse, Simon, l'entends-tu ? dit le bon tailleur. —
Allons, allons, ma commère, il faut en passer par là
ou demeurer dans la hotte, à la merci de votre mari ! »
Dame Aupais joint ses remontrances et ses instances
à celles de Simon, et la triste Anieuse, confuse et
matée, abdique toute prétention au gouvernement
intérieur, moyennant quoi elle recouvre sa liberté. Ce
ne fut pas sans bien des plaintes sur la mauvaise chance
qu'elle avait eue, sans bien des invectives contre cette
maudite hotte ; mais enfin, dit le poëte, Dieu y mit
tant de sa grâce qu'elle ne se révolta plus jamais contre
l'autorité conjugale, et se montra souple et docile à
toutes les volontés de son époux.

Faites-en autant à vos femmes, dit Hugues Piaucèle,
si elles ont un mauvais caractère : rossez-les comme
sire Hain rossa dame Anieuse,

> Car cil qui a femme rubeste (1)
> Est garni de mauvaise beste !

Telle est la moralité peu galante de ce fabliau.
Mais le combat ne se dénoue pas toujours de même :

(1) Fière, insolente ; en italien, *rubesto.*

il arrive parfois que c'est le pauvre mari qui tombe
dans la corbeille. Dans ce cas-là, on dit que dame
Anieuse *porte les culottes*. C'est depuis ce mémorable
duel que le proverbe en court par le monde.

On ne publie pas assez de fabliaux ; les savans se
sont jetés sur ces masses indigestes de méchans vers,
qu'ils appellent emphatiquement des épopées, et dont
la moitié ne méritait pas l'honneur de revoir la lumière.
Qu'y trouvons-nous , en effet ? De fausses chroniques,
d'une assommante prolixité, sans esprit , sans élévation, sans intérêt, *exemplum ut* Garin le Loherain. Qui
peut lire cela ? L'éditeur même qui l'a copié l'a-t-il lu ?
—Mais les fabliaux vifs, légers, amusans, sont les por-
traits naïfs des mœurs et coutumes du tems. Ce sont
autant d'intérieurs de Rembrandt, de Gérard Dow, de
Miéris, où nos aïeux se meuvent, parlent, agissent ,
vivent enfin. On les voit, on les entend ; c'est la nature
même. Les chevaliers ont du bon quelquefois, mais il
faut les choisir. De la vie du peuple, tout plaît, ou du
moins intéresse. Pas un détail qui n'ait son prix et ne
contribue à éclairer l'ensemble d'une époque. Si le
goût, l'élégance, la modestie reçoivent dans les fabliaux
plus d'une atteinte, en revanche l'ennui ne s'y glisse
jamais. C'est un grand point ! L'esprit français qui les
vivifie, le sel gaulois qui les assaisonne me semblent
bien préférables à la pesanteur de ces prétendues
épopées. Nos fabliaux ont fait les délices de l'Europe
entière : Pétrarque, Boccace et l'Arioste en étaient
nourris; après eux, Molière et surtout La Fontaine

y ont fait d'excellentes trouvailles; si nous essayions aussi d'y goûter?... Conclusion : Publions des fabliaux, lisons des fabliaux.

¶ POULET. PORTER UN POULET.

De *porter un poulet* je n'ay la suffisance.
(REGNIER, Sat. III.)

Saumaise dérive *poulet*, billet galant, du latin *polypticum*, qui signifiait chez les anciens des tablettes composées de plusieurs feuillets. Ainsi le volumineux polyptique de l'abbé Irminon serait un *poulet*. Ménage ne pouvait manquer d'adopter cette belle étymologie, digne pendant de celle de *poltron, a pollice truncato*, du même auteur.

Furetière, qui avait plus de bon sens et moins de pédanterie, dit qu'en pliant ces lettres, on y faisait deux pointes semblables à deux ailes de poulet.

L'étymologie de Furetière est gentille, celle de Saumaise est absurde; toutes les deux sont fausses. Où Furetière a-t-il appris qu'on fît deux pointes en pliant ces billets ? Il le devine, et cela suffit pour qu'il l'affirme.

Suivant La Monnoye, ce mot n'aurait été d'usage que de 1610 à 1670 tout au plus ; mais Le Duchat, sur le vers de Regnier, corrige très-bien La Monnoye en notant deux passages des Mémoires de Sully : Henri IV disait, en 1597, que Mlle de Guise aimait bien autant les *poulets* en papier qu'en fricassée (2ᵉ partie, p. 114); et l'on appelait alors un entremetteur d'amour *un porte-poulet* (*Ibid.*, II, chap. 82, p. 248).

Pour moi, je crois cette expression traduite de l'italien, qui dit, comme le français, *portar polli; un porta-pollastri*. Mais l'italien ne dit pas *un pollo*, *un pollastro* dans le sens figuré où nous disons *un poulet*. Par conséquent les locutions *portar polli*, *un porta-pollastri* sont dans le sens propre et positif : c'est porter une volaille, celui qui porte une volaille.

La Monnoye explique que les marchands de volaille, « sous couleur de porter des poulets à vendre dans les » maisons, remettaient le billet à la personne qui était » d'intelligence (1). »

C'est encore une conjecture donnée pour un fait. Conjecture pour conjecture, je préfère celle des auteurs du *Vocabulaire napolitain*. Les académiciens *filopatridi* disent donc que cette expression *un porta-pollastri* est née au village, où l'amour se fait avec les ressources des amoureux. Un galant essaie de gagner le cœur de sa belle par l'envoi de quelque paire de pigeons ou de poulets gras. D'où est venu que ceux qui se chargeaient de ces messages ont été appelés *porta-pollastri*. L'expression napolitaine vient singulièrement à l'appui de cette origine, car ce peuple, le plus amateur qu'il y ait au monde des lazzi et des métaphores excessives, pour désigner un porte-poulet ou

---

(1) *Glossaire bourguignon*, sous POULÓ.

porte-pigeons, un ami Bonneau enfin, ne fait autre chose qu'imiter le roucoulement de ces oiseaux, *rouque-rouque!* En napolitain *rucco* est un pigeon, et *un rucche-rucche* est un rufien.

Ce mot de *rufien*, qui a tant exercé l'imaginative des Saumaises italiens, trouve ici son étymologie toute naturelle. Je traduis : « Nous ne doutons pas que cette manière antique d'injurier les entremetteurs et porteurs de poulets n'ait donné naissance au mot *rucchiano*, lequel, par une légère altération, est devenu *ruffiano* (1). »

Cela vaut mieux que de tirer *ruffien* « d'un maquereau italien nommé *Rufo* » (Ménage), ou de dire, avec Du Cange, que les filles publiques affectaient de porter les cheveux roux, tandis que les honnêtes femmes les portaient noirs (sous RUFFIANI), ou d'aller chercher dans Térence le valet Dave, qui faisait cet honnête métier et qui était roux : « Si un certain homme roux me demande. » *Si quis me quæret rufus...* (*Phormio*, I, 2.)

Rufien était un mot français dès le xive siècle. On le trouve dans des lettres de rémission de cette époque.

¶ RADOTER. — Nous nous servons du mot *recul ;* nos pères disaient *redos*. Il me semble que l'expression de nos pères était plus honnête. Les précieuses, lorsqu'elles épluchaient si joliment le français à coups

---

(1) *Vocabolario delle parole del dialetto napoletano che più si scostano del dialetto toscano, degli academi Filopatridi* (Napoli, 1789, 2 vol. in-12), au mot RUCCHE-RUCCHE.

d'épingle, ont bien oublié de tirer dehors ce *recul*, et de rétablir *redos* en sa place.

Être assis à redos; marcher à redos, c'est-à-dire à reculons. *Vous êtes redoté,* vous tournez le dos au but, par métaphore, pour exprimer : vous déraisonnez de vieillesse, vous retournez en enfance.

> Carles li magnes vielz est et *redoté.*
>
> (*Roland,* II, 245.)

> JEUNESSE, à Vieillesse, sa mère.
>
> N'oseray je aler à l'esbat
> Pour cette vieille *redotée?*...
> C'est quant que faites que hongner !
> Vous êtes toute *radotée.*
>
> (*Moralité de Charité,* Anc. th. fr., III, 348.)

« Sà à Dieu ne plaise que Thyrrenus face une si » lourde faute, ne qu'il *soit* tant *radoté* et hébété de » vieillesse ! » (AMYOT, *Hist. éthiopique,* liv. V, chap. 8.)

Notre verbe *radoter* avait autrefois la forme réfléchie, *se radoter* (1), qui valait bien mieux, en ce qu'elle exprime nettement une image et montre l'origine de cette locution. Palsgrave ne donne que la forme réfléchie : « *Je me radote, je me suis radoté.* » — Il vous fault « luy pardonner, car le povre homme *se radote!* » (Page 525.) Cela parle aux yeux, tandis que *radoter* ne dit rien à l'imagination. On ne se doute pas qu'il a pour racine *dos.*

Casaubon, un homme si redevable à l'antiquité, et qui a tant fait pour les auteurs classiques, Casaubon

(1) On dit encore *reculer* et *se reculer.*

fait venir *je radote* d'*Hérodote !*... Je ne l'ai pas vu, mais c'est Lamothe Levayer qui le dit, et Trévoux qui le répète. Les pères de Trévoux, qui ont toujours de la malice à revendre, voient dans cette opinion de Casaubon une épigramme plutôt qu'une étymologie. Eh bien, soit ! mais cette mauvaise plaisanterie fait l'effet d'un blasphème dans la bouche d'un archevêque. Cela ne reçoit qu'une explication : c'est que ce jour-là Casaubon ou l'archevêque avaient un coup de trop dans la tête.

L'adjectif *redos* n'a pas été remplacé dans la langue moderne, et, pour faire sentir l'utilité dont il était dans l'ancienne langue, il me suffira de citer ce vers de *Baudouin de Sebourg* :

> Et se estoit tenus li trahistres *redos.*

« Et le traître s'était tenu le dos tourné. »

Le dos tourné! quatre syllabes pour deux, et une périphrase au lieu d'un mot spécial ; c'est jouer à qui gagne perd. Nous avons fait beaucoup de pareils bénéfices.

¶ ÉCLANCHE et GIGOT. — On me demande ce que c'est au juste qu'une *éclanche* de mouton, si c'est le gigot ou l'épaule, et d'où vient ce mot.

La question n'est pas facile, car toutes les autorités se contredisent, les unes se prononçant pour la cuisse, les autres pour l'épaule, et aucune ne motivant son opinion. Jusqu'en 1835, l'Académie française déclarait, après Furetière, que l'*éclanche* était « la *cuisse* du

» mouton quand elle est séparée de l'animal », et elle
ajoutait : « on l'appelle aussi *gigot.* » Mais l'Académie
de nos jours a changé d'avis ; l'*éclanche,* dit-elle , est
« l'*épaule* du mouton séparée du corps de l'animal ».
L'Académie a eu la discrétion de passer sous silence
l'opinion de ses devanciers ; elle a pensé qu'on ne
remarquerait pas ce dissentiment entre les anciens et
les modernes, et s'est dispensée d'en rendre raison.
Sans doute c'est un grand avantage de parler le dernier ; mais ce n'est pas un motif, du moins auprès des
bons esprits, pour en être cru sur parole et sans autre
examen.

Je suis obligé de reprendre les choses d'un peu haut ;
je prie mes lecteurs de m'accorder patience, je leur
promets que nous arriverons à l'éclanche de mouton.

Le français du moyen âge avait l'adjectif *esclaut*
(éclaut), pour signifier *gauche.* Exemples :

« Le supliant frappa icelui Audinet le Noir en l'*es-*
» *claut bras.* » (*Lettres de grâce* de 1407.)

« Icelui Manise feut navré ou costé de l'*esclauche*
» *bras.* » (*Autres* de 1413.) — « Le supliant frappa du
» raillon sur la hanche et sur le neu de la *cuisse*
» *esclauche.* » (*Autres,* sans date.)

Du Cange hésite s'il ne faut pas lire *esclant,* et ce
doute lui est suggéré parce que la forme *esclanche* est
plus fréquente que la forme *esclauche ;* mais on sait
que les lettres *n* et *u* se substituent continuellement
l'une à l'autre : *conventus,* convent, couvent ; *mona-*
sterium, montier, moutier ; *montone,* mouton , etc.

Cela ne fait donc pas l'ombre d'une difficulté. On usait des deux formes, *ad libitum :*

> A main, ne sai droite ou *esclenche,*
> Au plus vistement qu'il peut trenche
> Les cordes à quoi l'en le hale.
>
> (G. Guiart, sur l'an 1297.)

> Renart se saigne à *main esclenge.*
>
> (*Rom. de Renart*, t. II, p. 171.)

« Se signe de la main gauche. »

> Mais ne prenez od *main esclenche*
> De lui serement ne fiance.
>
> (*Chron. des ducs de Normandie*, II, p. 2.)

On disait aussi *l'esclenche*, comme nous disons *la gauche*, en sous-entendant *main :*

> Il s'ademet par grant vertu,
> Fiert le soldan sor l'elme agu
> Que une grant partie en trence :
> Li brans cole *devers l'esclence,*
> Od le carnail trence 'orelle.
>
> (*Partonopeus*, II, p. 165.)

« L'épée coule à gauche et emporte l'oreille avec un morceau de chair. »

Nous disons qu'un homme est *gaucher ;* cela s'exprimait au xve siècle par le mot *éclanchi*. Les *Évangiles des quenouilles*, livre composé vers 1450, recommandent de ne pas asseoir sur le bras gauche l'enfant que l'on porte baptiser, car il risquerait d'être gaucher toute sa vie : — « Quant un enfant est né et prest pour » porter baptisier, soit filz ou fille, sur le bras où pre- » mier est mis prent il l'adresse et inclination. Car

» quant vous perchevez une personne *esclenchié*, au
» porter baptisier il fut premier couchié sur le bras
» *esclenche*; dont il tient à son préjudice. »

Voilà donc qui paraît suffisamment démontré :
éclanche est un adjectif féminin, synonyme de *gauche*,
et qui suppose l'ellipse d'un substantif, comme *jambe*
ou *cuisse*.

Maintenant qu'est-ce que la droite et la gauche d'un
quadrupède? Est-ce le train antérieur ou le train pos-
térieur? Je dis que c'est l'antérieur, et, pour preuve,
regardez le cavalier qui monte à cheval : sa main
gauche porte sur la crinière, et la droite est du côté
de la croupe. Le berger ou le boucher qui saisit un
mouton en rassemblant les quatre pattes deux à deux
se place de la même manière : le train de devant de la
bête répond à la main gauche de l'homme.

J'en conclus qu'une *éclanche* de mouton est une
épaule, et non pas une cuisse ; l'épaule s'appelle
éclanche, la cuisse s'appelle *gigot*.

On voit par ce qui précède combien sont arbitraires
et fausses les distinctions alléguées par le P. Joubert
et par Trévoux : « *Gigot* se dit plus qu'*éclanche* dans
» les provinces, et *éclanche* plus que *gigot* à Paris. »
(*Dict. de* JOUBERT.) — « *Éclanche* ne se dit que chez
» les bourgeois de Paris et n'a point d'usage à la cour
» ni en province. » (TRÉVOUX.) Vainement Trévoux se
couvre-t-il de l'autorité de la *Suite des Mots à la
mode* ; l'étymologie met à nu son erreur.

Borel, le rêveur Borel, veut qu'*éclanche* vienne de

clenche, un loquet de porte, attendu que la cuisse se meut dans son articulation comme un loquet dans une porte! Cette absurdité a trouvé des échos. A ce compte, tous les membres du corps seraient des *éclanches*, puisqu'ils sont tous articulés.

Esclaut, *esclanche* (car c'est de cette forme qu'il faut partir) sort manifestement d'un mot commençant par *sc*. Ce mot pourrait être le latin *scævus* (en grec, σκαιὸς), qui signifie la même chose. L'*l* y serait une consonne adventice introduite, comme il arrive si fréquemment, par le soin de l'euphonie.

Je ne sais si ce mot *esclauche* n'aurait pas donné naissance au mot *gauche* dont nous nous servons à présent, et auquel je ne connais pas de bonne étymologie. *Gauche* est des deux genres ; on remarquera, dans les exemples que j'ai cités; *esclauche* servant aussi pour le masculin et le féminin : « *L'esclauche bras ; la cuisse esclauche.* »

Si l'on supprime la consonne adventice, *escauche* est bien près de *gauche* (1).

De tout ce qui précède, je conclus que l'Académie française de 1835 a raison de définir l'*éclanche* une *épaule* de mouton. Mais il sera toujours regrettable que l'Académie ne motive jamais ses opinions. Nous ne sommes plus au tems des oracles, et la foi religieuse elle-même recherche aujourd'hui l'appui de la

---

(1) Borel fait venir *gauche* de *guencher*, le même que *gauchir*. Et *gauchir* ou *guencher*, d'où les tirera-t-il? de *gauche*.

raison. L'Académie veut-elle se montrer plus exigeante que la religion?

Après avoir réglé le compte de l'*éclanche*, revenons un peu au *gigot*.

C'est un diminutif de *gigue*, le fait est clair; mais j'aime mieux ignorer toute ma vie l'étymologie de *gigue* que de croire à Ménage, qui le fait venir de *coxa*. Je me borne, pour le présent, à ce point avéré que la *gigue* est la cuisse.

Gigue est aussi le nom d'une danse et celui d'un ancien instrument de musique. Roquefort met en doute si la *gigue* du moyen âge était un instrument à vent ou à cordes. Je tiens pour le dernier; ce nom venait de l'allemand *geige*, un violon. Dans les poésies des Minnesingers, on ne trouve que la forme *gige*, bien plus voisine encore de *gigue*.

On voit bien que *gigue*, cuisse, a produit *gigot* et *gigotter;* mais *ginguer, gingler, regingler* et *reginglette* s'éloignent déjà passablement de leur origine. Prendre des oiseaux à la *reginglette*. C'est un piége composé d'une branche fortement courbée et d'une ficelle double qui sous-tend cette manière d'arc. L'oisillon, attiré par l'appât de quelque graine, se pose, pour la becqueter, sur une chevillette qui échappe; la branche *regingle*, et la pauvre petite bête se trouve arrêtée par la patte:

Quand *reginglettes* et réseaux
Attraperont petits oiseaux.
(LA FONTAINE.)

Giguet, autre forme de diminutif. On y fait aussi le *g* dur, *guinguet*, qui s'emploie comme adjectif de mépris. Pasquier remarque qu'en 1554 on ne vendangea que des raisins verts qu'on appela des *ginguets* ou *guinguets*. — *Vin guinguet ; esprit, habit guinguet*, dit l'Académie.

Nous voici arrivés, sans nous en apercevoir, à la porte de la *guinguette*. C'est un petit cabaret rustique où le peuple *gingue*, *gigotte*, et boit du guinguet. Il s'amuse, et dès lors que lui importe si le reste va de *guingois*?

Mais un moment! ne laissons pas croire que ce *guingois* appartienne à la famille *gigot*! La Monnoye l'a fort bien expliqué : « *De guingoi*, de travers. On » dit qu'une chose va *de guingoi* comme si on disait » qu'elle va *de guignois*, du verbe *guigner*, qui vient » de *cuigner*, en écrivant *cuin*, à la picarde, pour *coin*, » parce que *guigner* c'est regarder du coin de l'œil. » Dans le poëme intitulé *l'Amant rendu cordelier à* » *l'observance d'amours*, que je crois être de Martial » d'Auvergne, on trouve page 57, *yeux gingans* pour » *guignans*. » (*Glossaire des Noëls*.) Cette dernière citation confirme ce que j'ai tant de fois répété (mais on ne saurait trop le redire), que des mots identiques de forme se rapportent souvent à des racines différentes. Les *yeux gingans* ou *guignans* de Martial d'Auvergne tiennent à la racine *coin*, et nullement à la racine *gigue*.

Ce verbe *guigner* me remet en mémoire une strophe

où Ronsard l'emploie à peindre la foudre dardée obli-
quement par Jupiter :

> Adonc le père puissant ,
> Qui d'os et de nerfs s'efforce,
> Ne met en oubli la Torce
> De son foudre punissant :
> Mi-courbant son sein en bas
> Et dressant bien haut le bras,
> Contre eux *guigna la tempeste*,
> Laquelle en les foudroyant
> Sifflait aigu, tournoyant
> Comme un fuseau sur leur teste.

Cela vaut un tableau. On serait aujourd'hui forcé de
mettre *lança la tempête ;* mais quelle différence dans
l'énergie de l'image ! Si *guigner* est devenu du style
familier et presque trivial, ce n'est pas la faute de Ronsard. Le mot, de son tems, était neuf ; il pouvait être
noble, on l'a laissé dégrader. Autant de perdu pour la
poésie !

Les Titans eurent du *guignon ;* c'est-à-dire que leur
affaire alla *de travers, de guingois.*

¶ UN PETIT PEU. — Tous les grammairiens blâment
et interdisent cette façon de parler, parce que, disent-ils,
il n'y a ni petit ni grand peu : *un peu* dit tout.

Je prends la liberté de m'inscrire en faux contre
cette décision.

Peu, selon Trévoux, Ménage, Le Duchat et le trou-
peau à la suite, vient du latin *paucum*, adverbe. L'adverbe *paucum* est inconnu à Du Cange et à ses conti-

nuateurs. Je n'ai jamais eu le bonheur de le rencontrer, ni de rencontrer quelqu'un qui l'eût rencontré dans un texte.

Derechef je prends la liberté de m'inscrire en faux contre cette étymologie.

Peu n'est autre chose que le substantif *poil*. Ne vous récriez pas, ne vous révoltez pas ; suspendez votre indignation. De même qu'il faut se défier des étymologies par ressemblance, il ne faut pas aussi se hâter de rejeter les étymologies invraisemblables au premier coup d'œil. La ressemblance ou la dissemblance ne prouvent rien dans la filiation des mots non plus que dans celle des hommes.

Il n'y a dans les langues qu'une affirmation, oui, et une négation, NON. Mais il paraît que le besoin de nier est beaucoup plus grand que celui d'affirmer, car on se contente du *oui*, mais on a inventé une foule de combinaisons pour diversifier le *non* et lui prêter plus d'énergie. Ainsi on a choisi tous les objets les plus minces, les plus légers, dont on a fait des termes de comparaison ; puis, y attachant la négation, on est parvenu à diminuer, à dégrader l'idée de l'autre terme, de la chose comparée. Ces noms sont en général monosyllabes. C'est, en français, un *pas*, un *point*, une *mie* ou une *miette*, une *goutte*, un *brin*, etc. *Vous n'en aurez* PAS. — *Ne le dites* POINT. — *Je ne le sais* MIE. — *Il n'y voit* GOUTTE. — *Approche un* BRIN, etc.

Eh bien, un *poil* était dans la liste de ces termes de comparaison, de ces substantifs aujourd'hui travestis en adverbes. L'Académie dit : « *Peu*, adverbe de quantité. » C'est se laisser tromper à l'apparence.

Les formes d'orthographe ont beaucoup varié selon les tems et les provinces. On trouve écrit *poi*, *pou*, *pau*, *peu*, *poc*, et cette diversité n'a pas contribué peu à faire perdre la trace de la véritable origine.

Abordons les preuves.

Lorsqu'un chevalier se trouvait abandonné sur un champ de bataille, blessé, près de mourir et destitué de tout secours, il se confessait à Dieu, puis s'administrait à lui-même le saint viatique au moyen d'un peu d'herbe (un poil d'herbe), sur lequel il faisait le signe de la croix avant de l'avaler. Les exemples en sont nombreux dans les épopées romanesques. Souvent il mettait trois poils d'herbe en l'honneur de la Trinité :

> A *trois paus* d'erbe s'est acuminiez.

C'est ce que fait Olivier dans le poëme de *Roncevaux*. (Ce détail n'est pas dans le *Roland*, dont le *Roncevaux* n'est que la paraphrase diffuse et très-rajeunie.)

> Olivier voit la mort let vat hastan...
> *Tres peuls* a prix de l'erbe verdoiant
> En l'onor deu les use maintenant.

Vous voyez ici la forme *peul*. L'*l* finale est tombée parce qu'on ne la prononçait pas (sauf la rencontre d'une voyelle). De même *poi*, au lieu de *poil* (1). Cette

---

(1) Deux passages de Tabourot prouvent qu'à la fin du xvie siècl on prononçait encore *poi* pour *poil*. Les équivoques que le seigneur

dernière forme est normande. C'est la forme constante du *Livre des Rois* et des poëmes de Wace. De toutes c'est la plus répandue, comme elle est aussi la plus voisine de la forme régulière, *poil*. Rabelais, le Tourangeau, n'en connaît pas d'autre : « Elle estoit (la jument » de Gargantua) *poy* plus *poy* moins grosse comme la » pile Saint-Mars, auprès de Langey. » (I, 16.) Un poil de plus, un poil de moins. C'est sur ce passage que Le Duchat dérive *poy* de *paucum*.

La preuve que *peu* n'est pas originairement un adverbe, mais un substantif, c'est qu'il reçoit l'article : — *Le peu que je sais*, — et se construit avec l'adjectif *un*. On ne dit pas *le beaucoup* ni *un beaucoup*.

Pou et *peu* me paraissent avoir été préférés par les gens de l'Ile-de-France. La forme *pou* domine dans le *Roman de la Rose* et dans *Garin* :

> Assés en ont cargié, mais *pou* en ont mené.
> (*Chanson d'Antioche*, I, 172.)

> Garins l'oït : *à pou* n'enrage vis !
> (I, 126.)

> Dist li dus Begues : parlez *un pou* à mi.
> (I, 206.)

Il ne s'en faut qu'un poil, que l'épaisseur d'un cheveu. qu'il n'enrage tout vif.

Palsgrave (1530) dit : « Few in nombre, *pou* or *peu*. »

<hr />

des Accords bâtit sur cette prononciation ne peuvent être rapportées ici ; mais voyez, si cela vous amuse, les pages 120 et 154 des *Touches et bigarrures*.

Le *Roman de Renart* dit *pau*. Noblon (le lion) avait réconcilié Isengrin (le loup) et Renard il y avait un mois, un peu plus ou un peu moins :

> Apaisiés les avoit li rois
> *Pau* plus *pau* moins avoit d'un mois.
>
> (*Renard le Nouvel*, IV, 141.)

Renard, devenu vieux, songe à tant de péchés qu'il a commis :

> Si seroit mais des ore tans
> Que j'en fusse *un pau* repentans !
>
> (*Ibid.*, IV, 8.)

Dans *Gérard de Viane*, c'est la forme *poc*.

> Gérans l'entent *à poc* d'ire ne fent.
> Voit le li rois *un poc* l'at escharnis (1).

On disait de même *loc* pour *lieu*. L'abbaye du *Loc-Dieu* était l'abbaye du *lieu-Dieu*. — *Loc-Maria*, *Loc-Renan*, etc.

La substitution d'*eu* à *ou* n'embarrassera personne. Un loup, en picard, est encore *un leu*. Fallot, dans son système *à priori* de déclinaisons françaises, a pris les formes *nous* et *bous* pour des cas obliques de *nœuds* et *bœufs* ; ce sont tout simplement des discordances de prononciation qui tiennent aux localités.

---

(1) Cette variante d'orthographe n'est que pour les yeux, car on ne faisait pas sentir le *c* (*poque*) ; on prononçait *po* ou *pou*. Au reste, cette forme *poc* est beaucoup moins fréquente que les autres. L'italien *poco*, dont elle se rapproche, vient, lui, je n'en doute pas, du latin, aussi bien que le provençal *pauc*.

Ces discordances pourront un jour, lorsque les patois de la France seront mieux connus, devenir un moyen de reconnaître la patrie du manuscrit, sinon celle de l'auteur ; car on sait que les copistes accommodaient les textes à la mode de leur province.

Maintenant je demande pourquoi l'on ne dirait pas *un petit peu*, et en quoi cette expression blesse la logique, puisque, après tout, un poil est susceptible de plus ou moins de longueur et même d'épaisseur? Aussi le disait-on sans difficulté au tems où la langue française n'était pas tombée aux mains du premier ignorant venu qui, sous le nom de grammairien, prétend lui tracer des lois. A mesure que la dévotion est moins éclairée, les scrupules augmentent.

Jean de Meun faisant le portrait du dieu d'amour, le représente comme un très-jeune homme, n'ayant ni barbe ni moustaches, sinon des petits poils follets :

> Si n'avoit barbe ne grenon,
> Se *petiz peus* folages non.
>
> (*Roman de la Rose*, vers 822.)

L'expression *petit peu* est exacte au sens propre ; comment donc serait-elle inexacte au sens figuré? Pourquoi le premier serait-il permis et le second interdit ? Évidemment ceux qui défendent de dire *un petit peu* ne comprennent pas la question qu'ils décident.

Petit et *peu* vont si bien ensemble, étaient si bien liés, qu'on a fini par faire l'économie du second, et l'on

disait elliptiquement *un petit*. Qu'avez-vous ? demande
Agnès à Arnolphe :

> Qu'avez-vous ? vous grondez, ce me semble, *un petit ?*

Vous grondez un petit peu.

Il y a plus, on construisait le substantif *peu* caché
dans l'ellipse avec le reste de la phrase : *Ayez* UN PETIT
de patience. — *Donnez-moi* UN PETIT *de ce gâteau.*
Comment, par quelle subtilité de syntaxe rattacher l'article *de* à l'adjectif *petit ?* Cela est impossible ; il n'y a
que l'ellipse de *peu* qui permette d'analyser cette façon
de parler : un petit peu de patience ; — un petit peu
de gâteau.

Petit à petit ne signifie rien ou il signifie petit peu à
petit peu ; un petit poil après un autre petit poil : *Petit
à petit on épilerait un chameau.*

> *Petit à petit*
> L'oiseau fait son nid ;
> *Petit à petit*
> Il vole !

C'est une vieille chanson du vieux tems.

Il est bon de noter que le latin employait déjà *pilus*
par métaphore, comme nous disons un zeste, un rien.
De la Cappadoce, dit Cicéron, pas l'ombre de nouvelles ! *E Cappadocia ne pilum quidem !* Et Caton a
dit aussi *aliquid non facere pili*, n'estimer pas un poil,
pas même *un peu !*

En italien : *Tirati in la* UN PELO, recule un peu.

Si l'italien a hérité cette expression figurée du latin,
pourquoi pas le français ?

En résumé, *un petit peu* me paraît une excellente expression, ayant pour elle la logique et l'ancienneté, sans compter la possession d'état. J'en conclus qu'il faut la restituer hautement à la bonne et authentique langue française, d'où certains puristes mal instruits ont réussi à la bannir.

¶ FOUTRE LE CAMP et JEAN-FOUTRE. — On m'a conté qu'un jour, chez un grand dignitaire, la conversation étant mise sur les sciences, quelqu'un vint à nommer un savant plus connu qu'estimé, soit comme homme, soit comme savant. Son protecteur essayait timidement de louer au moins les connaissances et les découvertes du personnage, lorsque, avec la brusque franchise de sa profession, un militaire s'écria : « Votre monsieur *trois étoiles !*... c'est un f.... gredin ! » Le maître du logis se retournant vers l'officier : « Monsieur, lui dit-il, on ne jure pas dans mon salon ; mais, en faveur de la personne et de la circonstance, je vous le passe. »

Après avoir ri de cette anecdote, celui qui me la racontait me demanda d'où pouvait venir le singulier emploi de cette épithète. « Voilà, me dit-il, une origine curieuse à discuter devant vos lecteurs ; mais vous n'oseriez ! — Et pourquoi non, repris-je ? la science purifie tout ce qu'elle touche. Est-ce qu'il y a des obscénités dans la médecine et dans l'anatomie ? Un chirurgien accouche une jeune et jolie femme ; ni le

chirurgien, ni la femme, ni le mari ne pense à mal un
seul instant ; pourquoi ? C'est le but qui décide de tout,
Si vous vous adressez aux sens, l'expression la plus
innocente en elle-même devient incendiaire. Si vous
ne voulez parler qu'à la raison, à l'intelligence, la
pureté de l'intention calme et refroidit la matière, et
des hauteurs de la philosophie il n'est pas de détail
qu'on ne puisse examiner sans péril de souillure. Je
vous promets que je traiterai le sujet que vous m'in-
diquez sans me contraindre ni scandaliser personne,
d'autant que ce mot ne sort pas de la racine que
vous supposez et que tout le monde suppose comme
vous. Vous croyez que cette racine est un mot obscène ;
que direz-vous si je vous fais reconnaître qu'elle tient
au contraire à des idées morales et politiques de l'ordre
le plus pur et le plus élevé ? — Vous vous moquez ? —
Point du tout ! je parle très-sérieusement. — Ma foi,
si vous me prouvez cela, vous ne ferez pas peu de
chose. — Je sais bien que l'habitude est un terrible
obstacle à vaincre, mais la vérité finit par triompher
de tout : il ne faut donc pas craindre d'opposer une
vérité nouvelle à un vieux préjugé. Or çà, vous connaissez bien l'adjectif *féal ?* — Assurément. — Et son
substantif *féauté ?* — Très-bien. — Et connaissez-vous
aussi bien les formes *feuté* et *fouté ?* — Pour celles-là,
non ! — Eh bien, je ne m'amuserai pas à les établir
par des citations, encore que ce soit mon point de
départ, la dernière surtout. Je me contente de vous
renvoyer à Du Cange, sous FIDELITAS. Vous y verrez

que *fouté* s'employait pour signifier la foi jurée, le serment prêté au suzerain. Vous y verrez encore que de
là était sorti le mot *foutu* pour désigner celui qui avait
trahi ce serment. Ce mot, devenu par longueur de
tems banal et vague, était dans l'origine une injure
précise et la plus sanglante de toutes. Cela devait être,
puisque tout l'édifice féodal reposait sur le principe de
la foi réciproque entre le vassal et le seigneur : ce principe était la garantie de la société ; il en était le lien
sans lequel le système politique tombait immédiatement comme un faisceau délié. Ainsi lorsqu'on avait
épuisé tout le vocabulaire des injures, l'épithète *foutu*
mettait le comble à l'outrage : au delà il n'y avait plus
rien. Mais il faut appuyer cela d'un exemple ; nous le
trouverons dans des lettres de grâce de 1416 :

« Berthelemy Gentil dist de Maugiron d'Estissac
» qu'il estoit un faulx, mauvais, traistre et faitif et
» FOUTU CHEVALIER. » (DU CANGE, SOUS FIDELITAS.)

Vous voyez : *foutu* enchérit encore sur traître et
lâche ! Des chevaliers qui juraient foi et hommage, ce
terme énergique né dans une sphère élevée descendit
aux plus basses conditions, et le peuple finit par dire
un *foutu savetier*, un *foutu gredin*, sans y attacher
d'autre idée que celle de l'abjection et du mépris.
L'injure est devenue banale parce qu'elle était super-
lative.

Une équivoque accrut encore cette énergie et con-
tribua au succès de l'expression.

Cet adjectif issu du substantif *fouté* était par la

forme identique au participe passé d'un vieux verbe français formé du latin *futuere*. On traita l'adjectif en participe, c'est-à-dire qu'on se mit à l'employer aussi avec un complément direct. Par exemple, deux armées étant en présence, un soldat trahissait la foi jurée à son drapeau : il abandonnait le camp de ses frères d'armes pour passer dans celui de l'ennemi. Les autres alors disaient de lui : *C'est un foutu soldat; il a foutu le camp;* c'est-à-dire c'est un soldat parjure, il a trahi le camp, il a déserté.

Mais, je vous prie, comment s'y prennent ces misérables qui veulent *trahir le camp*, c'est-à-dire déserter? S'en vont-ils tranquillement, à leur bel aise, en plein jour? Non, ils disparaissent tout à coup, fuyant dans l'ombre à toutes jambes; et le lendemain matin, lorsqu'on y pensait le moins, on trouve qu'ils se sont évanouis. De là, pour exprimer sauve-toi au plus vite, disparais à mes regards, cette façon de parler métaphorique : *Fous-moi le camp; fous-moi ton camp.* C'est tout ce qu'il y a de plus violent et de plus insultant dans la forme : en effet, quel outrage d'enjoindre à quelqu'un de s'enfuir comme le soldat qui déserte ! Remarquez bien cette variante TON *camp*, elle donnerait à elle seule la clef de l'étymologie : ce pronom possessif est là pour mieux constater la trahison.

Un point digne de remarque, c'est la fidélité rigoureuse avec laquelle, malgré l'erreur où l'on est sur la véritable racine, le peuple a maintenu la direction du

sens originel : il ne l'a pas laissé dévier d'une ligne.
Qu'est-ce qu'un *Jean-foutre*? Un débauché? nullement.
C'est un lâche, tout ce qu'il y a de plus abject dans la
lâcheté, un homme à *foutre le camp* s'il était soldat.
On ne dit pas qu'il l'ait fait, mais qu'il serait capable
de le faire. Ne vous fiez pas à son extérieur, à son
habit, à ses manières ni à son langage. Il n'est au fond
rien moins que ce qu'il paraît; il a l'air d'un brave
quand le danger ne le presse pas, mais vienne l'occasion, il montrera ce qu'il est : il trahira honteusement, il désertera; enfin, c'est un *Jean-foutre*.

Un lâche n'est qu'un lâche, comme il a plu à la
nature de le faire; un *Jean-foutre* est quelque chose
de plus. Dans le premier c'est affaire de tempérament,
dans le second le caractère s'en mêle. L'un peut être
naïf, l'autre est essentiellement dissimulé. Or, bien
que les hypocrites réussissent le plus souvent dans le
monde, il n'est rien que les hommes haïssent et mé-
prisent à l'égal de l'hypocrisie. On peut plaindre un
lâche, mais il faut détester un *Jean-foutre*.

Le peuple se laisse parfois aller à estropier le mot,
parce qu'il est ignorant; mais il n'estropie jamais l'idée,
parce qu'il sent avec une délicatesse profonde et merveilleuse.

Tout ce qui précède peut se résumer en cinq mots
qui présentent l'ordre des déductions depuis le moyen
âge jusqu'à nous : Foi, — parjure, — désertion, —
lâcheté, — mépris.

Un malheureux hasard a voulu que l'identité de deux

formes dont les racines n'avaient d'ailleurs rien de commun ait fait prendre le change, et, par suite de cette confusion, répandu sur tout un groupe de locutions excellentes une couleur de grossièreté désormais indélébile. C'est l'histoire des honnêtes gens qui ont été pendus parce qu'ils avaient un ménechme assassin ou voleur. Triste effet de la ressemblance! Quelqu'un a beau venir ensuite démontrer la méprise pièces en main; il peut obtenir un acte de réhabilitation de la mémoire du défunt, mais le pendu ne ressuscite pas pour cela. C'est pourquoi *foutre le camp*, un *Jean-foutre*, etc., passeront toujours pour des expressions basses, voisines de l'obscénité. « *Sur quelle sale vue il traîne la pensée.* »

Un autre mot, qui est aussi un legs des mœurs féodales, a échappé à cette mésaventure : c'est le mot *fieffé*. Le suzerain récompensait une valeur transcendante par le don d'un fief ; c'était la consécration officielle et authentique de la qualité la plus estimée alors. Le peuple, par une analogie railleuse, s'est avisé d'appliquer la même consécration aux pires qualités : *C'est un maraud fieffé, — un fieffé voleur, — une coquette fieffée*, etc.

Observez que le peuple emprunte bien des locutions à la classe supérieure, mais que la réciproque n'a pas lieu.

Ainsi ces locutions *foutre le camp*, etc., sont encore usitées dans la classe supérieure : pourquoi ? Parce qu'elles y sont nées ; elles sont nées au sein de la profession des armes, qui fut si longtemps l'apanage de la noblesse. C'est là que le peuple les a prises.

Vous voyez d'après cela que l'Académie devait s'empresser d'admettre dans son dictionnaire *foutre le camp* et sa noble famille. En les repoussant de cet asyle, elle s'est jointe à la fortune pour achever d'accabler la vertu malheureuse et le mérite méconnu.

CHAPITRE VII.

Drague, draguer, drainer. — Crétin. — Jobard. — La faridondaine, la faridondon.

¶ La connaissance de notre vieille langue française offrirait une foule d'avantages, dont le principal serait de nous affermir sur le génie de notre idiome, qui s'altère et se perd au contact de jour en jour plus multiplié des idiomes de nos voisins. Nous voyons éclore chaque matin des foules de mots inconnus à nos pères. A ceux qui s'en plaignent, on répond qu'il faut des mots nouveaux pour exprimer des idées nouvelles. A la bonne heure, j'y consens ; mais au moins façonnez-les, ces mots nouveaux, conformes au génie et aux habitudes de la langue française, au lieu de leur imprimer une physionomie qui n'est d'aucun pays, ou, qui pis est, de les importer bruts et tels quels d'Allemagne et d'Angleterre.

Ensuite la vieille langue ne serait pas si dépourvue qu'on se plaît à le dire pour rendre des idées modernes, ou que l'on suppose modernes ; souvent il suffirait de bien connaître ses ressources. J'en ai fourni la preuve au sujet de l'industrie des chemins de fer et du verbe *dérailler*. On en pourrait aisément trouver d'autres. Par exemple, *drague*, *draguer*, sont encore des emprunts faits à la langue anglaise, et qui remontent au saxon *drag*, traîner. A la bonne heure. Mais croit-on que ce soient les Anglais qui nous aient appris à curer nos rivières, et cela depuis peu? Et si la chose est ancienne, comment notre ancienne langue n'avait-elle pas de mot pour l'exprimer? Elle en avait un, seulement on l'a mis de côté pour prendre celui des Anglais. Dans un acte du tems de saint Louis, de 1268, cité par Du Cange, sous BRAIUM, les moines d'un couvent de Picardie s'expriment ainsi : « Nous pooions et devions » faire *holdragier* et retraire le bray (c'est-à-dire la » vase) de l'iaue de Somme. » Il appartenait au couvent de faire draguer la rivière de Somme. *Holdragier* ressemble beaucoup à *draguer;* je ne crois pourtant pas que les contemporains de saint Louis aient été emprunter ce mot à l'anglais, d'autant que j'en trouve la racine dans la basse latinité et même dans Virgile. Le verbe *trahere*, traîner, avait donné naissance à plusieurs mots : — *Traha*, dans les *Géorgiques*, est une herse ; *tragula*, dans Plaute, un hameçon. Dans un glossaire latin-français du fonds de Saint-Germain : « *Traga*, un havet », un croc. Dans Du Cange : *Tragus*, filet pour la pêche à fond, qui balaie le fond de la rivière. Dans Palsgrave, enfin : « A DRAFFE, une *dracque*. » Ce dernier a visiblement engendré le verbe *dracquer* ou *traquer*. Il n'est donc pas nécessaire de recourir au saxon *drag* pour en faire venir notre ancien verbe *holdragier*, curer une rivière avec la *tracque* ou *drague*. Le latin nous offrait tout ce qui nous était nécessaire, dans les dérivés de *trahere*, qu'on peut voir en grand nombre dans le Glossaire de Du Cange : *tragare, traginare, tragarius, tragus*, etc. Il n'y a qu'à changer la consonne forte *t* en sa douce *d* : ce n'est pas une affaire.

Ne voulez-vous recourir ni au latin ni au saxon ? Eh bien, sans sortir du français, nous trouverions encore de quoi remplacer *draguer*. Du verbe *traisner* s'était formé le substantif *traisnel*, une tirasse, ce filet pour pêcher à fond que nous avons vu tout à l'heure appelé *une dracque* ; et de *traisnel* le verbe *traisneller* : il est dans Palsgrave. Vous observerez que c'est du français *traîner* que les Anglais ont fait leur *to drain* (Johnson ne le dissimule pas), auquel nous devons *drainer* et le *drainage*.

Les Français, je veux dire les lettrés, les savans français ont la rage de déprécier la France au bénéfice des autres nations, qui laissent faire et acceptent toujours, à bon escient. S'agit-il d'épopée, Voltaire crie et les échos répètent : Les Français n'ont pas la tête épique! Et toutefois nous avions le *Roland* et bien d'autres. S'agit-il de notre idiome, Voltaire crie et les échos répètent : La langue française est une gueuse fière, à qui il faut faire l'aumône! Et, en attendant, de tous côtés on nous imite, on pille nos poëmes et notre vocabulaire, l'univers entier vit à nos dépens ; et nous, nous admirons notre bien chez autrui ; nous envions, nous exaltons l'étranger. Nous faisons plus : de nos vieux habits volés dans notre garde-robe nationale, nous lui empruntons humblement les loques pour nous parer les dimanches. Comment donc? trop d'honneur !

¶ CRÉTIN. — Dans l'histoire des lettres françaises au xviᵉ siècle, on voit figurer un vieux poëte nommé Guillaume Crestin. Lui-même nous apprend que son vrai nom était Guillaume du Bois, et que *Crestin* était un sobriquet *donné par ses amis*, notez bien ! Je ne sais où Ménage est allé chercher que *crestin*, en vieux français, signifiait un petit panier ; ce qu'il y a de certain, c'est que ce surnom n'avait rien d'injurieux, d'abord parce qu'il venait des amis de Guillaume du Bois, ensuite parce que Crestin fut regardé pendant toute sa vie comme un grand et très-grand écrivain. Marot lui a composé une épitaphe dans les termes les plus élogieux ; Jean Lemaire lui a dédié un livre de ses *Illustrations des Gaules*, et le docte libraire Geoffroy Thory le met sans hésiter au-dessus d'Homère, de Virgile et de Dante. La tradition, il est vrai, veut que ce soit Crétin que Rabelais a raillé sous le nom de *Raminagrobis*, « vieil poëte françois, » à qui Panurge se conseille sur la question du mariage (1) ; mais quand cela serait, le troisième livre de *Pantagruel* parut en 1546, et Crestin était mort dès 1525, enseveli dans son triomphe, comme Judas Machabée. Ce n'est donc pas de lui que vient la mauvaise acception de *crétin*.

Chrestin (car c'est ainsi qu'il faudrait l'écrire) est le

(1) *Pantagruel*, III, 21 et 28.

même mot que *chrestien*. Les exemples ne manquent
pas de la diphthongue *ien* resserrée en *in*. A Paris, le
peuple n'a jamais prononcé *bien*, *combien*, autrement
que *bin*, *combin ;* dans tous les patois du nord de la
France, *mien*, *tien*, *sien*, se prononcent *min*, *tin*, *sin ;*
un *chien* est un *chin*, etc., etc.

Chez les Anglais les noms d'homme *Christy*, *Christin* (1), chez les Français le nom de femme *Christine*,
ne sont autre chose que *chrétien*, *chrétienne*.

Le sens injurieux de *crétin* vient évidemment des
crétins répandus dans les vallées des Alpes et vers les
Pyrénées. Mais quel rapport d'idée trouve-t-on entre
le mot *chrétien* et l'état de ces infortunés ? Pourquoi
les aurait-on appelés *crétins*, c'est-à-dire *chrétiens ?*
Vous avez le choix entre deux explications.

Les crétins, n'ayant pas la conscience de leurs actions,
ont été réputés incapables de péché, comme le serait
un enfant au berceau. Par conséquent ils sont toujours
en état de grâce : ils sont chrétiens accomplis, chrétiens par excellence.

(1) Un des correspondans habituels de Courier s'appelait M. Christin
(voy. ses *Œuvres posthumes*). C'est le même nom que *Crestin*.
  La substitution de l'*e* à l'*i* ne doit pas arrêter un instant, non-
seulement parce que cette substitution était de règle dans le passage
du latin au français (voy. *Des variations du langage français*, p. 208),
mais aussi parce qu'on a dit *Chrestus* et *Chrestiani* aussi bien que
Christus et *Christiani*. Leclerc rendant compte de l'ouvrage de Borre-
maus, *Vesperæ Gorinchemenses :* — « Enfin on recherche pourquoi
» le sauveur du monde, dans les commencemens du christianisme,
» a été appelé par la plupart des païens *Chrestus* et ses disciples *Chres-
» tiani*. » (*Bibliothèque universelle et historique*, année 1687, t. V,
p. 363.)

Mais avant d'aller plus loin, l'identité de sens de *crétin* et *chrétien* est-elle bien avérée? Ne m'en croyez pas : ouvrez seulement la nouvelle édition du Glossaire de Du Cange, au mot CHRISTIANI, vous y lirez : « CHRIS-» TIANI olim dicti *cagoti*. » Transportez-vous à présent au mot CAGOTI, vous y trouverez, avec la confirmation plus ample de ce fait, la seconde explication que je vous ai promise. Je traduis, pour plus de clarté :
« Il résulte clairement (*liquet*) de plusieurs monu-
» mens anciens que les *cagots* étaient jadis appelés
» *chrétiens* (*christianorum olim nomine nuncupatos*
» *fuisse*), et même aujourd'hui cette dénomination
» n'est pas complétement hors d'usage. Aussi l'on
» conjecture, et non sans vraisemblance, que ces mal-
» heureux sont les restes des Goths, autrefois maîtres
» de l'Aquitaine, et qu'ils supportent la suite de la
» vieille haine des Gascons contre leurs éternels enne-
» mis. Les Gascons, lors de l'occupation des Goths,
» n'avaient pas encore embrassé le christianisme,
» et le sobriquet de *chrétiens* s'est transmis jusqu'à
» nous comme une insulte permanente à cette lie de
» la nation gothique. »

J'ai traduit *christiani* par la forme usitée *chrétiens*, mais la vraie traduction serait *chrétins*. En patois, cette race d'hommes s'appelle *cacous* ou *cagous* ; les Français ont prononcé *cagots*. Il me paraît très-vraisemblable que c'est le nom de *crétins* (*christiani*) qui a entraîné l'autre nom, le nom primitif, le nom patois, *cagots*. dans l'acception injurieusement hyperbolique de *chré-*

tiens. La synonymie des deux mots nous révèle le sens du sobriquet ancien, *crétin*, par le sobriquet moderne, *cagot*.

¶ JOBARD. — On nous demande l'étymologie de *Jobard*, je dirai ce que j'en crois.

On sait que l'*a* et l'*e* se sont perpétuellement substitués. Les meilleurs auteurs, même du XVI⁰ siècle, disent indifféremment *taches* et *teches*, *larmes* et *lermes* ; les paysans de théâtre prononcent *une farme*, *maître Piarre*, *beauté fiare*, etc. Ainsi le nom *Jobart* est le même que *Jobert* ou *Jaubert*, le même aussi que *Joubert* et *Jombert*, *Gobert* et *Gombert*. Les Italiens disent, avec la forme du pluriel, *Gioberti* ; les Français ont pareillement *Des Joberts*.

Jobert me paraît venir du bas latin *jobago* ou *jobagio*, un esclave appliqué à la culture du sol. Le *jobert* aurait été l'opposé du *colbert*, esclave affranchi (1).

EXEMPLES :

« De plus, tous nos *joberts* cultivateurs ou vigne-

_____

(1) Affranchi avec certaines restrictions qui sont marquées dans l'article COLLIBERTI de Du Cange, par exemple, de payer une capitation, de pouvoir être encore donnés ou vendus, en un mot, affranchis sans liberté, selon l'expression d'Évrard de Béthune :

Libertate carens colibertus dicitur esse.

Je n'entre pas ici dans cette discussion ; seulement la chose étant considérée de ce point de vue, les *joberts* n'auraient été qu'une variété des *colberts*, les uns et les autres étant, en réalité, ce que les tems antérieurs, et même encore le *Doomsday-book*, appelleut *coloni*...

» rons.... (1). — Les prélats et les ecclésiastiques pos-
» sesseurs de *joberts*....» (*Décret* de Louis, roi de Hongrie, de l'an 1351.) — « Celui qui, par violence, se
» sera emparé du *jobert* d'un autre.... » (*Décret* du roi
Sigismond.) — « Les nobles, qu'ils aient des *joberts*
» ou qu'ils n'en aient pas, sont exempts de la dîme. »
· (*Décret* du roi Albert.)

Une charte d'André, roi de Hongrie, de l'an 1214,
rapportée dans les Annales de l'ordre des Prémontrés
(t. II, colonne 21, aux preuves), dispose que : « Un
». *jobert* nommé Béra, en considération de sa fidélité,
» a été affranchi du joug de la servitude, en sorte que
» personne absolument ne pourra le réclamer comme
» esclave, sauf le cas où lui ou ses descendans vou-
» draient se séparer de l'Église. »

Les *joberts* paraissent avoir aussi constitué une mi-
lice : — « Il est décidé que les nobles, les gens de leur
» suite et leurs *joberts*, avant d'entrer dans le prétoire,
» déposeront toutes leurs armes quelconques, et ne
» pourront pénétrer que désarmés dans le sanctuaire
» de la justice. » Ce passage d'un décret du roi Mathias,
allégué par l'auteur du *Lexique militaire*, ne semblerait pas décisif : car il pourrait s'entendre d'un domestique armé comme sont, par exemple, nos chasseurs;
mais il se trouve éclairci et confirmé dans le sens de
Charles d'Aquin par un texte de l'an 1222, où le roi

(1) Dans toutes ces citations, je traduis par *joberts* le latin *jobagiones*.

André mentionne, au chapitre 18, « les *joberts* des
camps. » Et ce qui fortifie encore ces témoignages,
c'est de rencontrer ce titre de *joberts* appliqué aux
officiers du palais, tels que le bouteillier, le connétable,
le grand queux, et même aux principaux magistrats.
« De ces différens textes, disent les continuateurs de
» Du Cange, nous inférons que le mot *jobagio* était en
» Hongrie un terme générique désignant un servi-
» teur, un officier de n'importe quel ordre ni condi-
» tion (1). »

Car il est essentiel d'observer que toutes ces chartes
où figure le mot *jobagio* sont émanées des rois de Hongrie ; par conséquent, si l'on voulait fouiller plus profondément pour découvrir les racines primitives de ce
mot, c'est à la langue hongroise qu'il faudrait d'abord
s'adresser.

Les nouveaux éditeurs de Du Cange rapprochent du
latin *jobagio* le français *jobelot*, terme de mépris en
usage au XVᵉ siècle :

« Icelui supliant oyt et entendit que Pierre Pelerin...
» le nommoit et appeloit par manière de injure et
» moquerie *jobelot*, qui est à entendre, selon la manière
» de parler et langaige du pays (d'Artois), qu'il estoit
» un chétif et meschant et de petite entreprinse. »
(*Lettres de grâce* de 1454.)

Je ne crois pas qu'il y ait autre chose ici qu'une
ressemblance fortuite de la forme extérieure et maté-

_____

(1) Du Cange, sous Jobagiones.

rielle. Il me paraît évident que *jobelot*, *jobelin* sont des
diminutifs du nom du saint homme Job, dont la patience et la longanimité proverbiales ont donné lieu à
prendre ce nom comme un équivalent de niais, dupe,
homme prêt à tout endurer. On disait, au XVIIᵉ siècle,
jobet, *c'est un jobet* :

> Mais Lubin, ce pauvre *jobet* (1).

Par ce terme, Raimond Poisson désigne la qualité
dont Arnolphe avait tant d'horreur et d'effroi. Les vieux
auteurs anglais Gayton, Marston, Dryden se servent
de *jobbernoule* pour dire un imbécile, mot à mot, une
tête de sot, « du flamand *jobbe*, un sot, et du saxon
» *cnol*, une tête (2). » Ainsi il y a longtems qu'on
abuse avec irrévérence du nom du patriarche Job.
Le français *Jobard*, formé de *Job*, est, je crois, très-
moderne : je n'en connais point de traces avant le
XIXᵉ siècle.

Je conclus qu'il y a une distinction réelle et profonde à faire entre ceux qui portent ce nom l'ayant
reçu par héritage patrimonial, et ceux qui en jouissent
par voie d'acquêt involontaire. Les premiers peuvent
se rattacher à telle catégorie qu'il leur plaira des an-
tiques *jobagiones* ; les autres ont pour parrain inévi-

---

(1) *Lubin, ou le Sot vengé*, comédie en un acte, en vers de quatre
pieds.

(2) NARES' *Glossary*. Ce mot est composé comme l'anglais *block-
head* et l'allemand *dummkopf*.

table ce personnage du Vieux Testament, contemporain d'Abraham, qui, depuis tant de siècles, demeure
le type de la patience humaine (1).

Cet article sur le mot *Jobard* était fait et même
imprimé lorsque nous avons reçu la lettre suivante,
où se produit une opinion d'autant plus intéressante
à connaître qu'elle est intéressée ; d'ailleurs elle ne
fait pas double emploi avec la nôtre : les amateurs
pourront choisir.

« L'*Illustration* parisienne du 25 mars, du 2 et du
5 avril 1853, soutient une intéressante polémique contre
M. *Louis Crétin-Jobard*, sur l'origine et l'acception
injurielle parisienne de ces deux noms de famille, très-
nombreux dans les départements du Doubs, de la Haute-
Marne et de la Côte-d'Or ; permettez-moi d'y prendre
part, car *anch'io....*, moi aussi je suis un Jobard, bien
que l'avocat Rock ait pris pour refrain de sa chanson,
A bas Jobard, *le faux Jobard*, et que le grand Arnauld,

---

(1) Un de nos correspondans, parmi plusieurs observations très-
judicieuses, dont nous le remercions, nous écrit : — « Quant à
» JOBARD, je ne sais pas non plus d'où il vient ; mais voici un
» petit renseignement qui pourra vous mettre sur la voie : ce nom
» est très-répandu, et depuis fort longtems, dans les deux Bour-
» gognes ; on trouve fréquemment dans l'histoire de cette province
» des *Jouards* et des *Jovards*. Ces trois noms ne sont autre chose
» que trois formes différentes d'un seul et même mot. L'*u* et le *v*
» sont deux lettres identiques ; le *v* et le *b* se substituent souvent
» l'un à l'autre. »

d'aucune Académie, ait voulu me débaptiser à l'occasion d'une mauvaise cantate chantée à son honneur par Darboville et Lemel, le jour de son rappel de l'exil.

» Je suis resté Jobard malgré tout, riant des gens qui prenaient mon nom à la lettre, et de ceux qui ne pouvaient le prendre au sérieux ; mais je me suis aperçu trop tard que ce nom était plus lourd à porter que celui de Napoléon. Il fallait un double effort pour se le faire pardonner ; j'en ai fait un quadruple sans y parvenir.

» J'ai donc plongé dans la nuit des temps, comme on dit, pour découvrir l'origine de ce nom malencontreux, qui m'a empêché d'être pair de France, sénateur, voire même ambassadeur ; aujourd'hui je l'ai trouvée, et j'ai lieu d'être plus hautain de ma ligne ancestrelle que le premier baron chrétien ; je ne changerais ni avec les La Rochefoucauld ni avec les Montmorency, qui sont de très-nouveaux nobles en présence des Jobard ; j'en appelle à M. Génin lui-même.

» C'est par pure modestie que les Jobard n'ont pas entretenu leurs parchemins faits de la toison d'or conquise par mon grand-oncle *Jason*, comme vous allez voir.

» Le premier Jobard fut engendré sans péché, ce qui est un avantage peu commun. Il était frère de sang de Bacchus et de Minerve : si l'un est sorti de la cuisse et l'autre du cerveau de Jupiter, à la suite d'un coup de couteau et d'un coup de marteau, les *Jobard* sont

descendus de sa barbe, *Jovis barba*, *Jov-barbe*, en
même temps que la *joubarbe*, à la suite d'un coup de
peigne.

» Les Jobard peuvent donc encore invoquer leur
alliance avec la grande famille des crassulacées, dodé-
candrie, dodécagynie, d'après le d'Hozier de la bota-
nique.

» Vous direz peut-être que *barbe* est autre chose
que *bard*; cette remarque ne serait pas digne d'un
étymologiste, qui doit savoir que les *Lombards* étaient
des hommes à longue barbe, comme disent les traités
de géographie approuvés par l'université.

» Il y a longtemps que les philologues allemands
ont été convaincus d'erreur pour avoir accrédité le
bruit que les terminaisons si communes en *bar*, *bart*,
bert ou *bard* étaient des attributs de puissance, de force
et de domination, comme dans *Childebert*, *Dagobert*,
hallebarde; il n'en est rien, ce radical signifie tout
simplement *barbe* en celtique : ainsi *Robert*, *Lambert*,
Hennebert, *Imbert* sont pris dans tous les dialectes de
la Germanie, et même dans le finlandais, où l'on trouve
aujourd'hui tous les mots français qui ne sont pas
latins, pour *barbe rousse*, *longue barbe*, *barbe de poule*
et *sans barbe*.

» Les *Joubert*, *Jobert*, *Jombert*, *Joubard* et *Jomard* (1)
ne sont que de timides descendants de la barbe de

_____

(1) Ce dernier nom n'est pas de la famille des autres, et ne peut
se trouver là que par inadvertance.

Jupin, qui ont eu la faiblesse de dénaturer leurs noms pour ne pas s'appeler Jobard tout cru. Cela se passait à l'époque du renversement de la première dynastie, où l'on ridiculisait chrétiennement, comme M. l'abbé Gaume, l'Olympe et tout ce qui avait appartenu de près ou de loin à l'ancienne cour, qui a fait si long-temps le bonheur du peuple.

» Il n'est donc pas étonnant que les Jobard aient été montrés au doigt par la foule, comme les bacchusiens ou les ivrognes, leurs frères en Jupiter.... Il n'est pas étonnant non plus qu'ils aient été hués et poursuivis de l'imprécation *evohe Bacche!* qui s'est conservée dans les *ohé, ahé!* des gamins de Paris. On en a même fait une clameur de *haro!* et un juron : *Par la barbe de Jupiter!* ou *par le Jobard!* s'écriaient les chrétiens mal élevés, qui souvent mêlaient des souhaits de mort à l'adresse de leur vénérable ancêtre, le père des dieux et des hommes. *Par la mordiou* ou la *mordieu*, jurait-on alors, comme on a juré plus tard par la *morbleu* et le *ventre bleu*, ou le choléra asiatique, qui vous fait mourir de cette couleur.

» Les Phocéens jurent encore par le trône ou le tonnerre de Jupiter quand ils disent *tron diou* : *Iou* était le nom du maître du tonnerre, qui s'est changé en *Dio, Deos, Theos* et *Deous*. Du reste voici la généalogie sérieuse de mon arrière-grand-père ; vous y verrez que les Jobard sont alliés à tous les grands noms de la théogonie universelle. Il n'y a donc pas lieu de s'en moquer, au contraire ; car il y a des revenants.

I, E, O, A. — JEOVAH.

» Les quatre premiers vocables sortis de la bouche de l'homme, *i*, *e*, *o*, *a*, ont été consacrés à glorifier l'Être suprême : on ne pouvait mieux les employer. Ce fut la première incarnation du verbe, le sublime instant du *Verbum caro factum*, la première émission, enfin, du nom de Dieu, qui n'avait été jusque-là prononcé que par les globes d'or de Socrate (1).

» Rien ne prouve mieux l'*uniquité* des races et leur descendance d'un tronc commun que l'uniformité du verbe par excellence chez tous les peuples, surtout quand on y retrouve le radical primitif, malgré la multiplicité des altérations et des prononciations, qui n'ont pu l'absorber entièrement, en dépit de la loi commune, qui fait que les mots s'usent et se détériorent à force de servir, comme les chaussures ; mais c'est bien autre chose quand elles ont été plusieurs fois réparées : il en reste quelquefois à peine un petit morceau.

» Ainsi, quand *Franciscus* arrive à *sus*, *Jéovah* peut bien arriver à *Ja* et à *Thot* et à *Godt*, surtout quand ces mots n'ont rien perdu de leur signification originaire.

(1) Il était interdit chez les Hébreux de prononcer le nom de Dieu comme il est interdit chez les chrétiens de l'invoquer en vain ; il était ineffable, *infandum* et *tabou*.

Les anciens missels à l'usage des chantres ne portaient pour toutes paroles que les timbres AE, EI, OA. Le peuple chantait donc les louanges de Dieu avec les quatre premières voyelles, sans plus ; l'intention faisait le reste.

» Les pères semblent toujours avoir eu le désir bien
naturel de donner à leur fils préféré un nom émané de
celui des dieux : *Déodat, Dieudonné, Théodore, Gott-*
lieb, Jouvin et *Juansé,* qui existent dans tout l'ancien
monde , comme on le reconnaîtra dans la filiation des
noms suivants, en restituant au ɪ et à l'ʊ leur prononciation ancienne *i* et *ou,* car le ɪ et l'ʊ sont de création
nouvelle. Cela suffira, croyons-nous, pour ouvrir aux
linguistes un filon nouveau, qu'ils feront bien de poursuivre jusque dans le nouveau monde ; il n'en est pas
de plus riche et de plus important pour ceux qui
tiennent à constater la *monotypie* des races et la
monogénie des croyances du genre humain.

I, E, O, A.

Jéovah.

Johannes.

Oanès.

Hanes, en allemand.

Jehan, en gaulois.

Jean, en français.

John, en anglais.

Jahnar, le bon principe des Ma-
décasses.

Jouan, en brabançon.

Juan, en espagnol.

Juan-Allah, en malais , mon seigneur Dieu.

Han, en islandais.

Ian, en flamand.

Evan-Evohé, nom de Bacchus.

Ivan, en russe.

Ivou, en slavon.

Janco.

Iao, en chinois.

Ia, en grec, *verbum, vis,*

Jou, Jupiter.

Jovis pater, le Jupiter des Romains.

Joas (Josias), le Johannes des Hébreux.

Juda, nom du peuple de Dieu.

Jude, S. Simon, S. Jude ou Jean.

Josué.

Jos, dieu pénate des Chinois.

Godt, en westphalien.

Jagout, dieu des Arabes.

Japet, fils d'Uranus.

Jangu, dieu des nègres de la Côte
d'Or.

Jehoud, fils de Saturne.

Jebisu, dieu des Japonais.

Jésus, Dieu des chrétiens.

Hésus, dieu Mars des Gaulois.

Esaü, le Jean biblique.

Isis, divinité égyptienne.

Zeus, Dieu en celtique.

Deus, en latin.

Théos, en grec.

Theuth, dieu suprême des Égyptiens.

Theux, Dieu des cléricaux (voyez l'*Indépendance*).

Theutatès, dieu suprême des Teutons.

Thott, dieu suprême des Teutons.

Thor, dieu des Scandinaves.

Tout, Dieu de Kierr.

Jasdam, Oromaze, le bon principe des Persans.

Jagarnarth, nom du Wishnou indien.

Jéné, dieu du Japon.

Josde-Jesdam, dieu tout-puissant des Perses.

Jorim-Assa, dieu de la force au Japon.

Janus (*bifrons*), dieu romain.

Jason, fils de Ia ou de Jupiter, comme les *Jobard*.

» Tout cela vient de *Jéovah*, et signifie *Dieu* ; cela dépend de la manière de le prononcer : ainsi *Jean* et *Thor*

> Viennent de Jéovah sans doute;
> Mais je dois convenir aussi
> Qu'en venant de là jusqu'ici,
> Ils ont bien changé sur la route.

» On a coutume de dire que certains noms ont été donnés aux enfants d'après le lieu où on les a ramassés : *Dubois*, *Dubuisson*, *Dumont*, *Duval*, etc., ce qui ne tendrait à rien moins qu'à faire des enfants trouvés de la moitié du genre humain ; or, voici comment les choses se sont probablement passées lors de l'organisation administrative de tous les pays. Par suite d'un décret impérial de 1812, je me suis trouvé chargé de donner des noms de famille à plusieurs centaines de paysans des environs de Groningue qui n'en avaient pas, ou qui les avaient oubliés, et continuaient à s'appeler, comme dans la Bible, Jean fils de Pierre, ou Pierre fils de Jacques, par l'addition d'une simple *'s* précédée d'un coma, ce qui causait une horrible confusion dans les registres de l'état civil et du cadastre. Je faisais comparaître ces braves gens, dont quelques-uns se rappelaient bien vaguement que leur père avait eu un nom de famille ; mais ils ne savaient plus le retrouver, et recouraient souvent en vain aux anciens du village. En somme, ils étaient fort indifférents sur le sobriquet qu'il me plaisait leur infliger ; je les baptisais naturellement d'après leur apparence : *Leroux*, *Legrand*, *Lepetit*, *Lelong*, *Leboiteux*, *Lebègue*, et d'après le métier qu'ils exécutaient ; j'ai fait aussi des *Lombard*, des *Jobard* et des *Crétin* de ceux qui portaient le physique de l'emploi, et ces noms leur resteront jusqu'à la fin des siècles. J'aurais pu faire également des *Montmorency*, qu'ils eussent été bon teint comme les autres.

» La même cérémonie est faite ou se fera tôt ou tard sur le *witz* russe, le *ski* polonais, le *ben* algérien, l'*oglou* turc, etc., qui sont autant d'équivalents polyglottes de filiation directe d'hommes ou de lieux.

» Veuillez dire à M. Crétin-Jobard, ou *chrétien fils de Jupiter*, neveu de Jason et de la *Joubarbe*, que c'est par envie qu'on se moque de lui, comme du noble duc de Marlborough ; s'il a l'esprit d'en rire, je veux bien être son cousin. Je n'en offre pas tant aux innombrables jobards qui bayent aux corneilles sur les trottoirs de Paris.

» Agréez, etc. JOBARD,

» Improprement dit *de Bruxelles.* »

¶ LA FARIDONDAINE, LA FARIDONDON. — Un correspondant malicieux m'a prié de lui expliquer *la faridondaine, la faridondon.* Je l'essaierai volontiers.

Dans la basse latinité, *dondum* était synonyme du
mot *adeps* dans la langue d'Auguste|; c'était de la
graisse. D'où venait ce *dondum*, je n'ai pas à le rechercher : il me suffit de remonter jusqu'au latin. On
prononçait *dondon*, comme *factoton, galbanon, matri-
monion, opion, eon* (pour *eum*), etc. (1).

Une *dondaine*, *dondon*, *grosse dondon*, est donc
une femme grasse et ramassée. Il faut lire *la, fa, ris
dondaine!* Nos pères aimaient à introduire dans leurs
refrains le nom des notes de musique. Par exemple :

> *Mi, mi, fa, ré, mi,*
> Chantez mon petit,
> *Mi, mi, fa, ré, sol,*
> Comme un rossignol.

Ou bien ce couplet cité par Ménage dans ses *Observations sur la langue française :*

> Comtesse de Cursol,
> *La, ut, ré, mi, fa, sol,*
> Je veux mettre en musique
> Que vous avez éu,
> *La, ré, mi, fa, sol, ut,*
> Plus d'amans qu'Angélique.

---

(1) On sait l'histoire de ce fou qui, entendant chanter à la messe
per eum qui venturus est, s'imagina être désigné par l'Église comme
le sauveur des hommes parce qu'il se nommait *Éon.* Cette prononciation fut la source d'une hérésie : —Voyez la *Biographie universelle*,
à l'article ÉON.

Mais on disait aussi *la fariradondé* :

> Purgeons nos desserts
> De chansons à boire,
> Vivent les grands airs
> Du Conservatoire.
>   Bon
> La fariradondaine
>   Gai,
> Là fariradondé.

(BÉRANGER.)

Ce *la fariradondé*, loin d'être une difficulté, vient précisément à l'appui de mon explication. *Dondé*, c'est-à-dire engraissé, gras. Voyez plutôt ce passage de lettres de rémission de 1457 : « Le supliant geta » hors de l'estable, sans le sceu de personne, une paire » de buefz *dondez*. » (DU CANGE sous DONDUM.)

Écrivez en conséquence : « *la, fa, rira dondé*, » le gros garçon rira.

Par une métaphore fondée sur l'analogie, une *dondaine* était aussi une grosse flèche courte et massive : — « Icelui Jehan tendit son arbalestre, et après ce » qu'il ot mis sa *dondaine* en coche pour tirer, et qu'il » l'abessoit pour prendre sa visée, ladite *dondaine* » eschappa. » (*Lettres de rémission* de 1405.) Ménage et Trévoux, qui a copié Ménage, se trompent lorsqu'ils disent que la *dondaine* était « *un instrument de guerre* » *dont on se servoit autrefois pour jeter des pierres* » *rondes, comme on faisoit avec les catapultes des* » *anciens ; ce qu'on a appliqué aux femmes grosses et* » *courtes.* » Cette définition est inexacte quant au sens propre, et puis quel rapport y aurait-il entre une manière de catapulte et une grosse femme courte?

Vous voyez, mon cher correspondant, que la question n'était pas si embarrassante que vous l'aviez jugé. Néanmoins on vous sait gré de l'intention.

L'Académie française a recueilli *dondon* et a rejeté *dondaine*. On espère que *la faridondaine* et *la faridondé* tiendront leur place dans son Dictionnaire historique.

CHAPITRE VIII.

Fonts baptismaux. — Le Dictionnaire de l'Académie française. —
Le Dictionnaire des beaux-arts. — Furetière chassé de l'Académie.
— Lettre prophétique d'Étienne Pavillon à Furetière. — A quelle
date fut joué *Patelin*.

¶ FONTS BAPTISMAUX. — Tous les dictionnaires français et français-latins, depuis qu'il existe des dictionnaires, répètent que *fonts* est un substantif *masculin*.
On le passe encore aux autres, mais à l'Académie française ! Comment, au point où en est la science, l'Académie française, dans sa dernière édition, a-t-elle pu
conserver cette énorme bévue des éditions précédentes,
et sceller de son autorité une si profonde erreur ?
Comment, à défaut de la certitude, si facile à rencontrer, le doute au moins ne s'est-il présenté à l'esprit
d'aucun des membres de l'illustre compagnie au souvenir de ces noms propres si répandus : *Lafont, Dela-
font, Bonnefont, Bellefont, Fonfrède*, de même que
Froidefont, la Chaudefont, etc. Était-ce l'Académie
française qui devait s'en laisser imposer par la terminaison de l'adjectif *baptismaux* ? Pour être consé-
quente, elle devait donc mettre aussi LETTRE, *substantif
masculin*, sur la foi de cette vieille locution de palais
enchâssée dans ce vers des *Plaideurs* :

J'obtiens *lettres royaux* et je m'inscris en faux.

Fonts n'est pas plus masculin que *lettres*. *Royaux*
et *baptismaux* sont d'un tems où les adjectifs français
tirés d'adjectifs latins terminés en *is*, comme *regalis,
baptismalis, viridis*, n'avaient qu'une seule forme servant pour les deux genres, et cela fondé sur ce qu'en
latin la terminaison *is* était aussi commune au masculin
et au féminin. Le français n'a une seconde forme en
ale que depuis le xviᵉ siècle. Cela est élémentaire.

Le bas latin disait *fonta*, et le français *une font*.
Une charte de 1374, de la ville d'Aigueperse, citée
dans Du Cange : « .... et les conduits des eaues venant
» à *ladite fons* et abreuvoir. »

On serait tenté de croire que le mot *fons* n'est autre
chose que le latin *fons* tout pur, et a précédé la forme
fontaine; il n'en est rien. *Fontaine* se lit partout dans
la traduction du *Livre des Rois*, réputé jusqu'ici le
plus ancien monument de notre langue :

« E le seignur vus liverad Moab as mains, et tutes
» lur citez e lur fermetez prendrez e destruirez ; et tuz
» les arbres ki fruit portent colperez, et *tutes lur fun-
» teines* estuperez.... » (Page 353.)

« .... E les castels pristrent.... e les *bones funteines*
» estuperent.... » (Page 354.)

« Tophet, cel liu ki tant est delitable de bels arbres
» e de beles *funteines*. » (Page 427.)

Fontaine, également dans les sermons de saint Bernard : « Criz (Christ) nostre sires est *fontaine* a nos,
» par cui nos sommes lavez. » (Page 538.)

Je cite le passage suivant pour la singularité des

métaphores mystiques. Le saint suppose trois fontaines, et conseille d'en chercher une quatrième : — « Nos
» avons de la fontaine de MISERICORDE les awes (eaux)
» de remission por laveir nos colpes ; — nos avons de
» la fontaine de GRACE les awes de devotion por arro-
» seir les racines de nos bones oyvres ; — nos avons de
» la fontaine de SAPIENCE les awes de discretion por
» abevrer nostre soif. — Or quarrons apres por coyre
» les mangiers (cuire les alimens) les fervens awes
» d'amor. Cez awes condient (assaisonnent) vrayement
» et coysent (cuisent) noz affections, et si vienent totes
» buillanz (1) de la fontaine de CHARITET. » (P. 539.)

Le goût de cette éloquence se continua jusqu'au XVIIᵉ siècle. Il n'y a qu'à lire la correspondance dévote de l'évêque de Meaux, Guillaume Briçonnet, avec Marguerite, alors duchesse d'Alençon, sœur de François Iᵉʳ (Introd. aux *Lettres de Marguerite*). Tant il est vrai que le naturel et la simplicité sont dans tout le dernier effort et le dernier terme de l'art.

Mais revenons à la philologie. Il demeure avéré, par ces divers passages, que *fontaine* est la forme primitive, de laquelle *font* est une apocope ou abréviation. Voici quel me paraît être l'ordre généalogique : Le latin du tems d'Auguste disait *fons*, d'où l'adjectif *fontanus ;*

(1) On remarquera *eaux fervens, eaux bouillans*, et non *ferventes, bouillantes*. C'est comme *fonts baptismaux* et *lettres royaulx* : les adjectifs venus du latin en *ens* (*fervens, bulliens*) n'avaient non plus, et par le même motif, qu'une terminaison au service des deux genres. Mais *tout* prend un féminin, parce qu'il n'appartient à aucune de ces deux catégories (en *ens* ou en *alis*) : « Des eaux *toutes bouillans*. »

le latin de la décadence a dit, au lieu de *fons*, *fontana*, sous-entendu *aqua* (1). De *fontana* le français a formé *fontaine*, et ensuite, par apocope, *font*, en sorte que le dernier terme est identique avec le premier.

Fonta, que je citais tout à l'heure, doit avoir été fait sur le français *font*. Les rédacteurs d'actes publics, pour couper au court, travestissaient les mots de la langue vulgaire quand le terme latin ne leur venait pas tout de suite. C'est ainsi qu'ils ont fabriqué *borgnus*, *jalousus*, *louchare*, et mille autres pareils. Il serait par trop naïf de s'imaginer que *borgne*, *jaloux*, et le verbe *loucher*, descendent de ce prétendu latin. Mais la généalogie n'est pas toujours si claire, et l'antériorité est parfois douteuse. C'est un piége tendu continuellement, où les étymologistes peuvent se laisser prendre. Du Cange ni D. Carpentier ne se sont pas occupés de cette distinction de l'âge des mots.

Je finis comme j'ai commencé, par insister sur le genre féminin de *font*, et sur la nécessité d'une rectification dans le Dictionnaire de l'Académie.

¶ Il y a de certains esprits naturellement curieux qui rappellent le propos de Lubin à Clitandre : « C'est grand dommage, monsieur, que je n'aie point étudié : je me serais avisé de questions où jamais personne n'a songé. » Je reçois une de ces questions singulières,

---

(1) Voyez le Lexique de MM. Louis Quicherat et Daveluy, au mot FONTANUS.

difficiles et délicates. Un correspondant dont je ne veux pas publier la lettre ni le nom, par charité pour lui-même, ne s'avise-t-il pas de me demander combien coûte à la nation française.... le Dictionnaire de l'Académie! Et qu'importe ce qu'il coûte, indiscret que vous êtes? A coup sûr il coûte moins qu'il ne vaut, voilà ce qu'on peut affirmer *à priori*, et la France, combien qu'elle ait dépensé pour cet article, est toujours en bénéfice. Voilà qui est incontestable et convenu. C'est donc simplement un renseignement de statistique ou d'histoire littéraire que vous désirez? Sur ce pied-là, j'y consens, car je ne me prêterais pas à seconder une intention maligne, je vous en avertis. Le monde est aujourd'hui si méchant que je suis bien aise de prendre mes précautions; et si, nonobstant cela, quelqu'un persiste à me soupçonner, je proteste ici par avance, et, comme Rabelais, j'en appelle au prochain concile.

Ce préliminaire réglé, je vous dirai, monsieur, que, seule au monde, l'Académie pourrait satisfaire complétement votre curiosité, car elle seule possède les élémens indispensables pour établir ce calcul. Or, n'étant pas probable qu'elle consentît à vous dire son secret, je rassemble quelques données qui, faute de mieux, pourront servir de point de départ aux inductions et aux conjectures.

Dans le second factum de Furetière, on lit, page 5 : — « Il y a assez longtems que le public est leur dupe » dans la vaine attente d'un dictionnaire qu'ils ne

» montreront jamais, et qu'ils abusent des libéralitez
» du Roy, *dont ils ont touché desjà* TRENTE MILLE ESCUS
» sans montrer une page de leur ouvrage. »

Ainsi parlait Furetière en 1683, Furetière l'ennémi
déclaré de l'Académie, c'est vrai, mais par cela même
d'autant plus obligé d'être exact dans ses dires et de
ne pas prêter le flanc par de fausses attaques ; car
il avait affaire à forte partie, et l'Académie qui, en
excipant de son privilége exclusif, avait eu le crédit
de faire supprimer l'ouvrage de Furetière avant même
qu'il parût, l'Académie aurait eu beau jeu à faire condamner Furetière comme calomniateur, s'il eût dépassé
les limites de la vérité. Or son assertion sur les trente
mille écus et plus n'a pas été contredite : nous pouvons
donc nous y fier et accepter le fait pour authentique.

La valeur de l'argent depuis Louis XIV a plus que
doublé ; contentons-nous de le prendre au double.
Laissons encore de côté la fraction, que Furetière ne
précise pas ; mettons trente mille écus de compte rond.
Trente mille écus du XVIIe siècle, ce sont soixante mille
du XIXe, et soixante mille écus, ce sont cent quatre-
vingt mille francs.

Continuons d'écouter les révélations de Furetière :

« On doit les cinq ou six premières lettres de ce
» dictionnaire à M. de Vaugelas, qui y a travaillé
» douze ou quinze ans, et toutes les autres à M. de
» Mézeray, qui s'y est appliqué trente-trois années....
» *Il a cousté* DEUX MILLE ESCUS au Roy pour faire trans-
» crire ces minutes en de grands cahiers, en grosse

» lettre et avec de grandes marges sur lesquelles on
» travailloit à la correction. » (Page 65.)

Deux mille écus, en langage de Furetière, c'est-à-dire
quatre mille, qui font douze mille francs ; et douze
mille francs ajoutés à cent quatre-vingt mille font bien
cent quatre-vingt-douze mille francs. Bon ! les voilà,
comme dit Argan.

Donc, au compte de Furetière, le Dictionnaire de
l'Académie, en 1683, onze ans avant de voir le jour,
coûtait déjà cent quatre-vingt-douze mille francs, pour
le moins.

Il y avait aussi dès lors des frais d'impression, dont
nous ne parlons que pour mémoire. L'Académie, ainsi
que cela se pratique encore aujourd'hui, travaillait sur
des fascicules imprimés pour elle seule. Cela ressort du
passage suivant : « On a veu souvent M. Racine, trou-
» vant à l'ouverture du Dictionnaire imprimé des choses
» qui ne luy plaisoient pas, s'écrier en plein bureau :
» Bon Dieu ! où nous fourrerons-nous quand ce livre
» viendra à paroistre ? Le public nous jettera des
» pierres !... » (Page 72.)

Il est vrai qu'on a quelquefois jeté la pierre à l'Académie pour son Dictionnaire ; mais on n'a jamais jeté
de pierres aux académiciens, heureusement !

A partir de 1683, les documens nous font défaut
jusqu'à la nouvelle organisation de l'Institut, en 1803.
Pendant cent vingt ans, nous ne pouvons savoir les
sommes allouées à l'Académie française pour les travaux de son Dictionnaire.

Le décret d'organisation de l'Institut du 3 pluviôse an XI (1803) ne contient rien de spécial aux frais du Dictionnaire; il est dit simplement, article XI, que « l'Institut recevra pour ses dépenses une somme qui » sera déterminée tous les ans *sur sa demande*. »

L'article III porte : « La seconde classe (l'Académie » française) est particulièrement chargée de la con- » fection du Dictionnaire de la langue française. *Elle* » *fera, sous le rapport de la langue, l'examen des* » *ouvrages importants de littérature, d'histoire et de* » *sciences. Le recueil de ses observations critiques* » *sera publié au moins quatre fois par an.* »

Il est regrettable à jamais que la seconde partie de cet article soit demeurée sans exécution. La grammaire, la critique, la littérature ne seraient pas où elles en sont, et la gloire même de l'Académie ne s'en trouverait pas plus mal. On ne reprocherait point à cette illustre compagnie d'avoir fait triompher le contraire du droit au travail ; on n'aurait jamais pu assimiler les académiciens aux dieux d'Épicure, dépourvus de providence :

> ...Namque Deos didici securum agere ævum ,
> Nec, si quid miri faciat natura, Deos id
> Tristes ex alto cœli demittere tecto.
>   (HORAT., *Sat.* 1, 5.)

« Car ces dieux passent leur vie dans une indifférence complète aux choses d'ici-bas, et, si la force du génie fait éclore un bon livre, il ne nous tombe pas de la coupole majestueuse de l'Institut. »

Si l'article III : « *L'Académie publiera* », etc., est tombé en désuétude le lendemain de sa naissance, par bonheur l'article XI : « *L'Académie recevra* », etc., n'a pas eu le même sort. Tous les gouvernemens ont senti que la confection d'un dictionnaire n'est pas besogne qui se marchande à l'aune, qu'on ne lésine pas avec un corps savant tel que l'Académie française, et que le plus digne et le plus sûr était de s'en remettre à sa discrétion. Aussi est-il dit : « Une somme qui sera déter- » minée tous les ans *sur sa demande*. » Qu'a-t-elle demandé ? Je l'ignore ; mais, aussi loin que j'ai pu remonter, j'ai vu douze mille francs par an alloués pour le Dictionnaire. C'est apparemment le chiffre indiqué par l'Académie elle-même dès l'origine ; c'est un chiffre traditionnel comme la répartition de la somme : six mille francs pour *la commission* du Dictionnaire, six mille francs pour *travaux* du Dictionnaire. Ce sont les termes invariables du budget. Diable ! ne confondons pas le travail et la commission !

Cette allocation de douze mille francs, ne la comptons qu'à partir de la nouvelle organisation de l'Institut par le premier consul. De 1803 à 1835, ce sont trente-deux ans ; à douze mille francs par an, trois cent quatre-vingt-quatre mille francs.

Lesquels trois cent quatre-vingt-quatre mille ajoutés aux cent quatre-vingt-douze mille de Louis XIV, forment un total de cinq cent soixante-seize mille francs (576,000 fr.).

Et il reste un espace de cent vingt ans, de **1683**

à 1803, dont les dépenses nous sont absolument inconnues. Quand je dis cent vingt, ce n'est que cent dix-huit, car il faut déduire deux années pendant lesquelles les Académies ont cessé d'exister, du mois d'août 1793 au mois d'août 1795 (1).

Lorsque l'Académie publia la sixième édition de son Dictionnaire, en 1835, elle comptait juste deux cents ans depuis sa fondation. Cent dix-huit ans font par conséquent plus de la moitié de son âge, et le total de 576,000 francs pour lequel nous avons des témoignages ne représente que quatre-vingts années de cette existence de deux siècles.

Je crois demeurer bien en deçà de la réalité en estimant que le Dictionnaire de l'Académie représente, au taux le plus modeste, plus d'un million.

Mais aussi c'est le Dictionnaire de l'Académie ! Et qu'est-ce qu'un million ?

On sait que l'Académie travaille actuellement à un Dictionnaire historique de la langue française, où seront éclairées toutes ses origines, et toutes ses vicissitudes seront exposées. Quand ce livre paraîtra, il n'y aura plus de problèmes philologiques pour le français.

Mais quand paraîtra-t-il ce dictionnaire vraiment impayable ? « *Tu ne quœsieris scire nefas !* »

Tout vient à point à qui sait attendre. N'imitons pas l'amoureux de la belle Philis, qui désespérait à force

---

(1) Le décret qui supprime les Académies est du 8 août 1793. Le décret qui fonde l'Institut est du 22 août 1795.

d'avoir espéré : sachons attendre , ayons patience , et
nous finirons par avoir (nous ou nos descendans) non-
seulement le Dictionnaire de l'Académie française, mais
encore celui de l'Académie des beaux-arts. Le public ne
se doute pas que l'Institut lui brasse, comme aurait dit
Montaigne, deux dictionnaires pour un. Oui, par décret
impérial du 23 avril 1807, l'Académie des beaux-arts
est chargée de rédiger son dictionnaire particulier,
lequel depuis cette date figure au budget pour une
somme annuelle de six mille francs. Il y aura l'année
prochaine cinquante ans juste : cela fait trois cent
mille francs. Il n'a encore rien paru. En 1849 , la
commission du budget, impatiente, exigeante, demanda
des explications. De ces explications données, il appa-
rut qu'il existait pour l'ouvrage en question des matériaux considérables. Pourquoi donc ne pas les publier ?
Ah ! voici : ces matériaux se trouvaient la plupart hors
de service avant d'avoir été employés. En effet , cela
est tout simple. Un musicien, par exemple Méhul ou
Gossec, aura fait l'article HARMONIE ; naturellement il
l'aura fait avec les connaissances et selon la méthode
de son époque , et puis l'article a été dormir dans les
cartons. Quinze ans plus tard , Berton exhume le manuscrit de son prédécesseur : il ne manque pas de le
trouver incomplet, vieilli, détestable. Il le refait d'après
son système. Dix ans plus tard , Reicha refait l'article
de Berton , celui-ci destiné à être refait un jour par
Boïeldieu, ou un autre, que sais-je? Car vous entendez
bien que ces noms ne figurent ici que par hypothèse

et pour rendre la chose sensible, *exempli gratiâ*, je
vous l'ai dit en commençant. On voit qu'arrivés au
milieu du dictionnaire, il faut refaire le commencement,
et qu'avant d'être à la fin, il est indispensable de reprendre le milieu. C'est la toile de Pénélope, hormis
qu'on n'y défait rien, au contraire ! On avance en
reculant, ou l'on recule en avançant, comme il vous
plaira. En d'autres termes, le progrès continu des
beaux-arts est un obstacle permanent à ce qu'ils aient
jamais leur dictionnaire, à moins que, par la grâce du
Saint-Esprit, on ne l'improvise de toutes pièces en
vingt-quatre heures ; encore faudrait-il qu'il fût imprimé
de même. Que faire ? Comment sortir de là ? La commission du budget y était fort embarrassée. Elle commença par rabattre sur le crédit spécial de cette année-
là une somme de mille francs, en guise d'amende
expiatoire du passé. Mille francs ! tout autant ! Ensuite
elle demanda que le Dictionnaire des beaux-arts fût
publié par fascicules qui paraîtraient aux intervalles
nécessaires. Ces fascicules, se trouvant au niveau de la
science, auraient toujours servi à l'instruction des
contemporains ; la postérité se serait arrangée comme
elle aurait pu ! Cela bien décidé, bien convenu, accepté
de part et d'autre, on se sépare les meilleurs amis du
monde, et.... rien n'a paru. *Altri tempi altre cure.*
Nous aurons le Dictionnaire des beaux-arts en gros,
au lieu de l'avoir en détail. Voilà tout !

Je n'ai pas voulu tout à l'heure ouvrir une parenthèse qui m'eût détourné trop longtems de mon sujet principal ; mais je mettrai ici ce que j'avais à dire, qui s'y rapporte par un côté. C'est à propos de Furetière chassé de l'Académie, dont il faisait partie depuis vingt-trois ans, et chassé honteusement à l'occasion de son dictionnaire. Vainement il se défendit avec force, avec courage, avec esprit ; — avec trop d'esprit, car on disait : Comment un homme si spirituel et si incisif pourrait-il avoir raison ? Non ! c'est un méchant homme ! — L'Académie ne tomba pas dans cette faute ! Elle n'avait garde ! Elle se tut, et triompha en prenant l'air digne et l'attitude d'une victime résignée. Furetière mourut accablé. Naturellement, hélas ! sa mémoire n'a pas été réhabilitée par les académiciens qui se sont chargés de son article dans les biographies et les histoires littéraires (1), et il semble que ce procès reste jugé définitivement au profit de ceux qui l'ont gagné en première instance. Le nom de Furetière aujourd'hui ne réveille que l'idée d'un homme convaincu d'avoir, par un odieux abus de confiance, volé les matériaux du Dictionnaire de l'Académie. Eh bien, voici sur cette affaire un témoignage grave, positif, complet, qu'on n'a jamais invoqué, et qui n'aurait pas dû être inconnu aux historiens de cette querelle : c'est celui de Pavillon, d'Étienne Pavillon, membre lui-même de l'Académie

(1) D'Olivet, dans l'*Histoire de l'Académie.* — M. Auger, dans la *Biographie* Michaud.

française, non pas, il est vrai, à l'époque où il écrivait
là lettre que je vais rapporter, mais seulement quinze
ans plus tard et trois ans après la mort de Furetière.
Avant tout, il importe d'établir la moralité du témoin.
Pavillon était un homme si honnête et en même temps
si savant et si modeste, qu'il refusa à l'amitié de Bossuet
de se laisser nommer gouverneur du duc du Maine.
L'Académie française l'élut spontanément et sans qu'il
eût fait aucune démarche, pour remplacer Bensérade;
et l'Académie des inscriptions le donna pour successeur
à Racine: Louis XIV voulut aussi lui témoigner son
estime par une pension de deux mille francs. Bref,
Pavillon offrit un des rares exemples du mérite récom-
pensé pour lui-même et sans le secours de l'intrigue.
Tel est l'homme qui écrit à Furetière, en 1679, c'est-
à-dire six ans avant le scandale du Dictionnaire, une
lettre prophétique dont Furetière ne tint pas assez de
compte, pour son malheur!

> Nous n'écoutons d'avis que ceux qui sont les nôtres,
> Et ne croyons le mal que quand il est venu!

A Monsieur l'abbé Furetière.

« Il est constant, monsieur, que ce dictionnaire que
» vous avez entrepris est une des hardies productions
» de l'empire des belles-lettres, et que vous ne devez
» pas vous attendre pour récompense à une réputation
» moins solide que l'auteur de l'*Iliade*...... Les Muses
» n'ont point de lauriers qui ne soient dignes de vous

» estre présentés pour la peine que vous prenez à leur
» amasser des mots et des expressions pour l'embellis-
» sement et la perfection de la langue françoise. Le
» Parnasse, le public vous en tiendront compte ; mais
» vostre Académie, que pensera-t-elle de ce projet? Je
» vous l'ay dit, monsieur, en homme désintéressé et à
» qui l'envie, ni comme académicien, ni comme auteur,
» ne sauroit inspirer de jaloux sentimens. Vos con-
» frères vous donneront de l'émulation à continuer vos
» explications des mots de la langue, tant qu'ils croi-
» ront qu'elles seront réunies aux remarques des autres
» académiciens et que le dictionnaire des Quarante ne
» sera que l'ouvrage d'une seule tête ; mais sitost que
» vous séparerez le vostre dans l'intention de le mettre
» sous vostre nom, les suffrages qui vous ont esté si
» honnestement accordés vous seront refusés. On fera
» plus : on voudra peut-estre vous accuser de vous estre
» emparé trop facilement de ce qui vous aura cousté
» si cher !

» Personne ne peut vous parler là-dessus plus natu-
» rellement que M. Charpentier. Il y a si longtems
» qu'il est au fait des cabales de sa Compagnie, que
» vous ne pourrez mieux connoistre que par luy la
» confiance que l'on vous marque aux conférences pour
» le Dictionnaire. Il peut desjà vous en avoir parlé
» à cœur ouvert, et je serois bien de l'avis qu'il m'a
» fait entrevoir, qui est de ne communiquer à l'assem-
» blée que les remarques que vous voulez abandonner
» à l'Académie, ou plutost de ne vous pas trouver

» à chaque jour du bureau marqué pour l'avancement
» du Dictionnaire, si vous avez absolument projeté un
» pareil dessein. C'est là certainement le parti que vous
» devez prendre, monsieur, pour ne pas vous attirer
» toute vostre Compagnie à dos. Je sais que la cabale
» se prépare à vous forcer de luy donner le plan de
» vostre volume, et que M. Mézeray y est vivement
» poussé par des instructions particulières.

    » Je vous plains dans cette occasion, et je douterois
» du succès de vostre entreprise si vous n'aviez de
» vostre costé le bruit qui se répand que vous aurez
» plus tost achevé que l'Académie n'aura entièrement
» projeté. C'est un avantage que le public soutiendra
» contre le grand nombre, si une prompte exécution
» vous rend victorieux, et par là les savans ne seront
» pas persécutés, si vous estes imprimé. En vérité je
» ne comprens pas la lenteur des académiciens, s'ils
» font attention que le public ne doit pas avoir une
» opinion avantageuse de leur promptitude, puisque
» un seul particulier est en estat de faciliter ses doutes,
» lorsque quarante personnes ne l'aident pas encore
» depuis quarante-cinq ans !

    » Je serois imprudent d'apprendre à d'autres que
» vous, monsieur, que j'ay esté introduit incognitô, il
» y a trois jours, à l'Académie par M. Racine, et que la
» scène qui s'y est passée en ma présence n'a pas esté
» fort utile à l'enregistrement des décisions qu'on y a
» faites, puisque l'on n'a rien arresté à ceste assemblée.
» J'y ai vu onze personnes : une escoutoit ; une autre

» dormoit ; trois se sont querellées, et les six autres
» sont sorties sans dire mot. Aussitost que j'ay esté
» arrivé chez moi, j'ay crayonné ceste assemblée sans
» quitter la plume, que M. Despréaux mesme m'a encore
» trouvée à la main en sortant de l'Académie. Je luy
» ai lu dans le mesme moment ceste peinture bizarre
» telle que je vous l'envoie, et vous me ferez plaisir
» de ne la communiquer qu'au seul M. de Bussy, à qui
» vous m'avez marqué que vous avez occasion d'es-
» crire (1).

   » Juin 1679. »

N'est-ce pas là un document tout à fait curieux et
important? Il constate que Charpentier a joué un double
rôle, faisant d'abord avertir sous main Furetière des
menées de *la cabale* contre lui, et votant avec elle le
jour qu'il fallut opter. Si Pavillon eût été de l'Académie le 22 janvier 1785, il est probable qu'il eût rappelé
à Charpentier ses confidences, qu'il lui eût fait honte
de sa lâcheté, et eût conservé une voix de plus à
Furetière.

Car l'abbé d'Olivet, qui nous donne la liste des
membres présens à cette séance, se garde bien de nous
faire connaître le vote de chacun d'eux. Le premier
président, M. de Novion, directeur de l'Académie, qui
avait pris le parti de Furetière, jusqu'à déclarer que si
Furetière n'avait pas obéi aux sommations réitérées

(1) PAVILLON, *OEuvres*. 1ʳᵉ partie. p. 140. Amsterdam. 1750.

de comparaître devant l'Académie, lui-même l'en avait
empêché ; M. de Novion qui, ayant essayé d'arranger
l'affaire, y avait échoué, et avait déclaré à Furetière, si
l'on en croit d'Olivet, qu'« il ne pouvoit, ni comme juge,
» ni comme académicien, ni comme son ami, se dispenser
» de le condamner (1), » M. de Novion ne parut cependant pas à cette séance. Boileau, qui avait précédemment
tenté une démarche auprès de Furetière, en compagnie
de Racine et de La Fontaine , Boileau s'abstint comme
le président Novion. Racine vint à l'Académie et vota
pour Furetière. La Fontaine vota contre ; mais il pro-
testa toujours qu'il s'était trompé, et par distraction
avait mis la boule noire pour la blanche. Th. Corneille
fut aussi pour Furetière. Ces noms et ces circonstances
ont bien quelque poids.

Que Charpentier, Leclerc, l'abbé Testu, l'abbé Gal-
lois, Quinault même, et qui l'on voudra encore, aient
déclaré Furetière atteint et convaincu « d'avoir employé
» la méthode, les définitions, les phrases de l'Académie »,
qu'est-ce que cela me fait ? Quant à la méthode, je vois
que le plan de Furetière était beaucoup plus large que
celui de l'Académie ; que Furetière a suivi l'ordre al-
phabétique, et l'Académie l'ordre par racines et familles
de mots ; quant aux phrases, il paraît par la lettre de
Pavillon que Furetière en avait fourni une bonne part :
il n'aurait fait que reprendre son bien. D'ailleurs sur

(1) *Histoire de l'Académie*, t. II, p. 51. La phrase est singulière, surtout sous la plume d'un académicien. On ne dit guère à un homme :
Comme votre ami, je ne puis me dispenser de vous condamner.

ces trois chefs, Furetière a répondu péremptoire-
ment dans ses *Factums*, que d'Olivet appelle « des
» volumes de médisances et de railleries, mais railleries
» grossières, médisances brutales, et qui ne donnent
» pas une trop bonne idée de son esprit (1). » Sur ce
point encore, je prendrai la liberté de différer d'avis
avec l'historien de l'Académie française. Si Furetière
n'avait pas répandu tant d'esprit et de sel dans ses factums, on eût été bien plus disposé à les lui pardonner.
A double titre il pouvait dire comme Ovide :

> Ingenio perii Naso poeta meo.

Ce que je vois de plus clair, c'est que l'Académie,
juge dans sa propre cause (2), a voulu venger, d'une
part son amour-propre blessé, de l'autre son privilége méconnu. Mais qui osera dire aujourd'hui que
ce privilége, surpris à la vieillesse de M. d'Aligre, ne
fut pas abusif? Qu'on essaie, pour voir, de le rétablir, d'interdire la publication de tout autre dictionnaire que celui de l'Académie pendant vingt ans, à

---

(1) *Histoire de l'Académie*, t. II, p. 53.

(2) « C'étoit à l'Académie à se faire justice elle-même, puisque ses
» statuts l'autorisent et même l'obligent à destituer un académicien
» qui aura fait quelque action indigne de l'honneur. Et quelle action
» plus indigne d'un homme d'honneur que d'avoir usurpé le travail de
» sa Compagnie. » (D'Olivet, t. II, p. 51.) C'est précisément là le point
en question. L'Académie le décide affirmativement, et, en vertu de
sa décision, applique la peine. En tout pays cela s'appelle être juge
et partie, et c'est toujours une tache à l'Académie d'avoir joué ce
rôle, le jugement fût-il juste au fond. C'est ce qu'on n'a pas assez
remarqué.

compter du jour de la publication de celui-ci ! Je veux
que Furetière ait manqué de prudence et de discrétion ;
mais ces concessions faites, je crains bien qu'il n'ait
succombé sous les coups d'une cabale. C'est un procès
à revoir.

❡ PATELIN. — A quelle date fut jouée la farce de
Patelin ?

Lorsque l'*Illustration* voulut bien accueillir ma traduction de la farce de *Patelin*, j'émis en tête de ce
travail quelques opinions relativement à l'auteur et à
l'âge de ce chef-d'œuvre de notre vieille comédie. Ce
n'étaient que des conclusions dont le développement et
la justification étaient réservés pour le Mémoire que
j'ai publié depuis, avec le texte et les notes. Je n'avais
voulu là que prendre date.

Dans un article sur *Patelin*, inséré au *Moniteur*,
M. Charles Magnin, à l'occasion de l'édition de M. Geof-
froy-Château, me fit l'honneur de citer mon sentiment
et de le combattre. M. Magnin est un critique trop
considérable pour que je n'essaye pas de me défendre,
ou plutôt de défendre ce que je crois la vérité sur un
point des plus importans comme des plus obscurs de
notre histoire littéraire. Au reste, j'abuserai le moins
possible de la patience du lecteur ; une citation prise
dans le feuilleton dont il s'agit le mettra d'abord au
courant.

« Suivant M. Génin, l'action de *Pathelin* se passe
» sous le roi Jean, quoique, à son avis, la pièce n'ait

» été composée qu'un siècle plus tard, vers 1460. Je ne
» partage ni l'une ni l'autre de ces opinions. D'abord
» l'écu d'or, l'écu couronné dont il est si souvent ques-
» tion dans la pièce n'a commencé d'être frappé que
» sous Charles VI, en 1384. L'action ne peut donc se
» passer avant cette époque, du moins dans la rédaction
» qui nous est parvenue. Quant à la date de la com-
» position, pourquoi la supposerait-on plus récente?
» Quel motif aurait eu le poëte de reculer d'un siècle
» l'action de son drame? De quoi lui aurait servi cet
» artifice? On conçoit que l'éloignement soit favorable
» à une épopée, et même à un roman tel que le *Petit*
» *Jehan de Saintré*, dont M. Génin allègue l'exemple....
» Le poëte comique ne peint rien aussi volontiers que
» les hommes de son temps et les travers qu'il a sous
» les yeux. Ce n'est pas lui qui recule ses tableaux pour
» en accroître l'effet. Je pense donc que la farce de
» *Pathelin* a été écrite précisément à l'époque où
» parlent et agissent les personnages, c'est-à-dire un
» peu après 1384. »

Notons d'abord ce point essentiel, que M. Magnin
reconnaît que l'action du *Patelin* se passe dans le
xive siècle. Quant à l'année précise, je néglige pour aujourd'hui cette recherche. Pour raisons à moi connues,
je la placerais vers 1356; M. Magnin la veut à 1384,
soit! Nous débattrons ce point-là plus tard. Nous
sommes d'accord au moins sur le siècle où les personnages sont censés agir : c'est bien le xive.

« Je pense, continue M. Magnin, que la pièce a été

» écrite *précisément à l'époque où parlent et agissent*
» *les personnages*, c'est-à-dire un peu après 1384. »

A mon tour je ne saurais partager cette opinion. Ma
raison, qui me semble péremptoire, c'est qu'à cette
date les représentations dramatiques n'existaient pas
en France.

S'il y a quelque chose de constaté, d'authentique dans
notre histoire littéraire, c'est l'histoire des premiers
essais d'établissemens dramatiques : le témoignage des
registres du parlement est irrécusable. Aussi Saint-
Foix, Des Essarts, les frères Parfaict, le chevalier de
Mouhy, tout le monde est unanime. La première tentative de représentation en forme se fit en 1398, à Saint-
Maur, près de Vincennes. Ce n'étaient pas des farceurs
qui jouaient le *Patelin* ou telle autre joyeuse comédie;
c'étaient de pieux bourgeois qui représentèrent la passion de Notre-Seigneur. Ils ne réussirent point : le
théâtre fut fermé presque aussitôt qu'ouvert.

Une ordonnance du prévôt de Paris, du 3 juin 1398,
fait défense à tous habitans de Paris, Saint-Maur ou
autres lieux de sa juridiction, « *de représenter aucuns*
» *jeux de personnages* sans le congé du roi, à peine
» d'encourir son indignation et de forfaire envers
» lui. »

C'est alors que ces bourgeois, résolus d'obtenir ce
congé du roi, se formèrent en société sous le titre de
Confrères de la passion de Notre-Seigneur, et ob-
tinrent les lettres patentes qui leur étaient indispensables pour jouer, non pas, encore une fois, la farce

de *Patelin* ni aucune autre, mais des pièces pieuses, des *mystères*. La charte de Charles VI y est expresse : « Auctorité, congé et licence de faire jouer quelque » mystère que ce soit de ladite passion et résurrection, » ou autres quelconques, tant de saincts comme de » sainctes qu'ils youdront eslire et mettre sus (1). » Et cette charte est datée de l'hôtel Saint-Paul, au mois de décembre 1402.

Nous commençons à nous éloigner de 1384 ; cependant il n'est pas encore possible de faire arriver *Patelin* en 1402. Il faut même l'ajourner encore assez long-tems, attendu que ce genre de pièces n'entra jamais dans le répertoire des confrères de la Passion. Il faut descendre au tems où parurent de nouvelles sociétés dramatiques sous le nom d'*Enfans sans souci* et de *Clercs de la basoche*. C'est alors que la comédie sati-rique vient faire diversion à la monotonie dévote des *mystères* et des *moralités;* c'est alors que *Patelin* trouve à se placer, mais nous sommes en plein xve siècle. Or, pendant que nous étions obligés de rappro-cher de nous la représentation de *Patelin*, l'action de la pièce restait toujours engagée dans le xive siècle, où M. Magnin lui-même l'a placée. Il faut donc, bon gré mal gré, reconnaître deux dates, et même assez distantes l'une de l'autre : l'une pour l'action scénique, l'autre pour la représentation réelle de l'ouvrage. Ainsi le poëte a reculé son tableau dans le passé.

(1) Des Essarts, p. 14.

Mais comment ? mais pourquoi ? mais qu'y gagnait-il ?
mais cela ne se fait pas ! — Mon Dieu, je n'en sais rien.
Je ne vois qu'un fait, et les plus beaux raisonnemens
du monde ne prévalent pas contre un fait. Il est là,
ce fait ; cherchez à l'expliquer comme vous pourrez,
comme vous voudrez, cela ne me regarde pas.

Je dis que *Patelin* n'a pu être joué avant l'époque
où l'on commença de jouer la comédie en France ; et
nous tombons d'accord que l'action du drame se passe
avant cette époque. J'en conclus que l'auteur écrivait
dans le tems qu'on jouait déjà la comédie, et qu'il a
reporté en arrière l'action de son drame. M. Magnin
pense, au contraire, que la composition est *précisément* de la même date que l'action comique. — Voilà
tout le procès.

Vous dites que les poëtes dramatiques aiment à
peindre les mœurs qu'ils ont sous les yeux, et ne
peuvent avoir aucun intérêt à déplacer leurs tableaux.
Pourquoi donc Molière a-t-il mis la scène, dans
l'*Étourdi*, à Messine ; dans les *Fourberies de Scapin*,
à Naples ; dans *Don Juan*, en Sicile ; dans le *Dépit
amoureux* et dans l'*École des femmes*, on ne sait où ?
Évidemment, pour aider à la vraisemblance. C'est un
grand intérêt, cela ! Le spectateur accepte moyennant
l'intervalle, soit de tems, soit de lieu, ce qu'il rejette-
rait si l'on venait lui dire : Cela s'est passé hier, dans
votre ville, dans votre rue, à votre porte.

On repousse l'analogie entre le *Petit Jehan de Saintré* et le *Patelin*, sous prétexte que l'un est un roman

et l'autre une pièce de théâtre. Mais pourquoi ai-je invoqué cette analogie ? C'est que je crois les deux ouvrages du même auteur, qui a pu se servir deux fois du même procédé, et utiliser encore dans sa comédie les études qu'il avait faites pour son roman.

Je ne me charge pas d'indiquer à coup sûr l'intérêt que pouvait avoir Antoine de la Sale à reculer d'un siècle l'action de sa comédie ; en voici un pourtant qu'on pourrait supposer.

Maintes fois le parlement, choqué des licences chaque jour croissantes que prenait le théâtre, tant par rapport aux mœurs que par rapport aux personnes, enjoignit aux clercs de la basoche et aux Enfans sans souci, s'ils voulaient continuer d'exister, de se montrer plus circonspects et plus modestes, et de bannir de leurs jeux les ordures, les impiétés et les satires directes.

Il en fut comme de toutes les défenses du même genre : on trouve mille manières de les éluder. Or, à la vivacité des traits, à la ressemblance saisissante pour ceux même qui n'ont pas vu l'original, on peut bien croire que Patelin était un portrait d'après nature. Le peintre, pour échapper à la censure de l'autorité, l'a exposé dans un vieux cadre : un avocat d'il y a cent ans ! Qu'avez-vous à dire ? Il n'y avait qu'à rire.

Mais voyons un peu si du livre de dépense de maître Patelin nous ne pourrions pas faire sortir la date de son marché.

Il prend chez Guillaume Jousseaume six aunes de

drap à 24 sous l'aune ; et il dit, et le pauvre drapier
répète, tout le long de la pièce, que cela fait six écus,
ou neuf francs :

PATELIN.

J'en prendray six tout rondement.

LE DRAPIER.

A vingt et quatre solz chascuné,
Les six neuf frans.

PATELIN.

                    Hen ! c'est pour une !
Ce sont six escus?....

Neuf frans m'y fault, ou six escus.
. . . .
Qu'en fut-il ? — Il en print six aulnes
De neuf frans.....

Et me dit que j'allasse querre
Six escus d'or en sa maison.
. . . .
Mes neuf frans ne sont point rendus !

Voilà donc trois valeurs équivalentes : six aunes à
24 sous, six écus, neuf francs. Cela est bien clair :
l'écu vaut 24 sous, et le franc 16 sous ; total, 144 sous.

Maintenant prenons les tables des monnaies de Le-
blanc, complétées dans Du Cange ; cherchons à quelle
date correspondent ces valeurs simultanées : je trouve
que c'est au règne du roi Jean, de l'année 1356 à
1360.

Mais M. Magnin soulève une objection : « L'écu cou-
» ronné, dont il est si souvent question dans la pièce,
» n'a commencé d'être frappé que sous le règne de
» Charles VI, en 1384. »

Si M. Magnin n'a que ce motif de descendre l'ouvrage au règne de Charles VI, je le prie de relire
attentivement le *Patelin* : il n'y trouvera pas écrit
une seule fois le nom de l'écu couronné, c'est toujours l'*écu d'or*. Il ne faut pas confondre !

L'unique passage qui ait pu induire en erreur M. Magnin est celui-ci. Agnelet dit à Patelin, en le priant de
se charger de sa cause :

> Je ne vous paieray point en solz
> Mais en bel *or à la couronne.*

Mais il ne s'ensuit pas qu'Agnelet veuille parler ici
de l'écu couronné : la couronne était empreinte sur de
la monnaie d'or avant l'écu couronné de Charles VI,
avant 1384. J'en citerai deux exemples, que chacun
peut facilement vérifier : les deniers d'or à la couronne,
de Charles IV, gravés dans Du Cange, tome IV,
planche 7, n° 26 ; — et les deniers d'or fin à la couronne, frappés sous Philippe VI, en 1340. Ils sont
gravés planche 8, n° 6 (1).

Eh bien! en 1356, sous le roi Jean, Agnelet pouvait
penser à ces deux sortes de deniers lorsqu'il promettait
à son avocat de le payer *en bel or à la couronne.*

Voilà sommairement mes motifs et mes moyens
d'appel contre la sentence de M. Magnin. Il m'importe
de montrer que si mon opinion est erronée, elle n'était
pas du moins irréfléchie.

J'ajouterai encore un mot. J'ai examiné avec une

---

(1) Voyez le Glossaire, au mot MONETA. Il avait été émis aussi des
couronnes d'or en 1339.

égale attention la valeur des monnaies citées au chapitre XI du *Petit Jehan de Saintré*, dont l'action se
passe, sans contestation possible, sous le roi Jean (1) :
ce sont les mêmes monnaies que dans le *Patelin*. Pour
aujourd'hui je me borne à cette simple assertion. Or le
Petit Jehan de Saintré est signé et daté par l'auteur
lui-même : ANTOINE DE LA SALE, 1459.

J'en conclus que l'exactitude dans les petits détails
historiques n'est pas une découverte ni l'apanage
exclusif de l'école moderne ; qu'avant nous, — je paraî-
trai bien paradoxal ! — on s'est donné la peine de faire
des recherches et d'observer le costume, et qu'enfin
cette *couleur locale* dont on est si fier depuis Walter
Scott était connue et pratiquée en France dès le
XVᵉ siècle. L'art est aussi vieux que le monde : il ne
s'agit que de le reconnaître sous les différentes modes
des différentes époques.

Pareille difficulté m'a été faite sur la date que j'as-
signe à une autre composition du moyen âge. Pareille,
non ! Il s'en faut bien que celle-ci ait été mise en avant
avec le bon goût, la bonne foi, la sincérité désintéressée
de M. Magnin. Je me vois cependant forcé d'y répondre,
à cause de la position scientifique de l'auteur de cette
critique. Il y va de l'intérêt de la vérité ; l'histoire est
mise en cause. Il est bon aussi que le public voie de
tems en tems à qui il a affaire.

(1) Voici le début du livre : « Ou tems du roy Jehan de France,
« fils ainsné du roy Phelippes de Valois, etc... »

CHAPITRE IX.

DE LA BONNE FOI.

Clotilde de Surville. — Raoul de Créquy. — La chronique de Turpin.
— Exemple de bonne foi dans la critique.

> Toujours par quelque endroit fourbes se laissent prendre.
> (LA FONTAINE.)

Il me plaît de mettre ici un chapitre sur la bonne foi. — Quoi ! dans un livre de philologie ? — Oui ; pourquoi pas ? — Mais c'est une thèse de morale. — La morale est de mise partout, et la bonne foi n'est déplacée nulle part, aussi nécessaire dans l'érudition et dans la critique que partout ailleurs. Porter à la bonne foi en produisant les inconvéniens de la mauvaise, et confirmer la proposition de La Fontaine, c'est ce que je vais tâcher de faire à l'aide de deux exemples choisis dans un grand nombre.

En l'an de grâce 1851, le *Messager des sciences*, revue belge, régala ses lecteurs d'une composition inédite du moyen âge, sous ce titre : « RAOUL DE CRÉQUY, *poëme du XIIIe siècle*. »

« Notre but en publiant ce poëme, dit l'éditeur, n'est » que de provoquer à ce sujet une controverse qui » permettra de soulever le voile auquel nous n'avons » encore osé toucher. »

Il ne paraît pas que depuis deux ans personne ait répondu à cet appel de M. M... de R... Les critiques voués spécialement au moyen âge, dont nous ne manquons pas, Dieu merci! ont laissé passer le poëme de *Raoul de Créquy* pour ce que le donnait son éditeur, pour un chef-d'œuvre et un chef-d'œuvre authentique. C'est cette authenticité que nous venons examiner.

L'ouvrage se compose de quatre-vingt-dix-sept stances, chacune de quatre vers hexamètres à rimes plates, c'est-à-dire croisées deux par deux avec une exactitude dont le XIII⁰ siècle ni le XIV⁰ ne fourniraient pas un second exemple.

Le sujet est tout ce qu'il y a de plus simple : Raoul de Créquy est parti pour la croisade ; depuis longtems captif chez les Sarrasins, il n'a point donné de ses nouvelles ; sa femme, sa famille, tout le monde le croit mort. La dame de Créquy est au moment de se remarier, lorsque inopinément son mari se présente devant elle, couvert de haillons, maigre à faire peur, méconnaissable enfin. Il se fait pourtant reconnaître, grâce à la moitié d'un anneau dont sa femme gardait l'autre moitié. Le prétendant se trouve naturellement éconduit et l'époux rentre dans ses droits.

Le fond de cette aventure a cessé d'être neuf depuis l'*Odyssée* d'Homère : tout l'intérêt se reporte donc sur la forme.

On demandera d'abord (car le monde est devenu curieux et méfiant) d'où sort ce poëme. La réponse est dans une note que voici : « Le manuscrit original est

» inconnu. La copie sur laquelle celle-ci a été trans-
» crite a été trouvée par M. Matter dans les papiers
» du poëte Sedaine, qu'il avait été chargé de mettre en
» ordre en septembre 1848. »

Ainsi dit M. M... de R..., qui, ne signant que de ses
initiales, n'assume pas une très-grande responsabilité
devant le public ; mais il nous livre en garantie le nom
de M. Matter, grave personnage, ancien inspecteur
général de l'université, auteur très-sérieux d'une histoire de l'école d'Alexandrie, membre de la faculté de
théologie de Strasbourg, et à ces divers titres incapable
de se prêter à une supercherie littéraire, tranchons le
mot, à une mystification. Nous voilà bien rassurés.

Dans un avant-propos de quelques pages, M. M...
de R... discute l'auteur probable ou possible de ces
vers. Il croit que le petit chef-d'œuvre pourrait bien
appartenir « originairement à la charmante trouveresse
» Barbe de Verrue que les rives du Gardon virent
» naître, et qui pendant soixante ans courut, le luth
» en main, toute l'Europe, de château en château. »

Après une pareille course, il est bien permis d'être
un peu essoufflé. Cela explique pourquoi les accens de
la charmante Barbe sont parfois enroués et les cordes
de son luth ne sont pas très-bien d'accord : c'est l'effet
de l'âge et de l'intempérie des divers climats de l'Europe. D'ailleurs, la charmante Barbe n'est pas seule en
cause, et la responsabilité d'auteur est partagée comme
la responsabilité d'éditeur. Vous avez remarqué dans
la citation de la préface le mot *originairement*. C'est

toute une histoire que nous raconte M. M... de R... :
« Il y avait alors trois muses connues sous le nom des
trois *Roses*. L'une d'elles fut la célèbre Rose de Créquy,
élève de Barbe dans *l'art du vers*. » La célèbre Barbe
fit dépositaire du fruit de son génie la célèbre Rose ; et
la célèbre Rose, qui « *dut vivre* » dans la seconde moitié
du XIIIe siècle, ayant retouché l'œuvre de la célèbre
Barbe, c'est le résultat indivis de cette collaboration
dont MM. Matter et M... de R... ont enrichi notre littérature du moyen âge par l'intermédiaire du *Messager
des sciences* de Bruxelles, n'oubliant pas de nous
avertir que « ce poëme serait dans ce cas d'un intérêt
» majeur et une trouvaille extrêmement précieuse. »

Notez *serait*. M. M... de R... aime beaucoup à tourner ses phrases par le conditionnel. Scrupule de conscience, apparemment.

Le monde avait une fois déjà entendu parler de la
célèbre Barbe de Verrue : c'est par M. de Vanderbourg,
dans la préface mise par cet homme d'esprit en tête
des œuvres de la non moins célèbre Clotilde de Surville. M. de Vanderbourg s'était amusé là à bâtir un
roman de généalogie littéraire qui obtint sous la restauration un assez joli succès. Les poésies de Clotilde,
grâce à une certaine couleur chevaleresque de convention, et au sentiment plus réel que le soi-disant éditeur avait su y répandre, réussirent complétement dans
la société élégante de cette époque. A peine si deux
ou trois voix s'élevèrent pour protester, au nom de la
science, contre la fraude de ce pastiche ; elles furent

couvertes par le bruit des applaudissemens. Aujour-
d'hui l'illusion est évanouie : on ne regarde plus les
poésies de Clotilde, ou si l'on s'en souvient, c'est pour
s'étonner qu'une imposture si manifeste ait pu jamais
tromper personne. Mais il y a des momens donnés pour
réussir, le tout est de savoir les reconnaître et les saisir
au passage.

> O qu'il fait bon de venir à propos!

C'est un compliment que Voltaire s'adressait à lui-
même ; on peut le faire aussi à M. de Vanderbourg ; on
ne le fera point à M. M... de R... Son *Raoul de Créquy* prétend renouveler Clotilde de Surville, mais
l'heure est passée. Il a beau accumuler tout ce qu'il
suppose capable de frapper notre imagination, et Barbe,
et Rose, et les rives du Gardon, et les trouvères et les
trouveresses, il ne parviendra pas à nous faire prendre
le change. Pour qui s'y connaît le moins du monde, le
pastiche est visible à l'œil nu : cela a été composé,
pensé, écrit en français moderne. Pourquoi donc s'en
occuper ? D'abord, dans l'intérêt de la vérité et de
l'honneur des lettres ; ensuite parce qu'il peut être
instructif d'observer les erreurs de langue, les ana-
chronismes de style échappés à un auteur qui évidemment possède une certaine habitude du français du
moyen âge, et qui avait mis tous ses soins à le contrefaire.

Pour commencer, il n'a pas su se garantir d'un piége
où étaient tombés avant lui tous les faiseurs de *maro-*

tisme du dernier siècle, lesquels, comme on sait, retranchaient où conservaient les pronoms et les articles selon les besoins de leur versification. Ils n'y savaient pas d'autre loi. De même le fabricateur du *Raoul de Créquy*, à l'ombre du xiii° siècle, s'est donné toutes les libertés et facilités imaginables : hiatus, rimes fausses, altération de la mesure et de la prosodie, mélange de mots pris à tous les âges de la langue ; il a compté que l'absence de règles grammaticales empêcherait de le convaincre, et assurait le triomphe de sa supercherie.

Après cela, il s'est imaginé la déguiser d'une manière impénétrable en jetant sur son œuvre le voile d'une orthographe barbare jusqu'au ridicule, absurde jusqu'à l'impossible.

« Pour conserver à ce poëme toute sa valeur an- » cienne, nous n'avons point touché à l'orthographe, » et nous nous sommes abstenus de ponctuer. » — C'est prudemment agi ! Et vous avez bien raison de dire : « Pour conserver à ce poëme toute sa valeur ancienne » ; car cette valeur repose en effet tout entière dans l'orthographe et l'absence de ponctuation. Substituez l'orthographe actuelle, mettez des virgules, redressez çà et là quelque syllabe estropiée avec préméditation pour simuler le désordre d'un vieux manuscrit, et procurer au bénin lecteur le plaisir d'exercer sa sagacité, immédiatement la syntaxe moderne vous apparaît dans toute sa clarté lumineuse, et vous distinguez jusqu'au fond de ce xiii° siècle les tournures et même des idiotismes du XIXe. — L'âne vêtu de la peau du lion.

Voulez-vous que nous en fassions l'expérience ? Nous ne choisirons pas tel passage plutôt que tel autre ; prenons le début :

> « Le roi Loys le josne heyant emprins la crois
> » Uouillieres li suihir tous les brafs Frenchois
> » Cuentes prinches barons toute josne nobleisse
> » A s'enrolier trestous monstroyent bien de la preisse. »

C'est-à-dire, sans grimace d'orthographe :

> Le roi Louis le jeune ayant empris la croix,
> Voulurent le suivre tous les braves François ;
> Contes, princes, barons, toute jeune noblesse
> A s'enrôler tretous montraient bien de la presse.

Sur les quatre-vingt-seize autres strophes, on n'en trouvera pas une seule plus rebelle à se laisser tourner en français actuel.

Emprendre signifie *entreprendre* ou *allumer* ; on n'a jamais dit « *emprendre la croix* », pour *prendre la croix* ; — ni « *toute jeune noblesse* », pour *toute* LA *jeune noblesse* ; — ni *s'enrôler*, qui est une forme moderne syncopée de *roolle* ; — dans la poésie du moyen âge, les imparfaits comme *montroient* comptent toujours pour une syllabe de plus qu'ils ne font aujourd'hui, attendu qu'on prononçait alors *montriant* ou *montriont* ; — dans le dialecte du Nord, qu'on suppose celui où ces vers ont été composés, la forme n'est pas *noblesse*, mais *noblèche*, etc., etc.

Ce que nous venons de faire s'appelle au collège une

version ; ce que l'auteur a fait continuellement, c'est un thème : l'un n'est pas plus difficile que l'autre. Soit donnée, par exemple, la rédaction suivante :

> Le pauvre chevalier n'avait nul sentiment
> Parce que il avait perdu par trop de sang ;
> Mais comme il était jeune et de forte nature,
> On pensa qu'il pourrait guérir de ses blessures.

Il s'agit de travestir cela et d'y mettre la physionomie du XIIIe siècle. Quelques voyelles et quelques consonnes parsemées dans le texte en feront l'affaire (virgules ôtées) :

> « Le poure chivalier neauoye neul sentiment
> » Pour chiou queil avoye perdeu par troop de sang
> » Moes come josne estoy et de foerte nateure
> » On cuidia queil porroy reuarir de cheys naureures. »

Vous voyez, il n'en a coûté que *navrures*, mis à la place de *blessures*, échange qui n'exige pas des études bien longues ni bien spéciales. Un astérisque à la fin du quatrième vers me renvoie au bas de la page, où je trouve cette note : — « Vers trop long. » Sur quoi le lecteur, pauvre dupe ! ne manquera pas de trouver qu'il faut lire *quarir* au lieu de *revarir*, et s'étonnera qu'une restitution si simple ne soit pas venue à l'idée de l'éditeur. Cette ruse diabolique est répétée en deux ou trois passages. Quelle profonde connaissance du cœur humain !

Autre exemple, où vous admirerez combien le ton et les formes du XIIIe siècle ressemblaient aux nôtres. Je continue à suivre la démonstration du thème :

> Donc la dame cria : Vous êtes mon mari ?
> Je vous reconnais bien, mon baron si chéri !
> Soudain entre ses bras se jeta transportée ;
> Si ébahie était qu'elle y resta pâmée.

« *Mon baron si chéri !* » On croit entendre une héroïne de Balzac, une habitante du quartier Breda. Le moyen âge est un peu loin ; nous allons y rentrer par le procédé connu :

> « Adonc clamea le dame uos y estes men mary
> » Jou uos reincongnoy been men baron sy kiery
> » Soudain enter sies bras se giesta transporteye
> » Si esbahye estoye quyelle y restia pasmeye. »

C'est à peine le degré d'habileté de ceux qui vieillissent le papier ou le parchemin à l'aide du marc de café. Au moins se donnent-ils garde de trop forcer la teinte ; mais notre faussaire en poésie ne prend pas tant de précaution : il fait des pâtés à chaque mot :

> « Desist le bosqueillon hateu par queuque oraige
> » Captyf en eun navyre deseur mes foet naufraige. »

C'est-à-dire au naturel :

> Le bûcheron lui dit : As-tu par quelque orage,
> Captif en un vaisseau, dessus moi fait naufrage ?

Comme cette incise qui suspend la phrase est encore dans les habitudes de la syntaxe du xiiie siècle ! « As-tu, — *captif en un vaisseau*, — fait naufrage sur mon champ ? » Joinville n'aurait pas autrement tourné la chose.

Après les constructions de phrases, si nous voulions examiner les mots, la preuve du dol ressortirait à chaque vers. Où trouverait-on au xiiie siècle des exemples de ces expressions : *un matelot*(1) ; — *un revenant ; un vrai revenant ;* — *garder l'héritage au mineur ;* — *avoir la berlue ;*—*se remarier ;* — *de prime abord*, etc.? Comment l'auteur de ce pastiche ne sait-il pas que dans les poésies de cette époque *chrétien* compte toujours pour trois syllabes? Il le fait constamment de deux, comme dans *Zaïre :*

> « Les corps des *chrétiens* morts ils alloient dépouillant...
> » Fut occis des *chrétiens* qui firent moult carnage. »

J'omets le barbouillage orthographique, désormais inutile. *Moult carnaige* est un solécisme où l'on a été poussé par la gêne de la mesure, comme dans ce vers, où il s'agit des habits du chevalier,

> « Qui lui furent rendus par *pitié ses misères.* »

Il fallait absolument « *moult* DE *carnage,* — *pitié* DE *ses misères* ». La juxtaposition tenait lieu du génitif marqué par *de*, mais dans quel cas? Pour marquer la propriété matérielle ou la consécration spirituelle : ainsi *les fils Aymon, la rue Richelieu, la Fête-Dieu, la Chaise-Dieu (Casa Dei), l'hôtel Jaback.* Très-bien! Mais l'auteur apocryphe du *Raoul de Créquy* s'est imaginé que la juxtaposition rendait autrefois tous les rapports quelconques aujourd'hui marqués par *de*. Il a été trompé par une fausse analogie.

. (1) A la vérité l'éditeur imprime *un metelot;* c'est toujours la même finesse. L'ancien terme est *maronnier* (un marinier).

« *Le chevalier perplexe outragé de tristesse.* » Si
l'adjectif *perplexe* avait existé, c'eût été sous cette
forme : *parplesse*. La racine *per*, dans les composés du
latin, se traduisait toujours *par* en français, de même
que *in* se traduisait *en*. C'est seulement à la renaissance,
dans les mots de seconde formation, que *per* et *in* ont
été transportés bruts dans notre langue ; c'est même
un diagnostic sûr pour reconnaître l'âge des mots :
parfaire, enluminer sont de la première époque de
la langue ; *perfection*, *illuminer* appartiennent à la
seconde.

« *Cette maudite engeance* », en parlant des Turcs.
Maudite est encore un anachronisme. On disait *ma-
leoit*, comme *beneoit ;* d'où le nom propre *Benoît*.

A la page 13, on dit que le maître de Créquy s'était
engagé « *par eune boesne lestre* » à recevoir sa rançon.
Mais en attendant il maltraitait son esclave,

<blockquote>« Et le fesait fesser avec une escourgée. »</blockquote>

Fesser est un verbe moderne comme le mot *fesse*,
lequel n'existait alors que dans le sens de *fasciola*,
fasce, ou *fesce*, terme de blason. On disait les *naches*,
du latin *nates*.

De plus, les mots *lettre*, *escourgée* n'avaient point
de singulier ; on ne les employait qu'au pluriel : *unes
lettres, unes escourgées*. Beaucoup de substantifs étaient
dans le même cas : Palsgrave en donne une liste
(page 182). Ainsi, ce n'est que depuis le XVIe siècle qu'on
admet *lettre* au singulier. L'introduire plus tôt, c'est

commettre le même solécisme qu'un écolier qui traduirait « *J'ai reçu une lettre* » : *Litteram accepi*. Il faut *litteras*. *Escourgées* est dans le même cas ; ce mot même ne s'emploie encore qu'au pluriel : « Chœur de héros s'en allant chargés d'*escourgées* » , dans Boileau. Les escourgées sont une poignée de courroies ; on ne dit pas *fouetter d'une seule escourgée*.

On n'a jamais dit « *quérir son chemin* » pour *demander son chemin*. Ainsi le vers suivant renferme un solécisme :

> « En langue de sourye, *il kieria son quemin*, »

et un barbarisme *kieria ;* le prétérit de *quérir* faisait *il quisit*, syncopé de *quæsivit*, et *quisit*, syncopé lui-même, avait fini par donner *il quist*.

Enfin (car, malgré l'étendue de la matière, il faut se borner), *monastère* est une forme créée par la renaissance, lorsque ayant perdu ou méprisant toutes les traditions, notamment celle d'*éviscérer* les mots latins, on se bornait à les calquer. La forme primitive était *monstier*. L'auteur a confondu les termes et les époques, en disant que Raoul

> « Fonda un grand *moûtier*, fit dou aux *monastères*,
> » Et amenda tous ceux qu'avaient fondés ses pères. »

Ses pères, au sens de *ses aïeux*, est style poétique du xviiie siècle et non du xiiie.

Le fabricateur apocryphe de ce poëme a bien senti qu'il prêtait le flanc à la critique de ce côté-là ; aussi a-t-il essayé de se mettre en mesure en faisant passer les vers de Barbe de Verrue par les mains de Rose de

Créquy : de cette façon la critique devait être dépistée ;
car si vous trouvez un mot trop vieux, M. M... de R...
répond : C'est Barbe ; si vous le trouvez trop jeune :
C'est Rose. Cette ingénieuse invention est renouvelée
encore de M. de Vanderbourg. M. Michaud, rendant
compte dans le *Mercure* de 1803 des poésies de la fausse
Clotilde, pour lesquelles il ressent l'enthousiasme de la
foi la plus ardente : — « L'éditeur nous apprend que
» Jeanne de Vallon, une des descendante de Clotilde,
» se proposait de publier les œuvres de son ayeule.
» Jeanne de Vallon vivait au siècle de Malherbe, et l'on
» est fondé à croire qu'elle avait rajeuni quelques
» expressions de Clotilde. »

M. de Vanderbourg avait inventé aussi M. de Surville, fusillé au Puy en Velay en 1797, lequel, « dans
une lettre à sa femme, écrite une heure avant sa mort,
exprimait encore le regret de n'avoir pu enrichir notre
littérature des œuvres de Clotilde. » M. M... de R...
fait intervenir pareillement le poëte Sedaine.

Où sont les manuscrits originaux de Clotilde ?

M. DE VANDERBOURG. Hélas ! ils ont été brûlés en 93,
avec le chartier de la famille de Surville !...

Où est le manuscrit original de Barbe de Verrue ?

M. M... de R.... Hélas ! il est inconnu, et je crains
bien qu'il ne se retrouve jamais !...

M. DE VANDERBOURG. Mais heureusement M. de Surville en avait une copie !

M. M... de R... Mais, par bonheur, on en avait envoyé une copie à Sedaine !

E<small>N</small> DUO. Et c'est sur cette copie que nous imprimons.

Mais pourquoi Sedaine plutôt qu'un autre? Où diable est-on allé chercher Sedaine? — Ah! il y a ici un petit mérite de calcul qu'il est juste de mettre en relief. Sedaine a fait *Richard Cœur-de-Lion* et *Aucassin et Nicolette* d'après de vieilles chroniques ; il semblera naturel qu'il ait songé à un *Raoul de Créquy* d'après une chronique semblable. Cet opéra de *Raoul de Créquy* a même été fait par Monvel, musique de Dalayrac. Vous verrez que Monvel aura eu connaissance du document communiqué à Sedaine, dont celui-ci n'avait pas fait usage, n'importe pour quel motif. Ces menues circonstances, qui n'ont l'air de rien, disposées habilement autour de la fraude, lui prêtent un merveilleux air de sincérité et la font valoir comme une guirlande de persil relève une pièce de bœuf. Et pourtant qu'est-ce après tout que ce persil? un leurre, un mensonge.

Je conseille d'imprimer le poëme de *Raoul de Créquy* à la suite des *Mémoires de la marquise de Créquy.* Ce sont deux pièces d'une authenticité pareille, et qui font également honneur à notre littérature.

L'histoire de cette mystification serait incomplète sans la lettre suivante, parvenue sept mois plus tard à l'*Illustration.* Cette publicité est aussi une satisfaction due à la personne dont le nom a été si étrangement compromis par M. M... de R...

« Strasbourg, 5 février 1853.

» MONSIEUR LE DIRECTEUR,

» J'apprends avec un profond étonnement, par un article de M. Génin publié dans votre numéro du 8 juin 1853, les faits suivans :

» 1° Que le journal belge *le Messager des sciences* a publié dès l'an 1851 un poëme apocryphe intitulé *Raoul de Créquy*, et que dans une note qui accompagne cette publication, l'éditeur affirme l'avoir faite sur une copie tirée d'un manuscrit qui est en ma possession.........
(Suit une courte analyse des assertions de M. M... de R...)

» Je regrette, monsieur le Directeur, que mon absence de France à l'époque où parut votre article, et d'autres circonstances également légitimes, m'aient empêché jusqu'ici d'en avoir connaissance. Je n'en mets que plus d'empressement à vous apporter les déclarations suivantes :

» 1° Je suis entièrement étranger à la publication faite par le *Messager des sciences* du poëme intitulé *Raoul de Créquy*; et si cette publication, dont je suis bien forcé d'admettre la réalité, a eu lieu, c'est à mon insu, contre mon gré et à mon très-grand mécontentement.

» 2° Je possède réellement un manuscrit de la fin du XVIIᵉ siècle, qu'on peut au besoin intituler *le Sire de Kréky*, puisqu'un seigneur de cette famille en est le sujet. Et quand j'ai reçu ce manuscrit j'en ai causé avec quelques amis ; je l'ai même prêté à deux ou trois personnes ; mais je n'en ai autorisé aucune ni à en tirer une copie ni à en faire l'objet d'une publication.

» 3° N'ayant sous mes yeux, de l'édition clandestine de Bruxelles, que les fragmens cités par l'*Illustration*, je ne saurais en apprécier la totalité ; mais si j'en juge par ces fragmens, je suis fondé à la déclarer très-défectueuse.

» Vous comprendrez aisément, monsieur le Directeur, que personne ne doit plus que moi s'affliger d'une publication faite d'une façon aussi étrange et si propre à dénaturer le véritable caractère de l'œuvre que je possède. Mais vous comprendrez aussi que la vivacité des sentimens que j'éprouve m'impose le devoir d'en adoucir l'expression publique, etc.

MATTER,

» Ancien inspecteur général et conseiller honoraire de l'université. »

On voit par un passage de cette lettre que M. Matter possède réellement un ancien poëme manuscrit dont le sire de Créquy est le héros. Si ce manuscrit est de la fin du xvii° siècle, il est bien présumable que c'est la copie d'une œuvre authentique, car à cette époque aucun intérêt ne s'attachait aux productions du moyen âge, et par conséquent on ne s'amusait pas à les contrefaire. On doit vivement souhaiter que M. Matter, en publiant le poëme qu'il a entre les mains, fournisse un texte de plus à l'étude de notre vieille littérature, et, selon toute apparence, un texte curieux.

Il faut que le plaisir de duper son prochain ait pour de certains esprits un attrait bien vif, car enfin quelle autre récompense peut donner une pareille supercherie?

« Quel fruit de ce labeur pouvez-vous recueillir? »

Je comprends les imposteurs qui forgèrent dans la nuit du moyen âge les fausses décrétales et la chronique de Turpin. Les unes furent la base sur laquelle s'établirent et demeurent assis le système ultramontain et le pouvoir temporel du pape; l'autre fonda les pèlerinages à Saint-Jacques de Compostelle, qui durant des siècles produisirent au suzerain de ce petit pays tant d'argent et une influence proportionnée à ses revenus. Il s'en fallut peu que saint Jacques le Majeur ne devînt l'égal de saint Pierre, et que l'église de Compostelle ne balançât l'église de Rome. A la bonne heure! voilà des résultats, et cela vaut la peine de mentir! Mais se mettre l'esprit à la gêne, suer sang et eau pour fabriquer des poésies de Clotilde, ou du moine Rowley, ou même d'Ossian; pour aligner les strophes barbares d'un poëme sur Raoul de Créquy, en vérité cela fait pitié! Eh bien, quoi? Vous avez pendant vingt-quatre ou quarante-huit heures surpris l'admiration de gens qui n'y entendaient rien? Vous êtes bien avancé, et je vous en fais mon compliment! Un beau matin la fraude est mise à nu, et vous êtes sifflé sous votre nom plus

longtems que vous n'aviez été applaudi sous l'anonyme..... à moins qu'on ne vous dédaigne et vous
oublie. Quelle gloire ! quelle heureuse spéculation !

M. Veuillot a bien raison de dire que nous dégéné-
rons. Les auteurs des fausses décrétales et de la chronique de Turpin étaient plus forts que cela : voilà des
mensonges bâtis à chaux et à sable, des impostures
construites en ciment romain ! Les architectes ont su
dissimuler si bien leur nom, que depuis huit ou dix
siècles, on n'est pas encore parvenu à les découvrir
d'une manière certaine. Les historiens les plus persé-
vérans, les critiques les plus robustes y ont émoussé
leur pic. Après tant d'autres, j'avais, moi chétif, essayé
de remuer l'un de ces terribles problèmes, celui de la
chronique de Turpin. Dans l'introduction du *Roland*,
reprenant une opinion émise par Vossius et par Du
Cange, deux noms qui dispensent des autres, j'avais
tenté d'établir que la chronique du faux Turpin, déjà
mentionnée dans une pièce de 1092, est l'œuvre de
Guy de Bourgogne, alors archevêque de Vienne, plus
tard pape sous le nom de Calixte II, lequel, pour
répandre son œuvre, s'était servi de Geoffroy, prieur
de Saint-André de Vienne ; tout cela, vers la fin du
xi° siècle.

Comme je l'ai dit, cette opinion n'était pas nouvelle,
mais j'avais cherché à l'étayer de nouveaux argumens.
Surtout la date du xi° siècle était généralement reçue.
Voici comment s'exprime sur cette question d'histoire
M. de Caylus. — « Le roman de Turpin n'a guère été

» composé, selon l'opinion commune, que vers la fin
» du XIᵉ siècle, environ deux cent cinquante ans
» après la mort de Charlemagne. Gryphiander, *De*
» *Weichbildis saxonicis*, page 35, dit qu'un moine
» nommé Robert est auteur de cette chronique, et
» qu'elle fut écrite pendant le concile de Clermont
» assemblé par Urbain II, en 1095. » (*Mémoires de
l'Acad. des inscript.*, t. XXIII, p. 237.)

Un membre de l'Académie des inscriptions, qui cette
fois n'est pas M. de Caylus, mais un de nos contemporains, se lève et vient publiquement, passionnément,
contester, non pas le bien fondé de ces opinions, c'eût
été son droit, mais, hardiesse bien plus grande, leur
existence ! Foulant aux pieds les témoignages imprimés
dans cent volumes et la notoriété répandue dans tout
le monde savant, M. Paulin Paris m'accuse, moi personnellement, moi seul, d'avoir forgé ces opinions
contre toutes les autorités, contre toutes les vraisem-
blances. Entendez-le : la plus ancienne mention de la
chronique de Turpin est de cent ans postérieure à la
mort de Calixte II ; j'ai commis avec préméditation un
anachronisme d'un siècle, substituant 1092 à 1192 ;
en un mot j'ai menti effrontément, et dans quel but,
s'il vous plaît ? Il le dit : uniquement dans le but de
souiller la mémoire d'un pape et de déshonorer la religion catholique. Comme si la religion catholique était
solidaire des fraudes d'un Calixte ou des crimes d'un
Borgia ! Oui, j'ai inventé ces propositions absurdes,
inouïes, j'ai opéré « tout ce remue-ménage » pour « faire

d'un prélat du ɪxᵉ siècle le modèle des traîtres (1), et trouver dans un pape le modèle des faussaires. »

Ainsi parle honnêtement et charitablement M. Paulin Paris, dans la *Bibliothèque de l'École des chartes*, M. de Falloux étant ministre, et moi chef de division au ministère de l'instruction publique. Notez ces deux points-ci.

Sa conscience l'oblige d'ajouter qu'un écrivain, — un seul, — a pu par étourderie prêter un point d'appui à mes rêveries : — « M. Génin a cherché l'appui de ses » rêveries dans l'*innocente étourderie* de M. Ciampi, » le récent éditeur de la chronique de Turpin, lequel a » transformé le prieur du Vigeois (*Vosiensis*) en prieur » de Vienne (*Viennensis*), et la fin du ᴅᴏᴜᴢɪᴇᴍᴇ siècle » en fin du ᴏɴᴢɪᴇᴍᴇ. » (Page 316).

Ah ! monsieur Paris, M. Ciampi est un étourdi ? Ah ! il est le seul écrivain qui ait nommé le prieur de Saint-André de Vienne, et mis l'affaire au xɪᵉ siècle ? Vous le croyez puisque vous l'affirmez, mais je vais vous désabuser. Il en est encore un autre, que je ne connaissais pas quand je vous ai répondu dans le tems (2), mais que vous connaissiez, vous, et que le hasard m'a fait découvrir depuis. Cet autre, monsieur Paris, c'est vous-même.

Lecteur impartial, vous avez entendu le langage de M. Paris en 1851 ; écoutez celui qu'il avait tenu avant cette date.

(1) C'est Ganelou que défend ici M. P. Paris ; il vient un peu tard !

(2) On trouvera plus loin cette réponse, sous le titre de : *Lettre à un ami sur l'article de M. Paulin Paris*, etc.

Dans sa *Lettre à M. Monmerqué* (pages 34 et 35) :

« L'auteur de la chronique de Turpin fut certaine-
» ment un moine, et Geoffroy, PRIEUR DE SAINT-ANDRÉ
» DE VIENNE, qui le premier la fit venir d'Espagne,
» VIVAIT EN 1092.

» Dans l'épître que LE PRIEUR DE VIENNE écrit au
» clergé de Limoges en lui envoyant la chronique de
» Turpin..... et sans doute la protection du religieux
» dauphinois ne l'aurait pas défendue de l'obscurité
» sans la recommandation infaillible que le pape
» Calixte II, auparavant archevèque de Vienne, laissa
» tomber sur elle du haut de son trône pontifical. »

Infaillible est bien malin, bien voltairien pour
M. Paulin Paris ! Mais passons. Voilà donc le pape
Calixte recommandant la chronique de Turpin, dont
la première mention est d'un siècle postérieure à sa
mort ? Arrangez cela !

Dans sa notice sur Richard de Fournival, M. Paris n'a
pas encore changé d'opinion : « Il y a plus : de même
» que la fausse chronique de Turpin *fut composée* VERS
» LA FIN DU ONZIÈME SIÈCLE... de même, etc. » (*Biblioth.
de l'École des chartes*, octobre 1840.)

Enfin, dans son édition des *Chroniques de Saint-
Denys*, M. Paris a deux fois devancé l'innocente étourderie de M. Ciampi et les inventions impies de l'éditeur
du *Roland*. — « ..... Preuve décisive que ces chansons
» étaient antérieures au pseudonyme Turpin, *c'est-à-
» dire* A LA FIN DU ONZIÈME SIÈCLE. »

Et sur ce passage du texte : « Par ce puet l'en savoir

» que quiconque édéfie esglises ou moustiers, il appa-
» reille à s'ame le regne des cieux et sera osté des
» mains au deable (1), » M. Paris fait cette remarque
utile et respectueuse :

« Voilà toute la morale de l'œuvre ! *C'est ici* GEOF-
» FROY, LE PRIEUR DE SAINT-ANDRÉ DE VIENNE, *qui*
» *parle*, et qui nous prouve que ce monastère à son
» tour voulut avoir sa part dans la proie de *l'affaire*
» *Turpin* (2). »

« La proie de l'affaire Turpin ! » Je suis bien loin
d'avoir parlé des dieux avec cette irrévérence ! Aussi
n'avais-je pas les priviléges que donne la piété officielle ;
mais il faut avouer qu'ils sont beaux s'ils autorisaient
M. Paris à me dénoncer comme faussaire, calomniateur
et persécuteur de la religion ! La même doctrine qui
me constitue rêveur, imposteur, libertin, impie, et
peut-être athée, sans compter l'ignorance, ne l'empêche pas d'être un saint et un savant. M. P. Paris
l'avait trouvée toute faite et la soutenait depuis vingt
ans quand je m'en suis avisé ; n'importe : c'est moi
qui en suis l'inventeur damnable et destituable. Ah ! les
beaux priviléges ! les beaux priviléges ! et que le poëte
a bien raison de dire :

Selon ce que l'on peut être,
Les choses changent de nom.

Ce qui scandalise chez moi, chez M. Paris édifie, et

(1) C'est la dernière phrase de la chronique de Turpin, qui fait
partie des *Chroniques de Saint-Denys*.
(2) C'est M. Paris qui souligne ce mot caractéristique.

la même opinion, selon qu'elle vient de lui ou de moi, mérite récompense ou appelle une punition exemplaire. Je ne me lasse pas de répéter : Ah ! les beaux priviléges ! Et voyez jusqu'où ils s'étendent : je m'étais appuyé du témoignage de Rolewinck dans son *Fasciculus temporum* ; Rolewinck ! s'écrie avec emportement M. Paris, un misérable, un vil sectaire, un protestant, un hérétique ! digne témoin dans une telle cause ! Je suis obligé de lui apprendre que ce Rolewinck était un bon père jésuite : c'est égal, il faut que j'aie tort. Mon contradicteur n'est-il pas membre de l'Institut et de la commission de l'*Histoire littéraire*, qui plus est ? C'est par l'imposante autorité de l'*Histoire littéraire* qu'il achève de m'écraser, car comment résister à l'*Histoire littéraire* ? Ce sont paroles d'Évangile. Toutefois comme il est bon de vérifier, même après M. Paulin Paris, je prends le volume, je me transporte à l'article invoqué, et je demeure non pas surpris, mais passablement égayé de le trouver signé..... Paulin Paris !

« *Et hue, et dia et pouss'* », dit la vieille chanson, « *v'la comme on arrive !* » Vous avez maintenant, lecteur, une idée de ce que c'est que la bonne foi dans la littérature, l'érudition et la critique. Il est toujours dangereux de jouer avec l'honnêteté, et c'est en s'habituant aux badinages du premier exemple qu'on de vient capable du second.

J'ai peut-être mal fait d'écrire ce chapitre ? car que m'en reviendra-t-il ? A cette question, qui aujourd'hui

plus que jamais est le régulateur suprême et universel,
Térence me répond : « *Obsequium amicos, veritas
odium parit.* » J'ai donc mal fait ? — Mais si, détour-
nant les yeux de cette question de calcul intéressé et
de prudence pusillanime, je regarde que j'ai été faus-
sement accusé, et que me taire, c'est me rendre complice du faux témoignage porté contre moi, par conséquent m'ôter la faculté de m'en plaindre, je vois alors
que me justifier est non-seulement mon droit, mais
encore mon devoir ; je le remplis à tout hasard, et je
maintiens le chapitre. A part ce qui me touche, il est
destiné à recommander la bonne foi en montrant les
inconvéniens de la mauvaise :

Par où saurais-je mieux finir ?

ADAGES ET PROVERBES

(FRANÇAIS)

EXTRAITS DU RECUEIL ESPAGNOL DE FERNAND NUGNEZ

intitulé

REFRANES O PROVERBIOS

DEL COMENDADOR

HERNAN NUÑEZ (1).

4 vol. in-12. Madrid, 1804 (2).

A

A la barbe du fol rasouer hardi.

A la barbe du fol apprend on à raire.

Achapte le lict d'un grand debteur, car à dormir il porte bonheur.

A chascun oyseau son nid est beau.

A celuy qui attendre peult tout vient à temps et à son vœu.

---

(1) « HERNAN NUÑEZ DE GUSMAN, mort en 1553, appelé *el Pinciano,*
» parce qu'il était né à Valladolid (*a*), qu'on croit l'ancienne *Pincia*
» des Romains, et le *commandeur grec* (*el comendador griejo*)
» parce qu'il était commandeur de l'ordre de Saint-Jacques et qu'il
» enseigna la langue grecque aux universités d'Alcala et de Sala-
» manque. » (VIARDOT, *Hist. des Mores d'Espagne*, t. II, p. 119,
en note.)

« Don Juan de Mallara (omis dans la *Biographie* Michaud) fit un
» docte commentaire à ces proverbes sous le nom de *Teologia vulgar.* »
(VIARDOT, *loc. cit.*)

(2) La première édition est de Salamanque, 1555.

(*a*) Vers 1473.

A convoytise rien ne suffit.

Advient souvent à grans personnages n'avoir enfans, ou non pas sages.

A grand peine bien et tost.

Aller et parler peult on ; boire et manger ne peult on. (*Andar y hablar pueden todos, beber y comer no pueden todos. —* Entiende juntamente.)

A la gorge du chien jette un os, si tu le veulx apaiser tost.

Aller à soliers contretournés. (Que es de ladrones para deshacer el rastro.)

A la fin est deu l'honneur.

Al serviteur morseau d'honneur.

A la queue gist le venin.

A l'aveugle ne duit peinture, couleur, miroir ne figure.

A moy n'est ce que en mon ame n'est. (*In mi no esta lo que en mi alma no esta.*)

A midy estoile ne luit, cahuant ne sort de son nid.

Amitié de chiches gens à deux boulets ressemble bien. (*El amistad de miserable gente a dos bolas semeja bien. —* Porque no se tocan sino en un punto, como dicen los geometras.)

Amour et crainte sont le timon et le fouet du char humain.

Après dommaige chascun est saige.

A pouvres gens menue monnoie.

Après boire demander conseil.

Avril pleut aux hommes, may pleut aux bestes.

Après raire n'y a que tondre.

Arreste toy au ver luisant. (*Para tu al gusano luciente. —* Entiende la luciernega.)

A regnard endormy rien ne chiet en la gorge.

Arrester le pied. (*Retraer el piè.*)

Arrouser le bois mort et sec c'est perdre sa peine.

A ronde table n'y a débat pour estre assis au premier plat.

Assez n'y a si trop n'y a. (Entiende en convites.)

Assez sçait qui vivre sçait.

A son maistre on ne doit jouer, n'à plus hault que soy se frotter.

Assez va au moulin qui son asne y envoie.

Attens, quelque chose adviendra.

Au ris le fol est congneu.

Aux amans et aux beuvans chemin est court, aussy le temps.

A voye publique aguiser faulx. (*Cabe el camino real aguzar la hoz.* — Porque cabe el camino hay pocas sembradas. Contra los perezosos.)

Avoir devant ses yeulx les fais d'aultruy et mettre les siens derrière.

Aureille d'asne ou de chien duit aux serviteurs pour tout ouyr.

Au port avoir encombrier. (*En el puerto haber zelada.* — Entiende de la mar.)

A ung hault mont et moult agu sembre l'orgueil tost abatu.

Au matin boy le vin blanc; le rouge au soir, pour faire sang.

Au crediteur mieulx souvient qu'au debteur de son argent.

Au plus fol le chandelier.

Au maleureux fait confort avoir compaignie en son sort.

Aucunes foys le laboureur par trop fumer n'a le meilleur.

Avoir le vent au visaige ; avoir le soleil aux yeulx.

A un huis deux mendians.

Au fromage et au jambon l'homme congnoist son compaignon.
(*En el queso y pernil de tocino conosce el hombre al amigo.*)

Aymer est bon, mieulx estre aymé ; l'ung est servir, et l'aultre dominer.

B

Battre l'umbre.

Battre l'eaue.

Bailler le blanc scel. (*Dar el blanco sello.*)

Belle doctrine prend en luy qui se chastie par aultruy.

Beauté de femme n'enrischist homme.

Blanchir paroy noire.

Blanche gelée est de pluye messagère.

Boys inutile a précieulx fruict.

Boire jusques à la lye.

Bourbes en may, espies en aoust.

Bon faict battre l'orgueylleux quand il est seul.

Boire à tout torrent, tourner à tout vent.

Boire et manger, beau passe temps !

Boire aussi bien en bois comme en or.

Bonne nouvelle on doibt dire en tout temps ;
Maulvaise nouvelle se doibt dire en levant.

Bonne memoire est escripture : elle retient bien sa figure.

Bouche en cueur. (*La boca en el corazon.*)

Brides à veaulx.

Bouter le joug à l'espaule.

C

Ce n'est gehenne que du vin.

Ce n'est rien faire le possible ; on doibt attenter oultre le possible.

C'est contre costume aller que du poulce sa peau grater.

Ceste gaine n'est pas de ce cousteau.

Celuy se moustre estre bien veau qui par la poincte rend le cousteau.

Celuy louer nous debvons de qui le pain nous mengeons.

C'est demy vie que de feu.

Celuy a grande sapience qui jour et nuict à la mort pense.

Chose qui requiert bien le coyssin pour y penser.

Chascun naquit en plourant et aulcuns meurent en riant.

Chascuns vivant en son élément bien s'entretient.

Chascuns chapelains loue ses reliques.

Chopper en plain chemin. (*En llano camino estropezar.*)

Chercher du Nil la fontaine.

Cheminer en pas de larron.

Chascun sainct requiert sa chandelle.

Cheoir sur ses piedz.

Corde triplée est de durée.

Coucher de nuict ; matin, seoir ; droict à midy ; aller au soir.

Couver les œufs d'aultroy.

Craindre que les eauves défaillent.

Cueur blessé ne se puet ayder.

Cueur en bouche.

D

De maistres gourmans serviteurs et chiens ont toujours faim.

De sa fortune nul n'est content.

De neant faire grand chose.

De fleur de janvier on ne remplit point le panier.

De l'ennemy les menaces sont fouets qui les chevaux chassent.

De pince (*sic*) le parchemin frotter. (*Con la piedra pomes el pergamino bruñir.*)

De chose triste et adversaire en temps de joye on se doibt taire.

De son ennemy réconcilié il se fault garder.

Deux appuyés sur ung baston.

De neuf ramon femme maison nettoye et du vieulx sa raison. (Quiere decir su consciencia.)

De la panse vient la danse.

De vol de vautour guerre en brief jour.

De fol juge briefve sentence.

Dent contre dent se consume.

De grasses nourrices aulcunes fois moins de laict.

De l'eauve beniste le plus petit est assez.

De gens signez (1) se fault garder. (*De gente señalada se conviene guardar.*)

De petit crin lie un géant qui sans pouvoir a vouloir grand.

Dire et faire sont deux.

Dieu gard « quelles nouvelles » ? (Contra los noveleros.)

Donne m'en, je t'en donneray.

D'une freze deux morceaux.

Du poil de la beste qui te mordit ou de son sang seras guéry.

---

(1) Contre-sens : de gens qui se signent, dévots.

Du fusil et de la pierre sort le feu. (Notase que de dos cosas tan frias sale su contrario, que es el fuego.)

E

El petit sino es ardit no vale un fich (1).

En l'eaue de mer vouloir son visage représenter.

En vain l'anguille a sur l'aigle envie.

Ennuy en an le jour prolonge. (Enojo en año el dia aluenga.)

Enfant qui vient de nature prent de Déu sa pasture.

En usage et action gist maistrise et experiment.

En mal encombrier patience vaut bouclier.

En l'homme vouloir, pouvoir et faire.

En ce monde fortune et infortune abonde.

En la bouche d'homme ayant faim n'entre de froment chascun grain.

En la paincture ne gist la figure.

En la puissance de l'homme est le lieu, non le temps.

En soucy s'endormir.

En son fumier cheval engraisse quand il y repose à son aise.

En contraire partie tout d'ung vent on voit navire aller souvent.

En ceste chose n'y a que dire.

Entre deux de pareil estat par l'huis estroict sort le débat. (Entre dos de igual estado por la puerta estrecha sale el debate.)

En mal et toute adversité soulas est du temps brieveté. (En el mal y toda adversidad solaz es ser en breve tiempo azoado.)

Entre la bouche et l'estomach souvent y a guerre.

En la balance l'or et le fer sont tout un.

En vain veult on chose impossible.

En trop se fier à danger. (En la mucha confianza hay peligro.)

Entre bride et esperon de toute chose gist la raison.

En eaue trouble fait bon pescher.

En temps et lieu doibt on tout faire.

(1) Ce proverbe est donné comme du français (el frances) et traduit : *El chico no vale nada si no es agudo.*

Entre jeune homme et vieil chenu du pain n'y a de résidu.

(Porque el mozo come la corteza y el viejo el migajón.)

En la fin gist la difficulté.

En longue voye paille poise.

Entre deux selles le cul à terre.

Enfans illégitimes sont du tout bons ou du tout mauvais.

Estre aspergé de queue de regnard.

Escouter les aveines lever.

Espée, baston et verge, meurdriers, varlets, enfans corrigent.

Escouter les momens du temps (? mouvemens?). (*Escuchar los momentos* (sic) *del tiempo*, que es cosa imposible se entiende.)

Esperans proye plusieurs sont amis qui au partir sont ennemis.

F

Faire d'ung dyable deux. (*De los que hacen de un enemigo dos.*)

Fay premier le nécessaire, puis ce qui est à plaisir fault faire.

Facile est de penser, difficile est pensée jetter. (*Facil cosa es pensar, dificil lo pensado dexar.*)

Faire haye d'espines à mains nues.

Femme qui à son mary respond semble à la voix écho.

Femme mieulx file en sa maison quand elle oyt chanter le grillon.

G

Garde toy de l'homme angulaire. (*Guarte de hombre que tiene rincones.* — Quiere decir doblado y de maneras.)

Getter la pelote contre la paroy. (*Contra los que hacen o dicen cosas que se revuelven contra ellos mismos.*)

Grand mercy, panse et la mort. (*Gran merce, panza y la muerte.* — Habla el pobre con ambas cosas; porque los hartos y los muertos dan limosna.)

Gratter ses talons.

H

Hardiment frappe à la porte qui bonne nouvelle apporte.

Homme ayant genoulx d'éléphant. (*Quiere decir que no se dobla.*)

Hors reigle et compas je ne sçay ni degré ni pas.

Homme à deux visaiges.

Homme digne d'estre envoyé à Anticyre.

Homme vieil et pouvre qui a mal vescu de jeune femme sera battu.

Homme digne d'être baigné en la mer.

Homme qui porte le feu et l'eaue. (Que es de guerra y de paz.)

Honneste povreté est clair semée.

Heurter sa teste aux parois [au paroy (sic)].

Hurler avec les loups.

Humer le vent.

I-J

J'attens que de la fange mon estœuf retourne. (*Yo espero que del lodo mi pelota resurte.*)

J'aymerois mieulx que l'ung me batist que l'aultre de ses dons me remplist.

J'ayme bien que n'ayme rien.

J'ayme mieux que mon ennemy ait sur moy envie que pitié.

Il n'y a plus sourd que celuy qui ne veult ouyr.

Je metz la raige sur le chien lequel je hais.

Jetter le manche après la cogniée.

Il n'a que mangier et à la table s'assied.

Ils s'engastent comme sacs de charbonnier.

Il n'est rien plus légier que pensée de femme.

Il n'a pleu ce qu'il pleuvra. (*No ha llorido lo que ha de llover.*)

Il n'y a ne fons ne rive.

Je mettray de l'eaue en ton vin.

Ils ont tissu les toiles des iraignes.

Il perd le sens qui perd le sien.

Il n'est si petit qui ne puist nuyre.

Il n'a que faire à livre humain qui sçait lire au livre mundain.

Il n'est point cheut en aureille de veau.

Il sent les aulx et les ongnons.

Il faict maulvais aymer homme de ce pays, car en douleur tourne son soulas.

Jamais année seiche ne faict povre son maistre.

Il ne faict jamais soupe grasse.

Joyeuse vie père et mère oublie.

Il n'est chasse que de vieulx chiens.

Je recule pour mieulx approcher.

Il n'y a point d'eaue plus dangereuse que celle qui dort.

Je mange un œuf mollet, je suis bien empesché.

Je ne bois, ne mange et ne jeune, c'est quand mon potaige je hume.

Je trouveray autant de chevilles que tu trouveras de pertuis.

Il a ja quatre jours, il est puant !

Il est plus heureux que saige.

Je battray le buisson, tu prendras les oiseaulx.

Il faut prendre eu gré le temps quand il vient.

Il n'y a rien sur la terre qu'en temps et lieu ne se serre.

Il fault aller rondement.

Il n'est lumière que du matin ni manger que de bonne faim. .

Il est meilleur estre cheval que bœuf, loup que brebis.

Il est bien maleureux qui n'a que promettre à son vœu.

Jamais riche ne sera qui d'aultruy avec le sien ne mettra.

Il est aysé d'avoir le nom ; la chose, à grand peine peult on.

L

La chère et joie de l'hostel (lisez *de l'hoste*) vault grand viande. (*La cara y alegria* DEL HUESPED *vale gran vianda.*)

La roue du charriot mal engressée crie. (Quiere decir que el mal mantenido es necesario que se queje.)

Laisse la mouche quand elle est saoule.

L'amour de la femme et l'amour du chien, il ne vaut rien qui ne dit *tien*.

La maison sans feu et sans flamme ressemble au corps qui est sans ame.

Laysé chastejlle (*sic*). (*El que esta en sosiego siente cosquillas.*)

La cinquiesme roue au charriot ne fait qu'empescher.

La charrue est à sa dernière roye.

L'abit ne faict pas le moyne.

L'anxieté faict vieilles trotter et boiteux saulter.

L'eaue de la fontaine ne monte point plus hault que sa source.

Le vin respandre est bon signe ; le sel verser, mauvaise omine !

L'arc tousjours ou trop estre tendu ne doibt, car il romproit.

La voye de vertus ressemble à la pyramide.

L'an passé est tousjours le meilleur.

La vérité l'anglet defait. (*La verdad huye de los rincones.*)

La nuict porte conseil.

La geline chanter devant le coq.

Le chien au matin à l'herbe va pour son venin.

Le sel à la table, la salive à la bouche défaillir. (Quiere decir todo es uno.)

Lécher de langue de chat. (*Que es aspera y saca sangre.*)

Le pont par derrière est rompu.

Le vaisseau se remplist goutte à goutte.

L'estable est trop lard fermée quand le cheval s'en est allé.

Les fols font les banquets aux saiges.

Le mareschal pour son feu augmenter le faict d'eaue arrouser.

Le grand poisson mange le menu.

Le roy enfant et princes matin desjeunaus. (*El rey muchacho y los principes que comen de mañana.*)

L'enfant de cent ans qui a perdu son temps.

Le chien rehume ce qu'il a vomy.

L'herbe qu'on congnoist faut mettre à son doigt.

Le dé est jetté : c'est faict !

Les talons et les paulmes des mains ne craignent le rasouer.

Lal (*sic*) de ser et franc voler. (*Ser leal y amar sin arte.*)

Le bien perdu mieulx on congnoist qu'on ne faisoit quand on l'avoit.

Les cauves en lieu estroict vont plus roidement.

Le bon marché tire l'argent hors de la bourse, et la douce parole tire le cœur du ventre.

Le soleil et le vent sont au dos.

Le pouvre ressemble au noyer. (Que es apredado de todos.)

Le fol jamais n'assagist.

Les talons démangent.

Lécher ses petits.

Le troisiesme jour de playe, grand douleur.

Le roy des aetz (sic ? avets) n'a esguillon.

Les plumes font l'oyseau beau.

Le papier est doulx, il endure tout.

Le chien se frotte à la charongne.

Les procès pendre au clou.

Les paroys ont aureilles.

Le coq a chanté, il nous fault haster.

Les maigres mangent plus que les gras.

L'homme est un arbre renversé. (Porque las raices en el arbol son la boca en el hombre.)

Les pieds secs, la bouche fresche. (Que ha de ser esto asi en los bien acomplexionados.)

Les beaux hommes au gibet. (Porque los convida la hermosura a hacer cosas dignas de la horca.)

L'eauve fault au molin.

Les belles femmes au bordeau.

L'eauve une foys eschauffée emprent plus tost gelée.

Les jeux de princes sont beaux à qui ils plaisent.

Le feu est vierge : rien n'engendre, rien ne nourrit.

Les plus saiges se faignent ; les moins, ils disent ou escripvent.

Le désir de l'homme n'est jamais assouvy.

Les troys doigts par escripture quantz maulx, quantz biens ont faict !

L'eauve en fontayne est doulce et clere, et puis devient trouble et salée. (Por la qualidad de la tierra por do corre.)

Lime lime lime. (La lima lima à la lima.)

L'y a tout plein d'estoupes en ma quenouille.

L'or à celuy qui est lyé n'est rien prisé.

L'homme en son heur n'a que trois jours d'honneur. (Son dias del bautismo, y el del casamiento, y el del entierro.)

L'œil du saige est du soleil l'imaige.

L'ung cousteau aguise l'aultre.

M

Manger jusqu'aux os.

Mal contrepoys faict à l'enclume qui luy contremet une plume. (*Mal contrapeso hace al ayunque el que le contrapone una pluma.*)

Maille à maille fait on l'haubergeon.

Mains laver, innocence prouver.

Mauvais est l'œuvre qui ne nourrist ne cœuvre.

Matin fault monter la montaigne, au soir aller à la fontaine. (Quiere decir : Andar conforme al subir y baxar del sol es provechoso.)

Maintenant seule pécune est réputée saige par fortune.

Mettre l'emplastre près de la playe.

Mesler du plaistre avec de la farine.

Mémoire du mal a longue trace ; mémoire du bien tantost passe.

Maigres gens ont plus de sang que n'ont grasses tant pour tant.

Mettre de l'eauve froide au pot quand il bout.

Mieulx vaut juger entre ennemys que entre ses amys. (Porque de los enemigos gana el que juzga uno por amigo, y al reves.)

Mieulx valent amys en besoing que *diners* (1) en son poing. (*Mas valen amigos en la necesitad* que DINEROS *en su puño.*)

Mieulx vault un présent que deux après et dire *attens.*

Mieulx aymeroys *estreneant* (*sic*) que d'estre povre et n'avoir riens. (*Mas querria ser* NONADA *que ser pobre y tener nada.*)

Mieulx vault soufler que brusler. (*Mas vale soplar que quemarse.*)

---

(1) Lisez *deniers* en son poing.

Mieulx vault des mains estre battu que de la langue estre féru.

Mieulx vault à cloche se lever qu'à trompette.

Mieulx vault qui refuse et puis faict, que qui accorde et rien ne faict.

Mieulx vault ormeau estre à la vigne que garder l'hierre de ruine.

Mon bouclier est plus fort que l'espée de mon adversaire.

Mordre sa langue est mal penser.

Musser son trésor devant les larrons.

N

Nager en eaue profonde.

N'achapte cheval jouant de la queue.

Nager contre l'aive.

N'avoir sang aux dentz.

Naviger par la conduite de l'estoile du pôle.

Ne savoir user de sa fortune.

Ne prendre chose à cœur.

Ne romps l'œuf mollet avant que ton pain soit prest.

N'esmeus point la fange.

Né à cliteles (sic). (*Nascido para las albardas.*)

N'éveille point le chat qui dort.

Neiges d'antan.

Nécessité faict vieilles trotter.

Nef sans sable.

Ne joue point au fol : endure ce qu'il dict ou faict.

Ni grain au granier ni vin au cellier.

N'oublier rien pour dormir.

Nuées et vens sans pluvoir.

Nulle montaigne sans vallée.

Nul bien sans peine.

O

On ne doibt contraindre le temps ne sur Dieu haster les ans.

On peult tout lire sans encombrier, de tout user sans dangier.

On doibt de chose faicte user ; quand on le faict, point regarder.

On ne prend point ce chat sans mouffle.

On n'envieillist point à table.

On se fasche bien de manger pain blanc.

On doibt battre le fer quand il est chauld.

On met mieulx entre ses dens qu'on ne le rejette quand est dedans.

On meurt bien de joye.

On ouvre mieulx l'esprit qu'on ne le clost.

On ne doibt dire son secret à femme, fol, et enfant.

On est plus saige par mal avoir qu'on n'est par joye et bien avoir.

O faulse amour ! aucunes foys donnes joye et aulcunes foys douleur.

On se peult bien garder d'un larron ; d'ung menteur garder ne se peult on.

On ne trouve erreur de médecin ; erreur de painctre se voyt sans fin.

Oster la poudre de ses pieds.

Où il y a chiens, il y a puces ; où il y a pains, il y a souris ; où il y a femmes, il y a diables.

Ouvre ta bourse, j'ouvrirai ma bouche.

Ouvre la fenestre à aquilon et orient ; ferme midy et occident.

OEil un aultre œil voit, et non soy.

P

Par eslargir et par presser on voit l'esponge boire et plouvoir. *(Por ensanchar y por estrechar vemos la esponja beber y llover.)*

Partie des hommes à l'espée, partie au bouclier est ressemblant.

Par trop grand familiarité on devient vil comme fumier.

Par petits chiens le lieuvre est trouvé, et par les grands est happé.

Par leur orgueil pareilles gens sont défraudez le plus souvent.

Par prester ennemy est amy et amy souvent ennemy.

Parler comme plusieurs, sentir comme peu.

Parler à un mur.

Peu de gens sans rire ont esté ; on ne sait nul qui n'ait ploré.

Petite estincelle luit en ténèbres.

Pèse, dis et fais (1). (*Piensa, di, y haz.*)

Pense ce que tu veulx ; parle peu ; escrips moins.

Petit bois allume le feu, le gros bois le nourrist.

Perdre son habit en jour de froid. (*Perder la capa en día de frio.*)

Pinceau de painctre ou langue de chien est un flatteur pour avoir bien.

Plus donne qui peu et de son gré, que qui plus, tard et contre son gré.

Pluye d'avril, rosée de may.

Plus fol que chien qui aboye à ses soupes les cuidant par ce refroidir.

Plus facile est d'œuvre juger qu'il n'est à l'œuvre besongner.

Plus cher estre un don que chose achaptée voit on.

Plus demande qui dit « ce que tu voudras » que qui demande « ce que tu doibs ».

Plus apprend qui se taist que qui parle hault et brait.

Plus yvre qu'une soupe ou une esponge.

Plus que substance est usaige digne de vitupère ou louenge. (*Mas que la cosa es uso digno de vituperio o loër.*)

Point ne parle à celuy qui boit.

Pour amitié garder faut paroys entreposer.

Poissons et enfans en eaue sont croissans.

Poids pareil et pair.

Povre, vieil, friant.

Porter lanterne à midy.

Poëtes, paintres, pèlegrins à faire, dire valent devins. (*Poetas, pintores y extrangéros en hacer y decir son adivinos.*)

Poys resonans en la vessie.

Pour un playsir mille douleurs, soit en ce monde, soit ailleurs.

1) Je crois que c'est un contre-sens : *Perpende dicta et facta.*

Porter l'eaue en la mer.

Pren le premier conseil de la femme et non pas le second.

Prendre conseil à l'oreiller.

Plus je me haste plus je me gaste.

Q

Quand volonté a prins son traict, adonc est réputé pour faict.

Quand plus ne peult ne haut ne val, à la charrue va le cheval.

Quand le soleil est joinct au vent, on voit en l'air plouvoir souvent.

Quant meurt l'estincelle elle luit tant plus clere.

Quel est l'homme telle doibt estre sa robe.

Quel maistre tel valet.

Qui de tout est mol de tout est fol. (El catalan : *Quien en todo es blando en todo es loco.*)

Qui respond, il doibt.

Qui trop embrasse mal estrainct.

Qui peult et ne veult, quand il voudra ne pourra.

Qui s'offre libéral est plus que celuy qui se promest.

Qui tost donne deux fois donne.

Qui porte espée porte paix.

Qui à table assez n'aura, en lieu de grâces murmurera.

Qui avec malheureux couche il a froid quoy qui luy touche.

Qui voit sa viande appareiller est souvent saoul sans en manger.

Quiconque a l'estomach plein peult bien jeusner.

Quiconque menace son ennemy il craint de combattre avec luy.

Qui ne donne ce qu'il ayme ne reçoit ce qu'il desire.

Qui promet et point ne tient ses paroles en vain despend.

Qui ne peult manger hume bouillie.

Qui vilain veult defaire, il faut son pareil querre.

Qui trop tost s'excuse de péché s'accuse.

Qui crache en l'air il reçoit ce qu'il crache sur soy.

Qui à la table dort doibt payer l'escot.

Qui dort bien pulces ne craint.

R

Rien n'a qui assez n'a.

Rien ne sais que ce que rien je ne sçai.

Ronger sa plume. (*Roer su pendola*, de los que quando escriben se paran a pensar.)

Ronfler en lict de plumes. (*Roncar en cama de plumas.*)

S

Sac percé.

S'attendre au commun bruit.

Sain est au feu uriner ; d'y cracher se fault garder.

Se fier sur la glace d'une nuit.

Service de seigneur n'est pas héritaige.

Sel semer est lieu désoler.

Sépulcres blanchis.

Semer pois devant les coulons.

S'en aller sans dire adieu.

S'escouter parler. (Contra los que presumen de ser muy razonados.)

Se houser et n'avoir cheval.

Si long jour n'est qui tost ne soit près. (*No hay dia tan lejos que presto no este presente.*)

Si j'eusse voulu cuyre, le four fust cheut.

Soy courroucer à son ventre.

Souder argent vif.

Soys à ton bled moudre se tu ne veux perdre plus que la poudre.

Sous la peau de l'homme plusieurs bestes ont umbre.

Soy recongnoistre. (*Conocer a si mismo.*)

Souvent se plaint qui injurie son prochain. (*Muchas veces se queja el que ha hecho la sinrazon a su proximo.*)

Soit heureux qui peut, il ne l'est qui veut.

Soyés entre Democritus et Heraclitus.

Souvent par gens mariez prestres et gens d'armes ne sont aymez.

Souventefois advient mesprise que force à beaulté est soumise.
(*Muchas veces viene menosprecio porque la fortaleza a la beldad es sujeta.*)

Subtilité vaut mieux que force.

Suivre les oyseaulx et les poyssons par le train. (*Seguir las aves y los peces por el rastro.* — Quiere decir : trabajar en vano.)

T

Table vaut bien escole.

Ta chemise ne sache ta guise. (*Tu camisa no sepa tu intencion.*)

Tel refuse qui après muse.

Tant vault le petteler du maistre du jardin comme vault le fumer d'aultruy. (*Tanto vale el hollar del dueño del jardin como el estercolar de otro.*)

Tamyras enraige (1). (El frances : *Tamyras rabia.*)

Tesmoing qui l'a veu est meilleur que cil qui l'a ouit, et plus seur.

Tirer laict, beurre et sang de la mamelle. (Contra los demasiados en lo que hacen.)

Tirer la broche devant que le rost soit prest. ✦

Tixer une toile fascheuse.

Tous ayment mieulx estre chenus que devenir chauves.

Tost riche tost pauvre.

Tout ce qui reluict n'est pas or.

Tout don plaire doibt.

Tout advocat beau diseur ressemble à bassin de jongleur.

Tout contraire en son contraire prend vertu pour soy refaire.

Toute chose est de tel prix qu'elle est aimée ou qu'elle duit.
(*Toda cosa es de tal precio como es amada o como ella aprovecha.*)

Tost ou tard de près ou de loing le fort du foible a besoing.

Tondre sa truye. (*Tresquilar su puerca.*)

Tout vient à point qui peult attendre.

(1) Le texte porte *curayge*, faute d'impression manifeste.

Trop tourner faict à terre tomber.

Trop gratter cuit, trop parler nuit. (*El mucho rascar escuéce, el mucho hablar empece.*)

Trop grand ris engendre larmes.

Trop tost d'édifier se haste qui faict palais à bourse plate.

Trois choses jamais ne cessent : le soleil, le feu, l'esprit de l'homme.

Tu cherches anglet en ligne droicte.

Tu me grattes où il me démenge.

Tu vas à Rome querir ce que tu as à ton huis.

Tout contraire luit à son contraire. (*Todo contrario luce por su contrario.*)

Toute grappe de raisin ne vient au pressoir faire vin.

V

Va, envoyé ; vien, appellé. (*Ve enviado ; ven llamado.*)

Va où tu veulx quant et comment ; là où tu doibs mourir convient.

Voir plus droict d'un œil que de deux.

Vas loing et vas à point (1).

Veuilles et desires ce qui est licite et que tu peulx.

Venin contre venin duit, car venin au venin nuit.

Vérité ayme le clair.

Vérité engendre hayne.

Vertu croist en désespoir.

Vin sous la barre. (*Vino debaxo del postrer arco de la cuba, que es ya heces.*)

Vieil de douze ans. (*Viejo de doce años.*)

Voler sans esles.

U

Un fol faict plus de questions qu'un saige ne donne de raisons.

_____

(1) L'auteur fait un contre-sens lorsqu'il traduit : *Ve lejos y ve a la puente.*

Un cerf signes de ses piedz abolit pour mieulx se cacher.

Un os entre deux chiens.

Une main lave l'aultre.

Un harpeur danser à sa harpe.

Un mirouer ne sait mentir.

Un fou jamais ne laisse un feu en paix.

Un aveugle bien ne sçauroit destouiller fil ne bien le mettre à droit. (*Ni bien enhilarle a derechas.*)

Une bouche et deux oreilles.

DE PHILOLOGIE FRANÇAISE.

LETTRE A MONSIEUR A. FIRMIN DIDOT.

———

MONSIEUR ET CHER ÉDITEUR ,

Le livre *Des variations du langage français*, que
j'ai publié chez vous il y a quelques mois , a été vivement attaqué dans la *Bibliothèque de l'École des
chartes* , également sortie de vos presses.

Si ces attaques n'atteignaient que mon amour-propre,
je ne répondrais pas une syllabe ; mais l'intérêt de la
science s'y trouve et mêlé et compromis ; il s'agit surtout
d'un point de grammaire curieux et fondamental : dès
lors je suis tenu de défendre ce que je crois la vérité.
Cette considération vous fera, j'espère, excuser l'étendue de cette lettre, qui eût pris bien d'autres développe-
mens encore si j'eusse voulu suivre la critique pas à
pas et la combattre à toute occasion. Il suffira de toucher quelques détails saillans ; on jugera du reste par
analogie.

J'ai refusé de reconnaître , par rapport à l'étude de

la vieille langue dans ses monumens, l'importance exagérée qu'on a faite aux patois sous le nom pompeux de *dialectes*. J'ai dit : Il y avait un centre du royaume, une langue française constituée : les écrivains de la province visaient tous à écrire la langue du centre. S'il en est autrement, qu'on me montre dans ces écrivains les expressions en dehors de la langue commune caractéristiques de tel ou tel dialecte. Bien entendu, je n'accepte pas comme autant de mots à part les différences d'orthographe qui se rencontrent souvent dans la même page d'un manuscrit.

Mais comme un élève de l'École des chartes, feu M. Fallot, d'estimable et regrettable mémoire, a laissé un gros volume sur ces dialectes, dont il a plus que personne préconisé l'importance, il fallait bien *à priori* que mon opinion fût erronée, absurde, monstrueuse et révoltante. Après toutes les vaines déclamations possibles, M. Guessard en vient enfin à m'opposer le témoignage d'un texte.

Je laisse parler mon adversaire :

« Que le trouvère fît *parfois* effort pour écrire en
» français de France, et qu'il y réussit tant bien que
» mal, *c'est possible;* mais qu'il le voulût toujours, ou
» que toujours il y parvînt, *ce n'est pas vrai* (1).

» Voyez plutôt ce qui arriva au trouvère Quenes de

---

(1) *Parfois* est bon, comme *c'est possible.* Lisez, au lieu de *parfois, toujours,* et au lieu de *c'est possible, c'est certain,* en attendant que M. Guessard fournisse *une* preuve du contraire. Un démenti n'en est pas une, si grossier qu'il soit.

» Béthune (1), ce grand seigneur poëte et guerrier, qui
» mieux que tout autre pouvait s'instruire du beau
» langage. Il était Artésien, comme l'indique son nom,
» et il composait en artésien ou en picard; ce qui était
» tout un. Vers l'an 1180, il vint à la cour de France,
» où la régente Alix de Champagne et le jeune prince
» son fils, qui depuis régna sous le nom de Philippe-
» Auguste, lui exprimèrent le désir d'entendre quel-

(1) M. Guessard écrit toujours *Quènes de Béthune*, avec un accent
grave sur l'*e*, ce qui force à prononcer *Caine* de Béthune. La vraie
prononciation est *Cane* de Béthune (comme *femme, fame*); et lorsqu'on
rencontre ce mot écrit en une syllabe *quens, cuens*, il faut prononcer
can. Les Italiens disent de même : *can-grande, can-francesco;
facino-cane; can della scala*. C'est un titre de dignité répondant à
celui de bailli. Ce radical *can* appartient à la langue tartare, où il
signifie *roi, prince, chef* : le grand *khan* de Tartarie commandait aux
khans inférieurs ; *Gengis-khan*. Les Huns et les Avares ont laissé
chez nous ce curieux vestige de leur passage en Europe au ve siècle :
les chroniqueurs latins du moyen âge ont traduit *khan* par *canis,
caganus, canesius* : « Rex Tartarorum, qui et *magnus canis* dicitur. »
(Chron. Nangii, ann. 1299.) — « Rex Avarorum , quem sua lingua
» *cacanum* appellant. » (Paul Warnefried, *De gest. Langob.*, IV,
39.) — « Constituerunt *canesios*, id est baillivos, qui justitiam face-
rent. » (Magister Rogerius, ap. Cang. in Caganus.) De là est venu le
français *quens*, l'italien *can*, et peut-être l'anglais *king*.

On voit, par cet exemple, de quelle importance est la recherche et le
maintien de la prononciation véritable. Ce travail offre déjà bien assez
de difficultés, sans y en ajouter encore comme à plaisir. Je me suis
élevé souvent contre cette barbare manie d'introduire des accens dans
les vieux textes : l'unique résultat possible est d'égarer le lecteur
philologue, et d'effacer les dernières traces d'étymologie. Il serait si
simple et raisonnable d'imprimer les manuscrits comme ils sont!
Mais précisément par ce motif il est à craindre qu'on ne l'obtienne
jamais des savans éditeurs. On vient encore de publier la *Mort de
Garin*, où les mots *que, ce, ne*, sont figurés *qué, cé, né*, même lorsque l'*e* s'élide. Il faut bien être possédé de la fureur des accens !

» qu'une de ses chansons. Quenes de Béthune récita
» donc des vers très-intelligibles pour ses auditeurs,
» *mais fortement empreints d'un cachet picard ;* aussi
» fut-il raillé par les seigneurs de France, repris par la
» reine et par son fils :

> Mon *langage* ont blasmé li François
> Et mes chançous, oyant les Champenois,
> Et la comtesse encoir (dont plus me poise).
> La roïne ne fit pas que cortoise
> Qui me reprist, elle et ses fiex li rois :
> Encor ne soit ma *parole* françoise,
> Si la puet on bien entendre en françois ;
> Ne cil ne sont bien appris ne cortois
> Qui m'ont repris se j'ai dit *mot d'Artois,*
> Car je ne fus pas norriz a Pontoise (1). »

Voilà le passage fondamental, unique, dont on argu-
mente pour prouver l'emploi des dialectes dans la littérature.

Il est facile de répondre à M. Guessard.

Observez d'abord qu'il s'agit ici d'une pièce *récitée,*
et non de vers *écrits.* La distinction est essentielle.

Que le premier venu, en lisant ce couplet, comprenne
qu'il est question des *mots,* c'est une erreur excusable :
il est étranger à ces études et habitué à la précision
de notre langue moderne. Mais que M. Guessard s'y
trompe, c'est ce que je ne saurais expliquer, s'il n'était
bien connu que la passion fait arme et ressource de
tout. Lorsque Quenes de Béthune dit qu'on a raillé
sa parole, son langage, il entend sa prononciation, son

---

(1) *Bibliothèque de l'École des chartes,* t. II (1846), p. 192.

accent picard. Au xii° siècle, ces mots *accent*, *prononciation*, n'étaient point encore dans la langue ; il fallait, pour en rendre la pensée, se servir d'équivalens approximatifs. *J'ai dit mot d'Artois* signifie : j'ai parlé à la mode du pays d'Artois ; cette dernière expression représente exactement l'équivoque de l'autre : *j'ai parlé*, s'agit-il des mots que vous avez employés ou de votre manière de les prononcer ?

Ces deux vers, où les mots soulignés par M. Guessard semblent renfermer ma condamnation,

> Encor ne soit ma parole *françoise*,
> Si la puet on bien entendre en *françois*,

signifient, selon M. Guessard : Encore que je parle picard, les Français peuvent bien me comprendre.

Et selon moi : Encore que je récite avec un accent de province, on peut me comprendre parfaitement dans l'Ile-de-France ; ou en d'autres termes : Comme je parle d'ailleurs bon français, mon mauvais accent n'empêche pas qu'on ne me comprenne très-bien à Paris.

Ainsi ce passage établit précisément la pureté du style de Quenes de Béthune. M. Guessard, croyant me perdre sans retour, a fait comparaître un témoin dont la déposition m'absout et le condamne.

M. Guessard peut m'en croire, je sais assez le picard pour lui attester : 1° que ni les poésies de Quenes de Béthune, ni celles d'Eustache d'Amiens, ni celles de tous les trouvères de la Picardie et de l'Artois, ne sont écrites dans ce dialecte, puisque dialecte il y a ; 2° que des poésies picardes, surtout récitées, défieraient l'in-

telligence de tous les Français, sans en excepter
M. Guessard lui-même. La Picardie a fourni, au moyen
âge, un nombre de trouvères très-considérable : tous
ont écrit en *français*, Quenes de Béthune comme les
autres. Au surplus, ses poésies sont là : que M. Guessard ait la bonté de m'y montrer du picard, ou de
m'expliquer en quoi consiste le *cachet picard* des vers
de Quenes de Béthune, si ce n'est pas dans l'*accent
parlé*.

La Picardie n'est pas si loin de l'Ile-de-France pour
qu'un grand seigneur, qui faisait des lettres sa princi-
pale occupation, ne parvint pas, malgré ses efforts, à
posséder à fond le français littéraire. Aujourd'hui même
que notre langue est bien autrement fixée et vétilleuse
qu'au moyen âge, la critique pourrait signaler des pro-
vincialismes dans des vers composés à Bordeaux ou à
Strasbourg ; mais on n'en rirait pas. Ce qui ferait rire
inévitablement, ce serait l'accent gascon ou alsacien
du déclamateur ; et si les vers étaient d'ailleurs purement écrits, le poëte aurait le droit de s'écrier, comme
Quenes de Béthune : Vous n'êtes ni justes ni polis : ce
n'est pas ma faute si je n'ai pas été nourri près de Pon-
toise. On peut exiger d'un écrivain qu'il sache le français, mais non qu'il soit exempt de l'accent de sa province. Ce qui est indélébile, ce n'est pas l'ignorance,
c'est l'accent natal.

Je maintiens que voilà le sens du passage de Quenes
de Béthune ; pour l'entendre différemment, il faut y
apporter toute la bonne volonté de M. Guessard.

Une dernière observation. M. Guessard place l'anecdote de Quenes de Béthune vers 1180. C'est le plus
tard possible, puisque Philippe-Auguste parvint à la
couronne en 1180, et qu'à l'époque de la visite du
trouvère il était encore sous la tutelle de la régente. Il
n'avait donc pas quinze ans. Je crois qu'à cet âge les
petits princes du xiiᵉ siècle n'étaient pas si grands puristes, et n'auraient pas remarqué, dans une pièce de
vers français, un ou deux termes sentant la province.
Mais un accent provincial frappe d'abord les enfans
comme les grandes personnes ; et le petit Philippe dut
s'en amuser aussi bien que sa mère Alix, peu renom-
mée, du reste, entre les savantes et les beaux esprits
de son tems.

Je crois, sauf erreur, que M. Guessard aurait bien
fait d'y regarder à deux fois avant de me crier de
sa grosse voix, CE N'EST PAS VRAI ! car je lui répon-
drai comme Quenes de Béthune : Vous n'êtes ni juste
ni poli.

La question des *dialectes* demeure donc, jusqu'à
nouvel ordre, un système, sans autre appui que des
théories arbitraires. L'étai emprunté à Quenes de
Béthune ne vaut rien ; on fera bien d'en chercher
un plus solide.

Passons à un autre point, dont M. Guessard fait le
point capital.

J'avais posé ce principe pour la prononciation du
moyen âge : « Dans aucun cas l'on ne faisait sentir

» deux consonnes consécutives, soit au commence-
» ment, soit au milieu d'un mot, soit l'une à la fin d'un
» mot et l'autre au commencement du mot suivant (1).»

J'avais été conduit à cette règle par la comparaison
des vieux textes. Il me sembla rencontrer un dernier
vestige de cette loi primitive dans un écrit de Théodore de Bèze sur la prononciation du français, traité
en latin publié en 1584, c'est-à-dire fort avant dans la
renaissance, et par conséquent fort loin de l'époque où
ma règle aurait été en vigueur. Voici ce passage :
« *Curandum etiam ne qua* (*littera*) *putide et duriter
sonet*, *imo ut omnes molliter et quasi negligenter
efferantur*, *omnem pronuntiationis asperitatem usque adeo refugiente francica lingua*, *ut*, *exceptis* cc,
ut accès (*accessus*), mm *ut* somme, nn *ut annus*, rr *ut*
terre, NULLAM GEMINATAM CONSONANTEM PRONUNTIET. »

On prétendit que j'avais fait sur le texte de Th. de
Bèze *un incroyable contre-sens* ; que *geminatam consonantem* signifiait, non pas deux consonnes consécu-

---

(1) Cette suppression de la consonne finale dans la prononciation
pour éviter le heurt avec la consonne initiale du mot suivant, est
attestée par mille témoignages irrécusables. Voici entre autres un
passage curieux de Geoffroy Tory, par où l'on voit que le peuple
transportait cette habitude de la langue vulgaire dans le latin des
prières :

« Nous nous aidons bien de la sainte escripture, mais en pronun-
» ciation je treuve qu'il y en a qui s'en acquitent mal, car au lieu
» de dire : *Deus meus, justus et fortis Dominus*, ilz bégayent et man-
» gent la queue, disans : *Deu meu, justu et forti Dominu* ; qui est un
» très grant vice et trop commun à beaucoup de simples gens. »
(*Champ fleury*, folio 25, verso.)

tives quelconques, comme je l'avais entendu, mais seulement deux consonnes consécutives jumelles, la même consonne redoublée.

On en concluait que la règle de M. Génin était fausse, imaginaire; qu'elle n'avait jamais existé. On alla même plus loin : on soutint que le principe était *d'une absurdité manifeste :* — « Le contre-sens de M. Génin, » disait-on, est vraiment incroyable ! Plein de con- » fiance dans une traduction signée par un professeur » de faculté, je me suis mis l'esprit à la torture pour » m'expliquer comment Th. de Bèze avait pu écrire » une pareille règle, etc., etc. » Je répondis sommairement par une lettre insérée dans la *Revue indépendante*, du 10 avril 1846. Un second article de la *Bibliothèque de l'École des chartes* rend nécessaire une seconde réponse. Je la ferai plus explicite ; et, pour mettre le lecteur mieux à même d'en suivre l'argumentation, je reproduis ici les principaux passages de ma première lettre :

« Je consens, disais-je, à examiner un des points attaqués par la *Bibliothèque de l'École des chartes.* Je choisis le plus important, de l'aveu du critique lui-même. C'est la règle de ne prononcer jamais deux consonnes consécutives (sauf les liquides) que j'ai donnée comme la clef de voûte de tout le système d'orthographe et de prononciation de nos ancêtres. — « Elle » est, dit mon adversaire, elle est en réalité la clef de » voûte, non de la prononciation de nos ancêtres, mais » du système de M. Génin ; et, par conséquent, si je la

» fais fléchir, tout le système tombera sans que j'aie
» besoin de le prendre pièce à pièce. »

» J'accepte de bon cœur le défi, à condition, bien
entendu, que réciproquement, si l'on ne fait pas fléchir
la clef de voûte, mon système entier subsistera sans
que j'aie besoin non plus de le défendre pièce à pièce.

» Ainsi la discussion de ce point capital me dispen-
sera de toute autre, et je veux bien qu'on juge par cet
échantillon de la valeur de tout le reste, tant pour l'attaque que pour la défense.

» S'il était vrai que j'eusse commis sur le texte de
Th. de Bèze *un incroyable contre-sens*, il ne s'ensui-
vrait pas encore que j'eusse posé une règle fausse et
imaginaire; car cette règle, je ne l'ai point empruntée
à Th. de Bèze. Tout au plus aurais-je invoqué à l'appui de mon principe une autorité illusoire; mais il
resterait toujours à établir que ce principe, étranger à
Th. de Bèze, est lui-même une illusion. Mon critique
l'affirme de sa propre autorité. Il croit, en m'ôtant
Th. de Bèze, m'avoir enlevé toute ressource, m'avoir
ruiné, mis à sec. Erreur !

» Depuis la publication de mon livre, il m'est venu
entre les mains plusieurs ouvrages rares, que je n'a-
vais pu consulter plus tôt. De ce nombre est la Grammaire de Jean Palsgrave, l'aînée de toutes les grammaires françaises. Ce Jean Palsgrave était Anglais de
naissance, mais il avait longtems vécu à Paris, où il
avait même pris ses degrés. Chargé, comme le plus
habile de son tems, d'enseigner le français à la sœur

de Henri VIII, veuve de Louis XII, remariée au duc de
Norfolck, il composa sa grammaire sur le plan de la
grammaire du célèbre Théodore de Gaza. Ce livre, qui
n'a pas moins de 900 pages in-folio, est rédigé en
anglais, avec un titre en français et une dédicace à
Henri VIII (Londres, 1530); il est doublement précieux par le savoir exact et minutieux de l'auteur, et
par l'abondance des exemples, toujours puisés dans les
meilleurs écrivains, Jean Lemaire, Alain Chartier, l'é-
vêque d'Angoulême (Octavien de Saint-Gelais), etc., etc.
Palsgrave débute par un traité fort détaillé de la prononciation : or voici ce que j'y ai lu, je le confesse,
avec la vive satisfaction d'un homme qui, ayant deviné
une énigme difficile, s'assure par le numéro suivant
de son journal qu'il avait rencontré juste.

« Les Français, dans leur prononciation, s'appliquent
» à trois choses qu'ils recherchent principalement :
» 1° l'harmonie du langage ; 2° la brièveté et la rapi-
» dité en articulant leurs mots ; 3° enfin, de donner
» à chaque mot sur lequel ils appuient son articulation
» la plus distincte.

(*Ici un long développement du premier point.*)

. . . .

» Maintenant, sur le second point, qui est la brièveté
» et la rapidité du discours, quel que soit le nombre
» des consonnes écrites pour garder la véritable ortho-
» graphe, ils tiennent tant à faire ouïr toutes leurs
» voyelles et leurs diphthongues, que, *entre deux*
» *voyelles* (soit réunies dans un même mot, soit par-

» tagées entre deux mots qui se suivent), *ils n'arti-*
» *culent jamais qu'une consonne à la fois ; en sorte*
» *que, si deux consonnes différentes, c'est-à-dire*
» N'ÉTANT PAS TOUTES DEUX DE MÊME NATURE, *se ren-*
» *contrent entre deux voyelles, ils laissent toujours la*
» *première inarticulée* (1). »

» Y a-t-il rien de plus positif? Comprenez-vous bien qu'il est question là des consonnes consécutives en général, et non des jumelles en particulier? *Nat beyng both of one sorte* ? Comprenez-vous enfin ce que c'est que la *geminata consonans* de Th. de Bèze (2) ? Comprenez-vous que cette règle a existé, que je ne l'ai pas tirée de mon imagination ? Cette règle impossible,

---

(1) « The Frenche men in theyr pronunciation do chefly regard
» and cover thre thynges : to be armonious in theyr spekyng ; to be
» brefe and sodayne in sounding of theyr wordes, avoyding all maner
» of harshnesse in theyr pronunciation ; and thirdly, to gyve every
» worde that they abyde and reste upon theyr most audible sounde...
»   And now touching the second point whiche is to be brefe, *etc...*
» what consonantes soever they write in any worde for the kepyng of
» trewe orthographie, yet so moche covyt they in reding or spekyng
» to have all theyr vowelles and diphthongues clerly herde, that
» betweene two vowelles (whether they chaunce in one worde alone,
» or as one worde fortuneth to folowe after an other), they never
» sounde but one consonant at ones, in so moche that if two different
» consonantes, that is to say, *nat beyng both of one sorte* come toge-
» ther betweene two vowelles, *they leve first of them unsounded* (a). »
(PALSGRAVE, *Introd.*, p. XIX de l'édit. de 1852.)

(2) Pour peu que mon critique eût été de bonne foi, aurait-il pu s'y tromper en lisant ce que Bèze écrit dix lignes plus loin de la pronociation des Français, qu'elle est NULLO CONSONANTIUM CONCURSU CONFRAGOSA? D'où vient que ce texte que j'avais traduit, il a pris soin dans sa citation de l'écarter ?

(a) Voyez là Note à la fin.

monstrueuse, absurde, sur laquelle vous demandez
qu'on juge tout mon livre ; cette règle que j'avais posée
pour le xiie siècle, la voilà encore dans un grammairien du commencement du xvie, antérieur de soixante-
quatre ans à Th. de Bèze ! En vérité, quand j'aurais
chargé ce bonhomme Jean Palsgrave de plaider ma
cause, il n'eût pu s'en acquitter mieux. Il a deviné,
trois siècles d'avance, la chicane que me fait aujour-
d'hui l'École des chartes, et s'est donné la peine d'y
répondre de manière à ne laisser aucune ressource à la
mauvaise foi la plus subtile. Je mets son vénérable
texte au bas de la page, afin que monsieur le chartrier,
grand éplucheur de textes, puisse s'assurer si je n'y ai
pas fait quelque incroyable contre-sens, et si je n'ai
pas, encore cette fois, pris le contre-pied de la pensée,
comme il déclare que c'est ma coutume habituelle.

» Qu'il vienne à présent m'alléguer qu'à la fin du
xvie siècle on articulait, dans certains mots, les consonnes consécutives : que me fait cela ? ce n'est point
mon affaire ; ou plutôt, si vraiment ce l'est, puisque
j'ai dit que le xvie siècle avait perdu la tradition de
l'ancien langage. Il va chercher dans Pierre Fabri
ou Lefebvre une phrase dont il prétend m'accabler, en
prouvant que dès 1534 on prononçait des consonnes
consécutives. -- « Il est, dit Fabri, un barbare de
» rude langage à ouïr, qui s'appelle *Cacephaton* ou
» *Clipsis* (1), comme *gros*, *gris*, *gras*, *grant*, et *croc*,

---

(1) Apparemment il faut lire *Eclipsis*. Je cite d'après mon adversaire.

» *cric, crac* ; et *évangélistes, stalle, stille...* » Premiè-
rement il s'agit là d'un assemblage cherché de conson-
nances étranges ; et ensuite Fabri lui-même déclare ce
langage *barbare* ; donc ce n'est pas le langage ordinaire. Les vieux grammairiens rangent ce *Cacephaton*
parmi les figures de mots : quel rapport d'un trope
ridicule avec la prononciation ? C'est bien de l'érudition
perdue.

« Après avoir cité une règle qui n'a jamais existé,
» l'auteur en cite une autre qui n'a aucun rapport
» à la question. En effet, il s'agit de prouver qu'on
» n'a jamais prononcé deux consonnes de suite ; et
» M. Génin s'évertue à établir qu'au xvie siècle on n'en
» prononçait pas trois, ce qui serait encore contes-
» table. »

» Il s'agit de prouver qu'on ne prononçait pas les
consonnes consécutives ; et après avoir montré qu'on
n'en prononçait pas deux, je montre qu'on n'en prononçait pas trois. Si nous avions des groupes de quatre
et de cinq consonnes, j'aurais eu à les examiner à leur
tour. C'est être, assurément, dans la question ; et il
faut tout le parti pris de mon critique pour déclarer
que cela n'y a nul rapport.

» Çà, maître Jehan Palsgrave, avancez de nouveau ;
car c'est vous, aussi bien que moi, qui êtes en cause,
vous qui, après avoir parlé des doubles consonnes consécutives, avez aussi battu la campagne en parlant tout
de suite des triples consonnes. Cette coïncidence est
vraiment merveilleuse ! mais la découverte si à propos

de ce volume ne l'est pas moins ! O bon Palsgrave, sans vous j'étais perdu ! l'École des chartes me foudroyait !...
Je reprends la citation au dernier mot où je l'ai laissée :
— « Et si trois consonnes sont rassemblées, ils (les
» Français) en laissent toujours les deux premières
» inarticulées, ne faisant, je le répète, aucune diffé-
» rence si ces consonnes sont ainsi groupées toutes
» dans un seul mot ou réparties entre des mots qui se
» suivent ; car souvent leurs mots se terminent par
» deux consonnes, à cause du retranchement de la
» dernière voyelle du mot latin : par exemple, *corps*,
» *temps*, etc. (1). »

» Palsgrave ajoute que cette distinction entre les consonnes purement étymologiques qu'on éteint et celles qu'on doit faire sonner est la grande difficulté pour les Anglais : *hath semed unto us of our nation a thyng of so great difficulty.*

» Monsieur mon contradicteur trouve-t-il encore contestable cette proposition, qu'on ne prononçait pas trois consonnes consécutives ?

» Quant à n'en prononcer qu'une sur deux, admet-tra-t-il enfin cette monstruosité qui lui a mis l'esprit à la torture ? « Je me suis mis l'esprit *à la torture* pour
» m'expliquer comment Th. de Bèze avait pu écrire

---

(1) « And if the thre consonantes come together, they ever leve two
» of the first unsounded, putting here, as I have said, no difference
» whether the consonantes thus come together in one worde alone,
» or the wordes do folowe one another ; for many tymes theyr wordes
» ende in two consonantes, bycause they take awaye the last vowell
» of the latine tong, as *corps*, *temps.* » (IDEM, *ibid.*)

» une pareille règle, et en quel sens il fallait l'entendre ;
» car, de la prendre à la lettre, *je n'en voyais pas le*
» *moyen !* » J'espère qu'il en voit le moyen à cette
heure ? En général, il répète souvent : *Je ne puis*
m'imaginer, je ne puis comprendre ; il prend cela pour
un argument irrésistible !

» Voilà comment ce fort Samson fait fléchir les clefs
de voûte. Je le prie de recevoir mes remerciemens : un
principe fondamental, qui pour moi n'était pas douteux, mais qui peut-être pouvait le sembler à d'autres,
croyant le renverser, il m'a fourni l'occasion d'y revenir, et de le mettre, j'espère, au-dessus de toute contestation.

» De toutes les prétentions, la plus folle serait celle
de plaire à tout le monde. Je ne vise pas si haut : je
me contente de l'assentiment des meilleurs juges, *prin-*
cipibus placuisse viris. S'agit-il de l'érudition ? Quels
noms plus imposans que ceux de MM. Victor le Clerc,
Naudet, Littré, Augustin Thierry ? Parlez-vous de cet
heureux instinct, de ce génie de la langue qui éclate si
vivement dans La Fontaine et dans Molière ? Où le trouver plus complet et plus profond que dans notre Béranger ? Quels plus illustres suffrages serait-il possible
d'ambitionner ? Et quand on les a réunis, est-on bien à
plaindre d'avoir manqué celui de M. Guessard ?

»Et qu'importe à mes vers que Perrault les admire ? »

Telle fut en abrégé ma réponse au premier article de M. Guessard ; voici maintenant ma réponse au second :

Le procès continue sur la *geminata consonans* de Th. de Bèze. Je suis obligé de défendre jusqu'au bout ma traduction, puisque M. Guessard fait dépendre de ce mot l'estime de tout mon ouvrage, et que j'ai accepté son défi. Au surplus, je vous dirai, en passant, que M. Guessard n'a pas son pareil pour trouver de ces alternatives. Son esprit net et concis aime à réduire toutes les questions à deux termes. Vous en verrez plus d'un exemple dans cette réponse. J'avais, dans la première, cru tirer autorité de quelques suffrages imposans, tels que ceux de MM. Augustin Thierry, Victor le Clerc, Naudet, Littré, Béranger ; mais me voilà bien loin de compte ! M. Guessard exige, pour se rendre, « un arrêt en bonne forme », signé de ces messieurs ; il dresse le plus sérieusement du monde un formulaire en trois articles, dont le dernier doit attester « qu'*une seule* des assertions de mon livre *est restée debout*, après l'examen que M. Guessard en a fait. » J'irai présenter ce formulaire à la signature des illustres juges par moi invoqués ; et si je ne le rapporte à M. Guessard, revêtu de toutes les formalités authentiques, je suis déclaré vaincu aux yeux du monde savant. (P. 362.)

M. Guessard a bonne opinion des effets de sa dialectique ; mais on ne voit pas où il prend le droit d'exiger des certificats de ses erreurs. S'il n'y veut pas croire à moins, d'autres ne seront pas si difficiles.

Ne nous dérangeons pas, et ne dérangeons personne pour si peu.

Geminata consonans, voilà donc la grande énigme. Est-ce, au sens le plus large, deux consonnes consécutives? ou bien, dans un sens beaucoup plus restreint, la même consonne redoublée? Je défends la première interprétation, qui contient la seconde, puisque les consonnes redoublées sont consécutives; M. Guessard soutient la seconde, qui exclut la première. L'un de nous fait un contre-sens, mais lequel des deux?

Avant tout, je dois reconnaître à M. Guessard un merveilleux talent pour embrouiller les questions les plus nettes, dissimuler les parties d'un texte qui lui nuisent, et mettre en relief au contraire celles qui paraissent le servir. Au nom de la logique, il assemble d'épais nuages; et puis, quand tout est noir partout, quand on n'y voit plus goutte, il s'écrie du ton le plus naturel et le plus persuadé : *Est-ce clair?... Est-ce encore clair?...* Le pauvre lecteur serait bien tenté de lui répondre : Ma foi, non ! Mais tant d'assurance intimide; on se dit : Apparemment que c'est bien clair pour les gens au fait de la matière. Allons, accordons-lui ce point, et suivons. On avance, et il vous conduit de l'analogie dans l'amphibologie, de l'amphibologie dans la battologie, de la battologie dans la tautologie et la macrologie : de la macrologie à la périssologie il n'y a qu'un pas; la périssologie mène infailliblement à l'acyrologie, qui produit la cacologie, d'où vous tombez dans la céphalalgie, et de la céphalalgie dans un profond sommeil, pendant lequel M. Guessard chante victoire tout à son aise !

Voyons toutefois qui sera le plus habile, lui à condenser le brouillard, ou moi à le dissiper.

J'ai aussi la prétention de m'appuyer sur la logique pour déterminer le sens de l'expression *geminata consonans*. Le passage où elle se trouve est complété, éclairci jusqu'à l'évidence par un autre passage voisin du premier. Il paraît que M. Guessard n'avait pas aperçu ce second passage. Je le lui ai mis sous les yeux dans ma réponse, et pour cette fois j'ose affirmer qu'il l'a très-bien vu et en a compris la portée ; car sa réplique n'en souffle mot. Il bat la campagne à côté. Puisque cette partie de mon argumentation l'embarrasse, je vais la reprendre.

C'est à la page 9 que Th. de Bèze explique l'euphonie du parler français, par l'attention de ne prononcer *nullam geminatam consonantem*.

A la page 10, il revient sur ce caractère général de notre langue (1).

« La prononciation des Français, mobile et rapide
» comme leur génie, ne se heurte jamais au concours
» des consonnes, ni ne s'attarde guères sur des voyelles

---

(1) « Francorum enim ut ingenia valde mobilia sunt, ita quoque
» pronuntiatio celerrima est, *nullo consonantium concursu confra-*
» *gosa*, paucissimis longis syllabis retardata..... consonantibus (si
» dictionem aliquam terminarint) sic cohærentibus cum proximis
» vocibus a vocali incipientibus, *ut integra interdum sententia haud*
» *secus quam si unicum esset vocabulum efferatur.* » (*De recta lin-*
guæ francicæ pronunt.)

» longues. Une consonne finit-elle un mot , elle se lie
» à la voyelle initiale du mot suivant, si bien qu'une
» phrase entière glisse comme un mot unique. »

Ces deux passages évidemment se rapportent à la
même idée , et renferment le vrai sens de *geminata
consonans*. Il s'agit de les expliquer en les conciliant.

J'ai fait observer que les consonnes jumelles sont
très-coulantes , et sont toujours placées au cœur des
mots. J'ai demandé comment l'extinction de ces jumelles pouvait favoriser la liaison d'un mot à un autre

Au contraire, que les consonnes consécutives autres
que jumelles sont très-dures , munissent ordinaire-
ment les extrémités des mots, et, si on les veut articuler toutes, hérissent la phrase d'aspérités, et font un
obstacle considérable à la liaison de ses élémens.

M. Guessard veut qu'il ne soit question que des consonnes jumelles. Je l'ai prié d'accorder son interprétation avec le texte *complet*, de m'aplanir ces difficultés.
Il garde le silence.

Examinons, ai-je dit ensuite, la logique des idées de
Bèze, et leur enchaînement, en prenant le sens de mon
adversaire : Le français est si antipathique à toute ru-
desse de prononciation, qu'il n'articule jamais les consonnes jumelles (*qui sont très-douces*) ; mais il a grand
soin d'articuler les autres consécutives, comme *st*, *sp*
(*qui sont très-rudes*) ; d'où il résulte que la prononciation des Français est pleine de mollesse, et que dans
leur bouche une phrase entière glisse comme un seul
mot.

Profond silence de M. Guessard.

Il se contente de dire, en termes vagues : « M.Génin
» sue sang et eau à défendre un contre-sens.» (P. 357.)
Non, je ne sue ni sang ni eau ; je cite en entier un
texte que vous aviez tronqué. Je vous dis d'un grand
sang-froid que votre sens mène à l'absurde. Que me
répondez-vous ?

Au lieu de me répondre, il cherche à opérer une
diversion, et à me faire paraître dans la position fâcheuse où lui-même se sent arrêté. Voici comme il
s'y prend : il va chercher un passage où Bèze avertit
que *ct*, à l'intérieur des mots, se prononce entièrement. Ce sont là, dit M. Guessard, des consonnes consécutives, ou jamais; donc elles n'étaient pas muettes.
— « Voilà cet illustre savant, qui pose une règle, qui
» en excepte quatre cas, ni plus ni moins, et qui, vingt
» pages plus loin, dans un petit livre de quarante-deux
» feuillets seulement, oublie sa règle et ses quatre
» exceptions, pour se contredire lui-même, en m'ap-
» prenant que *ct* se prononce entièrement !.... Mais
» alors votre illustre savant n'est plus qu'un illustre
» radoteur, ou bien c'est vous qui ne l'avez pas com-
» pris, et qui me le rendez tel. Il n'y a pas de milieu
» entre ces deux propositions, et le choix n'est pas
» douteux. Sortez de là : je vous en défie résolue-
» ment !.... » (Page 358.)

M. Guessard prend toujours des tons incroyables pour
les choses les plus simples du monde : *Je vous en défie
résoluement !* On dirait un paladin de Charlemagne !

Résoluement est superbe ! Comment n'être pas convaincu par *résoluement* ?

Oui, Bèze remarque que *b* se prononce dans *absent*,
obsèques, *objet*; que *ct* sonne pleinement dans *acte*,
actif, *affection*, *détracteur*; que *st*, *sp* se prononcent
quelquefois en double, et plus souvent en simple. Et
puis vous prétendez que c'est là un argument en votre
faveur ? Vous n'y songez pas. Quelle est là règle générale, selon vous ? Que les consécutives ne s'éteignaient
jamais. Alors pourquoi Bèze relève-t-il des mots où
elles ne s'éteignent pas ? Qu'y a-t-il là d'extraordinaire ?
Nous sommes dans la règle. Ah ! si là règle était ce que
j'ai dit, de ne prononcer pas les consonnes consécutives, la remarque de Bèze serait toute naturelle ; mais
ici ce qu'il aurait fallu signaler au contraire, ce seraient des mots où ces consécutives non jumelles se
seraient éteintes, car c'est seulement alors que votre
règle eût été violée.

Voilà votre thèse, et voici la mienne, dans laquelle
je résume et concilie tout ce qu'a dit Th. de Bèze.

Il est de règle, pour obtenir une prononciation molle
et coulante, de ne point faire sentir deux consonnes
consécutives.

Nous en exceptons quatre cas de consonnes jumelles ;
ct, à l'intérieur des mots, et quelques autres, comme
le *b* dans *absent, objet, obsèques*.

Toute l'argumentation diffuse de M. Guessard repose
sur ce que Bèze n'a point réuni sous sa règle tous
les cas d'exception, et n'a mentionné d'abord que les

jumelles. Bèze ne peut avoir signalé plus loin d'autres exceptions, ou bien il se serait rendu coupable d'oubli de ses propres paroles, de contradiction, de radotage. Mais les gros mots ne prouvent rien, et nous avons déjà vu que le fort de M. Guessard est de poser des alternatives qui n'en sont pas, des dilemmes ouverts de toutes parts. C'est alors que, dans la joie de son cœur, il s'écrie : *Sortez de là, je vous en défie résoluement !....*

Je l'ai dit et redit à satiété : au xvi⁰ siècle, la tradition du langage primitif est considérablement altérée : on n'y peut plus recueillir que des vestiges et des débris. On avait oublié les anciennes règles du xii⁰ siècle. Les vieux mots restaient sous l'empire du vieil usage ; mais les mots nouveaux, qui s'introduisaient en foule, entraient avec la marque de l'usage nouveau. Les grammairiens se transmettaient encore l'ancienne règle, mais ils étaient obligés d'y signaler des exceptions à chaque pas. Leur procédé, à cet égard, est empirique. Tel mot se dit ainsi. — Pourquoi ? — Il se dit ainsi ; n'en demandez pas davantage. — Mais cela semble contredire une règle que vous venez de poser. — Que voulez-vous que je vous dise ? Je suis le greffier de l'usage.

En voici un pourtant qui a mis un pied hors de ce cercle étroit : c'est Jacques Dubois (d'Amiens), qui, sous le nom de Sylvius, imprimait sa Grammaire chez Robert Estienne en 1531. Il avertit que « s devant *t* et » quelques autres consonnes se prononce rarement en

» plein dans le corps des mots ; on l'obscurcit ou
» la supprime, pour la rapidité du langage. » Et tout
de suite il cite des mots exceptionnels où *st* sonne
en plein : *domestique, fantastique, organiste, évangé-
liste*, etc... ; « probablement, ajoute-t-il, parce que ces
» mots ont été depuis peu puisés par les doctes aux
» sources grecques et latines (1). »

Voilà la raison bien simple de ces exceptions. Si
Th. de Bèze ne la donne pas, Sylvius supplée à de Bèze.
On prononçait avec les deux consonnes *objet, absent,
obsèques, détracteur, action*, parce que c'étaient des
mots nouveaux.

Observez un point essentiel dans le passage de Bèze
invoqué par M. Guessard : *et*, y est-il dit, sonne pleinement *dans le corps des mots ;* c'est assez dire qu'aux

---

(1) « *S* ante *t* et alias quasdam consonantes in media dictione raro
». ad plenum sed tantum tenuiter sonamus, et pronuntiando vel eli-
» dimus vel obscuramus, ad sermonis brevitatem..... Quem (sibilum)
» in quibusdam perfecte cum Græcis et Latinis servamus, ut *domes-
» tique, phantastique, scholastique...*, etc., forte quod hæc haud ita
» pridem a doctis in usum Gallorum ex fonte vel græco vel latino
» invecta sunt. » (SYLVIUS, p. 7.)

Pendant que je tiens Sylvius, je ne le laisserai point aller sans en
tirer un autre témoignage. J'ai mis en principe que la consonne finale
d'un mot était muette, et se réservait à sonner sur la voyelle initiale
du mot suivant (*Des variat.*, p. 41). C'était la conséquence rigoureuse
de la règle des consonnes consécutives. M. Guessard, qui a nié la
première règle, nie également la seconde. Je lui ai montré la première
écrite dans Palsgrave ; voici la seconde dans Sylvius :

« In fine quoque dictionis nec illam (*s*) nec cæteras consonantes
» eadem de causa (ad sermonis brevitatem) ad plenum sonamus;
» *scribimus tantum*, nisi aut vocalis sequetur, aut finis clausulæ
» sit, etc. » (Pag. 7.)

extrémités il ne sonnait pas. Ainsi le *c* s'entendait dans *affection*, *détracteur*, mais non à la fin de *subject*, *object*. Cette *geminata consonans* eût empêché la liaison des mots. On ne disait pas *un objecte divin*, mais on disait, comme aujourd'hui, *objet divin*, sans faire soupçonner ni le *c* ni le *t*. Sur trois consonnes consécutives, on effaçait les deux premières. Leur rôle se bornait à ouvrir le son de l'*e* précédent, comme s'il y eût eu *objait*.

On voit combien il importe, dans les exemples que l'on crée pour rendre une théorie sensible par l'application, de n'admettre que des mots contemporains de la règle. C'est un soin que M. Guessard, soit hasard ou calcul, néglige toujours : il puise sans scrupule dans la langue du xixe siècle des exemples qu'il soumet aux lois du xiie, et ne manque pas de trouver l'effet ridicule. Il ne peut se persuader qu'on ait jamais prononcé, sous Henri III, *teme* et *pete* pour *terme* et *perte*; *tenir* pour *ternir*, la *châteté* pour la *chasteté*, un *âtrologue*, etc. Mais ces mots *terme*, *perte*, *ternir*, *chasteté*, *astrologue*, les avez-vous jamais rencontrés dans un texte du xiiie siècle? S'ils sont entrés dans la langue après la désuétude de l'ancienne règle et sous l'empire de la règle nouvelle, qui était l'opposé de l'autre, quel argument pouvez-vous en tirer par rapport à un principe qui concerne le moyen âge exclusivement? C'est là pourtant l'artifice le plus habituel de M. Guessard. Qu'on y regarde, et l'on verra que les trois quarts de ses objections seraient réduites à néant par cette distinction bien simple de l'âge des mots. Si cette tactique fait briller l'esprit de M. Guessard, c'est aux dépens de sa loyauté.

Au xv⁰ siècle, deux systèmes étaient en présence, l'ancien et le moderne. C'est ce que les grammairiens constatent par leurs règles et leurs exceptions. J'ai invoqué subsidiairement les règles pour constater le règne de l'ancien système avant le xvi⁰ siècle ; M. Guessard s'appuie des exceptions du xvi⁰ siècle pour soutenir que le système moderne a toujours régné seul.

Dans l'intervalle écoulé depuis mon ouvrage et la critique de M. Guessard, j'ai découvert, chez un grammairien du commencement du xvi⁰ siècle, ma règle des consonnes consécutives, mais formelle, précise, ne laissant pas la moindre prise aux distinctions, aux mille arguties de mon adversaire. J'ai cité Palsgrave : à Palsgrave M. Guessard oppose Fabri. Qu'est-ce que c'est que Fabri ? C'est l'auteur d'un *grant et vray art de plaine rhetorique*, « qu'il écrivait (notez ces mots) » à la fin du xv⁰ ou au commencement du xvi⁰ siècle.» C'est le même Fabri qui avait fourni à M. Guessard ce triste argument du *Cacephaton*, dont il est (je l'en loue) si confus qu'il n'ose pas y revenir. Eh bien ! voyons votre Fabri ; que dit-il ?

« Le lecteur a pu le voir dans mon précédent » article : *st* se profère après *a*, comme *astuce, astro-* » *logue, astrolabe* ; après *i*, comme *histoire*, etc... On » ne disait donc pas *àtrologue, chàteté*, etc.; par con- » séquent Palsgrave et Fabri se contredisent, juste à

» la même époque, sur la même question ! » (P. 260.)

M. Guessard ajoute que, dans le doute, il aime mieux s'en rapporter au témoin français qu'à l'anglais.

L'autorité comparative de ces deux écrivains diffère autant que leurs matières. L'un écrivait *ex professo* sur la grammaire ; l'autre ne traite que la rhétorique. C'est seulement à propos de la rime que Fabri écrit, sur la prononciation de l'*s* devant le *t*, quatre lignes sans profondeur comme sans portée. Il remarque que tantôt l'*s* est articulée et tantôt ne l'est pas. Il cite une vingtaine d'exemples pour et contre, et recommande, pour bien rimer, de consulter l'usage. Voilà ce que M. Guessard présente comme un témoignage grave sur la question des consonnes consécutives. Je récuse Fabri, non pas comme curé, ni même comme Normand, mais comme faux témoin (1).

Après avoir nié la justesse de ce rapprochement, je dirai à M. Guessard qu'il n'y a entre Fabri, Palsgrave et Sylvius aucune contradiction. Palsgrave a posé la règle générale ; Sylvius en a donné le motif ; Fabri n'a rien donné, que quelques faits bruts, avec cette note, que, « dans les mots orthographiés par art, les doubles

---

(1) Il était natif de Rouen, et curé de Meray. M. Guessard tire même de cette circonstance une allusion bien fine et bien malicieuse : « Mais, va dire M. Génin, que m'importe Fabri, un homme inconnu, » un clerc, un curé ? (car Fabri fut curé !) » (P. 203.) Cette épigramme dénonciatrice sent furieusement les bureaux de l'*Univers*, où M. Guessard compte des partisans et des admirateurs si chauds. Il est zélé pour eux, ils sont zélés pour lui ; rien de plus juste.

(Voyez le *post-scriptum* de cette lettre.)

» consonnans tantost se proferent, tantost s'escripvent
» et ne se proferent point. » Palsgrave a-t-il méconnu
les exceptions à sa règle générale? Il les a si peu
méconnues qu'il a pris la peine d'en dresser un catalogue complet, spécialement pour le groupe *st* (1). Cette
prétendue contradiction n'est donc aussi qu'un fan-

(1) Voici ce catalogue de Palsgrave : c'est un document inestimable
dans la question qui nous occupe.

CHAPITRE XIV du 1er livre.

« Mots qui articulent distinctement leur *s* dans les syllabes mé-
» diantes, contrairement aux règles générales ci-dessus énoncées *) :

apostat	désister	espèce
astrologie	désespérer	espagne
aspirer	destinée	espérer
agreste	destruction	espirit
assister	(mais non pas	estimer
aspic	*destruire*)	estomaquer
administrer	détestable	estradiot
asteure	digestion	existence
astruser	digeste	
astuce	discorder	fastidieux
	discret	(festival)
bastille	discuter	festivité
bastillon	dispenser	(mais non *feste*)
bastiller	disparser } (sic)	frisque
bestialité	disparer }	frustrer
bistocquer	disposer	
	disputer	histoire
cabestan	distincter (sic)	illustrer
chaste	distance	indistret (sic)
consistoire	distinguer	industrie
constant	distraire	instruire
conspirer	distribuer	instance
constellation	domestique	instant
consterner		instituer
constituer	escabeau	instrument
construire	esclave	investiguer
circumspection	escorpion	investiture
custode	espécial	(mais ni le verbe

(*) CAP. XIII. « The wordes whiche sounde their *s* distinctely, comyng in the
» meane syllables, contrarie to the generall rules above rehersed. » (The fyrst
Boke, fol. XIV.)

tôme évoqué par M. Guessard, qui abuse un peu de
son talent de magicien.

vestir ni *veste-ment*)	obstination	questionner
	obscurcir	questueux
	offusquer	question
majesté	ostenter	
miste	ostruce	recrastiner
mistère	obstacle	resister
mission		restituer
molester	peste	robuste
monastère	pestilence	rustre
	perspiracité	
« Je n'en trouve	postérieur	sinistre
point dans les	prosterner	substance
mots qui com-	postille	substencacle (*sic*)
mencent par *n*. »	prédestiner	
	prospérer	testament
obstant	pronostiquer	triste

Voilà donc une liste de cent neuf mots qui étaient de formation récente en 1530, ou qui en très-petit nombre, comme *festival, espirit,*
venus du fond de la langue, subissaient la loi de la mode et des lettres
modernes. On en remarquera dans le nombre qui n'ont pas vécu, par
exemple, *astruser, estradiot, frisque, miste, ostenter, questueux, re-
crastiner ;* — d'autres qui se sont modifiés, comme *especial, escor-
pion,* à qui l'on a ôté l'e initial, cachet de leur antique origine ; —
d'autres, enfin, qui suivent une loi différente de celle qui régit leur
racine, par exemple, *destruction* avec l's, quoiqu'on prononçât *déruire*
sans *s* ; *fête* et *festivité* ; *vétir, vêtement* et *investiture.* Les uns étaient
les types anciens, résistant à la mode ; les autres, les dérivés frappés
au coin de l'époque. C'est pourquoi j'ai tant insisté dans mon livre
sur la nécessité d'avoir l'acte de naissance de chaque mot.

Palsgrave a fait le même travail sur chaque consonne de l'alphabet,
mais aucune n'approche de l's pour le nombre des exceptions. Les
autres en présentent environ trois ou quatre exemples chacune.

Après cela on ne peut accuser Palsgrave d'ignorance ni de contradiction. S'il a posé et maintenu sa règle générale, « *On ne prononce
jamais deux consonnes consécutives* » (p. xix de l'*Introduction,* 1852),
c'est qu'il avait pour le faire de bonnes raisons ; c'est qu'en présence
de deux usages contraires, il savait bien, lui, versé dans le commerce
des savans de son âge, Alain Chartier, Jean Lemaire, l'évêque d'Angoulême, distinguer la tradition ancienne de l'innovation, le principe
originel du principe de la renaissance.

Venons à la dernière fin de non-recevoir de M. Guessard contre Palsgrave. C'est que Palsgrave était Anglais. — Fort bien ! Vous le récusez. — « J'aurais moi-même » produit le passage de Palsgrave.... » — Vous l'admettez donc ?.... Vous comprenez, lecteur : il l'admettra s'il trouve jour à le tourner contre moi. Alors Palsgrave sera un savant nourri en France, gradué en l'université de Paris, le plus habile maître de français que le roi Henri VIII ait pu rencontrer pour sa sœur, enfin une autorité irrécusable. Autrement ce ne sera qu'un Anglais, et on l'immolera au bonhomme Fabri sur l'autel du *Cacephaton*. M. Guessard tient d'une main le couteau, et de l'autre l'encensoir : *in utrumque paratus*. Mais laissons-le poursuivre son propos : — « J'aurais moi-même produit ce passage de Pals- » grave, *et d'autres qui en donnent le vrai sens et la* » *portée*, si j'avais eu l'exemplaire. » — Cela sent un peu son Gascon : vous ne savez pas ce qu'il y a dans Palsgrave, et vous vous vantez de le mettre en contradiction avec lui-même ! — « J'opposerai Palsgrave à Pals- » grave. Dès aujourd'hui cela me serait possible, rien » qu'à l'aide des textes cités par M. Génin. » — Voyons donc ! faites. — « Mais je ne veux pas être incomplet.» Cela vaudrait toujours mieux que de rester muet. — « Il suffit d'ailleurs, pour ma thèse, de lui avoir opposé » Fabri et le bon sens. » — Vous ne m'avez pas opposé Fabri, car cette opposition n'est qu'illusoire ; vous ne m'avez pas opposé le bon sens, car lorsque je vous montre que votre manière d'interpréter le passage mène droit à l'absurde, vous ne répondez rien.

Une preuve réellement curieuse de l'aveuglement obstiné de mon adversaire, c'est qu'il m'apporte, comme argument décisif en sa faveur, un texte que j'ignorais, et que je ne dois pas négliger de recueillir. Le lecteur jugera de quel côté ce texte fait pencher la balance.

« Si un mot finit par une consonne, et que le mot
» suivant commence aussi par une consonne (sans
» aucun intermédiaire, s'entend), la consonne finale du
» premier mot *est toujours effacée dans le langage*, ce
» qui donne beaucoup de grâce et de légèreté. Mais on
» est tenu d'écrire ces consonnes.... Devant *t, l, m* (**1**),
» l'*s*, encore qu'elle soit écrite, *ne sonne presque ja-*
» *mais*. Par exemple : *mon host*, prononcez *mon ôte*.
» — Ung enfant *masle*, prononcez *enfant malle ;* dans
» ce dernier cas, on double l'*l* pour remplacer l'*s*, qui
» se mange. On écrit *abysme* avec une *s*, et l'on pro-
» nonce sans *s*, *abîme*. Toutes ces règles sont sujettes
» à beaucoup d'exceptions et de commentaires ; il y
» faut beaucoup d'étude. » (*Docum. inéd. sur l'hist.*
de France. Relations des ambassadeurs vénitiens, t. II,
p. 586.)

Cette pièce est de 1577. Rapprochez ce que dit ici Jérôme Lippomano, ou son secrétaire, de la règle donnée en 1530 par Jean Palsgrave ; joignez-y le

(1) L'imprimé porte « devant *li, lo, o, m,* » ce qui n'offre point de sens. J'ai rétabli le texte à l'aide des exemples.

témoignage de Sylvius, et dites si le sens de Théodore de Bèze peut être un moment douteux.

Mais M. Guessard est inébranlable : — « Vous sou- » tenez avec Palsgrave qu'en 1530 on n'articulait » jamais qu'une consonne sur deux ; moi je soutiens » le contraire contre vous, et au besoin contre Pals- » grave.... » (Il n'est plus aussi sûr que tout à l'heure de mettre Palsgrave de son côté.) « ...Je le soutiens » avec Fabri. » (Page 359.)

Dites donc que vous le soutenez tout seul et contre tout le monde, et contre l'évidence.

Au surplus, il y a dans cette dernière phrase de M. Guessard une finesse que je ne veux pas laisser aller inaperçue. « Vous soutenez que, *en* 1530, on n'articu- » lait *jamais* deux consonnes de suite. » Un moment, s'il vous plaît ! Je n'ai dit cela nulle part. Vous falsifiez ma proposition en y glissant la date de 1530. J'ai posé le principe pour le moyen âge, pour le xii⁰ siècle, si vous voulez une date. J'ai eu bien soin au contraire de mettre à part le xvi⁰ siècle, comme époque d'altéra- tion, d'ignorance même des lois primitives. Si j'ai cité les paroles de Bèze, c'est comme vestige de l'ancienne tradition. Je vous ai toujours reproché de vouloir attirer le débat sur le xvi⁰ siècle, et l'y fixer. Je vous ai dit qu'il n'y avait aucune bonne foi à me représenter comme empruntant ma règle à Th. de Bèze (page 11 de ma réponse). J'ai signalé la perfidie de votre manœuvre, lorsqu'il s'agit du moyen âge, de faire tout dépendre du témoignage d'un écrivain qui touche au xvii⁰ siècle.

Vous n'avez pas laissé de continuer : — « M. Génin, » *à l'entendre*, a voulu prouver ce principe pour le » xiie siècle, et non pour le xvie. » A m'entendre ou à ne m'entendre pas, c'est ainsi ; et pour peu que j'eusse du style matamore, je pourrais à mon tour vous *défier résoluement* d'élever là-dessus l'ombre d'un doute. — « Ce qui ne l'empêche pas d'invoquer encore un gram- » mairien qui écrivait en 1530 (1). » — Et s'il n'y en a pas de plus ancien, qui voulez-vous donc que j'invoque en fait d'autorité dogmatique, puisque vous en deman- dez ? Je vous cite le xvie siècle par surabondance de droit ; et il se trouve à présent que , battu par la lo- gique, vous l'êtes encore par toutes les autorités, même du xvie siècle. Vous le sentez, et vous vous préparez un petit faux-fuyant par cette phrase : « Vous soute- » nez qu'*en* 1530 on ne prononçait *jamais* deux con- » sonnes de suite. » Vraiment , vous auriez trop beau jeu à me prouver qu'on les prononçait quelquefois *en* 1530. Mais ce n'est point là la question, et je ne vous laisserai pas nous donner le change en feignant de le prendre. A d'autres, monsieur, à d'autres ! J'ai fait la guerre contre les jésuites.

Ce que vous avez à établir par preuves bonnes et loyales, ce n'est pas qu'au xvie siècle il y avait diver- sité, c'est que ma règle « *n'a jamais existé*, » et qu'elle est « *d'une absurdité manifeste*. » C'est là votre thèse : ne reculez pas.

(1) Page 259.

Réflexion faite, l'autorité de Palsgrave a paru inquiétante à M. Guessard ; et, ne comptant pas trop sur ces passages contradictoires dont il se vante par anticipation, il a jugé plus prudent de l'atténuer pour le moyen âge, tout en l'admettant pour le xvi⁰ siècle : « L'obser- » vation de Palsgrave, *généralement vraie pour le* » *temps où elle a été écrite*, le devient beaucoup moins » si on la reporte à trois ou quatre siècles en arrière. » C'est bientôt dit ; mais où est la preuve ? Le critique espère se sauver ici à la faveur du vague de l'expression. Ce qu'il veut dire, le voici nettement : Eh bien ! soit : il se peut, après tout, qu'au xvi⁰ siècle on ne prononçât pas deux consonnes consécutives ; mais plus on s'enfoncera dans le passé, moins cette règle sera juste. En d'autres termes, M. Guessard affirme que plus notre langue vieillit, plus elle tend à s'amollir et à se dépouiller de consonnes. Cela ne mérite pas qu'on y réponde.

Dire, au contraire, que par les influences extérieures notre langage va chaque jour se durcissant et se chargeant de consonnes, c'est émettre une vérité si vulgaire qu'elle en est triviale. On ne manque jamais aujourd'hui à prononcer les consonnes consécutives (1). En sorte que, pour appliquer le raisonnement par induction, on dira : La règle actuelle est d'articuler les consonnes consécutives ; au xvi⁰ siècle, on ne les articulait que la moitié ou le quart du tems, et seulement dans les

_____

(1) La preuve en est qu'on a pris le parti de les chasser de l'écriture dans tous les mots où la tradition trop continue ne permettait pas au langage de les recevoir.

mots nouveaux ; donc, *plus on recule* vers l'origine de
la langue, *moins* ces consonnes devaient être prononcées. Mais M. Guessard, qui a une logique à lui tout seul,
conclut au contraire : *plus* elles étaient prononcées.

Prenez le chemin que vous voudrez, le raisonnement, les faits, l'autorité des grammairiens, vous arrivez toujours au même résultat, savoir : que ma règle
est juste, et que j'ai donné le vrai sens de Théodore de
Bèze. Et quand je dis que M. Guessard a fait un contresens, il a beau me crier sa démonstration favorite :
CE N'EST PAS VRAI ! (page 358) ; s'il ne veut pas avouer
son erreur, parce qu'il est désagréable de s'être trompé
si arrogamment, cela ne l'empêchera pas d'en être
convaincu aux yeux de tout lecteur impartial.

Ce second article de M. Guessard se compose surtout d'observations détachées en forme de glossaire.
Il est beaucoup plus long que le premier ; et pour peu
qu'il fallût établir sur chaque article une controverse
pareille à celle qu'a soulevée le mot *géminata*, vous
sentez où cela nous mènerait ! Deux ou trois échantillons suffisent à faire voir avec quelle légèreté (non
pas de style !), avec quelle témérité passionnée M. Guessard se lance dans la contradiction (1). A tout prendre,

(1) On ne doit rien avancer que sur de bonnes raisons, mais il en
faut deux fois plus pour contredire. Celui qui affirme n'est tenu que
d'avoir de quoi fonder sa conviction ; celui qui contredit doit avoir en
outre de quoi renverser celle de l'autre. Un pareil nombre de raisons
opposées ne produirait que l'équilibre.

Il y a souvent des raisons philosophiques de contredire ; mais il ne
paraît pas y en avoir jamais de contredire de parti pris.

j'en suis humilié ; car enfin je croyais valoir la peine qu'on y fît un peu plus de façon.

J'ai fait venir *âge* de la forme ancienne *aé*, qui touche à *œtas*. Il faut voir là-dessus l'érudition et les dédains de mon critique ! Je passe sa dissertation d'après Robert Estienne, pour venir au vrai point : — « Quant à la forme *eage*, qu'on écrivait aussi *aage*, » elle suppose un mot de basse latinité, comme *œta-* » *gium* ou *aagium*. Je ne trouve ni l'un ni l'autre dans » Du Cange, mais j'y rencontre *aagiatus*, qui implique » *aagium*. » (Page 291.)

Voilà donc sur quoi l'on me condamne en termes si durs : *âge* ne vient pas d'*aé*, mais d'*aagium*, qu'à la vérité l'on ne rencontre nulle part, mais *qui a dû exister*, puisqu'on trouve *aagiatus*. La raison est admirable !

Aagiatus, que Du Cange cite dans un acte du tems de Charles V, c'est-à-dire de la fin du XIVᵉ siècle, est la traduction du français *aagié*, et Du Cange lui-même en avertit. Comme les actes publics, jusqu'à l'ordonnance de Villers-Cotterets (1539), se faisaient en latin, on y rencontre à chaque instant des mots de la langue vulgaire, qui n'ont que la terminaison latine. On trouve aussi dans le Glossaire de Du Cange, *grossus*, *blancus*, *blancheria*, *borgnus*, *avantagium*, et une infinité d'autres semblables. Prétendre en conclure que ces mots ont existé les premiers, et ont donné naissance aux mots français correspondans, serait se moquer du monde, et c'est ce que fait M. Guessard : c'est avec un aplomb imperturbable qu'il donne la copie pour le modèle, le mot calqué pour le prototype. Pour croire à son *aagium*, j'attendrai qu'il nous donne de meilleures preuves qu'*aagiatus*, et en attendant je garderai mon étymologie du mot *âge* par *aé*.

« *Port* signifie *défilé*, et non *porte d'un défilé*, comme » l'a traduit M. Génin.... *Port* a ici le même sens que » *puerto* en espagnol, et l'un et l'autre ont pour racine » commune, non pas *porta*, mais *portus, un port*, qui » est en effet une sorte de défilé. » (Page 342.)

Si M. Guessard eût pris la peine d'ouvrir Du Cange, il se fût convaincu à peu de frais de la fausseté de sa critique..Il y eût vu *pors* traduit en latin par *portæ : portæ, angustiæ itinerum ;* et en grec par *pylaï ;* il se fût assuré que Jornandès et Othon de Frisingue emploient constamment ces expressions, *portas caspias, armenicas, cilicas ; porta mœsia ;* que les *pors d'Espagne* sont, dans Roger de Hoveden, *portæ Hispaniæ ;* qu'ainsi l'expression se tire de l'analogie d'un défilé avec une *porte*, et non avec un *port*. Le dictionnaire espagnol-italien de Franciosini explique nettement que *puerto* est un passage étroit entre deux montagnes, *una strettezza o passo chiuso tra un monte e l'altro.*

Au reste, que *port* vienne de *porta* ou de *portus*, cela n'importait guères ; mais M. Guessard ne voulait rien perdre de ce qui pouvait ressembler à une critique. Il ramasse jusqu'aux miettes, et puis à la fin il se donne des airs de me faire grâce : « Voilà *une faible* » *partie des observations* auxquelles ce livre a paru

» donner lieu. » — Cela me rappelle ce bon M. Gail qui,
au frontispice de ses livres, imprimait avec une exactitude rigoureuse la liste de ses titres et dignités : cela
ne faisait guères moins de vingt lignes ; et puis quand
il avait tout passé en revue, quand il avait épuisé la
nomenclature des Académies françaises et étrangères,
des sociétés savantes, des cordons, croix et distinctions
de toute espèce, il mettait, *etc., etc., etc....* J'avais
trouvé le premier article de M. Guessard un peu long,
et je l'avais dit ingénuement. Le second dépasse le
premier, et on lit à l'avant-dernière page : « M. Génin
» me reproche d'être trop long ; M. Génin est un *ingrat :*
» il me devrait *des remercîments* pour n'avoir fait que
» la moitié de la besogne qu'il a taillée à la critique. »
Comment trouvez-vous ce trait final d'une diatribe de
cent trente-sept pages ? C'est la meilleure plaisanterie
du recueil.

J'avais demandé d'où vient que l'Académie, contrairement à l'usage primitif et à la logique, a consacré le
mot *fort* invariable dans cette locution : *se faire fort*
(*Des variat. du lang. franç.,* p. 359).

« Cet article a tout lieu de surprendre dans la bouche
» de M. Génin. Il raisonne là comme un de ces gram-
» mairiens de profession qu'il aime tant à railler, et
» l'occasion était belle de donner à l'Académie une
» leçon d'ancien français. M. Génin aurait pu dire :
» L'Académie veut que *fort* soit invariable, mais elle
» ne sait pas pourquoi. Moi, je vais vous l'expliquer.
» C'est encore un archaïsme : jadis tous les adjectifs,

» comme *grand*, *fort*, *vert*, n'avaient qu'une seule et
» même forme pour le masculin et le féminin, comme
» en latin *grandis*, *fortis*, *viridis*. »

Il est vrai que je n'ai point pris le ton de cette proso-
popée avantageuse ordonnée par l'impérieux M. Guessard : MOI, *je vais vous expliquer...!* J'ai des habitudes
moins altières. Mais, sans ouvrir une si grande bouche,
j'ai dans mon ouvrage exposé cette théorie des adjectifs sur les mots *grand*, *fort*, *vert*, et plus complètement que ne fait ici M. Guessard (1). J'y montre comment l'adjectif, invariable en genre, ne l'était qu'à la
condition de précéder immédiatement son substantif.
Qu'ainsi l'on disait : « Moult y ot *grant noise* et *grant
presse* »; et : « Or fut au lit *grande* la *noise* » , à cause
de l'article interposé ; qu'on disait une *grant cave*, et :
« Saül trouva une cave *grande*. »

Or, quand on dit *cette femme se fait fort pour son
mari*, l'adjectif *fort* suit son substantif *femme* ; donc
il doit varier. Guillemette, après avoir récité à son
mari, l'*avocat Patelin*, la fable du renard happant le
fromage du corbeau, ajoute :

> Ainsi est il, *je m'en fais forte*,
> De ce drap : vous l'avez happé
> Par blasonner, et attrapé.....
>
> (*Patelin.*)

> Nous nous faisons *fortes* pour luy.
>
> (*Petit Jehan de Saintré.*)

(1) Voyez *Des variations du langage français*, p. 226 et suiv.

Les exemples cités par M. Guessard lui-même confirment la règle que j'ai posée, et qui reste debout, encore que M. Guessard ait affirmé, au début de sa diatribe, que *pas une* de ces règles ne pourrait lui résister. — « D'une *fort fievre* dont il avoit esté menacé. » (*Recueil des histor. de France*, III, 284.) — « Deux » *citez* des plus *forz* (1) de soz le ciel. » (VILLEHARDOUIN.)

M. Guessard propose donc ici une fausse application du principe, et réclame comme à faire ce que j'ai fait et au delà. Je ne puis supposer qu'il n'ait pas lu mon livre, par conséquent il n'ignorait pas la distinction que j'ai établie ; puisqu'il ne la combat pas, il l'admet : alors que signifient et l'étonnement qu'il affecte, et sa manière de résoudre la difficulté par une erreur ?

Ce passage n'est pas le seul qui réduisît M. Guessard à l'alternative fâcheuse de s'avouer étourdi ou de mauvaise foi. Si j'avais seulement la moitié de sa témérité, je n'hésiterais pas à lui soutenir qu'il n'a pas lu ce qu'il critique ; et les preuves à l'appui de cette assertion ne me manqueraient pas, car il me pose souvent comme invincibles des objections que j'avais prévues et résolues d'avance.

Par exemple, sur le mot *rien*. J'ai mis en principe que cet adverbe, affirmatif en soi, n'avait de valeur négative qu'en vertu d'une négation adjointe. Que fait

_____

(1) On se tromperait de croire que, dans ce second exemple, l'adjectif suit son substantif ; il faut tenir compte de l'ellipse : deux citez des plus *forz citez* de France.

M. Guessard ? Il m'allègue des exemples où *rien* nie évidemment, sans être accompagné d'aucune négation exprimée ; cela semble péremptoire :

> Et sa morale, faite à mépriser le bien,
> Sur l'aigreur de sa bile opère comme *rien*.
>
> (MOLIÈRE.)

Mais ici, et dans une foule de cas semblables, la négation est enfermée dans l'ellipse, sans laquelle il est impossible d'analyser la phrase ni même d'entendre la pensée : Sa morale opère comme *rien n'opère*.

. Est-il venu quelqu'un ? — *Personne.* Voyez-vous beaucoup de monde ? — *Ame qui vive.* Il serait trop plaisant qu'on vînt soutenir que *personne*, *âme*, sont des mots négatifs par eux-mêmes, sous prétexte qu'ils servent à nier sans l'addition de *ne.* *Ne* est dans l'ellipse : *Il* N'*est venu* PERSONNE ; *je* NE *vois* AME *qui vive.* La vivacité du dialogue fait que l'on court aux derniers mots ; mais grammaticalement les premiers sont toujours supposés.

Autre exemple : — Ce critique a-t-il de la bonne foi ? — *Guères.* Tout le monde comprend cela : *Il* N'*en a* GUÈRES ; c'est évident ! Bien que la négation soit encore dans l'ellipse, personne ne s'y trompera, et n'ira comprendre que le critique a beaucoup de bonne foi.

Tout cela est bien expliqué aux pages 504 à 505 de mon livre ; mais M. Guessard, cette fois encore, n'a point voulu voir. Seulement il montre un moment cette explication comme de lui, et comme une conjecture possible de son antagoniste ; et il se hâte de déclarer

qu'« il serait *prodigieux* de sous-entendre dans une
» phrase négative ce qui lui donne précisément sa force
» négative, à savoir la négation. » (Page 345.) Dans
une phrase complète, soit ; dans une elliptique, non ;
et voilà toute la finesse : elle n'est pas grande ! Si cela
est *prodigieux*, il faut que M. Guessard se résigne à ce
prodige, ou à soutenir que *personne* et *âme* sont des
négations.

Par une autre malice aussi ingénieuse, il affecte de
confondre dans ses exemples *rien*, adverbe, avec *un
rien*, substantif, afin de les soumettre à une loi commune. Sa discussion est un mélange d'élémens hétéro-
gènes qui déroutent le lecteur peu habitué, et l'en-
traînent d'un principe faux à une conséquence fausse.
Une autre encore de ses adresses est de réfuter en termes
généraux ce qu'il ne pourrait attaquer d'une manière
directe et de front, en citant le texte. Quoi de plus
simple que ce que je viens de dire sur la négation tantôt exprimée, tantôt elliptique ? Un enfant le saisirait.
Aussi M. Guessard s'est-il bien gardé de le reproduire !
il n'aurait pas ensuite pu brouiller quatre pages sur
rien. Voici donc comment il s'exprime :

    « C'est une chose curieuse que de considérer *les
» artifices d'analyse* auxquels M. Génin se livre,
» *les subterfuges*, *les faux-fuyants* où il s'engage
» pour échapper à l'évidence qui le poursuit, et sur-
» tout pour se donner le plaisir de fustiger l'Acadé-
» mie. » (Page 344.)

Me voilà réfuté sans avoir été cité. Tous ces arti-

fices d'analyse, ces subterfuges, ces faux-fuyans, vous
avez vu à quoi cela se réduit. Et comme M. Guessard
ne peut supposer dans autrui moins que le mensonge,
et le mensonge dans des vues odieuses, il prend sur lui
d'affirmer que je m'efforce d'*échapper à l'évidence qui
me poursuit ;* et pourquoi? Pour *me donner le plaisir
de fustiger l'Académie !* M. Guessard estime bien haut
le plaisir de fustiger !

C'est qu'il faut savoir que M. Guessard a résolu
de se faire accepter pour le vengeur de l'Académie, et
de réduire en poudre les censures que j'ai osé porter
contre la dernière édition du célèbre Dictionnaire (1).
A voir le zèle singulier qu'il apporte dans cette tâche,
on croirait volontiers que toute sa polémique n'a été
entreprise que pour en venir là. Si ce zèle est sincère,
s'il est pur de toute vue intéressée, je n'ai, sauf les
conclusions grammaticales, rien à y reprendre. Mais
jusqu'ici, je l'avoue, je n'ai pas cru que l'excès de
générosité fût le défaut de M. Guessard. Comment donc
M. Guessard, habituellement si farouche, si ardent à
mordre, devient-il tout à coup si doux, si indulgent, si
tendre, quand il s'agit de l'Académie? Comment tout

---

(1) Un des moyens de M. Guessard pour innocenter l'Académie
consiste à dire que son dictionnaire *est un almanach.* « Il fallait
» négliger les vieilles expressions (celles de Molière) dans un almanach
» de la langue. Le Dictionnaire de l'Académie, tel qu'il a été conçu
» et exécuté, est cet almanach. » (Page 314.) C'est le cas de lu citer
deux vers des *Ménechmes :*

> Monsieur, une autre fois, ou bien ne parlez pas,
> Ou prenez, s'il vous plaît, de meilleurs almanachs.

son fiel s'est-il changé en miel? Quelle ardeur à défendre les choses les moins défendables : par exemple,
rien, donné pour adverbe de négation! S'il eût trouvé
cette erreur dans mon livre, eût-il bourré cinq pages
d'argumens pour la défendre? J'en doute fort. « M.Génin
» rit de l'Académie! L'Académie aurait beau jeu pour
» *renvoyer la balle* à son Aristarque!... L'Académie
» pourrait rendre à M. Génin *la monnaie de sa pièce!* »
(Pages 332 et 335.) Comme on reconnaît dans ces
nobles métaphores le langage exalté de la passion!
C'est que M. Guessard peut bien plaisanter quand il ne
s'agit que de la science ; mais blesser l'Académie, c'est
le blesser lui-même à l'endroit le plus sensible ; alors
il s'irrite, il s'indigne, il s'échauffe jusqu'à la proso-
popée, sa figure favorite. Voici comme il fait parler
l'Académie, se justifiant d'avoir reçu *mie* substantif
tronqué, pour *amie* (1) :

    « Jugez un peu de son embarras ! L'infortuné
» jeune homme eût été capable de le confondre avec
» *mie de pain ;* et si par ma faute il était tombé dans
» une telle erreur, il n'aurait pas eu assez de tout son
» esprit pour me railler ; dans son dépit, monsieur, il
» eût encore emprunté le vôtre : et alors c'eût été fait
» de moi ! on eût bientôt lu, sur le monument élevé à
» ma mémoire : Ci-gît l'Académie française, morte des

(1 Je ne lui reprochais pas l'admission de ce mot, mais de n'y
avoi pas joint un avertissement. J'avais supposé un jeune étranger
cherchant inutilement dans le Dictionnaire de l'Académie certains
mots de Molière.

» traits d'esprit que lui décochèrent un jour M. Génin
» et un jeune Prussien. Priez pour elle ! » (Page **333**.)

Je ne pense pas que l'Académie se reconnaisse à ce
langage. Elle sera touchée, comme elle doit l'être, de
la protection que lui accorde M. Guessard ; mais je suis
bien trompé si jamais elle lui donne chez elle la charge
d'orateur. Si elle couronne quelque chose de M. Guessard, ce ne sera pas ce discours-là (1).

Mon adversaire a manqué d'art, sinon d'artifice, dans
son procédé. Sa manœuvre est trop à découvert ; les
tons de son tableau sont trop crus et trop heurtés ; il a
trop négligé les ombres et les voiles, *partes velare*
tegendas. Le contraste perpétuel qu'il a soin d'établir
sous les yeux de l'Académie entre sa conduite et la
mienne, entre mes censures et ses apologies, pourra
choquer la délicatesse de ceux-là même qui se sont
montrés offensés de mes critiques. M. Guessard s'alarme

---

(1) M. Guessard et moi concourions alors pour le prix sur la langue
de Molière. L'Académie l'a partagé entre nous deux ; mais les amis et
admirateurs de M. Guessard écrivent dans l'*Univers*, qu'une fausse
couleur de voltairianisme répandue dans mes écrits « a trompé le goût
» émoussé de quelques vieillards, et qu'ainsi s'expliquent les récents
» succès de M. Génin à l'Académie française. » (L'*Univers* du 24 octobre 1846.)

C'est de la part des amis de M. Guessard un vote de confiance contre
moi, car je ne suppose pas que l'Académie ait communiqué mon
manuscrit aux abbés de l'*Univers*. Mais je le publie, et ils pourront
désormais me déchirer sans trahir l'excès de leur passion par l'excès
de leur maladresse. Si mon travail resserré en un volume est incomplet, il sera complété par la publication de celui de M. Guessard, bien
autrement important, puisque, au su de tout le monde, le manuscrit
ne formait pas moins de *dix volumes in-folio.* (Note écrite au mois
d'octobre.)

avec trop de faste d'un danger qui n'a point d'apparence ; il s'empresse trop de jeter des cris de détresse
et de voler au secours. Il voudrait faire croire que
l'Académie a peur de moi, et *par conséquent* besoin
de lui. C'est se faire de fête où l'on n'est point nécessaire, et l'Académie est assez forte toute seule. Apparemment M. Guessard trouve dans son rôle de grands
sujets d'espérance : je ne vois dans le mien aucun sujet
d'inquiétude. Ainsi nous avons tous deux bonne confiance en l'Académie, mais par des motifs diamétralement opposés. En cet endroit, si l'on me trouve obscur,
c'est que j'aime mieux manquer de clarté que de pudeur.
Avant peu l'on connaîtra le secret de cette polémique,
et l'on pourra dignement apprécier le bon goût, l'élévation d'âme qui a combiné cette défense de l'Académie
auprès de ces attaques contre mon ouvrage. Je ne sais
quel en sera le dernier succès ; je sais seulement qu'en
certaines circonstances données, les flatteries me sembleraient plus injurieuses que les censures. Les raisons
de M. Guessard en faveur de l'Académie se présentent
avec une négligence qui provoque l'attaque par l'appât
d'une victoire aisée. Le piège est bien grossier ! Je l'ai
vu, je le méprise, et je passe.

La lecture de cette immense diatribe m'a pourtant
appris quelque chose dont, je l'avoue, je ne me doutais
pas : c'est que je n'ai pas fait mon livre ; je l'ai pillé de
tous côtés. Si j'en crois la formidable mémoire de mon
critique, il n'est personne parmi les vivants ou les morts
qui n'ait à revendiquer son bien dans ce que je croyais

mon ouvrage. M. Raynouard, M. Ampère, M. Paulin
Paris, M. Francis Wey, M. Francisque Michel, M. Guessard lui-même (*proh pudor!*), Robert Estienne, Fabri,
Roquefort, Du Cange, l'*inappréciable Du Cange* (Du
Cange n'attendait plus que cette épithète de M. Guessard), tous ces noms ne forment pas la moitié de la
litanie des savans dépouillés par mes larcins : larcin est
le mot, car M. Guessard ne suppose jamais qu'on ne
sache point par cœur ses écrits et ceux de ses amis ; il
n'admet pas de rencontre fortuite, ce sont toujours
des vols prémédités : or il ne reçoit dans un livre de
philologie que des idées toutes neuves, absolument
inédites ; ou bien, chaque fois qu'on passe devant une
idée précédemment effleurée ou entrevue par un autre,
il faut tirer son chapeau et rendre hommage. C'est
ainsi qu'on en use dans les coteries du jour : — Je suis
redevable de ce mot au savant monsieur un tel, dont
l'inépuisable érudition égale l'obligeance infatigable.
Je le prie de recevoir ici mes remerciemens. — Le lendemain monsieur un tel fait imprimer à son tour, et
n'oublie pas de mettre en note dans le bel endroit : —
Je saisis cette occasion d'offrir le tribut de ma reconnaissance publique à mon savant ami monsieur tel
autre, dont les vastes lumières sont d'un si grand
secours à tous ceux qui s'occupent de ces questions.—
La France s'honore de ses travaux ! — l'étranger nous
l'envie ! etc., etc. C'est ainsi qu'à propos de tout et de
rien, d'un manuscrit indiqué, d'une syllabe restituée,
d'une virgule rectifiée, on sonne des fanfares mutuelles,

on se fait connaître réciproquement, on se tient, on se
pousse, on arrive à quelque chose, ne fût-ce qu'à la
croix d'honneur ; on obtient le grand résultat, le résultat unique qui se poursuive aujourd'hui, et n'importe
par quel chemin : paraître, faire du bruit, être quelqu'un, *esse aliquis!*

Nous avons continuellement sous les yeux la scène
de Trissotin et Vadius, ils n'en ont retranché que la
fin : ils ne déposent plus l'encensoir pour se gourmer
et se prendre aux cheveux ; l'art de donner le coup de
poing et le croc-en-jambe ne s'exerce plus qu'envers
les membres d'une coterie adverse ; et naturellement,
qui n'appartient à aucune les a toutes contre soi.

De même que dans les salles d'escrime chaque maître
bretteur a sa botte secrète et favorite, de même ici
j'observe que cette accusation de plagiat paraît être la
botte secrète, le moyen victorieux de M. Guessard.
Voici la formule fondamentale mise à nu : Ce qui est
de vous est détestable ; ce qui est bon n'est pas de vous.
Lorsque M. Ampère publia son *Histoire de la formation de la langue française*, le même M. Guessard
précipita sur ce livre son avalanche de petites critiques
pointues, nébuleuses, douteuses, entortillées, auxquelles le lecteur a plus tôt fait de se rendre sans conviction que de les examiner à la loupe, avec la certitude de plusieurs migraines. Ce n'est point faire un
grand compliment à M. Ampère que de répéter ici que
sa science est hors de doute. Écoutez cependant
M. Guessard :

« L'ouvrage de M. Ampère *n'est pas original, il s'en*
» *faut !* Il ne l'est ni dans la théorie générale ni dans
» les détails. M. Ampère *a emprunté son système sur*
» *la formation des langues néo-latines à Scipion*
» *Maffei,* l'a habillé d'un surtout indo-européen, et l'a
» présenté au lecteur ainsi déguisé. A côté de ce sys-
» tème s'élevait celui de *M. Raynouard ;* M. Ampère
» l'a attaqué et renversé *avec les armes de M. Fau-*
» *riel...* »

Le reste de ce long passage constitue M. Ampère
débiteur de M. Dietz, de M. Schlegel, de M. Orell, de
M. Lewis ; et quand il est à bout de noms propres,
M. Guessard fait arriver les complaisans *et cætera*
de M. Gail, qui du moins ne les employait, lui, qu'à
se louer, et non pas à diffamer les autres.

Un petit détail entre mille, pour faire apprécier la
méthode et la sincérité de M. Guessard. M. Ampère n'a
pas cru devoir reconnaître aux dialectes l'importance
que leur attribuait le livre de Fallot, en quoi je suis
parfaitement de son avis ; de sorte que M. Ampère, ni
moi , ne nous en sommes point occupés. M. Guessard
trouva que c'était une impardonnable lacune dans
M. Ampère. — « Une grande question, et neuve, celle
» des dialectes, offrait à l'historien de la langue fran-
» çaise l'occasion de déployer toute sa sagacité philo-
» logique ; mais il n'existait sur ce sujet qu'un livre,
» un seul, imparfait, inexact même. L'analyser était
» imprudent (pourquoi?) ; pour le refaire il fallait du
» temps, *et le reste.* M. Ampère a nié l'importance

» du problème, et par là il s'est évité de le résoudre. »
(*Biblioth. de l'École des chartes*, octobre 1831, p. 100.)

Maintenant il s'agit de blâmer le même tort chez moi, et surtout de l'aggraver le plus possible :

« Tout autre que M. Génin, qui aurait pris pour
» sujet l'histoire de la formation de la langue française,
» *aurait pu, sans trop d'inconvénient, négliger les*
» *dialectes ;* cette négligence n'était pas permise dans
» un livre sur la prononciation. » (*Biblioth. de l'École
des chartes,* janvier 1846, p. 198.)

Ainsi, en 1841, M. Guessard déclare le péché de M. Ampère irrémissible : Négliger les dialectes dans une *Histoire de la formation de la langue !* ô ciel !...

En 1846, je comparais à mon tour au tribunal de la pénitence. Aussitôt M. Ampère se trouve innocent, et l'anathème passe de sa tête sur la mienne : On pourrait sans inconvénient négliger les dialectes dans une *Histoire de la formation de la langue ;* mais dans les *Variations du langage français,* c'est impardonnable.

Cela ressemble un peu à la casuistique des révérends pères jésuites, qui prisent si haut dans leur journal l'esprit charmant et la vaste érudition de M. Guessard. Comme eux, M. Guessard a ses principes de rechange, selon les tems et les gens. Ce système n'est pas moins commode en critique qu'en morale, et je ne suis pas surpris que cette théologie prête la main à cette philologie : ce sont des sœurs qui s'embrassent : *geminata consonans.*

On vient de voir comment M. Guessard juge une

moitié du livre de M. Ampère, la moitié d'emprunt ;
quant à l'autre partie, celle qui appartient en propre
à l'auteur, écoutez le ton dogmatique de M. Guessard,
président du haut de son tribunal infaillible :

« Je vois un mauvais système mal appliqué, au fond ;
» dans la forme, nul enchaînement, nulle suite, nul
» ordre rigoureux. Beaucoup de lecture et d'acquit,
» mais peu ou point d'intelligence directe du sujet. Du
» métier, de la science, *si l'on veut*, mais point d'études
» mûres et profondes sur les faits (*des études mûres
» et profondes !*) ; *des généralisations indiscrètes* (1) ;
» trop de détails puérils ou faux.» (*Bibl. de l'École des
chartes*, octobre 1841, p. 101.)

En d'autres termes : Ce qui est de vous est détestable ;
ce qui est bon n'est pas de vous.

M. Guessard a-t-il, comme il y visait, détruit le livre
de M. Ampère ? Pas le moins du monde.

Dans les citations précédentes, substituez mon nom
à celui de M. Ampère, vous aurez la critique que
M. Guessard a faite de mon livre, la seule apparemment qu'il sache faire. Quand M. Guessard publiera
des travaux philologiques, ces travaux seront tous
di prima intenzione ; il ne s'appuiera sur rien ni sur
personne ; il tirera tout de son imagination et de son

(1) C'est aussi le principal grief de M. Guessard contre mon ouvrage. M. Guessard paraît nourrir des prétentions extrêmes au titre
de personnage discret ; c'est pour y arriver qu'il écrit des articles de
cent trente-sept pages, ayant soin d'avertir, il est vrai, que ce n'est
là qu'une faible partie de ce qu'il a sur le cœur.

génie. Mais quand en publiera-t-il? quand luira ce
grand jour? Gare qu'on ne puisse appliquer trop justement à M. Guessard l'épigramme de J.-B. Rousseau :

> Petits auteurs d'un fort mauvais journal,
> Pour Dieu, tâchez d'écrire un peu moins mal,
> Ou taisez-vous sur les écrits des autres.
> Vous vous tuez à chercher dans les nôtres
> De quoi blâmer, et l'y trouvez très-bien;
> Nous, au rebours, nous cherchons dans les vôtres
> De quoi louer, et nous n'y trouvons rien.

J'avais déclaré ne travailler que pour la recherche
de la vérité ; M. Guessard m'exhorte à ne travailler
désormais que pour l'argent, parce que la vérité, dit-il,
me fuira toujours. Je ne crois pas plus à cet oracle
qu'aux autres sortis de la même bouche, et je renvoie
le conseil à son auteur, qui seul de nous deux est
digne de le suivre, ayant été capable de le donner.

Veuillez recevoir, monsieur et cher éditeur, l'assurance de mes sentimens les plus distingués et affec-
tueux.

Paris, le 30 octobre 1846.

F. GÉNIN,
Professeur à la Faculté des lettres de Strasbourg.

P. S. On vient de me montrer dans un journal *religieux* (1) deux articles où je suis diffamé, travesti,
calomnié, insulté, *etc.*, pour la plus grande gloire de
M. Guessard et de saint Ignace de Loyola. Depuis la

(1) L'*Univers* du 24 et du 25 octobre 1846.

publication de mes *Jésuites*, l'*Univers* s'efforce charitablement d'appeler sur moi les rigueurs du pouvoir ; depuis notre concours sur la langue de Molière, M. Guessard sollicitait *discrètement* contre mes
travaux le ressentiment de l'Académie ; tous deux travaillent à me perdre dans l'opinion publique. Aimable
concert ! pieuse collaboration ! association honnête et
morale ! M. Guessard connaît sans doute l'écrivain
anonyme qui le porte aux nues, et reproduit si affec-
tueusement ses doctrines et ses objections contre mon
livre (sans dire un mot de mes réponses). Pour moi,
je ne le connais ni ne veux le connaître. Je vois seulement que M. Guessard a pour soi l'*Univers ;* mais
comme c'est l'*Univers* qui loge rue du Vieux-Colombier,
n° 20, je ne m'en inquiète guères : j'ai depuis longtems renoncé à l'espoir d'être canonisé par les jésuites ;
au contraire, je suis ravi de voir les opinions de
M. Guessard soutenues par la Société de Jésus : d'une
et d'autre part l'orthodoxie me semble égale, et j'espère
que les deux causes, unies dans la défense, ne seront
point séparées dans le succès définitif.

RÈGLE

DE LA DOUBLE CONSONNE.

L'auteur de la grammaire ms. 4971, Oxford, après avoir marqué que l's caractérise dans les verbes certaines terminaisons comme *est*, *fest*, *plest*, *batist*, ajoute :

« Et alefoich escriveretz *s* en lieu de *u*, come *ascun*, et sera soué *aucun*, en lieu de *s*. — *Esparnez* en lieu de *euparnez*.

» Et alefoich escriveretz *s* pur bele escripture, come *mesme* pour *meme*, *trescher* pour *trecher*. » (Voy. page xxx de l'*Introduction à Palsgrave*, 1852, les règles 21, 23, et page xxxiii.)

NOTE

QUE L'ON NE SONNAIT PAS DEUX CONSONNES CONSÉCUTIVES.

J'ai cité (voy. page 264) le texte de Palsgrave. Alors (1846) je n'avais pas encore découvert la grammaire de Du Guez, qui, sur ce point, confirme pleinement le témoignage de son rival. Pour épargner au lecteur la peine de recourir au texte anglais que j'en ai publié en 1852, je mets ici un extrait des règles de prononciation tracées par Du Guez.

DU GUEZ (1).

« RÈGLE 11. — La prononciation française supprime à la fin des mots les consonnes *s*, *t*, *p*, hormis le cas où vous prononcez ce mot isolément et en restant dessus.

(1) Pages 899, 900 et 901.

» *S* à la fin d'un mot, le suivant commençant par une voyelle, sonne *z*. Exemple : *jamais aultres*, prononcez comme un seul mot, *jamaizaultres*. Mais le second mot commençant par une consonne, vous supprimez l's. Exemple : *jamais n'arés*, l's de *jamais* disparaît.

» RÈGLE 5. — *St* dans le corps d'un mot étant précédé d'une voyelle, l's disparaît de la prononciation, mais la voyelle précédente s'allonge d'autant. Exemples : *gaster, taster, haster*, prononcez : *gaater, taater, haater*. — Mon *hoste* revenez *tantost* ; prononcez : Mon *hoote* revenez *tantoot*.

» Exceptez de cette règle les dérivés du latin : *protester, manifester, contrester*, et autres semblables, où l'on fait sonner l's ; car il est impossible de trouver une règle sans exception.

» RÈGLE 6. — Plusieurs mots français prennent pour marque du pluriel une *s* ou un *z* final : *mot, puing, escript, feullet*, et beaucoup d'autres. En leur ajoutant une *s* ou un *z*, vous formez le pluriel : *motz, puingz, escriptz, feulletz*. Mais alors l'avant-dernière consonne tombe de la prononciation : *moz, puins, escris, feullés* (1).

» De même si *b* ou *p* se trouvent au milieu d'un mot et finissant la syllabe, la prononciation les efface. Exemples : *debvoir, debte, escripre*, prononcez : *devoir, dete, escrire*. »

---

(1) Voilà donc les pluriels formés par l'*addition* de l's.

Palsgrave les veut formés par la *substitution* de l's au *t*, ou au *d*.

Mais la contradiction n'est qu'apparente, parce que Palsgrave restreint sa règle aux mots terminés par ANT ou ENT, et que Du Guez n'enferme dans la sienne que *certains mots*. Et dans les exemples qu'il donne, il n'y a pas de mot en ANT.

La règle de Du Guez n'en est pas moins une atteinte formelle à la règle primitive qui procédait par substitution de consonnes *dans tous les cas*. Mais songez que nous sommes au XVIe siècle, et que c'est déjà beaucoup d'y retrouver encore de cette règle primitive des débris aussi bien conservés.

La règle modifiée de Du Guez est demeurée celle du XVIIe siècle, qui formait les pluriels en ANT par substitution de l's, et les autres par addition.

LETTRE A UN AMI

SUR

L'ARTICLE DE M. PAULIN PARIS

INSÉRÉ DANS LA BIBLIOTHÈQUE DE L'ÉCOLE DES CHARTES
(T. II, P. 297, 1851).

MONSIEUR,

J'ai lu l'article de M. Paulin Paris, ou plutôt la diatribe à laquelle il a mis sa forme et sa signature ; car
on dit que les matériaux lui ont été fournis de plusieurs
mains, et que cette pièce devrait être signée *Légion*.
Quelques disparates sensibles dans le style feraient
croire qu'il n'y a pas davantage unité de rédaction ;
mais l'unité d'intention est incontestable, et surtout
l'uniformité de ton. C'est d'un bout à l'autre l'injure,
la violence et la grossièreté, et la noblesse des pensées
le dispute à celle du style. Nous n'avons aujourd'hui
que la première partie ; on en promet une seconde
encore plus forte ; les deux réunies formeront une
brochure sous laquelle *Roland* et son dernier éditeur
doivent rester à jamais ensevelis. Mais comme le fond
jusqu'ici est aussi maigre que la forme est plantu-

reuse, l'œuvre complète, à en juger par ce qui paraît, sera plus lourde qu'accablante. Je proposerais d'y mettre cette épigraphe, qui dès à présent la résume et la définit : *Judicium Paridis spretœque injuria formœ.*

M. P. Paris débute par un traité des bienfaits un peu moins calme que celui de Sénèque. Il énumère tous ceux que j'ai reçus, et que j'ai, suivant lui, payés de la plus noire ingratitude : c'est le silence. J'ai pour maxime, si l'on veut l'en croire, *Cacher les bienfaits reçus.* Au premier rang de mes bienfaiteurs il met, cela se devine, M. Francisque Michel, dont l'édition lui paraît infiniment supérieure à la mienne, et dont je me suis approprié les travaux : « Le texte d'Oxford » rapporté par M. Michel appartenait à celui qui l'avait » transcrit et mis en lumière. Personne n'avait le droit » de le reproduire sans l'agrément de ce premier édi- » teur ; et, par conséquent, il faut que la religion de » MM. les membres de la commission des impressions » gratuites ait été surprise, quand on a fait concourir » l'État à la publication d'une sorte de contrefaçon qui » pouvait justifier une réclamation judiciaire. » (P. 306.) En effet, plusieurs personnes notables ont été consultées sérieusement sur l'opportunité et les chances d'un pro- cès en contrefaçon ; l'unanimité des éclats de rire a fait abandonner le projet bien à contre-cœur ; mais M. P. Paris n'a pas voulu renoncer à l'honneur de sou- tenir au moins le principe. Ce passage vous donne tout d'abord la mesure de la hauteur et de l'étendue de l'es- prit de M. P. Paris. Je devais donc aller dire à M. Michel :

« Monsieur, votre édition me paraît insuffisante; auriez-vous la bonté de me permettre d'en faire une
meilleure, où vos erreurs seraient exposées au grand
jour? » Et si M. Michel m'avait refusé, il fallait baisser
la tête et garder le silence; car le premier qui publie
un texte tellement quellement en devient par ce fait
l'unique et légitime propriétaire. C'est exactement le
procédé de certains oiseaux qui, incapables de se con-
struire un nid par eux-mêmes, s'emparent des nids
abandonnés par les autres, s'y installent, et y élèvent
leur couvée. Cette méthode pour devenir propriétaire
n'est pas nouvelle, elle court les grands chemins; mais
elle n'avait pas encore été prêchée avec cette ingénuité.
A ce compte, les héritiers des Junte et des Aldes seraient fondés à poursuivre en contrefaçon et réclamation de dommages-intérêts tous ceux qui ont donné
depuis eux des éditions d'Homère et de Virgile. Cette
doctrine de M. Paris est singulièrement favorable au
progrès des lettres.

Puisque je suis forcé de m'expliquer catégorique-
ment : Non, l'édition de M. F. Michel ne m'a point paru
bonne. Je me suis bien gardé de le dire et de rabaisser
le travail de mon devancier; mais je ne pouvais pas
aussi en faire l'éloge, c'eût été me contredire et condamner mon entreprise. Supposons cependant que je
me fusse borné à reproduire purement et simplement
le texte imprimé, en comblant de louanges le zèle, le
savoir, l'exactitude incomparable du premier éditeur;
M. Michel s'en fût-il montré irrité? En vérité je ne le

crois pas. M. Guessard aussi n'eût pas pris la peine
d'aller à Oxford chercher des variantes pour attaquer
mon jugement. Le procédé était donc beaucoup plus
facile et plus commode pour mon repos : le public seul
eût été dupe. J'ai pris une autre marche : j'ai fait avec
tout le soin dont j'étais capable une édition très-diffé-
rente de la première, où j'étais obligé par cela même
de motiver les changemens apportés au texte connu ;
je l'ai fait avec toute la réserve et la discrétion possibles. Certes l'occasion s'est présentée plus d'une fois
de m'égayer sur une mauvaise leçon ou sur un contre-
sens : en ai-je profité ? Non. Je ne me suis jamais permis la plus légère plaisanterie. Je n'ai point appuyé ;
j'ai été sobre de paroles autant que je l'ai pu, toutes
les fois que je ne me suis pas borné à ensevelir l'erreur
dans les variantes du bas de la page. Une preuve manifeste de ma discrétion, c'est que dans mon *index*
ne figurent par exception ni le nom de M. Francisque
Michel, ni même celui de M. P. Paris : les renvois ne
pouvaient leur être agréables, et je ne tenais pas à
ramasser sous les yeux du lecteur la liste de leurs faux
pas. Ainsi, je le dis en conscience, je me suis abstenu
et contenu. Je ne prétends pas m'en faire un mérite,
mais seulement faire voir que je n'ai point manqué
d'égards pour ces messieurs. Malheureusement telles
sont leurs habitudes, que l'absence de louanges leur
paraît une cruelle injure : autant de complimens sup-
primés, autant d'outrages positifs ; c'est la doctrine de
la société. Figurez-vous donc, à l'apparition de mon

ouvrage, tous ces amours-propres affamés se ruant à la
curée, et subitement forcés de rester sur leur appétit !
Aussitôt la meute déchaînée se met à hurler. M. Fr.
Michel donne le signal en m'attaquant avec des per-
sonnalités qui n'ont excité chez moi que de la compassion pour un homme si profondément troublé. Mieux
conseillé, il est rentré dans le silence, mais en me dé-
tachant M. P. Paris, que relaie M. Guessard, lequel
sera relayé par un autre. M. P. Paris remplit le ciel et
la terre de ses abois :

Ses longs mugissemens font trembler le rivage;

ce qui l'exaspère surtout, c'est mon ingratitude.
M. P. Paris a le cœur si bien placé! M. P. Paris ne
saurait endurer qu'on manque à la reconnaissance. Il
m'allègue une foule de messieurs à qui, sans m'en
douter, j'ai les plus grandes obligations du monde.
Tout ce que je croyais avoir amassé lentement par
l'étude assidue des textes originaux, M. Paris m'apprend que je l'ai pris tout formulé dans des livres
contemporains que je n'ai jamais lus ; et son indignation s'allume, éclate et tonne sur ce que je n'ai pas
fait une humble génuflexion devant chacun de ceux
qu'il appelle mes bienfaiteurs, et qui sont bien plus
sûrement ses amis. Autrefois on laissait un auteur
maître d'apprécier les obligations qu'il pouvait avoir,
et d'en témoigner sa reconnaissance dans la forme et
la mesure qu'il entendait. Dieu sait l'abus que déjà les
camarades avaient fait de cette faculté ! Leurs préfaces

se renvoyaient en écho une litanie de noms propres, auxquels une épithète louangeuse servait d'*ora pro nobis :* Mon savant ami A.; mon illustre ami B.; M. C., dont l'obligeance égale l'inépuisable savoir ; la précieuse édition de M. D. ; traduisez littéralement : *Sancte A, ora pro nobis; sancte B, ora pro nobis; sancti C et D, orate pro nobis.* Un livre, pour certains auteurs, c'est une spéculation , une entreprise de commerce : on y compromet le plus de monde possible, en glissant dans toutes les poches de ces petits bons de rente en gloire hypothéquée sur le succès de l'affaire ; et le moyen de ne pas réussir quand on a su enrôler à son intérêt et se donner pour complice l'alphabet entier !

C'est ainsi que s'était pratiquée jusqu'ici cette agréable corruption. Mais la perfectibilité humaine et la loi du progrès ne permettaient pas d'en rester là. C'était quelque chose d'avoir fondé la société de l'admiration mutuelle ; maintenant il fallait pousser à l'agrandissement de la ronde, en ne souffrant pas qu'on pût avec honneur rester dehors. En conséquence , M. P. Paris vient solennellement inaugurer dans la littérature le droit aux complimens. M. Paris se charge d'opérer les recouvremens en faveur des personnes qui veulent bien l'honorer de leur confiance. Je ne doute pas qu'il n'ait procuration de mes prétendus créanciers, dont son éloquence plaide si vivement la cause. Par ce plaidoyer vous êtes duement avertis que l'association a placé un octroi sur la frontière de chaque ordre d'idées. Risquez-vous une promenade dans le

canton, les gabeloux vous sautent au collet : avant
tout, passez au bureau pour acquitter le péage, moyennant quoi l'on vous donnera une passe, et il vous sera
permis de circuler dans les domaines de l'association.
Si au contraire vous faites mine de refuser l'impôt,
attendez-vous à être vexé, houspillé, battu, assassiné
s'ils peuvent, le tout au nom de la délicatesse et de
l'honneur. Et le capitaine de la bande, le Monipodio
de cette gueuserie, celui qui vous présente d'une
main le pistolet, de l'autre son ignoble tire-lire, c'est
M. P. Paris, revêtu du frac à palmes vertes !

Mais où prend M. P. Paris le droit d'exercer ouver-
tement ce noble métier ? Je trouve M. Paulin Paris bien
plaisant et bien hardi de venir se substituer à ma conscience pour me prescrire des actions de grâces envers
tel ou tel ! Sans s'occuper de mes dettes, qu'il songe à
payer les siennes : il aura assez à faire. Mais a-t-on
l'idée d'une contribution de ce genre ? La claque du
parterre est mille fois plus honnête : si elle vous empêche de siffler, du moins elle ne vous contraint pas
d'applaudir.

Quel avilissement des lettres ! Lorsqu'on voit un
membre de l'Institut prendre la direction de ces honteuses manœuvres, les patronner de son nom et les
prôner ardemment de sa plume, comment ne pas supposer que cette chaleur lui est inspirée par la reconnaissance ? Ces gens qui paraissent ignorer la valeur
d'un éloge sincère et librement donné n'ont donc jamais de leur vie reçu que de ces complimens frelatés

dont ils voudraient établir officiellement l'usage et le trafic ?

Mais ce qui est pire encore que cette extorsion de louanges , ce sont les moyens de vengeance mis en œuvre contre les rebelles à la tyrannie des associés. On ne s'arrête pas à l'injure et à la calomnie : on va jusqu'à la délation inclusivement. M. P. Paris, apparemment peu sûr de me nuire assez au gré de son envie par les seules armes de l'érudition , a recours à d'autres moyens qu'il suppose plus efficaces. Sa diatribe est remplie d'allusions et d'insinuations odieuses, d'une portée tout autre que littéraire. Voici en quels termes il s'exprime au sujet de mes recherches sur Ganelon et sur l'auteur de la chronique de Turpin :

« Ce n'était pas assez de faire d'un prélat du IXᵉ siècle » le modèle des traîtres, il fallait trouver dans un pape » le modèle des faussaires. Cette identité est encore un » point très-important ! L'auteur de la chronique de » Turpin sera donc Guy de Bourgogne, d'abord arche- » vêque de Vienne, puis souverain pontife sous le nom » de Calixte II. » (Page 314.)

Vous comprenez, monsieur, où tendent ces pernicieuses paroles ? En tems d'inquisition M. P. Paris serait un adversaire dangereux et un littérateur infaillible. Nous n'en sommes point là, Dieu merci ! Prétendre qu'en attribuant à Calixte la fausse chronique de Turpin, j'outrage la religion et la papauté, cela est aussi ridicule, mais plus odieux que si je rendais M. Paulin Paris responsable de l'enlèvement d'Hélène,

ou l'Institut solidaire des bévues, faits et gestes de
M. Paulin Paris. On sait bien qu'en ces affaires l'homme
marche isolé du corps, et répond pour soi seul.

Il fait donc du caractère de Calixte II un argument
contre une proposition appuyée sur des rapproche-
mens de faits historiques ? J'en suis fâché pour la mémoire de Calixte II, mais son défenseur a été on ne
peut plus mal inspiré : il m'oblige de remettre au jour
une affaire bien autrement importante que le roman
du faux Turpin, affaire dans laquelle l'archevêque de
Vienne fut solennellement, en plein concile, reconnu
fabricateur d'actes supposés, faussaire, comme dit
M. P. Paris, qui aime de prédilection les gros mots.

Cette histoire vraiment curieuse fortifie singulièrement les inductions que j'avais rassemblées. J'avais
négligé de la produire : je remercie M. Paris de m'y
avoir contraint. Pour ne pas éveiller sa susceptibilité
ombrageuse, je ne la raconterai pas moi-même : j'em-
prunterai ce récit, en l'abrégeant toutefois un peu, à
l'*Histoire de la sainte Église de Vienne*, par M. F.-Z
Collombet, bien connu par ses travaux d'histoire ecclésiastique et diverses traductions des Pères. Et afin de
mettre M. Collombet lui-même à l'abri du zèle inquiet
de M. Paris, je dirai que tous ces détails sont tirés du
cartulaire de saint Hugues de Grenoble. Ces précautions prises, je crois que nous pouvons entendre M. Collombet, ou plutôt saint Hugues lui-même s'exprimant
par sa bouche. Cet épisode de l'histoire du moyen âge
nous reposera quelques instans.

« Aveuglé par son zèle pour les intérêts matériels de son Église, Guy se jeta dans de fâcheux démêlés avec un saint évêque de Grenoble. A l'exemple de ses prédécesseurs, Hugues dirigeait paisiblement les églises situées dans le comté de Salmorenc, et en particulier celle de Saint-Donat, où il y avait un petit chapitre composé d'un prieur et de quatre chanoines... La juridiction des évêques de Grenoble n'y était point contestée.

» Au mépris de cette antique possession, Guy s'empara de l'église et de la ville de Saint-Donat. » — Sur les réclamations de l'évêque de Grenoble, l'archevêque de Vienne est condamné par le légat du pape.

« Guy ne voulut pas se rendre à la sentence du légat. C'est qu'il avait secrètement envoyé à Rome pour solliciter un bref de confirmation de tout ce qu'il possédait. Le députe de Guy eut ordre de ne rien épargner pour faire adroitement insérer dans ce bref, au nombre des terres concédées, Saint-Donat et le comté de Salmorenc. Urbain II, qui ignorait le jugement de son légat, ne prit pas garde au piége qu'on lui tendait. Aussitôt que saint Hugues apprit ce qui s'était passé, il envoya de son côté à Rome pour réclamer contre la surprise faite à la religion du saint-père.» Urbain II, mieux informé, « rétracta le bref qu'on lui avait frauduleusement arraché ; en même tems il écrivit à son

légat qu'il approuvait et ratifiait le jugement par lui
rendu. Guy, fier de sa naissance et de sa dignité, ne
se pressa point d'exécuter la sentence du légat, malgré
la confirmation solennelle qu'elle avait reçue. »

Le légat d'Urbain allant tenir un concile à Autun,
Guy et saint Hugues y sont mandés pour voir régler
leur différend : « L'archevêque de Vienne n'avait invoqué d'abord que la tradition de son Église : cette
fois *il produisit un titre fabriqué par un moine de
Saint-Rambert, appelé Sigebod, et habile dans l'art
de contrefaire les écritures.*

» ... Muni de cette pièce qui semblait authentique
et positive, Guy se présenta au concile comme s'il eût
dû confondre l'évêque de Grenoble... et, avec un air
insultant, annonça qu'il avait un titre parfaitement
en règle qui prouvait les droits de l'Église de Vienne
sur le comté de Salmorenc, et fit donner lecture de la
charte que Sigebod lui avait fabriquée.

» Je fus saisi de surprise et de crainte, dit saint
Hugues dans le récit qu'il nous a laissé de cette affaire,
à l'annonce d'un acte dont il était question pour la
première fois, et je ne savais plus que penser quand
j'en entendis la lecture. Un instant je me crus vaincu
sans ressources ; mais je respirai enfin quand je vins à
m'apercevoir qu'on voulait me rendre victime d'une
indigne supercherie. Je demandai que ce titre suspect
fût déposé entre les mains du légat, et je démontrai
qu'il était faux...

» Les preuves que saint Hugues donna contre l'au-

thenticité de l'acte produit par l'archevêque de Vienne
semblèrent tellement fortes que celui-ci s'empressa
de dire qu'il n'en ferait pas usage, et qu'il le fallait
même anéantir sur-le-champ. Les Pères du concile
profitèrent de cette circonstance pour tâcher de rétablir la concorde entre l'évêque de Grenoble et son mé-
tropolitain ; mais alors Guy exhiba le bref qu'il avait
surpris à Urbain II, et, quoique cette pièce fût évidemment subreptice, en usa pour valider son usur-
pation. »

. A quelque tems de là, un concile s'ouvre à Plaisance.
Saint Hugues se met en route pour aller y demander
justice. Sur le revers des Alpes, il rencontre Guy, lequel,
appréhendant les suites, affecte un vif regret du passé,
et propose à saint Hugues de tout réparer sur-le-champ
en se soumettant à l'arbitrage de l'archevêque de Lyon.
Saint Hugues accepte, et les deux prélats rentrent en
France

« Alors Guy, qui jugea que le concile était presque
terminé, et que saint Hugues n'y pourrait plus arriver
à tems, éleva des difficultés inattendues, et se refusa
encore à toute espèce d'arrangement. Saint Hugues,
indigné, se remit en route pour Plaisance, et put y
arriver le dernier jour du concile. Il comparut devant
cette assemblée imposante, et se plaignit avec force
des voies de fait de l'archevêque de Vienne, de ses
fourberies réitérées, de son mépris pour l'autorité du
saint-siège. D'après l'avis du concile, Urbain II cassa
de nouveau le bref qu'on avait obtenu de lui subrep-

ticement, puis écrivit à l'archevêque de Vienne pour
lui reprocher son peu d'obéissance aux décisions de
ses supérieurs, et lui défendre d'inquiéter dorénavant
l'évêque de Grenoble, si cher à l'Église romaine.

» La solennité d'un tel jugement ne fit pas encore fléchir l'opiniâtreté de Guy : il s'oublia même
jusqu'à menacer et outrager le porteur de ce nouveau
bref...

» Sur ces entrefaites, le pape vint en France publier
la première croisade. Comme il séjournait à Valence,
il somma l'archevêque Guy de se rendre à Romans, afin
que son différend avec saint Hugues pût y être vidé.
Celui-ci se présenta avec ses titres ; mais Guy, ajoutant
encore à la violence de son orgueil, *envoya des soldats s'emparer de la citadelle et de la place, afin que
le pape se trouvât en son pouvoir et n'osât pas prononcer contre lui !* Ce fut ce qui arriva.

» Urbain se résolut enfin de faire respecter son autorité. Il confirma ses premières décisions contre Guy,
et écrivit à Guigue d'Albon, comte de Grenoble, afin
qu'il interposât sa médiation en faveur de saint Hugues,
et qu'il employât même au besoin la force des armes
pour le mettre en possession de la juridiction contestée. Le comte de Grenoble n'hésita pas à aller trouver
Guy, pour lui dire qu'il eût à se désister de ses prétentions ou à se préparer à la guerre. L'archevêque de
Vienne, qui jusque-là avait bravé les censures de trois
conciles et les condamnations réitérées du saint-siége,
recula devant les menaces de Guigue d'Albon : la crainte

eut plus d'empire sur lui que n'en avait eu le sentiment du devoir. » (*Hist. de la sainte Église de Vienne*,
t. I, p. 431 à 438.)

———

Que dira de cette histoire M. Paulin Paris ? Il n'y a
pas moyen de s'inscrire en faux contre M. Collombet
ni contre le saint évêque de Grenoble. Il faut accepter
sur le caractère de Guy de Bourgogne le témoignage de
l'histoire, qui est celui de l'Église elle-même. Eh bien,
l'homme capable de se porter à de telles extrémités en
vue d'un intérêt temporel ; qui fabrique de faux titres
pour abuser le pape et les conciles ; cet homme ne
peut-il pas être soupçonné d'avoir, en vue d'un intérêt
tout pareil, forgé la chronique du faux Turpin ? Et
quand je rapproche de sang-froid , avec une préoccupation exclusivement historique , les indices qui semblent conduire à ce soupçon, M. Paulin Paris s'ima-
gine avoir rendu un grand service à Calixte II en
déclamant contre le *National*, et en m'appelant le
citoyen François Génin. Voilà une belle preuve de
l'innocence de Guy de Bourgogne ! De tels procédés,
se couvrant encore du nom de la science, sont faits
pour soulever le cœur de tous les honnêtes gens, sans
acception de parti , savans ou ignorans.

M. Paulin Paris ne se contente pas de défendre la
mémoire de Calixte II contre l'imputation d'avoir composé la fausse chronique de Turpin ; au fond, il n'y

tient guères, que lui importe ? mais ce qui lui importe,
c'est de prouver que cette imputation est de ma part
un mensonge élaboré, pour le succès duquel j'ai commis une substitution de personne et une falsification de
dates. Écoutez, s'il vous plaît, le système qu'il me
prête, et ses preuves à l'encontre.

« La chronique de Turpin ne fut répandue qu'au
» commencement du xiie siècle... (M. P. Paris pose en
» principe ce qu'il s'agit de démontrer) ; en France,
» par l'intermédiaire du prieur du Vigeois... (ou du
» prieur de Saint-André, c'est la question) ; en Italie,
» par celui de Frédéric Barberousse. Cela ne faisait
» pas le compte de M. Génin : il commence donc par
» transformer Geoffroy du Vigeois, mort vers 1100,...
» (notez bien cette date) en contemporain de Calixte II,
» mort en 1126... (en 1124, le 12 décembre, avec votre
» permission). Puis Geoffroy, prieur du Vigeois en
» Limousin, devient Geoffroy, prieur de Saint-André
» de Vienne en Dauphiné. De cette façon... (voici la
» vérité, écoutez bien !) de cette façon, la lettre du
» prieur du Vigeois, écrite en 1192, devient celle du
» prieur de Saint-André, écrite en 1092. » (Page 315.)

Ne semble-t-il pas, à entendre M. P. Paris, que j'aie
inventé le prieur Geoffroy de Saint-André, et que je
sois le premier auteur de cette opinion ? Il n'en est
rien : elle avait été émise bien avant moi par des écrivains d'une autorité imposante, que M. P. Paris a pris
soin de dissimuler. « M Génin, dit-il, a cherché l'appui
» de ses rêveries dans l'innocente étourderie de

» M. Ciampi, le récent éditeur de la chronique de
» Turpin, lequel a transformé le prieur du Vigeois
» (*Vosiensis*) en prieur de Vienne (*Viennensis*), et la
» fin du XIIᵉ siècle en fin du XIᵉ (1). » (Page 316.)

Quel art admirable d'accommoder les choses, et de
les présenter, selon l'intérêt de la passion et le besoin
du moment, sous un aspect ou sous un autre ! *L'innocente étourderie de M. Ciampi.* Ce qui chez M. Ciampi
n'est qu'une innocente étourderie, chez moi devient un
crime noir, une combinaison effroyable, impie ! Et
puis quelle manière leste et commode de jeter hors de
la liste les adversaires qui vous gênent : Du Cange, nous
l'avons vu, est un étourdi ; M. Ciampi est un étourdi ;
il n'y a que M. Paulin Paris qui soit un esprit sérieux,
grave, circonspect. En vérité, M. P. Paris devrait être
plus retenu à accuser les autres d'étourderie. Non,
M. Ciampi n'est pas un étourdi ; non, il n'a pas confondu *Vosiensis* avec *Viennensis*, car il sait autant de
latin pour le moins que M. P. Paris. M. Ciampi a donné
son édition de la chronique d'après un des plus vieux
manuscrits, celui de la Laurentiane ; et ce manuscrit
portait, en tète de l'épître liminaire, *Viennensis* et non

---

(1) M. Paris (ce que j'ignorais alors) a soutenu mot à mot les
mêmes propositions qu'il m'accuse ici d'avoir forgées en haine de la
religion et du clergé. On peut vérifier ce fait curieux dans sa *Lettre
à M. de Monmerqué,* pages 34 et 35, et au tome II de son édition
des *Chroniques de Saint-Denys,* où il s'exprime sur l'imposture et la
cupidité des moines en termes autrement injurieux que je ne fais.
De même, pour me prouver que l'auteur de la fausse chronique est
espagnol, il me renvoie à l'*Histoire littéraire,* et l'article de l'*Histoire
littéraire* est signé P. P.

Vosiensis ; et cette particularité est une des preuves
de la supériorité de ce texte sur ceux dont on s'était
servi jusque-là.

Et Guy Alard, qui écrivait avant l'édition de M. Ciampi,
et Daunou, sont-ils aussi des étourdis ? « Nous trouve-
» rions plus plausible, dit Daunou, la conjecture de Guy
» Alard, qui croit la chronique faite en 1092 par un
» moine du Dauphiné (1). » M. P. Paris, nous le savons,
a des raisons personnelles pour ne pas aimer M. Daunou ; mais cela n'enlève rien à l'autorité scientifique
de M. Daunou, et ne donnait pas le droit de taire son
opinion.

Après avoir ainsi déguisé, dénaturé les faits, tantôt
en les atténuant, tantôt en les exagérant, caché celui-ci,
inventé celui-là, et combiné péniblement des dates im-
possibles, M. P. Paris triomphe ; il s'écrie, avec l'orgueil naïf d'une conscience satisfaite : « Maintenant que
» voilà Calixte II bien disculpé d'avoir écrit en 1090 un
» livre composé longtemps après sa mort...» (P. 316.)
Bien disculpé ! M. P. Paris n'est pas difficile quand il
s'agit de lui-même. Bien disculpé ! Je crois en effet
qu'il l'est autant qu'il le peut être. Il a de grandes obligations à la dialectique de M. P. Paris.

Cette dialectique, à vrai dire, est un peu obscure ;
et bien qu'on dise habituellement que rien n'est plus
net qu'un chiffre, le choc de ces dates brusquement
rapprochées ne fait pas jaillir une lumière très-pure.

---

(1) *Biographie universelle*, article Turpin.

Dissipons un peu la fumée, et tâchons de nous y reconnaître. Ma proposition est celle-ci : La chronique de Turpin s'est révélée au monde en 1092, par une lettre du prieur de Saint-André de Vienne, Guy de Bourgogne occupant le siége de cette province. M. Paris répond : La lettre en question est plus vieille d'un siècle tout juste ; elle fut écrite en 1192 par le prieur du Vigeois. Or, Calixte était mort en 1126 (lisez 1124) ; donc il n'a pas connu cette chronique, donc il ne peut en être l'auteur.

Le raisonnement n'est pas rigoureux, en ce que M. Paris identifie arbitrairement la date de l'apparition avec celle de la composition même de la pièce. La chronique pourrait avoir existé longtems avant l'époque où nous en trouvons la première trace ; elle pourrait être du tems de Calixte II, antérieure même, et ne se rencontrer mentionnée qu'à la fin du xiie siècle, en 1192, comme le veut M. P. Paris. Toutefois je veux bien admettre le raisonnement tel quel de M. P. Paris.

Mais voici dans ses propres expressions une petite difficulté que je le prie de me résoudre : Comment le prieur du Vigeois, mort en 1100, écrivait-il encore des lettres en 1192 ?

Relisez, monsieur, le passage très-embrouillé de M. P. Paris, vous n'y trouverez de clairement énoncé que ces deux faits : Le prieur du Vigeois est mort vers 1100 ; le prieur du Vigeois a écrit cette lettre en 1192. Toute l'argumentation de M. P. Paris est fondée sur cette proposition : Un homme peut écrire une lettre quatre-vingt-douze ans après sa mort. C'est là sa majeure ; si vous la niez, tout s'écroule.

M. P. Paris n'a pas remarqué ce désaccord de dates ; il est vrai que c'est peu de chose, c'est un de ces détails qui échappent dans l'ardeur de la composition. A cette bagatelle près, M. Paris traite la question en homme qui l'a méditée longuement, et qui n'est pas un étourdi.

N'est-ce pas une pitié que d'avoir affaire à une tête si légère, à un esprit si téméraire et si confus, que de son propre élan il s'aille jeter en de pareilles absurdités et ne s'en aperçoive pas, et qu'il raisonne à perte de vue sur cette donnée ridicule ? Ou M. P. Paris ne lit pas ce qu'il écrit, ou bien, s'il le lit, il ne le comprend pas. Je tiens pour le second comme le plus vraisemblable.

Nous n'aurions pas contre le système de M. P. Paris cette preuve fournie par lui-même, qu'une autre y suppléerait immédiatement. En effet, la chronique de Turpin est citée dans Raoul Tortaire, lequel écrivait de 1096 à 1115 (1). Comment donc la lettre où M. Paris reconnaît que se trouve la première mention pourrait-elle se placer en 1192 ?

Ainsi la vérité nous revient de tous côtés, aussi difficile à chasser que la clarté du soleil. Efforcez-vous de ooucher toutes les ouvertures, elle s'introduira par

(1) Daunou, article Turpin.— 1145, comme on lit dans le texte, est une faute d'impression manifeste ; l'*Histoire littéraire* prouve (X, p. 88) que Raoul était mort en 1114, ou au plus tard l'année suivante.

une fente de la largeur d'un cheveu, et le rayon, isolé
au milieu des ténèbres, n'en sera que plus visible.

M. P. Paris est donc resserré dans cette alternative,
ou de me donner raison, ou d'être absurde de propos
délibéré. Position douloureuse dont il ne sortira pas,
même en invoquant la faute d'impression, ordinaire-
ment si complaisante. (Voyez le *post-scriptum*.)

M. Paulin Paris, qui ne se doute pas de l'abîme où
il est tombé, continue à s'y promener avec des airs
vainqueurs et avantageux tout à fait amusans. La thèse
une fois posée, il était fatalement conduit d'erreur en
erreur, et sollicité par les feux follets de sa fantaisie,
poussé par le vent de son orgueil, il marche, il descend, il roule, il s'engouffre, toujours le nez en l'air et
toujours l'insulte aux lèvres, faisant la leçon aux
autres sur leur étourderie et leurs rêveries. Vous
allez voir.

Parmi les inductions à l'appui de ma thèse, je n'a-
vais pas oublié cette circonstance que la chronique du
faux Turpin avait été en 1122 mise par Calixte sur le
rang des livres canoniques. Il ne fallait pas laisser sub-
sister ce fait : autrement que devenait la date de 1192,
indiquée pour la vraie date de la fameuse lettre ?
Calixte, recommandant la chronique dès 1122, rétablissait tout de suite la date de 1092 pour celle de la
première mention, et le prieur de Saint-André pour
l'auteur de l'écrit où elle se trouve.

Je n'étais pas là quand M. P. Paris travaillait à me
réfuter ; mais j'affirme que les choses se sont passées

de la manière suivante : M. P. Paris prend dans la
Biographie universelle l'article Turpin ; il le prend, et
lit cette phrase : « Casimir Oudin prétend que ce pon-
» tife en était le rédacteur (de la chronique); il est vrai
» seulement que Calixte l'a déclarée authentique en
» 1122 ; voilà du moins (ajoute le scrupuleux Daunou),
» voilà ce qu'assure Rolewinck dans le *Fasciculus tem-*
» *porum.* » M. Paris n'a pas vu le *Fasciculus tempo-*
rum, il ne sait ce que c'est, et n'en a cure ; une seule
chose le frappe : le nom allemand de Rolewinck.
Qu'est-ce que ce Rolewinck ? Évidemment quelque hérétique luthérien, d'autant que Daunou paraît adopter
son opinion. Suffit, il saisit la plume : « Maintenant
» que voilà Calixte II bien disculpé, nous pouvons pas-
» ser rapidement sur les allégations fausses et calom-
» nieuses exhumées par M. Génin contre cet illustre
» pontife : tous les critiques, en effet, s'accordent à
» reconnaître, *contre le méprisable auteur protestant*
» *du Fasciculus temporum,* qu'il n'a jamais recom-
» mandé le livre de Turpin. » (Page 346.) *Tous les cri-*
tiques, c'est bientôt dit ! Quels critiques ? M. P. Paris
se dispense d'en nommer un seul ; mais cela n'est point
nécessaire : l'autorité du membre de l'Institut couvre
tout. L'essentiel est que voilà d'un trait de plume
trois personnes châtiées : Daunou, Rolewinck et
moi, qui vais exhumer de ce *méprisable auteur pro-*
testant des calomnies contre un saint pape. C'est à
merveilles.

Que dira cependant M. P. Paris, si libéral de mépris

et d'outrages, que dira-t-il en apprenant que le *Fasci-culus temporum* fut composé dans le monastère des chartreux de Cologne, où Rolewinck était entré à l'âge de vingt-deux ans, et où il mourut à soixante-dix-sept, en odeur de sainteté? Trouvera-t-il encore le livre et l'auteur si méprisables?

Outre la qualité de chartreux, une autre raison assez bonne s'opposait à ce que le père Rolewinck fût pro-testant : c'est qu'il mourut avant la réforme (1). Voilà donc deux énormes bévues dans un mot. Mais qu'im-porte à M. P. Paris? Il fait de l'histoire comme Sgana-relle faisait de la médecine. M. P. Paris devrait bien s'assujettir à vérifier d'abord les faits dont il s'appuie, sauf à injurier ensuite plus fort, si c'est possible. En cette occasion, il n'avait tout bonnement qu'à se trans-porter de l'article TURPIN à l'article ROLEWINCK de la *Biographie* Michaud. Ce qu'il y a de piquant, c'est que l'article ROLEWINCK, comme l'article TURPIN, est de Daunou. Il semble que l'ombre du savant garde des archives se soit amusée à jouer ce tour à M. P. Paris, en reconnaissance de l'oraison funèbre dont M. P. Paris l'avait gratifiée. Voilà pourtant ce que c'est que l'éru-dition et la bonne foi de M. P. Paris; voilà l'autorité de sa parole! Même lorsqu'il réfute et dément, il ne peut s'asservir à y regarder de plus près; il tranche,

_____

(1) Le théâtre chronologique de l'ordre des Chartreux met la date de sa mort en 1502. On sait que le nom de *protestant* n'exista qu'à partir de 1529.

il taille, il rogne au hasard, et toujours superbement. Rien n'est plus magnifique ! Il affirme, il juge, et flétrit son monde sur un simple soupçon, dont la fausseté lui serait démontrée au revers de la page ; mais il ne prendra pas la peine de tourner le feuillet. A quoi bon ? N'est-il pas monsieur Paulin Paris, membre de l'Institut ? La vérité sera ce qu'il lui convient qu'elle soit.

M. P. Paris porte dans toutes ses assertions, même les plus hasardées, cette audace faite réellement pour en imposer. Vous avez vu comme il parle du P. Role-winck ; je m'étais appuyé aussi des sermons de Calixte : « Calixte, dit-il, n'a pas laissé un seul sermon. » (P. 316.) Ouvrez cependant le tome XX de la *Bibliotheca maxima Patrum*, vous y trouverez quatre sermons de Calixte II : le premier, pour la veille de la fête de saint Jacques de Zébédée ; les deux suivans, sur la passion de cet apôtre ; le dernier, sur sa translation. Ces homélies furent publiées pour la première fois par le P. Mariana, jésuite, à Cologne, en 1618. Daunou, dont on connaît la critique sévère, n'élève pas le moindre doute sur leur authenticité. Je répéterai ici que ces quatre sermons présentent des rapports frappans avec la chronique de Turpin, soit pour le style, soit pour le fond des idées.

« Calixte n'a jamais fait la relation des miracles » de saint Jacques. » Je ne sais pas les raisons qu'a M. Paris d'être si affirmatif ; je sais seulement que le pape Calixte a passé dans tout le moyen âge pour l'au-

teur de ce livre, et que son biographe Pandulphe dit
qu'il était très-célèbre par un petit ouvrage sur saint
Jacques : « *Quodam opusculo de S. Jacobo clarissi-
mus* (1). »

Mais de toutes les assertions entassées dans la diatribe de M. Paulin Paris, aucune n'est dépourvue de
pudeur comme ce qui touche le fragment de Valenciennes. Ici la calomnie pouvait se donner carrière
d'autant plus à son aise que la contestation porte sur
un fait matériel, lequel ne peut être jugé que par une
comparaison de pièces doublement difficile : d'abord il
s'agit d'un document paléographique ; ensuite la brochure de M. de Coussemaker ou de M. Bethmann,
comme l'on voudra, est très-peu répandue. Il faut donc
affirmer avec indignation, avec mille injures, que j'ai
impudemment dévalisé, pillé, volé ces messieurs : le
public le croira plutôt que d'y aller voir.

Doucement, monsieur Paulin Paris, doucement !
Cela n'ira pas aussi droit que vous le pensez.

Je n'ai pas l'honneur de connaître personnellement
M. de Coussemaker ; mais je le tiens trop honnête
homme pour accepter vos éloges et le rôle que vous
lui voulez faire jouer. M. de Coussemaker, au besoin,
vous désavouerait, j'en suis sûr. Il sait très-bien qu'il
n'avait pas joint à son fac-simile « l'explication de ce
qui n'y était pas tracé en lettres tironiennes »
(page 320) ; il sait très-bien tout ce qu'il y a d'exagéré,

(1) Ap. LABBE, *Concil.* X, 827.

de faux dans cette phrase : « M. de Coussemaker, qui,
» pour vous permettre de *lire sans peine*, avait, dès
» 1849, publié le premier fac-simile, *et expliqué les*
» *mots tracés sur ce fragment*. » (*Ibid.*) M. de Coussemaker, dont les études archéologiques suivent une voie
toute différente, n'a pas la prétention que vous lui
voulez attribuer. Je vous renvoie à ce qu'il dit lui-
même, page 18 de la brochure qu'il a traduite. Le peu
de mots qu'il a déchiffrés çà et là, en attendant, dit-il,
des efforts plus heureux, n'offre aucune suite, aucun
sens ; au point que M. de Coussemaker n'a même pas
reconnu le sujet du morceau, ni deviné qu'il y fût
question de Jonas. Moi, j'ai lu la pièce d'un bout à
l'autre, je l'ai restituée en partie, je l'ai développée
dans un commentaire philologique ; vous ne voyez rien
de tout cela, vous ne voyez qu'une chose : c'est que je
me suis impudemment approprié le travail de M. de
Coussemaker, c'est que « voilà M. Génin pris une fois
de plus sur le fait ». Vous avez raison d'assimiler mes
autres plagiats à celui-là : ils sont tous réels au même
degré.

Votre exactitude se continue à l'égard du *fac-simile*.
A vous entendre, celui de M. de Coussemaker ne laissait rien à désirer : « M. Génin, qui n'a pas à se pré-
» occuper de la dépense, le fait exécuter une seconde
» fois, pour se vanter de l'avoir lu sans peine, et d'a-
» voir pensé qu'on en pouvait tirer un grand secours
» philologique. » (Page 320.) Quelle bassesse d'idées
et de langage ! Ainsi, selon M. Paris, j'ai induit l'État

en dépense uniquement pour donner satisfaction à ma
vanité de plagiaire (1).

M. P. Paris a compté sur l'embarras où il allait me
mettre de produire mon assertion contre la sienne. Je
m'en garderai bien : je comprends aussi bien que lui
que nul ne peut rendre témoignage dans sa propre
cause ; mais M. P. Paris a deux collègues à l'Institut,
tous deux professeurs à l'École des chartes, ayant pleinement qualité pour déposer au tribunal de l'opinion
publique. J'ai adressé la lettre suivante à M. Guérard
et à M. N. de Wailly :

Paris, le 19 mai 1851.

Monsieur,

Un article publié dans le dernier numéro de la *Bibliothèque de
l'École des chartes* (mars-avril), et signé P. Paris, membre de l'Institut, m'accuse d'avoir pillé tout mon travail sur le fragment de
Valenciennes dans la brochure de MM. Bethmann et de Coussemaker :
Voyage historique dans le nord de la France. M. P. Paris affirme que
j'ai fait exécuter une seconde édition du *fac-simile* de ce fragment sans
aucun profit pour la science, uniquement pour me pouvoir vanter
d'avoir lu ce que M. de Coussemaker avait lu bien avant moi.

Entre deux assertions contradictoires et toutes deux intéressées, le

(1) Un article bibliographique sur la brochure de M. de Coussemaker (même numéro, p. 382), signé C. D..., sans bienveillance
aucune pour mon travail, loin de là, apprécie du moins celui de
M. de Coussemaker en termes plus justes : « M. de Coussemaker a
enrichi sa traduction d'un *dessin* de ce fragment, auquel il a joint *un
essai de lecture.* Sans doute l'un et l'autre *laissaient beaucoup à désirer;* c'en était assez pourtant pour éveiller l'attention des savans.
Grâce à sa publication, M. Génin a connu ce fragment de Valenciennes, et en a donné un *fac-simile* dont *la parfaite exactitude* est
garantie par l'habileté bien connue de M. Feuquières; » etc.

La publication de M. de Coussemaker remonte à 1849 : on s'avise
de la trouver très-importante et de la faire connaître en 1851.

public ne peut deviner de quel côté se trouve la vérité : le titre de membre de l'Institut l'induirait à en croire plutôt M. P. Paris. Vous avez, monsieur, sous les yeux les pièces du procès; vous réunissez la double autorité de la science et du caractère moral : je viens donc invoquer votre témoignage, et vous prier de déclarer si l'on peut dire que mon déchiffrement soit un plagiat et mon *fac-simile* la reproduction de celui de M. de Coussemaker.

Lorsque je réclame votre intervention dans une affaire où ma probité se trouve engagée, vous me pardonnerez, j'espère, à cause de la nécessité qui m'est faite, et voudrez bien, monsieur, avec mes excuses, agréer les assurances de ma haute considération.

F. GÉNIN.

RÉPONSE DE M. GUÉRARD.

Paris, 20 mai 1851.

Monsieur,

Vous me faites l'honneur d'invoquer mon témoignage dans une affaire à laquelle j'aimerais mieux rester étranger. Je suis peu disposé, en effet, à ranimer des querelles depuis longtems assoupies. Toutefois je ne puis me refuser à reconnaître, et je le crois, avec toutes les personnes qui prendront la peine d'examiner, que la publication du feuillet de Valenciennes, faite par M. de Coussemaker, laissait beaucoup à désirer, soit par rapport au calque du manuscrit, soit par rapport à la lecture et à l'explication du texte, et que l'édition publiée par vous me paraît former un travail neuf, exact et complet. J'ajoute volontiers qu'elle contient, à mon avis, des renseignemens d'un grand intérêt sur les origines de la langue française et d'une grande utilité pour la science philologique.

Agréez, je vous prie, monsieur, etc.　　　　GUÉRARD.

RÉPONSE DE M. DE WAILLY.

Paris, 20 mai 1851.

Monsieur,

Vous m'avez fait l'honneur de m'écrire hier au sujet d'un mélange d'écriture minuscule et de notes tironiennes tracé sur un feuillet servant de garde au manuscrit *Paradysus* (t. IV, 17) de la bibliothèque de Valenciennes, en me priant de comparer le *fac-simile* et le déchif-

frement qui en avaient été publiés en 1849 par M. Edmond de Coussemaker avec ceux que vous avez vous-même fait paraître un an
après lui.

Voici les faits qui résultent pour moi de cette comparaison :

1° Vous seul avez reproduit des fragmens d'écriture minuscule et
un certain nombre de notes tironiennes qui appartiennent au recto
du feuillet.

2° En ce qui concerne le verso, votre publication est plus correcte
et beaucoup plus complète que celle du premier éditeur. Les amélio-
rations que j'ai constatées portent quelquefois sur des portions de
lignes, plus souvent sur des mots ou des syllabes et sur la forme
même des caractères. En somme, elles assureraient la supériorité à
votre édition, quand même vous n'y auriez pas joint la traduction
des notes tironiennes faite par le jeune savant qui a le premier expliqué tous les secrets de cette obscure sténographie. Il est évident qu'à
l'aide d'un réactif vous avez fait reparaître un grand nombre de traits
qui avaient dû échapper à M. de Coussemaker. En publiant pour la
première fois le curieux fragment découvert par M. Bethmann, il avait
rendu à la science un service véritable, et dont tout le monde doit
encore lui savoir gré. Mais au lieu de deux cents mots environ, inter-
rompus par des lacunes considérables qui ne permettaient pas d'en
saisir le sens, le texte du verso, tel que vous l'avez publié, présente
maintenant une suite de phrases ou de membres de phrases qui se
rapportent à un sujet parfaitement déterminé.

En résumé, votre édition sera désormais préférée par quiconque
voudra connaître avec exactitude et l'écriture et le texte de ce curieux
fragment.

Agréez, monsieur, etc.   N. DE WAILLY.

Ces témoignages, je crois, ne laissent rien à désirer.
La citation de mon texte faite par M. P. Paris lui-
même établit que j'avais indiqué le *Voyage historique*
comme la source du premier renseignement. Je consens que l'on juge de tous mes plagiats sur cet échantillon (1).

(1) J'ai quelque honte de relever, même dans une note, l'insulte
qu'on va lire. Ce n'est pas pour l'importance que j'y attache ; mais il

L'article de M. Paris contient beaucoup d'observations de détail, dont chacune m'entraînerait dans une
discussion. Je me dispenserai d'y entrer. Ce sont
presque toujours des querelles sur des mots, sur des
étymologies, des idiotismes, etc. Un seul exemple fera
voir quelle intrépidité d'affirmation et quelle sûreté d'é-
rudition M. Paris porte en ces matières. Entre autres
gallicismes que j'avais signalés dans le style de la chronique de Turpin, se trouve celui-ci : *Currere post ali-
quem*, courir après quelqu'un. Voici la réfutation de
M. P. Paris : — « *Courir après quelqu'un* et *correr
» despues alguno* appartiennent aux deux langues, et
» surtout à l'espagnole. Nous aurions dit plutôt en
» France *currere super*, courre sus, ou tout simple-
» ment *currere*, avec le régime direct. » (Page 314.)

s'agit de mettre en lumière l'exactitude et la bonne foi de M. P. Paris.
« Je me souviens qu'un jour il voulut composer un opéra, paroles et
» musique ; rien que cela ! Devinez ce qu'après avoir longtemps ruminé,
» notre homme parvint à mettre au monde ? les paroles, il les prit à
» Sedaine ; la musique, il oublia de la faire, et se contenta du réci-
» tatif..... *On ne s'avise jamais de tout*, titre de l'opéra-comique dont
» les paroles sont de Sedaine, la musique de Dalayrac, et le reste de
» M. Génin. »
Le nom de Sedaine a toujours été sur l'affiche, et le mien n'y a
jamais paru, même pour la musique. Dalayrac n'a jamais mis en musique *On ne s'avise jamais de tout* ; l'auteur qui avait traité ce livret
avant moi est Duni, dont la partition n'a rien de commun avec la
mienne ; et M. Paris le sait bien, lui qui était présent lorsqu'on fit
au salon le premier essai de ma musique. Enfin il n'y a pas de réci-
tatif à l'Opéra-Comique. A quelles pauvretés la passion va-t-elle recourir ! M. Paris ne devrait jamais parler de musique : cela lui réussit
mal ; il ne peut trouver *ni l'accord en mi, ni l'accord en sol*. (Voyez
ma 1ʳᵉ lettre, p. 31.)

C'est encore là du latin de cette malheureuse fabrique
dont j'ai été obligé d'exposer tant de risibles produits.
M. P. Paris traduirait donc sans scrupule *courre un
lièvre* par *currere leporem*? et *courir sus à quelqu'un,
currere super alicui*? Pour affirmer « *Nous aurions
dit plutôt en France,* » etc., il faut avoir des autorités ;
où les prend-il? dans le latin de Cicéron, ou dans la
basse latinité ? Le rudiment lui donne un démenti sur
le premier cas, et Du Cange sur le second. Tout cela
est de la fantaisie pure, et c'est cette fantaisie que
M. P. Paris veut arrogamment faire prévaloir sur les
règles, sur les faits, sur toutes les autorités du monde.
M. P. Paris, qui possède une érudition polyglotte,
affirme donc que cette forme *courir après quelqu'un*
appartient SURTOUT à la langue espagnole, et tout de
suite il prouve son dire en alléguant la locution *correr
despues alguno*. Je suis obligé d'apprendre à M. Paris
que l'on dit en espagnol, pour signifier *persequi ali-
quem, correr detras de alguno*. L'autre expression,
correr despues alguno, est espagnole comme *currere
leporem* est latin (1). L'Espagnol qui a fourni ce renseignement à **M. P. Paris** est un Gascon ; à moins que
M. P. Paris n'ait fabriqué lui-même cet idiotisme tout
simplement avec un dictionnaire ; car M. Paris semble

---

(1) *Correr despues alguno* signifierait courir depuis quelqu'un,
après qu'un autre a couru. Un membre des plus illustres de l'Académie royale de Madrid, à qui je montrais cet endroit de l'article de
M. Paris, se mit à rire, et spontanément, sans savoir même de quoi
il était question, me dit : « Cela ressemble à l'espagnol de monsieur
un tel ! » J'admirai cette sagacité.

avoir adopté pour règle de conduite le mot de Danton :
« De l'audace, de l'audace, et encore de l'audace ! »
J'ignore ce que vaut cette maxime en politique, mais
en philologie elle est détestable.

Quant à ce que M. P. Paris n'aime pas ma traduction, c'est son droit, c'est une affaire de goût : je n'essaierai pas de lui prouver qu'il doit l'aimer, encore
qu'il s'attache à en dégoûter les autres. Le mieux et le
plus honnête eût été d'abandonner chacun à sa pente
naturelle. Je suis certainement bien marri de n'avoir
pas su lui plaire, non plus qu'à ses confédérés ; mais
quoi ! je tâcherai de m'en consoler par l'approbation
de gens moins difficiles : *Convivis mallem quam placuisse cocis*. En fait de poésie du moyen âge et de
philologie française, M. P. Paris est un peu cuisinier
et grandement orfèvre.

Il termine pour aujourd'hui sur cette phrase menaçante : « Dans un second article, nous examinerons le
» *texte critique* de cette troisième édition. »

C'est une des plus fortes ironies de M. P. Paris d'af-
fecter toujours de donner à mon édition le numéro trois.
Il considère comme la première celle de M. Fr. Michel ;
la seconde est le *Roncivals* de M. Bourdillon, qui est,
comme l'on sait, un autre poëme, à la vérité sur le
même sujet, mais de rédaction absolument différente.

Le lecteur ne verra pas sans intérêt le jugement de
M. Bourdillon sur le poëme de Theroulde, qu'on voudrait aujourd'hui identifier avec l'incomparable *Roncivals* de M. Bourdillon : — « Absurdités, bévues, mots

» jetés au hasard, expressions impropres, vers estro-
» piés, raison sans rimes et rimes sans raison, je ne
» crois pas que, dans aucune langue, on ait jamais
» présenté au public un fatras pareil ; car enfin avec
» des caractères on veut des mots, et avec des mots on
» veut des idées : or *il est de toute impossibilité de*
» *pouvoir traduire ce manuscrit ;* et, si on le tentait,
» il en sortirait plus de coq-à-l'âne qu'il n'en existe
» peut-être dans tous les ouvrages en langue romane
» imprimés depuis dix ans! *et mes expressions doivent*
» *être prises à la lettre.*

» Tout, dans ce manuscrit d'Oxford, est roman, ou,
» pour parler avec plus de précision, baragouin-roman :
» — c'est bien le plus grand ramas de sottises qu'on
» puisse voir ! » (*Préface*, pages 79, 84, 86.)

Notez que M. Bourdillon est un de ces bienfaiteurs
que j'ai payés d'ingratitude, et pour qui tout particulièrement M. P. Paris réclame de ma part « *l'hommage*
d'un véritable respect ». Si je suis redevable à M. Bourdillon, ce n'est pas apparemment de l'idée de traduire
et commenter le *Roland ?* Les termes dans lesquels il
en a parlé semblaient me dispenser de l'hommage en
question, et je persiste dans mon avis.

Personne n'avait songé à se formaliser de la sentence portée par M. Bourdillon ; personne n'avait songé
à en appeler ni à s'en plaindre, ni M. P. Paris, ni
M. Fr. Michel lui-même, personne enfin : pourquoi ?
c'est que toute l'attaque de M. Bourdillon portait sur
l'œuvre littéraire sans toucher à l'éditeur. L'œuvre

était déshonorée, mais l'éditeur n'était pas atteint : on n'a pas soufflé mot. Un beau jour, quelqu'un s'avise de ramasser cette composition inepte, conspuée, oubliée dans un coin : cet homme (qui n'était pas de la confrérie) attire l'attention du public sur l'œuvre condamnée ; démontre qu'elle a été méconnue ; essaie de la traduire, et, au lieu du fatras sans pareil, du ramas de sottises et de coq-à-l'âne auxquels on s'attendait, y fait voir de l'art, de l'éloquence, du génie. Il pousse le zèle et la hardiesse, l'imprudent ! jusqu'à vouloir rectifier quelques mauvaises leçons du texte, insinuant par là que le premier éditeur a pu se tromper. Oh, alors, malheur à lui ! toute la fourmilière est en émoi : M. Michel écrit au journal *l'Univers* ; M. Paris écrit à la revue de l'École des chartes ; M. Guessard vole à Oxford (1) ; M. Bourdillon embrasse M. Michel, et M. Michel M. Bourdillon. C'est convenu : Theroulde

---

(1) « Deux jours après l'avoir lue (une phrase de mon introduction), » j'étais ici. » (*Lettre de M. Guessard à M. de Bastard*, page 3.) Cette bouillante ardeur, ce mouvement impétueux qui emporte si subitement M. Guessard à Oxford, n'était pas l'effet, comme on le pourrait croire, d'une admiration excessive pour la *Chanson de Roland* ; car voici en quels termes M. Guessard a parlé de ce monument littéraire dans son article sur les *Variations du langage français* :

« La *Chanson de Roland* paraît à M. Génin tout ce qu'il y a de plus » suave et de plus harmonieux : c'est un chef-d'œuvre, ou peu s'en » faut. Il ne tarit pas sur les mérites de cette vieille rapsodie, et il y » voit tout ce qui n'y est point. » (*Bibliothèque de l'École des chartes*, t. II, p. 250.)

La *vieille rapsodie* n'est donc, on le voit clairement, qu'un prétexte pour couvrir des manœuvres ténébreuses sur lesquelles la lumière pourra descendre un jour.

a produit un chef-d'œuvre, et moi je suis un sacrilége qui l'ai défiguré. M. Guessard est parvenu à ramasser sur les pages du vélin quelques débris de consonnes et de voyelles demeurés inaperçus jusqu'à lui ; il revient triomphant : quel parti il va tirer de ces précieuses bribes ! Il en fait d'abord, dans sa chaire publique de l'École des chartes, une leçon contre moi aussi pleine de convenance que d'à-propos ; ensuite il en fait une brochure, et il promet d'en faire encore deux ou trois, cinq ou six. De son côté, M. P. Paris rafraîchit le bec de sa plume : à peine il achève de brocher un article, le suivant est déjà sur le métier, et Dieu seul peut savoir où cela s'arrêtera :

Celui qui met un frein à la fureur des flots...!

Le scandale, l'abomination, la désolation, les cris, l'anathème et une avalanche de brochures, voilà pour me payer d'avoir osé toucher du bout du doigt aux intérêts d'un confédéré : c'est la monnaie du procès qu'on n'a pas osé me faire. *Roland* se voit de nouveau envahi par une armée de Sarrasins ; mais il leur fera tête, et, bien qu'il n'ait pas d'Olivier à ses côtés, j'espère que la *Bibliothèque de l'École des chartes* ne sera pas pour lui la vallée de Roncevaux.

M. Paris va, dit-il, examiner mon *texte critique ;* et ces mots soulignés par lui sont gros d'un nouvel ouragan. Je suis un peu embarrassé de deviner sur la foi de quels élémens M. P. Paris va me discuter ; car enfin il n'a pas plus que moi vu le manuscrit d'Oxford. Pren-

dra-t-il pour base d'opération la brochure de M. Guessard (1)? Il ne le peut sans se mettre en contradiction
flagrante avec lui-même. Nous savons bien que M. Paulin Paris n'est pas à cela près; mais si fort qu'on méprise le public, encore faut-il un peu sauver les appa-
rences et ménager la pudeur. Or M. P. Paris n'admet
pas la possibilité de voir un texte par les yeux d'autrui:
-- « Comme il est certain que M. Génin n'a jamais
» entrevu le manuscrit d'Oxford, il faut qu'un autre
» ait accepté la commission de relever ces variantes.

---

(1) Cette brochure a paru: elle forme seize pages. Sauf deux bonnes
rectifications de passages sur lesquels j'avais été trompé par le texte
de M. Fr. Michel, c'est un amas d'importantes vétilles et de grosses
accusations entées sur des niaiseries; le tout assaisonné d'interpréta-
tions gratuitement injurieuses et de mots des halles comme en sait
dire M. Guessard, pour qui la science n'est qu'un prétexte et un
instrument de haine. J'ai la satisfaction de voir que, dans un bon
nombre de passages, mes conjectures ont rencontré le véritable texte.
M. Guessard, qui possède l'art de tout empoisonner, affirme que mes
renseignemens m'avaient fourni la bonne leçon; qu'en sait-il? mais
que pour tromper le public et glorifier ma sagacité, je me suis permis
de mettre le mot entre crochets ou entre parenthèses. Cela fait pitié!
Ceux-là seuls peuvent supposer de la part des autres de pareilles su-
percheries, qui en seraient eux-mêmes capables.

Il me reproche d'avoir mis *Oxford sic* à quelques mauvaises leçons
qui ne sont pas celles du manuscrit d'Oxford. Ma réponse est bien
simple: Toutes les fois que mes notes (qui n'étaient que des colla-
tions partielles) ne contredisaient pas le texte imprimé, j'ai pris ce
texte pour le texte authentique original. J'ai été induit en erreur par
M. Fr. Michel, voilà tout. Mais celui que M. Guessard atteint directement de son pavé, c'est son ami M. Fr. Michel, dénoncé à chaque
instant pour avoir très-mal rempli son devoir d'éditeur, tantôt passant des mots, tantôt les estropiant, ou même les remplaçant par
d'autres mots: par exemple, lorsqu'il met *saint Martin* au lieu
de *saint Michel*, très lisible dans le manuscrit, dit M. Guessard.

» Établir un texte critique par commissaire ! On ne
» l'avait pas encore vu (1). » (Page 304.)

C'est pourtant ce que va faire M. P. Paris. De ma
part, le procédé lui semblait absurde ; mais il dit comme
Danville : *Mais moi, c'est autre chose !* Et, en effet, la
différence est grande : j'ai employé une collation faite
par un de mes amis, et il se servira, pour la contrôler,
d'une collation faite par un de mes ennemis : il y aura
bien du malheur si les résultats sont identiques ! La
question sera donc de savoir quels yeux sont les meilleurs pour lire les manuscrits : ceux de la haine ou
ceux de l'amitié ? Quiconque voudra la résoudre avec
certitude n'aura d'autre parti à prendre que de mettre
dans sa poche la liste des assertions contradictoires,
et d'aller à Oxford vérifier sur le texte original.

M. Fr. Michel, qui s'est montré si fort irrité de mon silence, peut en
apprécier le mérite aujourd'hui qu'il entend parler son impitoyable
ami... Ah ! c'est que M. Guessard est une nature méchante qui veut
avant tout se satisfaire, n'importe aux dépens de qui.

M. Guessard a d'ailleurs un avantage précieux, mais dont il abuse :
c'est que ses ouvrages sont tous inédits. S'il publie jamais un livre, il
s'apercevra peut-être qu'il n'est pas lui-même exempt des faiblesses
de l'humanité : je n'en veux pour preuve que la première ligne de sa
dernière brochure. Il date d'*Oxford*, LE 31 AVRIL; c'est une singulière entrée en matière pour une liste de rectifications ! Si M. Guessard ne possède pas mieux l'art de vérifier les textes que l'art de
vérifier les dates, son pèlerinage d'Oxford pourrait bien n'aboutir
qu'à introduire dans la langue des archéologues une locution proverbiale ; pour exprimer une leçon fausse ou très-suspecte, on dira :
C'est une variante du 31 avril.

(1) Si M. P. Paris était un peu moins étranger aux travaux de la
philologie classique, il saurait que cela s'est vu au contraire fort souvent, et se voit encore tous les jours.

J'en ai fini avec la partie scientifique de l'article, celle qu'on pourrait appeler la partie honnête : il en reste une autre très-considérable par l'étendue et par l'intensité, celle des injures. Cette partie de l'article de M. P. Paris est écrite, non pas avec colère, non pas avec fureur, mais avec rage. Ingrat, charlatan, plagiaire, faussaire, impertinent, insolent, terroriste, impie, insulteur public, sensible uniquement au plaisir de mordre, dont les procédés ne sont pas ceux d'un galant homme, voilà les aménités dont M. P. Paris *a pensé qu'il était de son devoir* (de chrétien ?) de me gratifier, et qu'il trouve l'art de délayer en quarante pages sans les affaiblir. Quand il s'arrête par la nécessité de reprendre haleine, il a grand soin de mettre après sa signature sa qualité de membre de l'Institut. Je ne crois pas cependant qu'elle lui ait été conférée pour servir de cachet à des libelles et de passeport à la diffamation. L'usage ou plutôt l'abus que fait de son titre M. P. Paris me semble un manque de respect envers le corps savant auquel il a l'honneur d'appartenir. Je ne puis supposer que l'Institut ratifie cette conduite, et s'associe aux indignités dont il plaît à l'un de ses membres de me noircir. S'il pouvait en être ainsi, je protesterais en face du monde savant contre cette prétention de transformer le titre d'académicien en une arme impunément offensive et meurtrière. M. Paris veut m'assassiner avec un fer sacré : nous verrons quel succès couronnera ses efforts.

On se demande le motif qui a pu jeter M. P. Paris en

de pareils excès ; car de dire qu'il a pensé remplir un
devoir, et que tant de bile envenimée découle uniquement
d'une source scientifique, c'est ce que personne
ne croira, c'est ce qu'il est impossible d'admettre un
seul instant. On cherche donc la cause cachée sous ce
prétexte, et j'entends murmurer autour de moi que les
bibliothèques étant dans les attributions du chef de la
troisième division au ministère de l'instruction publique,
apparemment je me suis servi de mes fonctions
administratives pour nuire à M. Paulin Paris. Ce soupçon
m'est bien autrement sensible que l'accusation
d'ignorance, et je dois employer tous les moyens possibles
pour en démontrer la fausseté. Le meilleur sans
doute serait de dévoiler l'origine de cette animosité
grossière et acharnée ; mais je l'ignore. Tout ce que
je puis faire, c'est de constater, d'une part, que je ne
mérite pas le soupçon qu'on élève ; de l'autre, que les
sentimens exprimés à mon égard par M. P. Paris sont
chez lui de date fort récente. Pour le prouver, je ferai
avancer un témoin que M. P. Paris ne récusera pas :
c'est M. P. Paris lui-même. Je suis extrêmement fâché
qu'il m'ait réduit à produire ces preuves ; mais la violence
de son attaque m'y autorise, en ne me laissant
pas d'autre ressource pour me défendre. Il importe que
le public soit édifié sur la moralité de l'affaire, et voie
clairement qu'il y a tout autre chose au fond que de la
philologie.

La correspondance suivante expose les seuls rapports
que j'aie eus depuis trois ans avec M. P. Paris.

Je vous prie seulement, monsieur, de faire attention aux dates : la chronologie, comme vous savez, est l'œil de l'histoire.

29 mai 1848.

Il n'y a pas de pire aveugle que celui qui ne veut pas voir : je n'en suis pas là, grâce à Dieu, et je ne puis m'empêcher de comprendre que si le ministre (1) a conservé à mon livre les anciennes souscriptions qu'il avait obtenues, c'est par l'effet de la bienveillante estime que lui portait monsieur Génin. Je le prie donc d'en agréer mes bien vifs remercîments, bien que ce loyal procédé me fasse regretter plus que jamais les très-injustes préventions qui lui ont fait répudier, il y a déjà bien longtemps, une amitié vraie, et souvent éprouvée de part et d'autre.

P. PARIS.

Dans ce tems-là je ne m'appelais pas « le citoyen François Génin, précepteur de son métier, rédacteur du *National*, natif d'Amiens, d'Épinal ou de Montbelliard. » On voit que, depuis mai 1848, je suis terriblement déchu dans l'estime de M. Paulin Paris ! Beau livre à faire : De l'influence réciproque de la politique sur la philologie.

La seconde lettre me replace au cœur de mon sujet, et appartient doublement à l'histoire de ce débat, puisque *Roland* en fut l'occasion. M. Paris, on va le voir, ne pouvait ignorer quel soin avait présidé à ce travail, dont il parle avec tant de hauteur et de mépris.

Monsieur,

En demandant le beau et précieux manuscrit de *Roncevaux* que vous aviez déjà emprunté, que j'avais pris la liberté de vous rede-

(1) M. Carnot.

mander pour faire un article de l'*Histoire littéraire* (1), vous avez renouvelé le plus grand chagrin que j'aie éprouvé depuis longtemps. Je ne le dissimulerai à personne, et à vous, monsieur, moins qu'à personne : ce manuscrit, j'en ai toute la responsabilité, et depuis que j'ai cessé de m'en servir, on l'a déplacé de façon que toutes mes recherches depuis dix-huit mois, recherches pour ainsi dire incessantes, aient été inutiles.

Je l'avais rapporté, et mon intention était de le faire effacer aussitôt de mon compte sur le livre de prêt, quand deux étrangers se présentèrent à la Bibliothèque nationale pour le voir ; je le pris sur mon bureau (avant de l'avoir fait effacer du livre de prêt), ils l'examinèrent avec attention. La séance s'écoula. Le lendemain ou le surlendemain, ne le voyant pas sur mon bureau, j'allai pour le prendre à sa place ordinaire, dans le fonds de Colbert : je ne le trouvai pas. Je cherchai ; inutiles recherches. Je demandai à M. Claude s'il ne l'avait pas effacé, s'il ne vous l'avait pas remis ; si, par aventure, persuadé qu'il n'avait pas encore été définitivement effacé de votre compte, vous ne l'aviez pas fait reprendre. M. Claude ne me répondit qu'en me montrant l'article du registre auquel j'étais inscrit. C'est de ce moment que mes recherches ont commencé, et jusqu'à présent, je le répète, elles ont été infructueuses.

Je ne doute pas qu'il n'ait été déplacé ; car il est impossible de supposer que ces étrangers aient voulu, aient pu s'en emparer. D'ailleurs mes souvenirs, ravivés tous les jours par mon inquiétude, sont parfaitement nets, exacts ; il n'y a donc que le temps qui pourra faire découvrir l'endroit où ce trésor véritable est caché.

Vous êtes fait, monsieur, pour les aventures de ce genre. Il faut, en vérité, avoir un éloignement bien robuste pour le système de la fatalité, pour ne pas être frappé du rapport qui se rencontre entre l'*Histoire des lettres de Marguerite de Navarre*, première cause de la rupture de nos anciennes relations, et le manuscrit que l'on ne peut aujourd'hui vous remettre une seconde fois. Je ne me préoccupe, en ce moment, que d'une chose : c'est de vous dire la vérité que je vous dois. Dans ma conscience, je ne me reproche rien ; j'ai rapporté le volume pour le faire effacer ; j'ai voulu presque aussitôt le faire effacer : le malheur est que, pendant ce court intervalle, il aura été déplacé ou plutôt mal replacé. Agissez, monsieur, comme vous croirez devoir

(1) M. P. Paris m'avait fait cette demande à la fin de 1848 par une lettre d'une exquise politesse. Je la supprime comme superflue.

le faire. Je le répète, je suis responsable, et vous connaissez tous les faits. Je me garderai bien de vous engager à prendre un parti plutôt que l'autre : cependant je crois pouvoir vous avouer que je n'aurai pas de repos avant que ce manuscrit ne soit découvert et retrouvé ; vous n'en auriez aucun besoin, que mon tourment et mes inquiétudes seraient encore les mêmes.

J'ai l'honneur d'être, monsieur, votre très-humble et très obéissant serviteur.

P. Paris.

Jeudi, 16 mai 1850.

P. S. — Encore un mot, monsieur ! Dans les circonstances désagréables où se trouve l'administration de la Bibliothèque nationale par suite des brochures de Paris et de Londres, pour la défense de M. Libri, il serait certainement fâcheux de compliquer ces embarras par la publication de la cause de mon chagrin particulier. Vous pèserez dans votre sagesse le pour et le contre ; mais pour moi, j'ai voulu vous en écrire toute la vérité ; je ne veux pas, à cinquante ans, commencer à prendre une position fausse à votre égard ni à l'égard de personne. Je vous aurai une obligation véritable, si vous prenez la peine de m'accorder quelques mots de réponse : et quoi que vous pensiez, disiez et fassiez, monsieur, vous ne pouvez rien ajouter au chagrin que ce manuscrit m'a déjà causé. — Si, par impossible, ce manuscrit était sorti de la Bibliothèque nationale, vous comprendrez parfaitement qu'il ne pourra se révéler nulle part en Europe sans qu'on ne le reconnaisse facilement avec la dernière évidence. C'est le volume dont la propriété est le plus facile à constater, et dont il serait le plus impossible à un particulier, quel qu'il fût, de jamais tirer le moindre parti.

En tout état de cause, le manuscrit a été emprunté par moi, il est inscrit sous mon nom ; j'en suis donc seul responsable, et non la Bibliothèque ; du moins celle-ci ne l'est-elle qu'après moi. Le fait est donc celui-ci : Vous demandez un manuscrit que M. P. P. a emprunté, et qu'il vous demande la faveur de garder encore quelque temps. Vous savez maintenant la cruelle nécessité qui m'oblige à vous demander cette faveur.

Voici ma réponse :

Paris, le 17 mai 1850.

Monsieur,

Quelque pressant besoin que j'eusse de collationner le manuscrit Colbert 7227 [5], puisque j'en suis à lire mes épreuves, vous m'alléguez une raison invincible, à laquelle je suis bien obligé de me soumettre. Mon intention n'est assurément pas de vous en faire aucune peine : j'ajournerai donc toute demande jusqu'au moment où vous aurez retrouvé le manuscrit. Mais, connaissant où je suis arrivé de mon travail, vous comprenez que chaque jour de retard y apporte un tort irréparable, et que, dans un tems donné, la remise du volume me serait tout à fait inutile. Cela m'oblige à vous prier, monsieur, de faire le possible et même l'impossible pour hâter l'époque d'une résurrection que tous deux nous devons également souhaiter. Je vous en aurai autant de reconnaissance que si vous n'y aviez aucun intérêt.

J'ai l'honneur d'être, monsieur, votre bien dévoué serviteur.

F. GÉNIN.

Cette lettre se croisa avec le billet suivant :

Vendredi, 17 mai 1850.

Monsieur,

Veuillez bien regarder comme non avenue ma lettre d'hier : le manuscrit a été retrouvé sous les amas de M.***, qui s'en servait et qui l'avait depuis longtemps sans doute à son bureau. J'avais cherché partout, excepté là ; et, sans votre demande, j'aurais encore longtemps conservé le ver rongeur qui me mangeait la rate depuis dix-huit mois. Voilà donc ces deux pauvres malheureux *étrangers* (1), que je ne pouvais m'empêcher de soupçonner, justifiés complétement. Je demeure, monsieur, votre très-humble serviteur.

P. PARIS.

(1) Le texte porte un nom de nation.

Voilà donc où nous en étions il y a juste un an.
Depuis je n'ai pas eu la moindre relation avec M. Paulin Paris; et la première marque de souvenir qu'il
m'ait donnée a été son article dans la *Bibliothèque de
l'École des chartes*. Je laisse à décider si mes procédés
à l'égard de M. Paris justifient le ton de cet article.
Comment ai-je pu tout à coup mériter l'épithète
d'insulteur public et toutes les autres injures dont
me charge la fureur de M. P. Paris? C'est ce que
M. P. Paris lui seul pourrait dire. La seule conjecture
que je puisse hasarder, c'est que M. P. Paris est l'organe complaisant de quelque intérêt que j'ignore et
qui se cache; M. P. Paris, heureux d'ailleurs de la
circonstance, cela se voit, épouse la cause d'autrui
avec une facilité qui fait honneur à son imagination ;
dans la chaleur de son zèle, il me jette à la tête
le vocabulaire des Scioppius et des Scriverius : mais
quand on a si longtems vécu dans le moyen âge, on
est peut-être excusable de n'en être qu'au xvi⁰ siècle
en 1851.

Relativement au fond même de ses critiques, je n'en
suis ni blessé ni affligé. Quand elles seraient toutes
reconnues injustes, je n'en serais pas plus fier : cela
prouverait seulement qu'il n'a pas su choisir; car, dans
un travail si long et si divers, comment pourrais-je
me flatter qu'il ne m'est échappé aucune erreur? Pour-
rait-on même raisonnablement l'exiger? Non, sans
doute. Personne n'est plus que moi convaincu de l'imperfection de mon ouvrage : et, comme depuis qu'il a

vu le jour, je n'ai pas cessé d'étudier la matière, si
M. P. Paris m'eût fait l'honneur de me demander à
moi aussi des notes dans ce sens, j'aurais pu lui en
fournir beaucoup. Mais je n'accorde pas à M. P. Paris
que mon travail ne contienne absolument rien de bon.
Pourquoi donc s'efforcer de repousser dans l'ombre ce
qu'il peut renfermer d'utile, et ne mettre en saillie que
les défauts passionnément exagérés par une critique
sans loyauté comme elle est sans bienveillance ?

C'est qu'il y a deux natures d'écrivains critiques :
les uns ressemblent à l'abeille, qui sait trouver du
miel sur toutes les fleurs ; les autres ressemblent à la
vipère, qui convertirait en venin le suc même des
roses. Je n'ai pas besoin de dire lequel des deux ani-
maux est le plus utile, encore que les vipères soient
bonnes à quelque chose, puisqu'on en tire parfois de
la thériaque. L'antiquité prétendait même qu'elles portaient en elles le contre-poison de leurs morsures, et
qu'il suffisait, pour en guérir, de les écraser immédiatement sur la plaie. Mais c'est une question de médecine où je n'entends rien.

Dans cette lettre et la précédente, qu'ai-je voulu ?
Me défendre ? Non, mais rendre manifeste qu'en cette
affaire je suis en butte à l'hostilité systématique d'une
coterie, et d'une coterie qui ne se refuse aucun moyen
pour arriver au monopole de certaines études et à la
domination dans la science. M'arrêter à cribler une à
une toutes les chicanes qu'il plaira à ces messieurs
de me faire, ce serait prendre le premier le change

qu'ils veulent donner au public ; ce serait accepter
le joug de ces tyranneaux, et me rendre leur esclave.
Je les montre au doigt, et je passe.

Agréez, monsieur, etc.

F. GÉNIN.

Paris, le 30 mai 1851.

POST-SCRIPTUM.

M. P. Paris publie un *errata* et un *post-scriptum*
à son article. L'*errata* nous prévient qu'il faut lire
dans un endroit, au lieu de tables *de Rymer*, tables
du Doomsday-Book ; et dans un autre, mort vers 1200,
au lieu de vers 1100. L'*errata* est bien court ! Le lecteur charitable qui a averti M. Paris un peu tard
devait bien, pendant qu'il y était, faire ajouter du
moins : « Rolewinck, méprisable auteur protestant,
lisez estimable auteur catholique. »

Ainsi, M. P. Paris invoque la faute d'impression
pour mettre en harmonie la date de la fameuse lettre
et celle de la mort du prieur du Vigeois ? J'y consens,
je lirai : mort vers 1200. Mais la thèse de M. Paris
n'en est que mieux condamnée, car tout de suite la
lettre revient au prieur de Saint-André, en 1092.

N'oublions pas ce qui fait l'importance de cette
lettre aux yeux de M. Paris comme aux miens. C'est

qu'elle présente la première mention de la chronique
de Turpin : c'est pourquoi M. Paris la recule tant qu'il
peut après la mort de Calixte. Mais, par malheur pour
lui, la chronique est mentionnée dans Raoul Tortaire,
mort certainement en 1114, ou au plus tard 1115,
c'est-à-dire environ dix ans avant Calixte. Ainsi la
première mention se retrouve toujours contempo-
raine de Guy de Bourgogne, ce que M. Paris voulait
par-dessus tout éviter, et ce qu'il est forcé d'accorder.
S'il échappe au prieur de Saint-André de Vienne en
1092, il retombe dans les mains de Raoul Tortaire
en 1115, et le prieur du Vigeois, logé tout au bout
du xii⁰ siècle, ne peut en rien le secourir : de tous côtés
la retraite lui est coupée.

Aussi M. Daunou, qui, avec tous les critiques antérieurs à l'édition de M. Ciampi, admettait le prieur du
Vigeois pour l'auteur de la lettre, n'admet-il pas que
cette lettre donne la première mention de la chronique : « L'âge de cette chronique peut se conclure
» des mentions qui en ont été faites par divers auteurs :
» *le premier qui en parle est Rodolphe de Tortaire,*
» moine de Fleury, qui écrivit de 1096 à 1115. » Et
encore, avant le prieur du Vigeois et sa date de 1192,
nous trouverions Julien, archevêque de Tolède, qui,
vers 1160, découvrit un manuscrit de la chronique
dans l'abbaye de Saint-Denis (1). Le prieur du Vigeois
n'arrive au plus tôt qu'en troisième ligne. Par consé-

(1 Daunou, article Turpin.

II   23

quent tous les efforts de M. P. Paris n'aboutissent à
rien : sa rectification ne prouve rien en faveur de
Calixte ; elle prouve seulement que M. P. Paris ne
croit pas qu'un homme puisse écrire quatre-vingt-
douze ans après sa mort. Son opinion à cet égard est
peu importante.

M. Paris, fidèle à son système, prétend que ma première lettre est encore un plagiat du travail d'autrui,
toutes les fautes que j'y relève ayant été, dit-il, signalées autrefois par M. Guérard. Quoi ! n'y a-t-il donc
pas d'altération de la vérité, si impudente fût-elle,
capable de faire reculer M. P. Paris ? Comment !
M. Guérard, dans une lettre de 1837, avait signalé les
atroces bévues du *Villehardouin* publié seulement en
1838 ? et celles de l'*Essai d'un dictionnaire historique*
publié en 1847 ? et celles de la *Chanson d'Antioche*
publiée en 1848 ? A quels lecteurs M. P. Paris croit-il
avoir affaire, et de quel nom peut-on qualifier poli-
ment un pareil moyen de défense ? La vérité, la voici :
sur QUARANTE - SIX bévues signalées par moi, TROIS
l'avaient été déjà par M. Guérard. J'aurais pu faire à
sa lettre un quatrième emprunt : c'est l'origine du mot
charbon de terre, « ainsi nommé parce que l'Angleterre
le tire du continent (1). » Je n'ai pas pris celle-là, et
M. Paris, pour me remercier de ma discrétion, m'appelle plagiaire ! Je conviens que, dans une matière si
riche, je ne devais pas faire de double emploi pour

---

(1) Notes sur le *Don Juan* de Byron.

trois bévues ; mais si j'ai fait tort au lecteur de trois
bévues de M. Paulin Paris, je suis prêt à en fournir
en échange six, douze, vingt-quatre ; M. P. Paris n'a
qu'à dire : c'est la chose du monde la plus facile ;
chaque jour en voit éclore. Afin de vous en convaincre,
je veux vous en servir deux *in-promptu* ; et, pour lui
faire la partie belle, je lui rends le grec et le latin : je
m'enferme dans la langue française. De plus, pour
qu'il ne dise pas que je vais fouiller ses péchés de jeunesse, je ne veux pas remonter plus haut que 1848 ; et
encore je m'interdis de prendre dans ses livres. Je crois
que c'est être de bonne composition ?

Ouvrez, le *Moniteur* du 16 novembre 1848, article
sur le livre de M. de Saint-Priest. Vous trouvez Adam
de la Halle, Rutebeuf, les écrivains du XIIIᵉ siècle,
désignés par cette expression fausse autant qu'affectée :
les trécentistes français. Le mot *trécentiste*, mal à propos importé de l'italien, ne pourrait désigner que les
écrivains du siècle dont le quantième se marque par le
chiffre 300 après mille, par conséquent du XIVᵉ siècle.
M. P. Paris est apparemment de ceux qui, par *seicen-
tistes*, entendent les écrivains du XVIᵉ siècle, au lieu
du XVIIᵉ. Pour un philologue de profession, l'erreur
est grave.

Prenez encore le *Moniteur* (vous voyez que c'est
officiel) du 27 mai 1851 ; c'était hier. Dans un article
sur la vente de la bibliothèque de M. de Monmerqué,
vous verrez une faute pareille : *céans* mis pour *léans*,
c'est-à-dire *ici* confondu avec *là* : « Quand tous les

» domaines sont envahis, on frappe chez la maîtresse
» de la maison. Or, quelles que soient les dispositions
» littéraires de la dame de *céans*, elle ne verra pas
» sans terreur...., etc. » Vous voyez que ces fleurs
ou plutôt ces chardons naissent sous les pas de
M. P. Paris.

Mais le grief le plus considérable énoncé au *post-
scriptum*, c'est que j'ai calomnié M. P. Paris au sujet
de sa phrase sur M. Daunou. M. Paris rétablit la phrase
entière, qu'il écrirait, dit-il, encore aujourd'hui (tant
pis pour lui !). Or il résulte de ce rétablissement, que
M. P. Paris a approuvé et approuve encore la destitu-
tion de M. Daunou au point de vue politique, parce
que M. Daunou était républicain, et « ne comprenait
» guère mieux que Camus le culte ou seulement l'in-
» térêt des souvenirs de notre ancienne et glorieuse
» monarchie. » Qu'aurait dit M. P. Paris si, en mars
1848, on lui eût appliqué ses propres maximes ?

Transcrivons jusqu'au bout ce texte que reproduit
M. P. Paris, en me reprochant de l'avoir mutilé : « La
» restauration eut, en 1815, le bon esprit d'éloigner
» M. Daunou des archives, *en lui donnant comme un*
» *dédommagement honorable et justement mérité la*
» *direction du Journal des savants et la chaire d'his-*
» *toire ancienne au collège de France.* »

Voilà donc le texte pur et complet ? J'en suis bien
aise : il fait ressortir une fois de plus la méthode
exacte de M. Paris quand il écrit l'histoire.

M. Daunou fut destitué des archives le 26 février

1816; il fut nommé rédacteur-éditeur du *Journal des savans* au mois de septembre de la même année. La place qu'on lui ôtait valait douze à quinze mille francs, plus un beau logement; celle qu'on lui donnait en échange, quinze cents francs, et point de logement. M. Paris s'arrange à merveille de ce dédommagement pour M. Daunou; mais pour lui-même, qu'en dirait-il?

Les chaires du collége de France se recrutent non par voie de nomination ministérielle directe, mais par voie de double présentation. M. Daunou fut présenté régulièrement par le collége de France et par l'Institut, en remplacement de Clavier, décédé. M. Lainé, alors ministre, et, il faut le dire, plein de bonne volonté pour M. Daunou, ne put obtenir du roi de ratifier le choix des professeurs et de l'Institut. Clavier était mort en 1817 : « ce fut seulement le 13 janvier 1819, » pendant que M. Decazes était ministre de l'inté-» rieur, que ce choix fut confirmé par ordonnance » royale (1). »

Voilà le dédommagement et l'empressement dont M. P. Paris avait exprimé sa satisfaction. Je ne me doutais guère qu'en taisant cette partie de sa phrase où la vérité est blessée, je le calomniais.

Après avoir répondu à tout ce qui présentait l'apparence d'une raison, n'ayant plus à combattre que ce qui serait épigramme fine ou trait d'esprit, ma tâche me semblait terminée et j'allais m'arrêter, lorsque

---

(1) M. TAILLANDIER, *Documents sur Daunou*, p. 248.

mes yeux sont tombés sur une phrase dont l'obscurité
peut être significative.

M. Paris tient plus à paraître spirituel qu'à être
clair. A la fin d'une phrase très-alambiquée, il parle
d'une sienne conjecture confirmée par le zèle ardent
que j'avais montré, dès les premiers jours de ma carrière administrative, pour soumettre tout l'Institut à
la retenue. Je ne puis deviner cette énigme. Je vois
bien l'intention de M. P. Paris (on la devinerait sans
la voir) ; mais je ne sais à quoi il prétend faire allusion,
ni de quoi il veut me rendre responsable à côté du
ministre. Je soupçonne que la pensée a gêné l'expression, et M. P. Paris me paraît ici plus près qu'il n'a
jamais été de laisser échapper le secret de cette levée
de boucliers : dans l'éditeur de *Roland* n'est-ce pas
l'administrateur qu'on poursuit ? La philologie ne serait-elle pas ici l'auxiliaire, non-seulement de vanités
malades, mais encore, mais surtout de ressentimens
occultes causés par certaines mesures, certaines exécutions honorables pour le gouvernement qui en est
l'auteur, et dont je ne craindrais pas de porter la responsabilité si elle pouvait m'appartenir ? On se venge
sur qui l'on peut, comme l'on peut. Oui, le dernier
mot du *post-scriptum* de M. P. Paris est le coup de
lumière illuminant l'ensemble du tableau. M. P. Paris
rappelle, en finissant, que j'ai composé un livre des
Jésuites : tout est là ! On s'efforce d'attirer la question
scientifique sur le terrain de l'esprit de parti ; l'intérêt
de la science sert de couverture aux rancunes de l'in-

térêt privé ; ce sont ces honteuses vengeances qui prétendent s'exercer hypocritement à l'abri de l'érudition de M. P. Paris et compagnie ; moyen digne en effet de la cause qui l'emploie ! Ah ! ne parlez plus d'études, de littérature, d'archéologie ni d'histoire ; tous ces nobles termes que vous profanez doivent être en cette affaire remplacés par un seul mot qui résume et vos œuvres et vous : l'intrigue.

Je vous remercie de l'avoir rendue si visible, non pas que l'intrigue démasquée soit toujours vaincue : loin de là ! mais alors son triomphe même déshonore ses agens, et nullement ses victimes.

F. G.

INTRODUCTION

A LA

GRAMMAIRE DE PALSGRAVE.

Les origines de notre langue, depuis neuf siècles qu'elle existe, sinon davantage, attendent encore leur historien. De tous ceux qui ont touché cette matière, le plus célèbre est Henri Estienne, qui passe pour un grand philologue en français; cependant Henri Estienne ne possède sur les sources de la langue française que des notions incomplètes ou trop souvent erronées. Il est, comme son siècle, infatué de l'amour du grec et du latin, et ne s'avise pas de remonter pour les langues modernes plus haut que cette merveilleuse renaissance, qui prétend se rattacher sans intermédiaire à la divine antiquité. Car entre la renaissance et l'antiquité il n'y a rien eu; l'intelligence humaine a cessé de fonctionner; tout ce qui s'est produit dans cet intervalle ne mérite que le mépris et l'oubli.

Et c'est justement dans les ténèbres de cet intervalle que se cachent les origines de notre langue. Henri Estienne et tout ce qui l'a suivi n'a connu qu'une langue de seconde formation, sous laquelle personne

ne soupçonnait une langue native et fortement impré-
gnée de génie national. Personne par conséquent ne
songeait à creuser pour la découvrir, et si par hasard
quelque vestige mal effacé du français originel se laissait apercevoir à travers la couche d'alluvion, *les gens
de grec enfarinés*, au lieu de creuser à la racine, s'ef-
forçaient de le faire disparaître, en criant : Faute de
français ! faute de français !

C'est surtout à l'italianisme que Henri Estienne fait
la guerre : en principe il a raison ; mais il a le tort de
voir des italianismes partout, et, faute de savoir l'histoire de la langue, de s'appuyer dans ses corrections
et dans ses étymologies sur un empirisme sans logique,
ou bien sur de véritables erreurs. Je doute qu'on le
surprenne jamais à se faire un argument de quelque
texte du xiiᵉ ou du xiiiᵉ siècle ; toutes ses autorités,
s'il ne les fait venir de l'Athènes ou de la Rome classiques, il les demande à ses contemporains français ou
étrangers ; quant au moyen âge, il ne soupçonne pas
qu'on puisse lui emprunter rien. Et nous voyons tous
les jours Henri Estienne cité comme la lumière de la
philologie française.

On commence pourtant à sentir la nécessité de remonter dans l'étude du français plus haut que le xviᵉ
siècle. La Grammaire de Palsgrave que nous publions
est un monument placé sur la limite de deux âges.
Composé dans les premières années du xviᵉ siècle avec
l'érudition de la fin du xvᵉ, ce livre présente de la
langue française à cette époque l'inventaire complet et

authentique, scellé, pour ainsi dire, sous l'autorité
d'écrivains illustres, qui tous florissaient avant le règne
de François Ier : ainsi, parmi ces auteurs cités à l'appui des règles, il ne faut pas chercher le nom de Marot,
qui est trop jeune ; mais vous rencontrerez invoqués à
chaque pas ses aînés, Lemaire de Belges, Alain Chartier et l'évêque d'Angoulême, Octavien de Saint-Gelais.
La Grammaire de Palsgrave a l'avantage de renfermer
un dictionnaire, et de plus d'instituer une comparaison perpétuelle entre deux idiomes voisins, l'anglais et
le français. Ce n'est point une grammaire de l'ancien
langage, mais c'est un excellent point de départ et le
plus avancé possible, pour se diriger des frontières
de la langue moderne vers notre langue primitive.

Au surplus, les circonstances qui déterminèrent la
composition de ce livre donneront une idée du soin
que l'auteur y doit avoir apporté, en même tems
qu'elles seront la garantie du talent de cet auteur et
de la confiance qu'il mérite.

Le peu qu'on sait de la vie de Palsgrave se trouve
rassemblé dans la *Biographie dramatique* de David
Erskine Baker (1). Voici la traduction de cette notice :

PALSGRAVE (Jean). Ce savant écrivain florissait sous Henry VII
et Henry VIII ; il reçut son éducation grammaticale à Londres,
sa ville natale. Il étudia la logique et la philosophie à Cambridge,

(1) L'article consacré à Palsgrave dans les *Anecdotes of literature
and scarce books*, de Beloe, n'est qu'une suite d'extraits de la Grammaire et une description du volume. Pour les détails biographiques,
Beloe renvoie à Baker.

où il prit le grade de bachelier ès arts, après quoi il se rendit à Paris. Il y consacra quelques années à l'étude de la philosophie et des sciences en général, se fit recevoir maître ès arts, et acquit du français une connaissance tellement approfondie, qu'en 1514, lors de la négociation d'un mariage entre Louis XII de France et la princesse Marie, sœur d'Henry VIII d'Angleterre, Palsgrave fut choisi pour enseigner le français à la future reine de France ; mais la mort de Louis XII ayant suivi de près son second mariage, Palsgrave rentra en Angleterre avec sa belle élève. Il devint le maître de français à la mode parmi la jeune noblesse, obtint un bon bénéfice ecclésiastique et fut porté sur la liste des chapelains ordinaires du roi.

En 1531, il séjourna quelque tems à Oxford ; l'année suivante, l'université de cette ville le reçut maître ès arts, comme avait fait l'université de Paris, et de plus lui conféra quelques jours après le titre de bachelier en théologie.

A cette époque il était tenu en haute estime pour son savoir. Un fait très-remarquable, c'est que Palsgrave, un Anglais, fut le premier qui réduisit la langue française sous des règles grammaticales et tenta de la fixer par l'autorité des exemples. Il exécuta cette entreprise avec autant d'habileté que de succès dans le grand ouvrage *en cette langue* (1) qu'il fit paraître à Londres sous ce titre : *l'Esclarcissement de la langue francoise*, 1530 ; un épais in-folio divisé en trois livres, précédés d'une grande introduction *en anglais* : si bien que la nation française, aujourd'hui si orgueilleuse de l'universalité de sa langue, paraît en avoir l'obligation à notre pays.

Toutefois ce livre n'eût pas justifié la présence de cet article dans le nôtre, si Palsgrave n'eût traduit en anglais une comédie latine d'*Acolastus*, œuvre d'un certain Guillaume Fullonius, son contemporain, et qui demeurait alors à la Haye en Hollande.

Les dates de la naissance et de la mort de Palsgrave sont des détails sur lesquels je n'ai pu me procurer aucun indice. Toutefois, par le rapprochement de plusieurs circonstances, je ne puis

---

(1) J'ai conservé l'espèce d'amphibologie du texte, *in that language* ; mais il n'est pas douteux que, dans la pensée de l'auteur, ces mots ne signifient *en français* : erreur matérielle qui prouve que Baker n'avait jamais vu un exemplaire de ce livre rarissime. Il a été induit en erreur par le titre.

le supposer âgé de moins de soixante ans lorsqu'il donna cette traduction de la comédie d'*Acolastus* : ce fut en 1540. (*Biographia dramatica*, by David Erskine Baker, t. I, p. 348.)

Pits, qui, pour la partie littéraire, a copié la courte notice de Jean Bale, ajoute sur les mœurs et la capacité de Palsgrave quelques renseignemens dont il n'indique pas la source et dont je lui laisse la responsabilité.

Jean Palsgrave, Anglais, natif de Londres. La nature lui avait libéralement départi ses dons : heureux génie, mémoire imperturbable, élocution facile, une modestie et une modération d'âme dignes d'éloges. Parvenu à l'âge mûr, il se distinguait du commun des hommes par la gravité, la prudence et une dignité de maintien qu'il savait allier avec le charme des manières et une merveilleuse affabilité.

Après avoir approfondi dans son pays les humanités et abordé les élémens de la philosophie, Palsgrave voyagea en France et s'alla perfectionner à l'université de Paris. En même tems qu'il y cultivait la philosophie, il s'appliquait à l'étude de la langue française, et avec un tel succès, que, de retour en Angleterre, il se vit apprécié par tous les personnages de distinction ; son habileté le fit nommer maître de français de la princesse Marie, fille d'Henry VII, alors promise au roi de France Louis XII. Cette position lui fit négliger les autres parties de ses connaissances. Il composa, soit pour la princesse Marie, soit pour ses Mécènes de la haute noblesse :

Les Illustrations de la langue française, commençant : « The » difficulte of the frenche tongue. » Un livre (1). — *Annotations aux verbes*. « When they shewe or declare a dede to be done. » Un livre (2). — *Annotations aux participes*. « The same worde » in our tongue. » Un livre (3). — *Épîtres à divers*. Un livre (4). — Il traduisit en anglais la comédie d'*Acolastus*.

---

(1) Page xv de la présente édition.
(2) Page 378.
(3) Page 787.
(4) Ce sont les lettres qui sont au commencement de la Grammaire.

Je ne trouve point indiqués d'autres ouvrages de lui (1). Il florissait en 1530, sous le règne d'Henry VIII.

Kennet dit que Palsgrave fut nommé par l'archevêque Cranmer à la cure de Saint-Dunstan, à Londres, en 1553. On ne sait pas la date précise de sa mort, mais il est certain qu'il avait obtenu en 1514 la prébende de Portpoole, dans l'église de Saint-Paul (2) ; or nous voyons cette même prébende transférée, le 12 septembre 1554, à Edmund Beygotte, *per mortem Joh. Palsgrave* (Wood, *Athenæ Oxonienses*). On est donc fondé à croire que Palsgrave mourut en 1554.

A ces renseignemens sur la personne de l'auteur on peut ajouter quelques particularités relatives à l'ouvrage que nous fournit l'épître dédicatoire à Henry VIII.

Palsgrave, lorsqu'il songea à composer son livre, prit pour modèle le plan de la Grammaire grecque de Théodore de Gaza, qui jouissait alors dans les écoles de la plus haute réputation (3). Quoique son biographe lui donne et que lui-même s'attribue la gloire d'avoir

(1) Cependant Palsgrave dit, à la fin de son troisième livre : « Vous remarquerez que, de toutes les langues du monde, le français est la plus riche en proverbes, en adages dont le sens obscur renferme une grande sagesse ; mais je remets à en parler lorsque, avec la grâce de Dieu, je réaliserai le projet de faire sur cette matière un traité spécial. »

Palsgrave a-t-il réalisé ce projet ? Je n'en trouve aucun indice. Beloc (*Anecd. of literat.*, etc., VI, 350) ne croit pas que le Traité des proverbes français de Palsgrave ait jamais paru.

(2) *Newcourt's Repertorium.*

(3) Voyez BAILLET, *Jugement des savans*, t. II, p. 603. — Théodore de Gaza était mort en 1478, cinquante-deux ans avant l'apparition de la Grammaire de Palsgrave.

le premier réduit la langue française à des règles fixes, il reconnaît cependant qu'il avait eu des devanciers et des devanciers habiles ; il leur rend hommage, et profitera, dit-il, de leurs travaux en s'efforçant de les compléter. A cet effet, il n'a négligé aucun soin : il a recherché tous les livres où la grammaire française a été traitée, soit par des auteurs morts depuis longtems (*longe afore my dayes*), soit par des contemporains. Ces circonstances ajoutent un nouveau prix au travail de Palsgrave.

Il ne consistait d'abord qu'en deux livres, l'un pour la prononciation, l'autre pour la grammaire proprement dite. En cet état l'auteur l'offrit à ses bienfaiteurs le duc et la duchesse de Suffolk, qui lui persuadèrent que le roi en accepterait la dédicace. La duchesse de Suffolk était cette sœur d'Henry VIII, cette princesse Marie, ancienne élève de Palsgrave, veuve de notre Louis XII après trois mois de mariage, et remariée à Charles Brandon, ami d'enfance de son frère, créé duc de Suffolk en 1513. Par leur conseil et pour se rendre plus digne de la faveur qu'il ambitionnait, Palsgrave, non-seulement ajoute à son ouvrage un lexique comparatif des deux langues qui n'entrait pas dans son premier plan, mais il l'augmente aussi d'un troisième livre servant de commentaire au second, à l'exemple de Théodore de Gaza.

Il imprima son ouvrage à ses frais, et Henry VIII, à qui il en offrit la dédicace, lui accorda un privilége pour sept ans.

Cette gloire revendiquée par les Anglais, d'avoir les premiers écrit sur la grammaire française, ne serait, à tout prendre, qu'un hommage rendu à la France ; car si nos voisins avaient attendu d'un peuple étranger la première grammaire anglaise, peut-être l'attendraient-ils encore. Mais enfin, il ne .faut pas laisser croire que la France ait poussé l'indifférence pour sa propre langue au point qu'elle n'eût jamais songé à se faire une grammaire lorsque Palsgrave s'en avisa pour elle. Avant Palsgrave, Geoffroy Tory de Bourges s'en était occupé et avait tracé le plan d'un vaste travail d'ensemble, dont son *Champ fleury*, publié en 1529, un an avant le livre de Palsgrave, n'est que l'introduction. Dans son *Épistre aux lecteurs de ce présent livre*, Geoffroy Tory s'écrie :

O devotz amateurs de bonnes lettres, pleust à Dieu que quelque noble cueur s'employast à mettre et ordonner par reigle nostre langaige françois ! Ce seroit moyen que maints milliers d'hommes se esvertueroient à souvent user de belles et bonnes paroles. S'il n'y est mis et ordonné, on trouvera que de cinquante en cinquante ans la langue françoise, pour la plus grande part, sera changée et pervertie.

Et dans le début de son premier livre :

Je suis content estre *le premier petit indice* à exciter quelque noble esperit qui se esvertuera davantage, comme firent les Grecs jadis et les Romains, mettre et ordonner la langue françoise à certaine reigle de pronuncer et bien parler. Pleust à Dieu que quelque noble seigneur voulust proposer gages et beaux dons à ceulx qui ce porroient bien faire ! (Fol. 1, v°.)

Voilà sans doute un appel assez chaleureux aux bons esprits capables de l'entendre et d'y répondre. Geoffroy

Tory ne se lasse pas d'insister ; il montre le mal et combien le remède est urgent. Il signale avec indignation comme corrupteurs de la langue française « les inventeurs et forgeurs de mots : Si tels forgeurs ne sont ruffiens, je ne les estime guères meilleurs ! » Et tout de suite, pour justifier sa colère et l'épithète dont il vient de les gratifier, il cite des échantillons de leur style (dont, par parenthèse, Rabelais s'est emparé pour les mettre dans la bouche de son *Escholier limousin*), puis il conclut :

Par quoy, je vous prie, donnons nous tous courage les uns aux aultres et nous esveillons à la purifier (la langue). Toutes choses ont eu commencement ; quand l'un traitera des lettres et l'autre des vocales (1), ung tiers viendra qui desclarera les dictions, et puis encore ung aultre surviendra qui ordonnera la belle oraison. Par ainsi on trouvera que peu à peu on passera chemin ; si bien qu'on viendra aux grans champs poétiques et rhétoriques plains de belles, bonnes et odoriférentes fleurs de parler et dire honnestement et facilement tout ce qu'on voudra.

Geoffroy Tory, prèchant d'exemple, prend pour sa part de travail les lettres de l'alphabet ; c'est l'objet de son livre intitulé *Champ fleury*. Mais avant de quitter les idées générales pour aborder son sujet particulier, il dessine rapidement le travail de chacune des parties de ce bel ensemble dont il conçoit l'idée. Il veut mettre dans le bon chemin ses futurs collaborateurs. Ainsi, parlant d'une grammaire à faire, il indique un canon d'auteurs. Le xix° siècle ne sera sans doute pas fâché de connaître les auteurs qu'on propo-

_____
(1) Il faut sans doute lire *syllabes*, ou *vocables ?*

sait comme classiques à la fin du xve, et dont les œuvres
devaient servir d'autorité et de *textes de langue :*

Qui se voldroit en ce bien fonder, à mon avis, porroit user
des œuvres de Pierre de St. Cloct et des œuvres de Jehan li Ne-
velois (1), qui ont descrit la vie d'Alexandre le Grand en longue
ligne que l'autheur qui a composé en prose le *Jeu des eschets,*
dit estre de douze syllabes et appelée *rithme Alexandrine ,*
pourceque, comme dit est, la vie d'Alexandre en est descrite.

Iceulx deux susdits autheurs ont en leur stile une grande
majesté de langage ancien, et croy que s'ils eussent eu le temps
en fleur de bonnes lectres comme il est aujourd'huy, qu'ils eussent excedé tous autheurs grecs et latins. Ils ont, dis-je, en leurs
compositions don accomply de toute grace en fleurs de rhétorique et poésie ancienne ; jaçoit que Jehan Le Maire ne face
aucune mention d'iceulx, toutesfois si a il pris et emprunté
d'eulx la plus grande part de son bon langage, comme on porroit bien voir en la lecture que on feroit attentivement ès
œuvres des ungs et des aultres.

On porroit aussi user des œuvres de Chrestien de Troyes, et
ce en son *Chevalier à l'espée* et en son *Parceval ,* qu'il dédia
au comte Phelippe de Flandres. — On porroit user pareillement
de Hugon de Mery, en son *Tornoy de l'Antechrist* (2). — Tout

(1) Pierre ou Perrot de Saint-Cloud, auteur du *Roman de Renard,*
a fait, en collaboration avec Jean le Nivelois, une branche du roman
d'*Alexandre.*

(2) Le *Tournoiement de l'Antechrist ,* par Hugues de Méry-sur-
Seine, a été publié par M. P. Tarbé, dans sa Collection de poëtes
champenois.

Ce passage est visiblement inspiré par les vers suivans :

> Molt mis grant peine à eschiver
> Les dis Raoul et Crestien,
> Qu'onques bouche de crestien
> Ne dist si bien com il disoient,
> Mais quanqu'il distrent il prenoient
> Le bel françois trestout à plain,
> Si com il lor venoit à main.....
> Se j'ai trové aucun espi
> Apres la main as mestiviers,
> Je l'ai glané molt volentiers.
>
> (HUGUES de Méry, *le Tournoiement
> de l'Antecrist,* p. 104.)

pareillement aussi de Raoul (1), en son *Romant des Elles*. — Paysant de Mesieres n'est pas à déprécier, qui faict maintz beaux et bons petits coupletz, et entre les aultres en sa *Mule sans frein* (2). — J'ai nagueres veu et tenu tous ces susditz révérentz et anciens autheurs escritz en parchemin, que mon seigneur et bon amy frère René Massé, de Vendosme, chroniqueur du roy (3), m'a liberallement et de bon cueur monstré. Il en use si bien à parfaire les chroniques de France, que je puis honnestement dire de luy :

> Cedite, Romani scriptores, cedite, Graii :
> Nescio quid majus nascitur Iliade.

« Arrière, arrière, autheurs grecs et latins ! De René Massé naist chose plus belle et grande que le Iliade ! »

On porroit en oultre user des œuvres de Arnoul Graban et de Simon Graban son frère. Dantes Aligerius, Florentin, comme dict mon susdict bon amy frère René Massé, faict honorable mention dudict Arnoul Graban, et d'iceluy Arnoul ay veu, en l'église des Bernardins de Paris, ung tableau auquel y a une oraison de la vierge Marie qui se commance : « En protestant.... » ; et les premieres lettres des versetz du dernier couplect contiennent son nom et surnom, qui sont *Arnoldus Grabans me* (sic).

Qui porroit finer des œuvres de Nesson (4), ce seroit ung grand plaisir pour user du doux langage qui y est contenu. Je

(1) Raoul de Houdan.

(2) Cette pièce est imprimée dans le *Nouveau recueil de fabliaux et contes* publié par Méon, t. I, p. 1. L'auteur s'y nomme *Paiens de Maisieres*; Legrand d'Aussy écrit *Paysans de Maisieres*. (Voyez *Fabliaux ou contes*, t. I, p. 79, édit. de 1829.)

(3) Sur frère Macé, bénédictin de Vendôme, voyez la *Biographie universelle*, t. XXVI, p. 34.

(4) Nesson (Pierre), officier de Jean de Bourbon, lequel ayant été fait prisonnier à la bataille d'Azincourt, Nesson lui envoya en Angleterre le *Lay de la guerre*, dont Duchesne cite un fragment dans ses notes sur Alain Chartier. Sa fille poétisait aussi, au témoignage de J. Bouchet :

> Je n'oublieray la subtille Jeanette
> Fille à Nesson, qui de rime tant nette
> Sut bien user.....

n'en ay veu que une oraison à la vierge Marie, qui se treuve imprimée dedans le *Calendrier des bergiers* de premiere impression (1) ; la derniere impression ne le contient pas, ne scay pourquoy.

Alain Chartier et Georges Chastelain, chevalier, sont autheurs dignes desquels on face fréquente lecture, car ilz sont tres plains de langage moult seignorial et héroïque.

Les lunettes des princes pareillement sont bonnes pour le doulx langage qui y est contenu (2).

On porroit semblablement bien user des belles chroniques de France que mon seigneur Cretin (3), nagueres chroniqueur

---

(1) *Le calendrier des bergers*, ouvrage anonyme, est un poëme didactique distribué par couplets. Chacune des bergères arrivant de l'empire du prêtre Jean des Indes en chante un, sur l'Arithmétique, sur l'Hôtel-Dieu, les Planètes, etc.

(2) *Les lunettes des princes*, par Jean Meschinot, de Nantes, successivement maître d'hôtel de plusieurs ducs de Bretagne, mort en 1509. Il a été loué par Marot. Ces *Lunettes* sont des poésies morales. Par exemple :

> Se tu vas à Saint Innocent
> Où y a d'ossemens grant tas,
> Ja ne connoistras entre cent
> Les os des gens de grans estas
> D'avec ceulx qu'au monde notas
> En leur vivant pauvres et nus :
> Tous s'en vont d'oul ilz sont venus !

(3) « Le bon Cretin au vers équivoqué, » comme l'appelle Marot, qui le qualifie souverain poëte français, et lui a bâti une magnifique épitaphe :

> Seigneurs passans, comment pourrez vous croire
> De ce tombeau la grand pompe et la gloire ? etc.

Cretin était un surnom ; le nom véritable était Guillaume Dubois (*a*). J'en demande pardon à ses panégyristes, Marot, G. Tory et Jean Lemaire ; mais rien ne me paraît égaler la platitude laborieuse des vers de ce grand homme, raillé par Rabelais sous le nom de Raminagrobis. Après avoir été trésorier de la sainte Chapelle de Vincennes, puis chantre à la sainte Chapelle de Paris, Cretin ou Dubois mourut en 1525, à ce qu'on croit.

(*a*) Il dit lui-même :

> Le G (*geai*) du Bois, *alias* dit CRETIN.

du roy, a si bien faictes, que Homère, ne Virgile, ne Dantes n'eurent oncques plus d'excellence en leur stile.

(Ici une digression et un rondeau cité, dont une dame est l'auteur.)

S'il est vray que toutes choses ont eu commencement, il est certain que la langue grecque, semblablement la latine, ont été quelque temps incultes et sans reigle de grammaire, *comme est de present la nostre* ; mais les bons anciens vertueux et studieux ont prins peine et diligence à les réduire et mettre à certaine reigle, pour en user honnestement à escripre et rediger les bonnes sciences en memoire, au prouffit et honneur du bien public. (*Champ fleury*, fol. IV, vᵒ.)

Cette ardeur de Geoffroy Tory dut se communiquer, et même au delà des limites de France, car Geoffroy Tory, si peu connu de notre tems, était dans le sien célèbre en son pays et à l'étranger. Ce qu'il y a de sûr, c'est qu'à l'apparition de la Grammaire de Palsgrave, un certain Léonard Coxe, qui s'intitule principal du collége de Reading, *Radingiensis ludi moderator*, après quatre distiques adressés à son compatriote, se retourne vers Geoffroy Tory, et lui débite quinze phaleuques, dont voici la traduction :

Docte Geoffroy, il est comblé le vœu si souvent exprimé dans ton *Champ fleuri* ; car voilà, moyennant des règles duement autorisées, le français enseigné à fond. — Ni Palémon avec ses successeurs, ni Gaza dans son travail achevé, ni aucun de leurs illustres prédécesseurs, n'avaient mieux traité de la grammaire grecque ou latine que Palsgrave ne traite ici de la française. Il a l'érudition, la clarté et toute la concision compatible avec sa matière ; aussi triomphons-nous, docte Geoffroy, de voir enfin comblé le vœu si souvent exprimé dans ton *Champ fleuri*.

Léonard Coxe triomphe plus modestement et plus

convenablement que David Baker, car il semble reporter sur Geoffroy Tory l'honneur d'avoir évoqué la Grammaire de Palsgrave. La comparaison des dates semble, il est vrai, ne laisser pas beaucoup de vraisemblance à cette supposition, puisque l'ouvrage du Français et celui de l'Anglais ne sont qu'à une année d'intervalle ; mais ici je dois signaler une singularité qui n'a point été remarquée des bibliographes. On lit au frontispice la date de 1530, et au dernier feuillet : « achevé d'imprimer le 18 juillet 1530 » ; mais le privilége du roi placé en tête du volume est daté « de notre château d'Amphtyll, le 2 septembre, l'an de notre règne XXII. » Or Henry VIII étant parvenu au trône en 1509, après Pâques, la vingt-deuxième année de son règne est l'année 1531, et le *Champ fleury* avait paru au commencement de 1529 (1). Cela fait donc de bon compte un intervalle de trois ans ; dès lors le mot de Léonard Coxe a une véritable portée, et les coïncidences que Palsgrave s'applaudit de rencontrer dans le *Champ fleury* et l'*Esclaircissement* pourraient bien n'être pas aussi fortuites qu'il lui plaît de le dire.

Il me paraît certain que l'ouvrage de Palsgrave est antidaté sur le frontispice. Pourquoi? dans quel intérêt? C'est ce qu'il est difficile d'expliquer précisément. On peut supposer que les diverses parties du livre ont paru l'une après l'autre, que les éditeurs ont mis à

---

(1) Le 28 avril 1529. Le privilége est de 1526, et G. Tory dit lui-même avoir commencé son livre en 1522 (fol. 1°).

l'ensemble de l'œuvre la date la plus reculée, tandis que, au contraire, Henry VIII n'a donné le privilége qu'à la forme dernière et complète. Cette hypothèse pourrait aussi rendre raison de l'absence des feuillets 30 à 35, encore qu'il ne paraisse pas y avoir de lacune dans le texte. L'impression d'ailleurs a été faite par deux imprimeurs différents, Hawkins et Pynson. Tout cela semble indiquer une exécution partielle, intervertie peut-être, et reprise sur des mesures mal calculées.

Lorsque David Baker écrit que la nation française, aujourd'hui si orgueilleuse de l'universalité de sa langue, paraît en avoir l'obligation à l'Angleterre, il raisonne à rebours; la langue française n'est pas devenue universelle, parce qu'il a plu à l'Anglais Palsgrave d'en composer une grammaire; mais, au contraire, Palsgrave a rédigé cette grammaire, parce que la langue française était universelle. Cette universalité était un fait constaté avant la naissance de Palsgrave, de même que, avant lui, d'autres avaient tenté de formuler des règles pour faciliter aux étrangers l'étude du français : *Vixere fortes ante Agamemnona multi*.

Palsgrave en désigne nominalement trois, auxquels il reconnaît que son travail a de grandes obligations.

Le premier est Alexandre Barclay, mort en 1552, moine de l'ordre de Saint-François, hagiographe et polygraphe, dont Pits indique un *Traité de la pro-nonciation française* en un seul livre, commençant par ces mots : « *Multi ac varii homines litterati* (1). » Le catalogue de Watt est plus explicite ; il donne le titre exact d'après lequel l'ouvrage paraît rédigé en anglais : « *Introductorie to write and pronounce the frenche*, Londres, 1521, fol., imprimé par Coppland. » Tous mes efforts pour découvrir un exemplaire de ce curieux ouvrage ont été inutiles.

Je n'ai pas même réussi à en découvrir autant sur le second de ses contemporains, que Palsgrave appelle *Jacobus Vallensis* et qu'il qualifie instituteur du jeune comte de Lincoln, fils du duc de Norfolk. Bale ni Pits ne font mention d'aucun nom qui ressemble à celui-là ; mais de leur silence même je tire une induction : tous deux n'ayant admis dans leur recueil que des écrivains nés dans la Grande-Bretagne, je suis tenté de voir dans *Jacobus Vallensis* un Français nommé Jacques Duval, de Laval, Vallée ou Devallée.

Le cas est absolument le même pour « le savant » clerc maistre Giles Dewes, autrefois instituteur de » votre noble grace (le roi Henry VIII) pour cette » même langue, lequel, à la requête et sur les in-» stances de divers grands personnages, a également » écrit sur cette matière (2). » Dans un autre passage, Palsgrave mentionne un très-ancien texte du *Roman*

_____

(1) Pits, page 745. Il ne s'ensuit pas que l'ouvrage soit en latin ; Pits a l'habitude de traduire ; il ne prétend donner que le sens.

(2) *To the Kynges graces*, p. vii.

de la Rose qui lui fut montré « dans la bibliothèque de
» Guildhall par *maistre Gyles*, jadis maître de français
» du roi régnant. » Bale ni Pits ne connaissent Gilles
Dewes; parmi les biographes ou bibliographes français,
M. Brunet est le seul qui ait recueilli son nom et le
titre de son livre (1) :

Voici, dit M. Brunet, un autre ouvrage moins connu en France
que le précédent (que la Grammaire de Palsgrave, dont on ne
connaît sur le continent d'autre exemplaire que celui de la Mazarine) :

« *An Introductorie for to lerne, to rede, to pronounce and to
» speake frenche, trewly*, compiled for the ryghte hygh, excel-
» lent and most vertuous lady, the lady Mary of England dough-
» ter to our moste gracious soveraine lorde kyng Henry the
» eyghte. »

Grammaire fort rare dont l'auteur, Giles Dewes, est nommé
dans un acrostiche, au folio Aii. La seconde partie donne des
exemples très-curieux; on suppose que ce livre a paru en 1532.
(*Manuel du libraire*, III, 621.)

M. Brunet a reproduit le nom de l'auteur de cette
grammaire tel que le donnent les Anglais. Palsgrave
l'écrit *Dewes;* Dibdin et la *Bibliotheca Grenvilliana*,
pareillement, et aussi John Stow, dans son livre intitulé *A Survay of the cities of London;* bien plus il
est ainsi figuré dans le relevé des monumens funé-
raires de la paroisse de Saint-Olave, de Londres; voici
textuellement cette épitaphe :

« Here lieth Giles Dewes, who sometimes was servant to king
» Henry the VII and king Henry the VIII. Clerke of their librai-

(1) Page 35.

» ries, and schoole master for the frenche tongue to prince
» Arthur and to the lady Mary, who died 1535 (1). »

« Cy git Gilles Dewes, jadis serviteur des rois Henry VII et
Henry VIII, clerc de leurs bibliothèques et instituteur, pour la
langue française, du prince Arthur et de madame Marie ; mort
en 1535. »

Malgré ces témoignages, il est certain que *Dewes*
est une forme altérée, accommodée à l'usage anglais,
et que la forme véritable est Du Wés. Ainsi l'écrit le
prétendu Dewes lui-même, non pas dans un, mais dans
deux acrostiches, dont je me contenterai de rapporter
le second, parce qu'il fournit la traduction latine et
par conséquent le sens vulgaire de ce nom propre :

APOLOGIE AUX CORRECTEURS DE TOUTTES OEUVRES (2).

G rosses gens de rudes affections,
I vrongnes bannis de vray sentement,
L ourdaultz, cocardz, privés d'entendement,
E n leur gueulée prenant refections,
S aouls d'oprobres et de detractions,

D iront de moy comme ilz font d'aultre gent :
U oyés icy, quel facteur bel et gent !

V ray et pour certain que suis ignorant ;
V ouloir je ne doy pas laisser pour tant
E mprendre chose qui fait à priser
S ans garde prendre à leur despriser.

A ulcuns diront : cecy est mal escript.
L es aultres après bendant lez sourcilz
I trouveront très grant faulte d'esprit ;
A ultres peseront tout come gens subtilz,
S ur ce donnant leur sentence et advis.

(1) *Ancient funeral monuments, etc.*, by John Wewer. London, 1637.
(2) Cet acrostiche est double, c'est-à-dire en anglais et en français
interlinéaire. Cette difficulté vaincue peut servir à expliquer la gêne
et le peu de sens qu'on remarque dans cette pièce.

D ie ung chescun ce que dire vouldra ;
E n despit du diable et de mal voulloir,

V eoir ilz pourront que m'a mis en debvoir
A bien faire ; face mieulx qui sçara :
D e moy certes ja reprins n'en sera.
I hésus doncques nous ottroy bien faire,
S ans voulloir à luy n'a aultre desplaire.

La réunion de toutes les initiales donne :

GILES DU WÉS, ALIAS DE VADIS.

Ni *Duwes*, ni *Du Wés* ne peut être un nom anglais ; celui qui le portait déclare d'ailleurs dans son prologue que le français était « sa langue maternelle et naturelle ». D'après cela il ne faut pas de longues réflexions pour restituer au maître de français de Henry VIII la vraie forme de son nom, dans l'orthographe de notre langue : il s'appelait Du Guez (*de Vadis*).

Nous trouvons dans son dialogue *Sur la paix* un témoignage précis du tems où il composait son livre. Il introduit son élève, la princesse Marie, lui reprochant son absence de la veille au soir. Le maître s'excuse sur ce qu'il s'est oublié dans une agréable compagnie :

Et sur quoi donc rouloit votre conversation ? — Certes, madame, elle estoit de la paix, laquelle (comme on disoit) est criée tant en ce royaume d'Engleterre comme de France, et durera tant que le noble roy Henry, vostre père, vivra et le roy Francoys pareillement, avec l'addicion d'ung jour.

La paix jurée dans ces conditions ne peut être que

celle de 1527 (1). La princesse Marie avait alors douze ans, et cela s'accorde avec ce qu'elle-même dit ailleurs de son jeune âge.

Ainsi Du Guez composait ces dialogues en 1527, et avant 1530 Palsgrave avait communication de ses travaux. Ce n'était pas encore la grammaire dédiée à la princesse Marie, mais il est vraisemblable que Du Guez avait commencé par publier à l'usage de ses élèves quelques petits traités épars, aujourd'hui disparus.

La Grammaire de Du Guez, dans sa rédaction complète et définitive, n'a paru qu'après celle de Palsgrave, puisque le travail de l'Anglais est l'objet de l'ironie et des sarcasmes, à peine voilés, du vieux grammairien français. L'impression de ce volume sans date doit être de 1532 ou 1533.

On conçoit aisément que la Grammaire de Palsgrave, imposante par l'appareil scientifique de la méthode et par la masse du volume, dût effrayer la jeunesse anglaise à qui s'adressait ce présent. Et il faut bien qu'il en ait été quelque chose, puisque la lettre d'André Baynton qui suit le privilége du roi a pour unique objet de combattre cette frayeur. Ne vous laissez pas intimider ni décourager par l'extérieur du livre, dit André Baynton aux fils de lord Montjoye, ses amis de collége, et vous reconnaîtrez qu'un médiocre travail suffit pour retirer toute la substance de cet épais in-folio.

(1) Cf. LORENZ, *Summa historiæ Gallo-Francicæ*, p. 674.

En attendant, il leur en adresse un abrégé. La précaution devait ne pas sembler inutile.

Cette lettre d'André Baynton est-elle une apologie préventive suggérée par la conscience de l'auteur, ou bien serait-ce une réponse à des attaques répandues dans le public? Mais ces attaques n'avaient pas dû se produire avant l'apparition de l'ouvrage. Nouvelle circonstance à l'appui de l'hypothèse énoncée plus haut, que le livre a été d'abord publié successivement par parties détachées, lesquelles ensuite ont été réunies sous un titre général.

C'est alors que Gilles Du Guez, mécontent de voir exploiter par un rival et l'autorité de son nom et le résultat de ses travaux, rassemble à son tour ses traités partiels, en fait une œuvre d'ensemble, courte, claire, bien digérée, amusante même par les dialogues dont il fait suivre son exposé théorique. Dans ces dialogues, au nombre de dix, la princesse Marie est constamment en scène : tantôt on la suppose recevant un envoyé du roi de France, de l'empereur ou d'un souverain quelconque; tantôt son aumônier lui expose les cérémonies de la messe, ou les diverses propriétés des mets, pour conclure au choix d'un régime alimentaire. Une autre fois, c'est Du Guez lui-même qui traite avec elle les points de la métaphysique les plus élevés et les plus délicats ; par exemple : Qu'est-ce que l'âme? Cette question, examinée sous l'autorité de saint Isidore, ne remplit pas moins de onze pages in-quarto. Un entretien roule sur la paix ; un autre, sur l'amour. Nous

voyons dans celui-ci que Du Guez avait chez la princesse le titre de trésorier, et de plus que sa royale
élève avait coutume de l'appeler en badinant son mari
d'adoption. Ce petit détail fait connaître la situation
de notre compatriote à la cour d'Henry VIII : le degré
de familiarité indique le degré d'estime où il était tenu.
Au surplus, toute idée d'inconvenance est exclue par
l'âge du professeur, trop souvent cloué dans son fauteuil par la goutte et obligé de manquer sa leçon ; il y
supplée alors par une lettre d'excuse, soit en vers, soit
en prose, tirant de sa maladie même une occasion
d'étude et une nouvelle forme de *devoir* pour son éco-
lière. Morgan, écuyer tranchant de Marie, se trouve-
t-il dans la gêne avec sa famille, Du Guez fera lire à
leur commune maîtresse la requête de Morgan rédigée
en manière de leçon de français. Il ne manque aucune
occasion de jeter dans cette jeune âme les semences
de pitié, de générosité, d'honneur, de tous les bons
sentimens.

Il s'attache plus qu'un simple intérêt grammatical
à ces exercices intellectuels d'une enfant de douze ans,
fille d'Henry VIII, sœur ainée d'Élisabeth, qui devait
être un jour l'épouse de Philippe II, et s'appeler,
selon la passion des historiens, Marie la Catholique ou
la sanglante Marie.

Tel est l'ouvrage que Du Guez lance dans le monde,
ayant bien soin d'inscrire sur le frontispice, non pas
son nom, mais celui de son auguste élève ; le tout
accompagné d'une préface humble et modeste dans la

forme, railleuse et dédaigneuse par le fond, et dirigée
contre « ces compilateurs qui, comme dit saint Jérôme,
ont commencé par enseigner avant que d'être savans, »
ou qui, s'étant rendus savans à force d'étude, se sont
ensuite ingérés d'inventer des règles infaillibles pour
une langue qui n'est pas la leur. Poser des règles est
un droit qui appartient à fort peu de gens : quant à
moi, ajoute-t-il, *dont le français est la langue maternelle et naturelle*, et qui pendant trente ans ai fait
profession d'instruire dans cette langue des princes,
des marquis, deux reines et le roi régnant, je n'ai pas
encore découvert de règles infaillibles ; et cependant le
roi vient de me confier l'éducation française de sa fille.
Palsgrave n'est point nommé, mais il est si clairement
désigné, qu'il n'est pas possible de s'y méprendre :

Combien que je n'ignore point que plusieurs tant qualifiéz ès
bonnes lectres comme aussy elegant en la langue françoise
(au moins pour non estre naturel et natif du territoire et païs)
ont composés et escripz regles et principes pour introduction en
ladite langue, lesquelz peult estre, come tiesmoigne saint Hie-
rosme à Paulin, ont ensegnés avant que avoir esté sçavantz ; car
ja soit que art soit imitatrice de nature, l'ensuivant de bien près,
sy ne la peult elle toutefois aconsuivir. Pourquoy lesdictz compilateurs du tout adhérans à icelle, sont par nature en divers
lieux cancelléz, repris et corrigéz. Ne sembleroit ce point chose
rare et estrange veoir ung François se ingerér et efforcér d'apprendre aux Allemans la langue tyoise, voire et qui plus est sur
icelle composer regles et principes ?...... C'est aultre chose d'ensegnér et d'apprendre par les principes et regles faictz par divers
expertz aucteurs, par intervalle et diuturnité de long temps bien
approuvéez, que de première abordée ; et n'ayant un langage
que moienement et comme par emprunt, en voulloir cy pris cy
mis non seulement ensegnér les aultres, mais aussy composer

sur ce règles infallibles, ce que sçavoir faire n'est ottroïé à bien peu de ceulx qui sont mesme natif dudict langage. Car touchant moy mesmes à qui ladicte langue est maternelle et naturelle, et qui par l'espase de trente ans et plus me suis entremis (combien que soie tres ignorant) d'ensegnér et apprendre plusieurs grandz princes et princesses, come à feu de noble et recommandée memoire le prince Arthur, le noble roy Henry pour le present prospereusement regnant, à qui Dieu doint vie perpetuelle, les roynes de France et d'Ecosse, avec le noble marquis d'Excestre, etc.; pour laquelle chose accomplir j'ay fait mon pouvoir et debvoir de perscruter et cercher tout ce que m'a semblé à ce propos servir; sy n'ai je toutesfois peu trouver regles infallibles (pour ce qu'il n'est possible de telles les trouver), c'est à dire telles que puissent servir infalliblement come font les regles composées pour apprendre latin, grec et hebrieu, et aultres telz langages; ce que neantmoins lesdictz compilateurs ont entrepris (affin que ne die *présumé*) de faire, ja soit qu'ilz n'aient esté que petit de temps à l'apprendre, etc.

A la suite de cette préface cruelle par ses réticences mêmes, l'auteur expose son plan :

Ce petit œuvre sera divisé en deux livres dont le premier aura deux parties :

La première partie traitera des règles du langage parlé, des lettres qui doivent s'effacer dans la prononciation et pour quel motif.

La seconde partie traitera des noms, pronoms, adverbes, participes, verbes, prépositions et conjonctions, avec des règles fixes pour conjuguer.

Cette même partie contiendra cinq ou six formes de conjugaisons d'un même verbe.

Item la conjugaison avec deux pronoms, avec trois, et enfin la conjugaison de deux verbes accouplés.

Le second livre traitera des lettres missives en prose et en vers.

Ensemble plusieurs conversations en forme de dialogue pour recevoir un messager de l'empereur, du roi de France ou de tout autre prince.

Ensemble d'autres conversations des propriétés de divers mets, de l'amour, de la paix, de la guerre, de l'exposition de la messe, de la nature de l'âme humaine, de la division du tems, avec d'autres objets.

Ce plan est (sauf le lexique) plus étendu que celui de Palsgrave, mais il est exécuté sur une échelle très-réduite.

Un traité de prononciation était le début obligé d'un livre sur la grammaire. Gilles Du Guez paraît être le premier qui se soit avisé de noter le son d'une voyelle par un signe extérieur au mot (1). Il marque l'accent avec beaucoup de soin et d'exactitude, même sur des voyelles où nous ne le mettons pas, et où il serait logique de le mettre. Il y avait à son insu dans son procédé le germe de toute une réforme. Auparavant l'accent était noté, pour ainsi dire, à l'intérieur du mot, par des consonnes doubles, dont le rôle était d'influencer la voyelle précédente en même tems qu'elles maintenaient le souvenir de l'étymologie ; ces consonnes d'ailleurs étaient muettes dans la prononciation. Du moment que l'accent vient en se posant sur une voyelle en préciser le son et la quantité, de quoi sert pour le langage la double consonne ? Quand l'usage a prévalu d'écrire avec un accent circonflexe *même* et *nôces*, que signifient l's dans *mesme* et le *p* dans *nopces*? C'est alors que l'hôtel de Rambouillet se met à la besogne, et que *es* précieuses, attentives

_____

(1) Palsgrave ne l'emploie que pour indiquer la syllabe qui porte l'accent tonique, par exemple il accentue *hómme, fémme, douloreúse, cóntre, éntre, etc.* (Vid. fol. xix de l'édition originale.)

uniquement au b au parler et très-insoucieuses de l'étymologie, entreprennent d'arracher des mots *les lettres inutiles,* persuadées qu'elles accomplissent l'œuvre du monde la plus raisonnable, et ne suppriment que les traces de l'ancienne barbarie. Il y aurait pourtant bien des argumens en faveur du système déchu : l'accent ne remplit que la moitié des fonctions de la double consonne, puisqu'il ne marque pas l'étymologie ; ensuite il n'adhère pas assez solidement au mot ; il disparaît ou s'introduit sans motif, et l'écriture, témoin infidèle, corrompt le langage. De nos jours, l'accent circonflexe ne se met plus sur *noces ;* cet *o* qui était fermé s'est ouvert, et la première syllabe de ce congénère de *nuptial* est devenue brève. Sans compter que les précieuses ont opéré au hasard, capricieusement, appliquant leur réforme aux mots usuels, et laissant leur ancienne orthographe aux mots analogues auxquels, pour s'en servir plus rarement, elles ne songeaient pas. Pourquoi, par exemple, ont-elles supprimé le *p* de *ptisane* et non celui de *psaume ?* celui de *nepveu* et non celui de *baptême ?* C'est qu'elles ont agi sans discernement. Au lieu d'un système nouveau et incomplet, dont l'illusion a rempli notre langue d'inconséquences et d'incertitudes, il eût bien mieux valu rechercher et remettre sous les yeux du public l'esprit des lois qui régissaient notre premier système d'orthographe : *decipimur specie recti.*

Au reste, Gilles Du Guez n'avait imaginé la notation extérieure de l'accent que comme artifice mécanique

destiné à faciliter aux Anglais l'étude de notre prononciation. Son invention a eu plus de succès et de
portée qu'il ne s'y était attendu : elle s'est développée (1) et définitivement installée dans l'orthographe
française. Si c'est un abus, il est consacré.

Tout dans ce petit ouvrage est en harmonie avec
cette invention commode de l'accent ; tout y révèle
l'homme pratique, le maître expérimenté qui tend au
but par le plus court chemin : mettre l'élève en état de
parler dans le moins de tems et avec le moins de travail possible. La fortune aussi des deux ouvrages fut
bien différente : Gilles Du Guez en peu d'années fit trois
éditions (2) ; Palsgrave ne paraît pas être jamais arrivé
à l'honneur de la seconde. Du Guez avait, d'une main
leste et sûre, esquissé la petite grammaire de Lhomond ;
Palsgrave avait laborieusement compilé la Grammaire
des grammaires ; l'in-folio fut étouffé par l'in-18. Cela
se voit souvent dans la littérature, où le quatrain de
Saint-Aulaire triomphe de la *Pucelle* de Chapelain.

(1) Du Guez n'a pas inventé l'accent circonflexe; il n'en avait pas
besoin, puisqu'il avait pris la précaution de formuler la règle de la
double consonne, surtout en ce qui touche l's, qui est le cas d'application le plus fréquent.

(2) Toutes les trois sans date ; elles sont décrites dans la *Bibliotheca Grenvilliana* (I, p. 200). L'édition princeps est de Godfray, la
seconde est de Bourman, la troisième de Waley. Toutes trois se
trouvent dans la Bodléienne, où M. Lorain les a collationnées. La
meilleure est encore celle de Godfray : c'est le texte que nous repro-
duisons.

L'édition de Waley, « newely corrected and amended, » supprime
dans la dédicace les noms de la reine Anne et de sa fille Élisabeth.
Henry VIII était sans doute remarié.

Mais la circonstance qui dans son tems décida la
défaite de Palsgrave, est précisément ce qui nous le
rend aujourd'hui précieux. Son défaut avec le tems
s'est changé en une qualité. Où chercherait-on ailleurs
cette quantité d'observations parfois minutieuses, je
l'accorde, mais toujours intéressantes comme la vérité?
cette multitude de faits grammaticaux recueillis dans
toutes les parties de la langue et appuyés d'exemples
tirés des écrivains illustres? Du Guez fut habile, mais
Palsgrave est savant. Notre compatriote a sans doute
fait davantage pour les Anglais contemporains de Palsgrave; mais Palsgrave à son tour rendra plus de ser-
vices aux Français du xixe siècle qui se proposent, non
pas d'apprendre à parler français, mais d'étudier l'histoire de la langue française; car, et c'est une observation essentielle, Du Guez n'écrit que pour les élèves,
et Palsgrave s'est donné la tâche de former non–seulement des élèves, mais aussi des maitres (1).

Toutefois cette histoire de notre langue, il ne faut
pas s'attendre à la trouver entière dans le livre de
Palsgrave. On se tromperait fort de prendre sa grammaire pour une grammaire du vieux français, du français primitif. Disons-le tout de suite et nettement :
Palsgrave ne sait pas le vieux français. Lorsqu'il écrivait, la renaissance était commencée; comme un

(1) « .....That by the mean of my poore labours the french tonge
» may here after by others the more easily *be tought*, and also *be*
» *attayned* unto by suche as for their tymes therof shalbe desyrous »
(*To the Kynges grace*, p. III.)

océan dont la prise de Constantinople aurait rompu
les digues, elle avait subitement fait invasion sur
l'Europe et recouvert de ses flots notre ancienne littérature nationale. Quelques points émergeaient encore,
mais on ne savait plus les rattacher aux terres ense-
velies. Aujourd'hui qu'ils ont achevé de disparaître,
c'est déjà beaucoup de nous les signaler et nous les
décrire. C'est le mérite de Palsgrave de nous dire tout
ce qui de son tems pouvait encore s'apercevoir ; c'est
notre tâche de recueillir ses indications et de redresser
ses erreurs, à l'aide d'autres renseignemens épars,
éclairés d'une prudente sagacité. Un ou deux exemples
rendront la chose plus sensible.

Palsgrave rencontre ces vers d'Alain Chartier :

> Luy présentant un ardant cierge
> Afin que je sa grace *acquierge.*

Il remarque là-dessus que le poëte s'est permis d'al-
térer le mot pour rimer. Il n'en est rien. Palsgrave
ignore qu'autrefois le *g* était la caractéristique du subjonctif, et que pas un écrivain du xiie siècle ne manque
à l'employer dans cette finale. Palsgrave ressemble ici
à ces commentateurs de La Fontaine, qui prennent les
archaïsmes de leur auteur pour des altérations arbitraires suggérées par les besoins de la versification.
Son erreur du moins nous enseigne que dès la fin du
xve siècle, cette forme de subjonctif avait disparu
de l'usage commun, au point que la tradition même
en était perdue.

Une autre fois Palsgrave note dans ses textes de langue ces formes *gentil damoyselle*, *cruel défense*, *de quel part*, et autres semblables. Il en tire cette conclusion, que certains adjectifs peuvent se mettre au masculin avec un substantif féminin : ce sont les adjectifs terminés par une *l*. Puis en observant encore, il trouve la même bizarrerie en usage pour l'adjectif *grand*, puisqu'on dit très-bien *ma grand mère* et *c'est grand pitié*; enfin, un examen attentif lui découvre l'adjectif *vert*, qui se met au singulier masculin avec le substantif féminin *herbe*, témoin cette phrase de Jean Lemaire : « Paris se mettoit à luicter tout nu avecques » les plus fors sur l'*herbe vert*. »

Palsgrave est ici la dupe d'une illusion : la discordance des genres dont il s'étonne n'existe point. Tout adjectif qui en latin ne possède que deux terminaisons pour les trois genres, c'est-à-dire qui dessert deux genres au moyen d'une seule terminaison, n'en avait qu'une dans le français primitif (1). A cette catégorie appartiennent *gentilis*, *crudelis*, *qualis*, *grandis*, *viridis*, et une multitude d'autres. Cette règle générale donne en trois lignes l'explication des prétendues anomalies dont Palsgrave a pris la peine de faire un long chapitre, incomplet encore à son point de vue, puisqu'il n'y donne pas la liste de ces adjectifs prétendus privilégiés.

Mais en compensation de ces fautes qui accusent

(1) A plus forte raison les terminaisons latines en *ens* pour les trois genres, qui forment le français en *ant* : *vaillant*, *avenant*, etc.

l'ignorance du siècle plutôt que celle de l'écrivain, combien de renseignemens d'un prix inestimable sur toutes les parties de la grammaire! Les erreurs de théorie de Palsgrave peuvent même nous devenir une source d'instruction par la comparaison avec les écrivains d'un âge plus reculé. Les faits dont il dépose étaient la vérité de son tems. Voulez-vous en savoir davantage? interrogez des témoins d'un tems antérieur. Son abondance, dont un contemporain pouvait avoir le droit de se moquer, n'est pas stérile pour nous :

Cum flueret lutulentus, erat quod tollere velles.

S'il lui arrive parfois de se tromper, ce n'est pas faute d'avoir consulté tous les guides supposés capables de lui enseigner la véritable route.

Palsgrave avec son style lourd et sa phrase embrouillée, interminable, ne pouvait avoir l'esprit tourné à la malice et prompt à l'épigramme comme Gilles Du Guez ; mais c'est un honnête homme, plein de candeur, qui vous déclare les auxiliaires de son travail Il n'a pas fait difficulté de rendre hommage à ceux qui vivaient encore ; malheureusement il n'a pas cru nécessaire de désigner avec la même précision les anciens auteurs dont il s'est aidé, gens fort obscurs, sans doute, et dont peut-être lui-même ignorait les noms. N'eût-il fait que nous indiquer ces sources tellement quellement, nous lui aurions encore une grande obligation, car il a existé, il existe perdus dans la poudre des bibliothèques des traités sur la langue française qui remontent au XIIIe siècle, et peut-être au delà. Ce sont des matériaux bien indigestes, bien informes, mais dont une critique judicieuse parviendrait certainement à tirer parti. En passant au creuset tant de prétendues règles, accumulées par l'esprit d'analyse qui seul régnait alors, l'esprit de synthèse des tems modernes finirait par en dégager quelques principes généraux propres à répandre la lumière sur cette longue route obscure que notre langue a suivie, et qui sort des profondeurs du IXe siècle.

M. Fr. Michel, page 13 de ses *Rapports à M. le Ministre de l'instruction publique*, cite « la Grammaire française et anglaise de Walter de Bibelesworth », manuscrit sur vélin, de la fin du XII siècle, qui se trouve au Musée britannique. L'ouvrage de Biblesworth, qui devait être imprimé à la suite de ces Rapports, ne s'y trouve pas. Je dois à l'obligeance de M. Chabaille la communication d'une copie de ce traité, qui n'est point une grammaire, mais une simple nomenclature, une espèce de vocabulaire versifié, divisé selon la mode du tems par catégories d'idées ou d'objets. Walter de Biblesworth prend l'homme à sa naissance et le suit jusqu'à son mariage, en indiquant les termes qui servent à nommer les membres du corps humain, puis les termes relatifs à la prière, puis les termes du ménage et des métiers, les noms des bêtes et des oiseaux, etc., etc. Au surplus, voici textuellement le titre du livre qui en présente en même tems l'analyse :

ARUNDEL, MS. N° 220, FOL. 297 R° (1).

Le treytiz ke moun sire Gauter de Bibelesworthe fist a madame
Dyonisie de Mounchensy pur aprise de language, co est a saver :

Du premer temps ke homme nestra, ouweke trestut le langage
pur saver nurture en sa juvente ;

Pus, trestut le fraunceys de sa neyssaunce et de membres du
cors, ouweke kaunt ke il apent de Deus et de orer ;

Pus, tot le frauncoys com il encourt en age de husbanderie,
cum pur arer, rebiner, waretier, semer, sarcher, syer, faucher,
carier, batre, moudre, pestrer, breser, bracer, hatuefeste arayer ;

Pus, tot le fraunsoys kaunt a espleyt de chas, cum de venerie,
pescherie en viver ou en estans, checune en sa nature ;

Pus, tot le frauncoys des bestes et des oyseus, checune as-
sembe (*sic*) pre sa naturele aprise ;

Pus, tot le fraunsoys de boys, pree, pasture, vergeyer, gardyn,
curtilage, ouweke tot le fraunsoys de flures et des frus ke il i
sount ;

E tut issi troveret vus le ordre en parler et reppoundre ke
checun gentys homme covent saver, dount touzdis troverez vus
primes le fraunsoys, tropus le engleys suaunt ;

E ke les enfauns pus sunt saver les propertez des choses ke
veynt, et kaunt dewunt dire *moun* et *ma; soun* et *sa; le* et *la;
moy* et *jo.*

La copie de M. Chabaille contient huit cent quarante-cinq vers de huit syllabes ; mais elle paraît incomplète : elle s'arrête brusquement après la nomenclature des mets d'un repas.

Un court extrait suffira pour échantillon :

> Quant le emfes ad tel age
> ke il seet entendre langage ,
> primes en fraunceys ly devez dire

(1) Cf. les *Rapports* de M. Fr. Michel, p. 14, où l'auteur cite le
manuscrit harléien 4334 (vél. fin du xıı° siècle). La note indique le
manuscrit Arundel 220, et deux autres manuscrits harléiens 490 et
740. Ainsi il y aurait au moins quatre leçons à comparer, car M. Michel
cite aussi un fragment mutilé d'un cinquième manuscrit.

> coment soun cors deyt descrivere,
> pur le ordre aver de *moun* et *ma*,
> *toun* et *ta*, *soun* et *sa*,
> ke en parole seyt meynt apris
> et de nul aultre escharnys :
> *ma* teste, ou *moun* cheef ;
> la greve de *moun* cheef ;
> fetes (1) *la greve* au lever
> et mangez *la grive* au diner....
> meuz vaut *rubye* par *b*
> ke ne feet *rupie* par *p* ;
> se bourse eust taunt de *rubies*
> cum le nees ad de *rupies*,
> riche sereyt ! etc.

On peut à la rigueur voir dans ce livre, à côté des nomenclatures qui en sont l'objet principal, un traité de l'orthographe et des homonymes ; mais cela ne peut s'appeler une grammaire.

Les Anglo-Normands, dit l'abbé de La Rue, avaient, dès le xiiie siècle, des livres élémentaires pour l'étude de la langue française.

On trouve dans la bibliothèque Harléienne, n° 4971, une grammaire française et épistolaire pour tous les états ; elle a été écrite sous Édouard Ier.

Grammaire française en vers français, bibliothèque Harléienne, n° 490 (2).

Cette dernière indication se rapporte à l'ouvrage de Walter de Biblesworth, dont nous venons de parler.

L'autre, dont j'ai sous les yeux quatre copies exécutées sur trois manuscrits différents, paraît avoir joui

---

(1) Peut-être *affetez*, c'est-à-dire, arrangez en vous levant la raie qui partage vos cheveux (*la greve*).

(2) De La Rue, *Essais*, etc., I, 284.

dans le moyen âge d'une certaine célébrité. J'en parlerai d'après le manuscrit 188 du collége de la Madeleine d'Oxford, qui me semble donner le meilleur texte, bien que ce manuscrit, au jugement du bibliothécaire M. Coxe, ne soit que du xve siècle (1).

L'ouvrage se compose de quatre-vingt-dix-huit règles fort courtes, rédigées en latin, et souvent accompagnées de quelques mots français pour montrer l'application de la règle.

Ces règles ne sont pas toujours suffisamment claires, de l'avis même du moyen âge qui s'en servait, puisqu'on trouve des exemplaires manuscrits de cette espèce de code où des gloses ont été introduites en français : tel est le manuscrit harléien 4971, cité par l'abbé de La Rue, qui l'estime rédigé sous Édouard Ier, c'est-à-dire entre 1272 et 1307.

La distinction des règles par numéros n'y est plus observée comme dans le manuscrit 188 du collége de la Madeleine ; l'ancien texte latin, les traductions partielles, les gloses, tout y est confondu. On croira sans peine que de cet ensemble, probablement encore altéré par les copistes, ne jaillit pas une lumière bien vive.

Au surplus, quelques extraits feront mieux juger de

(1) « Codex membran. in-fol., ff. 102, sæc. xv, in fine mutilus. *Institutiones linguæ gallicanæ cum onomastico exemplisque latina lingua anglicanaque editis.* — Titulus : *Orthographia..... modernorum.* Incipit : « Diccio gallica, etc..... » Deficit verbis : « Après ce vient les menaces et commencent les meslées et les guerres. » Exempla comprehendunt commentaria in x præcepta et in symbolum, necnon tractatus de vii peccatis mortalibus. » (*Catal. Bibl. S. M. Magd.*, p. 86.)

la nature et de l'importance de ces recueils. Je choisis les règles du manuscrit 188 les plus intéressantes et sur lesquelles règne le moins d'obscurité.

EXTRAITS

TRADUITS DU MANUSCRIT 188 DU COLLÉGE DE LA MADELÉINE D'OXFORD.

Orthographe française et congrue conforme à l'usage moderne (1).

RÈGLE 1. Un mot français mis en écrit, si la première syllabe est en *e* prononcé bouche fermée, demande un *i* avant cet *e*. Exemples : *bien, chien, rien, Pierre, miere,* etc.

R. 2. L'*e* aigu ne veut pas être précédé de l'*i*. Ex. : *buvez, tenez, lessez.*

R. 9. Les verbes terminant leur singulier par *t*, au pluriel correspondant changent ce *t* en *z*. Ex. : singulier, *il amet, list ;* pluriel, *vous amez, lisez.*

R. 21. La lettre *s*, mise après une voyelle et suivie immédiatément de la lettre *m*, disparaît de la prononciation. Ex. : *mandasmes, fismes, duresmes.*

R. 23. La lettre *l*, mise après *a, e, o,* et suivie d'une con-

_____

(1) Orthographia gallica et congrua in literis gallicis, dictata secundum usum modernorum :

« REGULA 1. Diccio gallica dictata habens primam sillabam vel médiam in *e* stricto ore pronunciatam, requirit hanc litteram *i* anté *e*, verbi gratia : *bien, chien, rien, Piere, miere,* et similia.

» R. 2. Quandocumque hec vocalis *e* pronunciatur acuté, per se stare debet sine hujus *i* precessione, v. g. : *bevez, tenez, lessez.*

» R. 9. Item verba singularis numeri habencia in singulari, in fine, hanc literam *t,* requirunt in plurali hanc literam *z,* ut in singulari *amet, list,* in plurali *amez, lisez.*

» R. 21. Item, quandocumque hec litera *s* scribitur post vocalem, si *m* immediate subsequitur, *s* non debet sonari, ut *mandasmes, fismes, duresmes.*

» R. 23. Item, quandocumque hec litera *l* ponitur post *a, e* et *o,* si

sonne, se prononce comme si c'était un *u*. Ex. : *m'alme*, *loialment*, *bel compaigneoun*.

R. 25. *I* entre *m* et *n* se change en *y*, pour obtenir une écriture plus lisible, par exemple : *Comyngtoun*.

R. 27. Un mot qui commence par une consonne, venant après
un mot qui finit par une consonne (dans le courant d'une phrase),
la consonne finale du premier mot peut s'écrire, mais elle disparaît de la prononciation. Ex. : *apres manger* se prononce
aprè manger.

R. 33. Quand l'article *le* est suivi d'un mot qui ouvre par une
consonne et précédé du mot *en*, on peut fondre *en* et *le* dans
une syncope : *el countee* pour *en le countee*.

R. 36. *Quant*, *grant*, *demandant*, *sachant*, et autres semblables, s'écrivent par *n* sans *u*, mais il faut faire sentir l'*u*
dans la prononciation.

R. 50. Une modification d'orthographe est souvent la seule
différence entre des mots identiques à l'oreille. Ex. : *ciel*, *seel*,
seal, *celee* ; — *coy*, *quoy* ; — *moal*, *moel* ; — *cerf*, *serf*; —*teindre*,
tendre, *tenir*, *attendre* ; — *esteant*, *esteyant* ; — *aymer*, *amer* ;
— *foail*, *fel*, *feal* ; — *veele*, *viel*, *veile*, *ville*, *vill* ; — *Brahel*,

aliquod consonans post *l* sequitur, *l* quasi *u* debet pronunciari, v. g.:
malme, *loialment*, *bel compaigneoun*.

» R. 25. Item, quandocumque litera *i* ponitur inter *m* et *n*, potest
mutari in *y* ut litera sit legibilior, ut *Comyngtoun*.

» R. 27. Item, quandocumque aliqua diccio incipiens a consonante
sequitur aliquam diccionem terminantem in consonante, in rationi-
bus pendentibus, consonans interioris diccionis potest scribi, sed in
pronunciatione non proferri, ut *apres manger* debet sonari *aprè
manger*.

» R. 33. Item, quandocumque hoc signum *le* scribitur et consonan_s
immediate subsequitur et *en* precedat, *n* potest prætermitti et *l* ad-
jungi cum *e*, v. g. : *en le countee* potest scribi *el countee*.

» R. 36. Item iste sillabe seu dicciones *quant*, *grant*, *demandant*,
sachant, et hujusmodi debent scribi cum simplici *n* sine *u*, sed pronunciatione *u* debet proferri.

» R. 50. Item diversitas scripturæ facit differentiam aliquam quam-
vis in voce siut consimiles, v. g. : *ciel*, *seel*, *seal*, *celee* ; — *coy*, *quoy* ;
— *moal*, *moel* ; — *cerf*, *serf* ; — *teindre*, *tendre*, *tenir*, *attendre* ; —
esteant, *esteyant* ; — *aymer*, *amer* ; — *foail*, *fel*, *feal* ; — *veele*, *viel*,

Breele; — *erde, herde, everde;* — *essil, huissel, essel;* — *neif, nief;* — *suef, soef;* — *boaile, baile, bale, balee;* — *litter, litre;* — *fornier, forer, forrer;* — *rastel, rastuer;* — *mesure, meseire;* — *piel, peel;* — *Berziz, Berzy;* — *grisil, greel, grele;* — *tonne, towne;* — *neym, neyn*, etc.

R. 58. A l'accusatif singulier écrivez *me*, aux autres cas, *moy.*

R. 63. Quand vous demandez quelque chose à quelqu'un, vous pouvez dire *vous pri*, sans *je.*

R. 65. Le verbe n'étant pas accompagné de son pronom personnel, par exemple, *vous pry* ou bien *m'affy*, il faut terminer par *y.*

R. 66. Mais ce pronom étant exprimé, l'*y* grec se change en *i* simple suivi d'un *e*. Ex. : *je m'affie, je vous prie.*

R. 67. Quelquefois l'*s* prend la valeur de l'*u* dans la prononciation ; *ascun*, prononcez *aucun.*

R. 81. Vous écrivez quelquefois *de* en place de *od le*. Ex. : *vous dirra de bouche*, pour *od le bouche.*

R. 82. Écrivez pour traduire le latin *cum* en français, *od* ou bien *ou.*

R. 83. *Ou* traduit aussi *vel* et *ubi.*

---

veile, ville, vill ; — *brahel, breele ;* — *erde, herde, everde ;* — *essil, huissel, essel ;* — *neif, nief ;* — *suef, soef ;* — *boaile, baile, bale, balee ;* — *litter, litre ;* — *fornier, forer, forrer ;* — *rastel, rastuer ;* — *mesure, meseire ;* — *piel, peel ;* — *berziz, berzy ;* — *grisil, greel, grele ;* — *tonne, towne ;* — *neym, neyn*, etc.

» R. 58. Item in accusativo singulari scribetur *me*, in reliquis casibus *moy.*

» R. 63. Item, quando petitis aliquid ab aliquo, potestis dicere *vous pri*, sanz *je.*

» R. 65. Item, quando non expresse ponitur signum ante verbum, ut *vous pry*, item *pry* vel *maffy*, debet terminari in *y.*

» R. 66. Item, si signum expresse ponitur, tunc *y* mutabitur in *i* et addetur *e*, com *je m'affie, je vous prie.*

» R. 67. Item aliquando *s* scribitur et *u* sonabitur, ut *ascun* sonabitur *aucun.*

» R. 81. Item aliquando scribetis *de* in loco *od le*, sicut *vous dirra de bouche*, pro *od le bouche.*

» R. 82. Item scribetis *od* vel *ou* pro *cum.*

» R. 83. Item scribetis *ou* pro *vel* et *ubi.*

R. 85. Réglez le plus possible l'orthographe du français sur celle du latin ; ainsi de *compotum*, *compte ;* de *septem*, *sept ;* de *præbenda*, *prebendre* (sic) ; de *opus*, *œps*, etc.

R. 87. Le français a plusieurs expressions pour rendre l'anglais *reed*. Ex. : cheval *roux*, hareng *saur*, escu *de goules*, une rose *vermaile*.

R. 92. *N* et *i* se rencontrant au milieu d'un mot, mais appartenant chacun à une syllabe différente, le *g* s'interpose dans l'écriture, sans toutefois se faire sentir dans la prononciation. Ex. : *benignement*, *certaignement*, etc.

R. 93. Quand, au milieu d'un mot, une *m* suit un *e* ou un *i* (ces voyelles appartenant à deux syllabes différentes), il faut écrire une *s* entre les deux. Ex. : *duresmes*, *fismes*.

R. 94. Quand, au milieu d'un mot, une *m* suit un *a*, il faut les séparer par une *s* ; mais cette *s* n'est point prononcée. Ex. : *mandasmes*.

La règle 98ᵉ et dernière n'a rien en soi d'important : elle prescrit la manière d'écrire *que*, soit en abrégé par une seule lettre surmontée d'un signe, soit en deux lettres *qe ;* mais immédiatement après on lit ce mot isolé : COLYNGBURNE.

C'est un nom propre évidemment ; mais est-ce le

» R. 85. Item pro majori parte scribetis gallicum secundum quod scribitur iu latinis, ut *compotum*, *compte ;* — *septem*, *sept*; — *præbenda*, *prebendre;* — *opus*, *œps*, etc.

» R. 87. Item habentur diversa verba gallica pro isto verbo anglico *reed ;* videlicet *rous chival* et *harang soor ; escut de goules ; une rose vermaile.*

» R. 92. Item, quandocumque *n* sequitur *i* in media diccione, in diversis sillabis *g* debet interponi, ut *certaignement*, *benignement;* sed *g* non debet sonari.

» R. 93. Item, quandocumque *m* sequitur *e* vel *i* in diversis sillabis et una diccione, *s* debet interponi, ut *duresmes*, *fismes.*

» R. 94. Item, quandocumque *a* est in media sillaba diccionis et *m* immediate subsequitur, *s* debet interponi, ut *mandasmes*, non sonando *s*. »

nom de l'auteur des règles ou celui du scribe? Je suis
de la première opinion, parce que là finit le manuel
grammatical, mais non l'œuvre du copiste, qui se poursuit de la même main. Or si ce copiste a voulu signer
son travail, il a dû le faire, selon l'usage, à la fin, et
non pas au milieu du manuscrit. Je crois donc qu'on
peut désigner ce traité sous le nom de *Colyngburne*,
quitte à fournir un nouvel argument à la thèse de
David Baker.

Le but principal de Colyngburne paraît avoir été de
venir en aide aux copistes et aux secrétaires écrivant
sous la dictée. C'est en leur faveur qu'il rédige un
manuel de l'orthographe, laquelle dès lors n'était pas
plus qu'aujourd'hui d'accord avec la prononciation.
« Gouvernez, leur dit-il, gouvernez-vous tant que vous
pouvez sur l'étymologie latine ; ainsi n'oubliez pas de
mettre un *p* à *compte* et à *sept*, qui viennent de *compotum* et de *septem*. » Mais tout copiste ne sait pas le
latin ; il faut donc venir au secours de l'ignorance par
des formules empiriques : l'*s* prend le son de l'*u* dans
ascun ; de même l'*l* dans *loyalment*, *bel compagnon*.
On écrit l'*s* sans la prononcer dans les mots comme
fismes, mandasmes ; de même le *g* dans *benignement*.
Du Guez, lui, remarque que le *p* et le *b* doivent disparaître de la prononciation des mots tels que *debte,
debvoir ;* qu'une consonne finale n'a de valeur qu'autant que le mot suivant commence par une voyelle,
autrement elle est muette ; que dans le groupe *st*,
la dernière consonne, le *t*, est la seule qu'on fasse

entendre ; l's en pareil cas ne sert qu'à doubler la quantité prosodique de la voyelle qui précède. Cette consonne s les a tous préoccupés, étant celle qui se représente le plus volontiers suivie d'une autre consonne. L'auteur des Gloses françaises sur Colyngburne (n° 4971 du *Brit. Mus.*) traduit et commente la règle de son auteur en ces termes :

Et alefoich escriveretz s en lieu de *u*, comme *ascun* et sera soné *aucun* ;.... et alefoich escriveretz s pur bele escripture, come *mesme* pour *meme*, *trescher* pour *trecher* (1).

Ce qui manque à tous ces grammairiens primitifs, ce n'est pas la patience, ni l'esprit d'observation, ni même l'exactitude : c'est l'habitude de rapprocher les faits de même ordre, l'art d'y découvrir le principe commun, la loi fondamentale qui parfois se déguise dans les applications ; l'art surtout de ramasser et d'enfermer

---

(1) *Al' fois* (*à la fois*, prononcez *alefoué*) pour *quelquefois*, se conserve encore chez les paysans picards. M. l'abbé Corblet, dans son Glossaire du patois picard, a omis cette forme, très-usitée cependant à Amiens ; il ne donne que *alfos*, qui est une variante de prononciation. *Trescher* n'est autre que le verbe *tresser*. L's doublée avait souvent la valeur du *ch* moderne. On disait *tresser* pour *danser*, par allusion aux figures qui s'entrelaçaient. Les Latins disaient de même *nectere choros*, *nectere brachia*. *Trescher* ou *tresser* vient du bas latin *tricare*, que Du Cange explique *implicare*, *innectere*, et qui, retraduit sur le français, a fait *triscare*. A l'entrée de Begues vous eussiez vu

Tresces et baus encontre lui venir.
(*Garin*, II, p. 196.)
Contredanses et bals venir à sa rencontre.

« *Tresces et baus*, dit l'éditeur, rondes et danses. La *tresce* répondait » assez bien au *tripudium* antique, et qui voudrait approfondir la ma- » tière y reconnaîtrait beaucoup d'analogie avec notre *walse*. » Je ne saurais partager cette opinion de M. P. Paris.

toute une série de faits dans la formule d'une règle générale. La grammaire est pour eux comme un faisceau répandu dont ils recueillent les élémens un à un, selon que le hasard les leur présente, incapables d'en retrouver le lien égaré, ni de suppléer à cette perte : l'esprit philosophique leur fait complètement défaut.

Gardons-nous pour cela de les mépriser ; mais à l'aide des matériaux qu'ils nous ont préparés, achevons leur entreprise. Toutes ces règles partielles sur la prononciation, éparses dans les traités compilés du xiiie au xvie siècle, rapprochez-les, comparez-les entre elles et avec les indications que fournit encore aujourd'hui l'usage traditionnel ; vous trouverez la clef d'une foule d'exceptions qui paraissent au premier coup d'œil autant d'atteintes à la logique ; les inconséquences remises sous leur vrai jour disparaîtront, et vous verrez se dégager d'elle-même cette règle générale, que dans la vieille langue on ne prononçait pas deux consonnes consécutives. Quel était donc le rôle de cette double consonne ? Je l'ai dit tout à l'heure : elle servait à marquer l'étymologie , et à noter l'accent et la quantité à l'intérieur des mots.

Ce fait très-important pour la musique du langage et pour l'appréciation de la poésie a été durement nié (1) ; mais les inductions que je tirais il y a six ans

---

(1) Sæpe premente deo, fert deus alter opem.

Je demande la permission de citer l'opinion d'un savant qui ne sera point suspect de partialité en ma faveur :

« L'éloignement de nos ancêtres pour la prononciation de deux

de la pratique moderne, aujourd'hui se fortifient des témoignages de la théorie la plus ancienne. On écrivait des consonnes consécutives par respect de l'étymologie, et, comme dit naïvement le glossateur du manuscrit 4971, « pur bele escripture, » mais en parlant on ne tenait compte que d'une seule. Cette proposition était hier un paradoxe, ce sera demain une banalité (1).

Je terminerai par un vœu dont la réalisation serait à coup sûr bien profitable à la philologie française : ce serait que le Gouvernement fit rechercher et publier sous ses auspices les traités composés sur notre langue dans le cours du moyen âge. On découvrirait des matériaux inappréciables dans les bibliothèques de France, et surtout dans celles d'Angleterre, si riches en livres français de toute nature dès avant la conquête (2). On a fait, au grand bénéfice de la langue et de la littérature latine, un *corpus* des grammairiens latins ; pour-

---

» consonnes à la suite l'une de l'autre a été constaté par M. Génin avec » beaucoup de sagacité ; et les misérables critiques qu'on lui a faites » sur ce point n'ôtent rien à la vérité de sa démonstration. » (La *Chanson d'Antioche*, publiée par M. Paulin Paris, Techener, 1848, t. II, p. 66.)

(1) Cette prononciation amollie pourrait bien être une tradition des Latins. Je ne développerai pas ici cette thèse ; je me contenterai de livrer aux réflexions des esprits sagaces le passage suivant de Cicéron :

« Impetratum est a consuetudine ut peccare suavitatis causa liceret, » et *pomeridianas* quadrigas dicere quas *postmeridianas* libentius » dixerim. » (*Orator.* 4, 7.)

(2) Il ne faudrait pas se réduire aux ouvrages littéralement inédits ; certaines éditions sont, à force de rareté, équivalentes à des manu-

quoi ne rassemblerait-on pas de même un *corpus* des
grammairiens français? Il n'apparaîtrait d'abord qu'un
chaos de débris ; mais de ces débris peu à peu coor-
donnés par une érudition patiente, fouillés par des
mains circonspectes et judicieuses, sortiraient des
paillettes d'un or pur, dont la rareté décuple la valeur.
Attendra-t-on à faire ce recueil d'être à la même
distance du siècle de Louis XIV que nous sommes du
siècle d'Auguste? Ce sera l'aventure des livres sibyl-
lins ; car tandis que nous marchandons, le tems impitoyable consume tous les jours quelque volume. D'ailleurs, si l'histoire des institutions doit s'écrire à leur
déclin, afin de retarder autant que possible la décadence commencée, en les retrempant dans leurs sources,
l'heure paraît venue de s'occuper des origines de la
langue française : des critiques moroses, des esprits
faciles à s'alarmer pourraient même déclarer l'ur-
gence ; sans aller aussi loin, je me bornerais à constater l'opportunité. Ces motifs seront-ils trouvés suffi-
sans pour être pris en considération et donner naissance

---

scrits. Telle est l'édition de Palsgrave, telles sont les trois éditions de
Du Guez, dont l'ouvrage n'a paru dans les ventes qu'une seule fois,
dans la vente de la bibliothèque Brindley, où cet exemplaire fut payé
dix-sept guinées (*a*).

Ainsi je voudrais voir reparaître dans un *corpus* des grammairiens
français, le livre d'Alexandre Barclay, un autre ouvrage de Geoffroy
le Grammairien (1490), dont parle Pits (p. 679), etc., etc..... Tout
cela c'est notre histoire.

(*a*) C'était l'édition de Waley. « This curious and uncommonly rare volume has
» only occurred for sale in Brindley's library, where it was purchased for seventeen
» guineas. » (*Bibliotheca Grenvil.*, t. II, p. 251.)

au recueil des grammairiens français ? Je l'ignore ; en
tous cas, les deux grammaires de Palsgrave et de Du
Guez dès aujourd'hui servent de pierre d'attente à ce
monument national.

L'exemplaire unique en France de la Grammaire de
Palsgrave, appartenant à la bibliothèque Mazarine, ne
pouvait être dépecé et détruit pour servir à la réim-
pression de l'ouvrage ; il fallait donc le traiter comme
un manuscrit des plus rares et en faire une transcrip-
tion pour l'usage de la typographie. Ce travail ingrat,
fastidieux, qui demandait un tems considérable, sans
compter la connaissance approfondie de la matière et
de la langue de l'auteur, mes fonctions administratives
ne me permettaient pas d'y songer ; un érudit trop
modeste, de qui l'amitié m'est honorable et précieuse,
M. P. Lorain, ancien recteur de Lyon, a bien voulu
s'en charger, et me prêter pour cette édition de Palsgrave un concours sans lequel il m'eût été à peu près
impossible de l'exécuter. Il fallait conserver dans cette
copie toutes les variations, les bizarreries et même les
inconséquences d'une orthographe mobile, capricieuse,
et parfois en désaccord avec les principes énoncés dans
le texte. Essayer de rectifier nous eût conduits trop
loin ; nous avons donc porté le scrupule jusqu'à reproduire ce qui, dans l'original, pourrait être considéré
comme faute d'impression, nous fiant à l'intelligence

des lecteurs au moins autant qu'à la nôtre, et préférant encourir le reproche de fidélité superstitieuse plutôt que le soupçon d'altérations maladroites, dans tous les cas arbitraires.

Le public savant a encore une autre obligation à M. P. Lorain. Le Manuel du libraire de M.,Brunet nous avait révélé l'existence d'une Grammaire de Gilles Dewes, dont il ne paraît pas qu'il existe en France un seul exemplaire ; M. Lorain, dans un voyage qu'il fit à Oxford, ayant vu ce livre à la Bodléienne, prit la peine de le transcrire aussi scrupuleusement qu'il avait fait le Palsgrave, et, de retour à Paris, il fit au Ministère présent de sa copie, afin que j'en pusse enrichir ma publication. Ce sont des procédés qu'il suffit d'énoncer ; ils deviennent chaque jour plus rares dans la littérature, et, pour ma part, j'y ai été d'autant plus sensible qu'on m'y avait moins accoutumé.

Les contradictions d'orthographe sont encore plus fréquentes dans le texte de Dewes ou du Guez que dans celui de Palsgrave. Je fais cette remarque afin que ces fautes, tantôt d'omission, tantôt de commission, ne soient imputées ni aux éditeurs, ni aux typographes modernes. Le lecteur doit se bien persuader, contrairement au témoignage de ses yeux, qu'il a entre les mains des éditions faites en Angleterre, au commencement du XVI° siècle.

Paris, 1852.

F. GÉNIN.

NOTE DE L'ÉDITEUR.

Afin de mettre le lecteur en garde contre les inadvertances de la typographie anglaise, inadvertances que nous étions obligé de reproduire dans l'intérêt même de l'intégrité et de l'autorité du texte, nous signalerons ici trois fautes d'impression grossières dans une seule page, et très-peu remplie.

Dans les distiques latins de Léonard Coxe, imprimés au *verso* du titre, vers premier :

> Gallica quisquis amas *axactè* verba sonare,

il faut lire *exactè*.

Dans les Phaleuques à Geoffroy Tory, vers 8 :

> Nec *Græcis* melius putato Gazam
> Instruxisse suos.......... .....

lisez *Græcos*.

Et deux vers plus bas :

> Seu quotquot *prælio* priùs fuêre

La quantité veut qu'on rétablisse *pretio*, par *e* simple.

On pourrait voir une quatrième faute d'impression dans le vers suivant :

> Hæc evolve mei *Palgravi* scripta diserti.

Aucune règle ne prescrivant la suppression de l's dans le nom latinisé de Palsgrave, cette altération de forme doit être le résultat d'une inexactitude typographique ; le manuscrit donnait sans doute *Palsgravi*.

Les imprimeurs de Du Guez ne méritent pas plus de confiance que ceux de Palsgrave. Par exemple, à la page 928, vous verrez

l'adverbe de nombre *fyrst* traduit en français *emprent*, comme
s'il s'agissait de la 3e personne de l'indicatif du verbe *emprendre*,
il emprent.

Il est indubitable qu'il faut lire *en preu*, apocope de *en pre*
(*mier*), ou tout d'un mot, *empreu*. Le drapier, parlant des six
aunes de drap que lui demande Patelin, dit à ce brave chaland,
en lui présentant son aune à tenir :

> Prenez-la, nous les aulneron.
> Si sont elles cy sans rabatre :
>
> (Il mesure le drap.)
>
> *Empreu*, et deux, et trois, et quatre,
> Et cinq, et six.

Selon toute apparence, l'acteur prononçait *empreut*, avec un *t*
euphonique final, comme il est figuré dans le texte de Du Guez :
ainsi la versification de *Patelin* ne contenait pas dans ce passage l'hiatus que l'œil croirait y surprendre. On ne saurait trop
répéter que l'écriture est un faux témoin, surtout par rapport à
l'ancien langage, et que la comparaison des erreurs peut conduire à la vérité.

Palsgrave, en vingt endroits, tombe avec une roideur impitoyable sur les pauvres imprimeurs français :

« Telle est l'ignorance de ces imprimeurs, qui ne connaissent
pas leur propre langue. » (Page 293.)

« Mais c'est plutôt par l'ignorance des imprimeurs, qui ne
connaissent pas leur propre langue. » (Page 300.)

En parlant de la perfection de la langue française : « Elle a
été singulièrement corrompue par la négligence de ceux qui se
mêlent de l'art d'imprimer. » (Page 163.)

« .... Et combien le français est défiguré par la négligence
des imprimeurs. » (Page 162.)

« J'en accuse la négligence, ou, pour mieux dire, l'ignorance
des imprimeurs. » (Page 181.)

Le patriotisme de Palsgrave lui multipliait les fétus dans l'œil
de nos imprimeurs, et lui dissimulait les poutres dans l'œil des
imprimeurs anglais. Nous ne voulons pas ici récriminer, autrement il serait permis de demander où Palsgrave prend le droit
de se montrer si rigoureux, et quels typographes illustres l'Angleterre du xvie siècle peut mettre en concurrence de nos Vérard,

Estienne, Simon de Colines, François et Sébastien Gryphe, Vas-
cosan, et tant d'autres Le moins inconnu qu'il fût possible de
leur opposer est justement ce Pynson, qui a imprimé la première partie du livre de Palsgrave avec quatre fautes dès la
première page.

Réimprimer Palsgrave, c'est reconnaître la valeur de son témoignage en général ; par conséquent, il devenait nécessaire de protester, lorsque, sur un point de fait aussi important, son témoignage passionné pouvait induire en erreur.

F. G.

DE LA PRONONCIATION

DU VIEUX FRANÇAIS

LETTRE A MONSIEUR LITTRÉ,

MEMBRE DE L'INSTITUT.

———

Nonville, 15 août 1855.

Mon cher Littré,

Vous avez écrit sur mon édition du *Patelin* un article (1) qu'il ne m'appartient pas de louer, mais dont il me sera permis au moins de vous remercier. De la part d'un critique placé comme vous l'êtes, une appréciation aussi développée, aussi approfondie, était déjà un éloge de mon travail ; vous y avez joint de surérogation une bienveillance à laquelle j'ai été d'autant plus sensible qu'on ne m'y a guères accoutumé. Elle ne se fait nulle part mieux sentir que dans les endroits où vous me combattez et où vous me redressez ; c'est ainsi que la critique doit être faite pour être

(1) Voyez la *Revue des deux Mondes* du 15 juillet.

profitable. Cette modération, au reste, vous vient de votre conscience : les forts sont doux et ne s'émeuvent pas de léger.

Je passe condamnation sur *payer la baie*, sur *patois* mal à propos dérivé de *patelinois*, sur *tandis que*, enfin sur la plupart de vos remarques. Mais il y a quelques points qui me paraissent controversables, en particulier ceux qui touchent à la prononciation du vieux français. Vous savez, mon cher Littré, depuis combien d'années j'étudie ce côté de la question si difficile et si important, et dont (je crois pouvoir accepter cette louange que vous me donnez) personne ne s'était préoccupé avant moi. Vous ne serez donc pas surpris que je ne me rende pas tout d'abord, et n'abandonne pas dès la première attaque des opinions résultat de tant de recherches. Vous m'entendrez et vous jugerez. Je m'en rapporte à vous avec pleine confiance, car ni vous ni moi, Dieu merci ! n'écrivons pour la misérable gloriole d'avoir toujours raison et de paraître infaillibles.Que ceux-là y prétendent qui se sont bâclé une réputation par le savoir-faire plutôt que par le savoir, et qui perdraient tout s'ils perdaient leurs prôneurs ; comme ils ne vivent que de prestige, ils ont raison de défendre le prestige : « Toute beste garde sa pel. » C'est très-bien ! Mais nous, qui n'avons en écrivant d'autre intérêt, d'autre but que de mettre en lumière la vérité, nous pouvons discuter sans disputer, et nous contredire sans nous quereller.

Deux ouvriers voulant amener à la surface du sol un

bloc de marbre engagé profondément, sont obligés souvent d'opposer leurs leviers et d'agir en sens contraire. Loin d'être ennemis pour cela, l'unité du but où ils tendent rend leurs efforts amis, et ils accomplissent ainsi à deux ce qu'un seul n'aurait pu mettre à fin, malgré sa puissance individuelle.

Je transcris vos paroles :

« Le nouvel éditeur du *Patelin* donne une règle générale qu'il formule de cette manière : « Les voyelles *i*, *u*, accompagnées » d'une autre voyelle avec laquelle elles ne forment pas diphthon» gue, emportent toujours dans la prononciation, avec leur va» leur comme voyelles, leur valeur comme consonnes : *i* vaut *ij*, » *u* vaut *uv*. *Parmi le col* soie *pendu*, prononcez *sois-je*. » — Je ne puis donner mon assentiment à cette règle. Non-seulement on ne trouve rien dans les textes qui l'autorise, mais encore elle me paraît contraire à l'analogie.... Prenons les imparfaits dont la finale *oie* est dissyllabe aussi : *Je pensoie*. Cette finale provient de la finale *abam*. Suivant la règle française, le *b* est tombé; la finale latine *am* est devenue un *e* muet; l'*a* long qui restait devant cet *e* muet a été changé en une voyelle longue correspondante. Voilà l'analyse complète de la formation. Mais si elle était *je pensoije*, elle serait tout à fait rebelle à l'analyse, car, ramenée au latin, il serait absolument impossible de rendre compte de ce *j*, et si on le réintroduisait dans l'élément latin, on arriverait à une forme *pensabiam*, qui donnerait régulièrement *pensoije*, mais qui ne peut être imaginée. »

Permettez-moi de vous dire, mon cher Littré, que vous n'avez pas saisi ma pensée. C'est ma faute, sans aucun doute, mais si j'ai été obscur ou équivoque pour vous, pour combien d'autres ! Il faut donc que je m'explique, et tâche d'être bien clair dans une matière où cela n'est pas toujours facile.

Par où je vois que vous ne m'avez pas compris, c'est

par l'exemple que vous créez pour montrer l'application et l'effet de ma règle : *Je pensais* devrait se prononcer *je pensoije*. Vous niez que cela ait jamais eu lieu ; je suis prêt à le nier avec vous, aussi n'est-ce pas cela que j'ai voulu dire, et quand je me relis, je ne trouve pas qu'on puisse le faire sortir de mes paroles.

Qu'ai-je dit ? Que *soie* se prononçait *sois-je*. Remarquez que dans votre exemple vous introduisez un pronom personnel qui n'existe pas dans le mien : JE *pensoije*. Or cela est essentiel, car ce *j* contre lequel vous argumentez, ce *j* dont vous démontrez l'existence impossible, à moins de supposer la forme chimérique en latin *pensabiam*, ce *j* n'appartient pas au verbe, il est indépendant de *pensabam* autant que de *pensabiam* ; ce *j*, dont l'origine vous échappe comme tout à fait irrationnelle, c'est tout uniment le pronom personnel *je*, lequel, au lieu de précéder le verbe, le suit. Or il est clair que le verbe ne peut être pris entre ce pronom redoublé et l'avoir à la fois en tête et en queue, comme il serait dans *je sois-je* ou dans *je pensoije*.

Cette syntaxe, qui construit le pronom personnel *après* le verbe, était aussi usitée dans le vieux français qu'elle l'est encore dans l'allemand de nos jours. Ne sortons pas du *Patelin*. Le drapier s'écrie, en se voyant dupé par tout le monde : « Or *suis-je* le roi des meschans ! » Cette tournure, aujourd'hui purement interrogative, était alors affirmative aussi. Maître Guillaume ne demande pas *s'il est*, il affirme : « Ah ! *je suis* le roi des mal chanceux. »

Les anciens textes sont remplis d'exemples de cette syntaxe ; ce n'est pas à vous qu'il est nécessaire d'en citer. Eh bien, le sens, le but de ma règle *i* égale *ij* est de faire reconnaître cette construction dans une foule de passages où elle est dissimulée par l'imperfection de l'ancienne orthographe.

Quelquefois les copistes écrivent *je* par un *g*, alors la syntaxe est visible à l'œil nu :

> Certes, fet el, dès Penthecoste
> Ne *vige* mais si riche lit !
> > (*D'Aubérée.*)

> Si ne le *vige* ne venir ne aler.
> > (*Le Dit de fortune.*)

> Or *saige* bien certainement.
> > (*D'Aubérée.*)

Cela est clair parce que le *j* a pour substitut le *g* ; mais quand le copiste (et c'est le plus grand nombre de cas) se sert du caractère équivoque *i*, la méprise est toute naturelle, et l'on peut croire le pronom supprimé lorsqu'il ne l'est réellement pas. Ainsi, dans les vers suivans :

> Bien *vourroie* véoir vo lit.
> > (*D'Aubérée.*)

> Mult vos *avoie* desirée.
> > (*Ibid.*)

> Tot en *ai* esté esperdue.
> > (*Ibid.*)

> Or t'*ai* apris et ensaiguié.
> > (*La Chace dou cerf.*)

je suis convaincu qu'il faut prononcer « bien *vourroi-je*

véoir ; — moult vous *avoi-je* désirée ; — tout en *ai-je*
été éperdue ; — or *t'ai-je* appris, » toutes phrases
affirmatives, c'est entendu.

Il est également entendu que le pronom étant exprimé *avant* le verbe, ne l'était plus *après*, et qu'on
prononçait, dans le premier cas comme vous le dites,
oie, semblable au substantif *oie*. Ex. : « Se *je t'avoie*
de pauvreté jeté. »

Et enfin que ce pronom était parfois totalement supprimé. Ma règle $i = ij$ ne tend qu'à le faire reparaître
dans quantité de phrases où il semblerait effacé, à en
croire l'orthographe, et à le restituer par la prononciation.

Contre la seconde partie de ma règle $u = uv$, voici
votre objection :

« Il est vrai que, encore maintenant, le peuple de Paris, au
lieu de *eu*, prononce *évu*, mais cela ne suffit pas pour prouver
qu'en général la prononciation intercalait un *v*, *qui n'était
jamais écrit*. N'avoir jamais été écrit, c'est là une objection, à
mon sens, insurmontable. »

Je l'accorde, oui, quand la consonne pouvait être
écrite ; mais veuillez bien prendre garde que ce n'est
pas ici le cas, puisque l'alphabet de nos ancêtres n'a-
vait pas de caractère distinct pour figurer le *v*. C'est
même là ce qui motive ma règle $u = uv$. Vous faites,
passez-moi le mot, une pétition de principe. Je dis :
« Nos pères ne pouvant écrire le *v*, ajoutaient souvent
dans la pratique sa valeur à celle de l'*u* voyelle. » Et
vous me répondez : « Je n'en crois rien, parce que ce *v*

n'est jamais écrit. » Vraiment, s'il l'était, je n'aurais eu rien à remarquer !

Il est indubitable que si vous m'obligez à fournir un texte du moyen âge, où le *v* soit écrit d'une façon distincte de l'*u*, je serai battu. Il n'y en a point, c'est sûr. Comment donc appuyer le fait que je crois avoir découvert ? Il n'y a que l'induction et l'analogie. Je ne présente pas autre chose, je le sais bien ; mais l'induction et l'analogie ne sont pas à rejeter dans des recherches aussi délicates que celles de la prononciation d'une langue dont nous ignorons les conventions orthographiques.

Eh bien, c'est dans ces conditions que vous me niez le *v* intercalaire. Votre fin de non-recevoir, « il n'a jamais été écrit », ne me paraît pas recevable elle-même.

Maintenant écoutez, je vous prie, mes raisons.

Je remarque que le peuple de Paris (et d'ailleurs) prononce *évu*, *recevu*. Et non-seulement le peuple, mais la cour elle-même le prononçait ainsi au XVIIe siècle, témoin le couplet contre Mme de Cursol, cité par Ménage :

> Comtesse de Cursol,
> *La, u, ré, mi, fa, sol,*
> Je veux mettre en musique
> Que vous avez *évu*
> *La, ré, mi, fa, sol, u,*
> Plus d'amans qu'Angélique.

Je dis que cette prononciation *générale* est un argument valable, parce qu'elle dénote une tradition.

Croyez-vous que la prononciation d'un autre mot aussi usité que le verbe *avoir*, le verbe *pouvoir*, ne soit pas aussi une preuve de la tradition ? Je tiens pour moi qu'on a toujours prononcé comme aujourd'hui *pouvoir*, *ils peuvent*.

Cependant ces mots sont toujours écrits *pooir*, *ils pueent*. Croyez-vous qu'à aucune époque on ait prononcé *ils peuvent* comme *ils puent* du verbe *puer* ? Non, vous ne le croyez pas, car dans un autre passage de votre article vous déclarez juste la règle d'orthographe que j'ai le premier donnée, à savoir que la notation *ue* sonnait *eu*. Voilà donc trouvée la moitié du mot : *ils peu*. Que ferez-vous du reste *ent* ? un *e* muet, de cette manière *ils peu-ent* ? C'est impossible ! Et pourtant il me semble qu'il faut en passer par là ou par le *v* intercalaire ?

Voici d'ailleurs une variante d'orthographe qui va vous créer une autre difficulté : c'est la notation du son *eu* par *oe*, comme les Allemands dans *Goethe*, par exemple.

De cent millers n'en *poent* garir dous.

(*Roland*, III, 3.)

Il faut trouver deux syllabes dans cette notation *poent*. Comment les y trouverez-vous sans le secours d'une consonne intercalaire ? Pour moi, cela fait très-bien *ils pouvent* ou *peuvent*.

Dans ce vers du roman de la *Violette :*

Elle ne *pooit* someiller,

pou-oit forme un hiatus qui exige beaucoup d'atten-

tion pour être prononcé pur de toute consonne intercalaire. Le *v* vient naturellement à la bouche entre
ou et *oi*, et plus naturellement encore que devant *oui*,
que tant de gens prononcent *voui*. Or ces tendances
instinctives de l'organe vocal, nous les voyons toujours
obéies par le peuple, lequel, en définitive, est le véritable auteur des langues. Les savans n'arrivent qu'en
sous-ordre et longtems après, pour les brouiller sous
prétexte de les organiser.

Je veux encore vous citer cette strophe en rimes
riches du joli conte de Merlin-Mellot :

> Hélas ! dit le vilain, j'ai perdu mon avoir,
> — Et mes enfans aussi — dont fus-je en grant *pooir !*
> N'ai pas créu la voiz, si n'ai pas fait savoir ;
> Je m'en puis orendroit trop bien apercevoir !

C'est *pouvoir*, les trois autres rimes l'indiquent
assez.

Quand la finale est masculine, on pourrait à toute
force soutenir l'inutilité du *v* intercalaire ; l'hiatus me
choque, il ne vous choque pas ; la question est en équilibre. Mais ce qui rompt, à mon avis, cet équilibre, ce
sont les mots à terminaison féminine, car ici le doute
ne me paraît plus possible.

Comment prononceriez-vous le mot *deent*, qui se
trouve dans le fragment de Valenciennes, où il représente le latin *debent*, si vous n'intercalez pas le *v*
euphonique ? Voici la phrase entière : « *Chiki si l' feent
cum faire lo deent.* » C'est-à-dire : Ceux qui le font
ainsi comme faire le doivent, ceux qui remplissent leur

devoir. Je crois qu'il faut, en lisant, articuler deux consonnes euphoniques, toutes deux non écrites : *fesent* et *devent* (*faciunt, debent*).

Notre langue alors était encore à moitié engagée dans le latin , comme il est évident par cette homélie sur l'histoire de Jonas, où le prédicateur entremêle les mots des deux idiomes. Son auditoire le comprenait, également familier avec l'un et avec l'autre ; par conséquent ceux qui lisaient, les clercs de ce tems, n'étaient pas embarrassés de suppléer la consonne étymologique absente. (Voyez mon commentaire sur ce morceau à la suite du *Roland*, page 483.)

Remarquez en passant que notre orthographe est toujours allée en se chargeant de consonnes. A la fin du xviᵉ siècle, elle était si encombrée de consonnes inutiles, que cet abus amena la réforme accomplie par les précieuses. Les manuscrits font foi que plus on remonte vers l'origine, moins on rencontre de consonnes. Il y a des idiomes, par exemple ceux du Nord, où l'écriture s'est attachée à exprimer les consonnes préférablement aux voyelles, celles-ci se trouvant nécessairement introduites par l'effort qu'exige l'articulation des autres. Par exemple, le nom de *Hadyn* sonne plus ou moins comme *Hayden*. Au contraire, notre jeune langue me paraît s'être complu à fixer les voyelles, laissant à la tradition à marquer les consonnes. En sorte que les unes ont leurs voyelles incertaines, et les autres leurs consonnes ; mais l'incertitude ne détruit pas la réalité.

Les consonnes que le Français a écrites plus tard ne sont autres que celles qui subsistaient dans la tradition; conséquences de l'étymologie ou de la nature de l'organe français; ou de toutes deux à la fois.

Si l'on nous demande : Le *v* dans *pleuvoir*, d'où vient-il? car ce n'est pas du latin *pluere*, à coup sûr! Moi, je m'en tirerai en répondant que c'est toujours le *v* euphonique, et que *pleuoir* est dans le même cas que *pooir* (1). Mais vous, que répondrez-vous?

De *pleuvoir* est venu *plouviner* (2). Cependant on écrivait jadis sans *v*, *plouiner* :

> Devers la tierce se prist à *plouiner*.
>
> (*Garin*.)

« Il n'est pas écrit ! » Eh, mon Dieu, nous regorgeons de grammaires et de dictionnaires, Dieu merci ! Notre écriture devrait être un témoin fidèle de notre langage, depuis le tems qu'on travaille pour obtenir ce résultat. Ouvrez cependant le dictionnaire où M. Napoléon Landais a prétendu figurer la prononciation exacte du français : c'est d'un grotesque à mourir de rire ! Chaque mot porte plusieurs syllabes de plus que dans l'orthographe usuelle.

Pourquoi donc voulez-vous attribuer à l'orthographe

---

(1) Nous connaissons tous les mots *avoutre* et *avoutire*, qui sont le latin *adulter* et *adulterium*. Eh bien, le Lexique de Guillaume Briton, rédigé dans la première moitié du xive siècle, les écrit sans *v* : — « MECHUS, *aoutres*; MECHIA, *aouterie*. » N'est-il pas évident que la prononciation rétablissait le *v* ?

(2) Il est dans Furetière.

indépendante et arbitraire du moyen âge une valeur
si rigoureusement exacte, une précision géométrique ?
Pourquoi voulez-vous que cette valeur ancienne soit
partout représentée mathématiquement par nos conventions modernes ? Car vous n'avez pas d'autre raison
que cela : *pooir* ferait aujourd'hui *pooir ;* donc il ne
faisait pas autre chose au xiie siècle.

Voulez-vous que je vous dise ma pensée tout entière ?
Il n'y a jamais eu et il n'y aura jamais d'orthographe
exacte, parce que le point de départ du système ne
peut se trouver dans la nature, et sera nécessairement
toujours pris dans la convention. Or, la convention,
chacun la fait à sa guise ; elle est chose essentiellement mobile et diverse.

De plus, la convention ne trouvera jamais de signes
assez multipliés et assez délicats pour noter les quarts
et les huitièmes de ton qui foisonnent dans le clavier
de la voix humaine.

Ainsi toute notation n'est qu'approximative et laisse
à deviner.

Je sais parfaitement, je suis le premier à déclarer
que le vieux français tient au français moderne par
une multitude de rapports ; mais je place ces rapports
dans le langage parlé, et je rejette la plupart des différences dans la valeur des deux systèmes de notation,
des deux orthographes. Oui, je pose en fait qu'un Français du tems de Philippe-Auguste, ressuscité et haran-
guant sur une de nos places publiques, serait compris
plus facilement, sans comparaison, qu'on ne comprend

à la lecture un écrivain de la même époque. Et je suis
bien trompé si vous n'êtes pas du même avis.

Eh bien, je dis que c'est là un argument en ma
faveur. Remarquez en effet que mes hypothèses, mes
systèmes, si vous voulez, rapprochant le langage de
nos pères de notre langage, concluent à la tradition
ininterrompue, à l'unité du parler ; tandis que votre
manière de voir pose en principe la dissemblance et
presque la contradiction du leur au nôtre.

D'où il résulte que vous vous engagez implicitement
à nous marquer : 1º l'époque où le fil s'est rompu ;
2º sous l'influence de quelles causes la prononciation
s'est engagée dans de nouvelles voies. La question qui
nous divise est la même, sur un autre terrain, que
celle qui divise les partisans de la double prononciation
du grec : vous, qui voulez que la prononciation ait
changé, vous êtes Erasmien ; et moi, qui défends la
thèse de la transmission orale de Thémistocle à Botza-
ris, je suis pour l'iotacisme.

L'arbitraire de ces consonnes intercalaires n'est pas
si grand que l'on pourrait croire au premier coup d'œil.
D'abord j'ai souvent pour moi l'étymologie latine, mais
j'ai plus : j'ai l'autorité de textes authentiques, où les
deux formes, la forme sans consonne et la forme avec
la consonne, se mêlent sans cesse. Prenez le *Roland* :
le copiste écrit indifféremment au subjonctif de *choir*,
qu'il chée et *qu'il chede;* — au participe de *gâter*,
gastée et *gastede;* de même *caable* et *cadable ;* —
veeir et *vedeir;* — *caeir* et *cadeir;* — *guier* et *guider*,

quier et *quider ; — seir* et *sedeir*, etc., etc. D'après
cela, n'ai-je pas quelque motif de supposer que *ils
pueent* se prononçait *ils peuvent ; ils deent, ils devent ;
ils doient, ils doivent, et sic de cœteris ?*

Voyez qui de nous vous paraît le plus près de la vraisemblance, ou moi qui conclus de la consonne écrite :
donc on la prononçait, même absente ; — ou vous, qui
concluez de la consonne absente : donc on l'omettait,
même écrite.

Pourquoi, dans ce cas, l'aurait-on écrite ?

Au lieu qu'on pouvait l'omettre pour abréger, en se
fiant sur l'usage.

« Je crois, dites-vous, qu'on peut reconnaître des indices montrant qu'à une certaine époque nos aïeux ont recherché les
hiatus. »

Cette proposition n'est antipathique ni aux consonnes intercalaires, ni aux consonnes finales euphoniques. Il y a hiatus et hiatus. L'ionien, que vous citez
comme un dialecte particulièrement ami de l'hiatus,
n'avait-il pas aussi bien que les autres l'*n* finale euphonique (νῦ ἐφελκυστικόν) ? D'ailleurs, devant les faits, la
théorie est forcée de s'incliner. J'appelle des faits la
notation de ces consonnes dans une foule prodigieuse
de mots que l'on rencontre aussi sans elles, et dans les
mêmes textes, écrits de la même main. Qu'en peut-on
inférer ? Que cette notation était facultative, parfois
superflue, mais non pas qu'elle était toujours sans
valeur.

N'allez-vous donc pas trop loin quand vous dites :

« Devant une voyelle le *t* final dans *aimet* se prononçait-il ? Je n'en sais rien ; cela est possible, bien que ce ne soit pas sûr, *car il est certain que le* T *de* DONET *ne se prononçait pas.* »

Je crois pouvoir assurer, au contraire, que ce *t* final se prononçait. Prenez les vers suivans du *Roland ;* si vous ne prononcez pas le verbe au singulier absolument comme nous le prononçons aujourd'hui au pluriel, en sonnant le *t*, ils seront faux :

> Devant Marsilic *s'escriet* en la presse.
> *Voeillet* ou non ne puet muer ne riet.
> Ne France dulce ja *chedet* en vilté.
> Li quens Rollans *appellet* Oliver.

Et mille autres pareils. Je ne pense pas que vous ayez voulu mettre *donne* dans une autre catégorie que *veuille, s'écrie, appelle*, etc. Il est donc manifeste que ce *t* se prononçait et comptait dans la mesure du vers.

A la vérité, vous pourrez m'opposer bon nombre d'exemples où la présence de ce *t* final n'empêche pas l'élision :

> Par pénitence les *cumandet* à férir.
> Li, empererés *chevalcet* ircement.

Ici le *t* ne compte pas, cela est vrai ; mais quoi ? cela ne détruit pas les exemples contraires. Qu'est-ce que cela prouve ? l'existence, dès la plus haute antiquité de notre langue, d'un fait bien connu : c'est-à-dire qu'il y avait deux prononciations, l'une familière, l'autre sévère ; l'une pour le style de la conversation,

l'autre pour le style déclamatoire ; et que les anciens
poëtes se donnaient la licence d'employer l'une ou
l'autre, selon le besoin de la mesure. Voilà tout le
mystère !

L's finale des substantifs pluriels est traitée par ces
poëtes comme le *t* final des verbes : tantôt ils la font
compter, et tantôt non. Les deux systèmes sont en
présence dans ce vers où il s'agit d'un bouclier :

> PierreS i ad, ametisteS e topazes.
>
> (*Roland*, III, 63.)

L's compte dans *pierres*, et ne compte pas dans *ametistes*.

Notre versification moderne garde la trace de ce détail
de l'art ancien dans la faculté laissée aux poëtes d'écrire
avec ou sans *s* les mots *guères*, *certes*, *jusques*, etc.
Dans l'origine, tous ces adverbes avaient l's finale :
Marot écrit « *encores* un bon tour » ; — « *presques*
étant de merveille esgaré », et Ménage discute encore
cette orthographe. Racine et Boileau ont aussi conservé
l's à l'adverbe *même :*

> La fortune et la victoire *mêmes*
> Couvraient mes cheveux blancs de trente diadèmes.
>
> (*Mithridate.*)

Cette *s* étant non avenue dans la prononciation
familière, les poëtes l'ont également supprimée quand
elle les gênait, et ils la retiennent quand elle aide à la
mesure ou à la rime. Telle est l'origine d'une bizarrerie qui serait inexplicable autrement.

Il est hors de conteste que nos anciens poëtes ont pratiqué ce système, seulement ils en faisaient une application beaucoup plus large. Si nous pouvions évoquer l'ombre de Theroulde et lui faire réciter le *Roland*, nous l'entendrions certainement se servir des deux prononciations, la familière et la déclamée.

Cette double prononciation, qui remonte à l'origine de la langue française, s'est maintenue jusqu'au XVIIIe siècle ; même elle subsiste encore, mais elle tend de jour en jour à s'effacer et à disparaître. J'attribue cela à l'influence du théâtre, où la prononciation sévère règne exclusivement, et d'où elle s'est répandue, au préjudice de la prononciation familière. On s'est engoué du théâtre, on l'a pris pour modèle ; d'ignorans puristes ont déclaré vicieuse et illégitime toute prononciation qui n'était pas conforme à celle des déclamateurs tragiques. Sur la parole de ces pédans, on s'est mis à faire sonner à l'envi toutes les liaisons, les *t*, les *s*, les *x* ; et par là s'est nivelée la séparation entre les deux styles. L'abbé de Choisy, dans son *Journal de l'Académie française*, a un curieux chapitre là-dessus. J'en veux extraire quelque chose pour l'ébahissement et l'édification de ces beaux parleurs qui viennent siffler et marteler à nos oreilles leur français théâtral.

« La plupart des mots, dit l'abbé de Choisy (1), ont deux différentes prononciations : l'une pour le discours ordinaire, et l'autre

(1) L'abbé Tallemant a fait les mêmes observations presque dans les mêmes termes.

pour les vers. C'est ce qui est cause que peu de personnes savent
bien lire les vers, faute de savoir cette différence de prononciation....

» La prose néglige de prononcer les *s* finales du pluriel, et les
t de la troisième personne du pluriel des verbes, et plusieurs
autres consonnes finales, même devant des voyelles. On dit fort
bien *les hommes ont de tout temps été*, comme s'il y avait *les
homme ont de tout temp été*; — *les enfans aiment à jouer*,
comme s'il y avait *les enfan aime à jouer*. Mais en vers, quand il
se rencontre une voyelle après un pluriel ou après quelque consonne que ce soit, il faut nécessairement prononcer tout :

> A quoi bon réveiller mes muses endormies
> Pour tracer aux auteurs des règles ennemies ?

Il faut à *muses* et à *règles* faire sonner l'*s*, sans quoi la mesure
n'y serait pas.

> Mille et mille douceurs y semblent attachées.

» On dirait, en conversation, *y semble attachées*, mais en vers
il faut prononcer comme s'il y avait *y semble tatachées*. Ainsi
des autres, et surtout des *s* des secondes personnes des verbes,
qu'il faut prononcer comme aux pluriels : *tu cherches à me plaire*,
on prononce : *tu cherche z-à me plaire*.

» Au reste, la déclamation demande dans la prose presque les
mêmes prononciations que dans les vers. On dit *presque*, parce
que cela n'est pas toujours. Mais le plus sûr est de se conformer,
en déclamant, à la prononciation des vers. »

(Opuscules sur la langue françoise, par divers académiciens.
Paris, Brunet, 1754, p. 257.)

Voilà le témoignage d'un abbé de cour, d'un membre
de l'Académie française au milieu du xviie siècle. Il y
avait alors deux manières bien distinctes de prononcer
le français, et chaque manière était également légitime
et consacrée par l'usage. Il ne tombe pas dans la pensée de l'abbé de Choisy de blâmer ceux qui suppriment

dans la conversation les *s*, les *t*, et même les *nt*. C'est ainsi qu'on devait parler, c'est ainsi que parlaient Molière, Boileau, Pascal, Racine, La Fontaine, La Bruyère, tous les hommes illustres de cette époque illustre entre toutes les époques.

Aujourd'hui il n'est pas un petit commis de magasin qui ne se pique de faire sonner les liaisons quand il raisonne sur *l'ar t-antique*, ou se plaint d'avoir *froi t-aux pieds*, ou s'accuse avec fatuité de *ses tor z-en-ver z-elle*. Un académicien du tems de Louis XIV ouvrirait de grands yeux s'il entendait un pareil langage, et l'abbé de Choisy trouverait qu'au lieu de parler, nous ne faisons plus que déclamer. Il serait bien tems de reprendre les véritables habitudes de la prononciation familière, et de laisser ces affectations aux caricatures de la famille de Joseph Prudhomme (1).

La citation de l'abbé de Choisy répondra pour moi à la critique de trois leçons que j'ai adoptées, où vous voyez trois vers faux. Les voici :

> Entre vous riches les *pouvres* hommes.
> Ses *denrées* à qui les vouloit.
> Tant fussent-elles *saines* et fortes.

J'ai invoqué ici la prononciation populaire, qui ne

(1) Il y a même certaines rencontres où un acteur de bon sens doit préférer un hiatus au ridicule d'une prononciation rigoureusement exacte.

> Le *soldat étonné* dit que dans une nue...

J'ai entendu à la Comédie-Française déclamer ce vers d'*Iphigénie* de manière à faire douter s'il ne s'agissait pas plutôt d'une nourrice de Molière que d'un soldat d'Agamemnon.

tenait pas compte de l's des substantifs pluriels. Vous n'admettez ni cette prononciation, ni par conséquent cette explication, et vous proposez de corriger ces trois vers en lisant dans le premier : « Entre vous riches pouvres hommes », sans *les*. Mais comment corrigerez-vous ce passage du Dit de Merlin-Mellot :

> Si je t'avoie jà de povreté geté,
> Serviroies-tu de cuer la sainte trinité
> Et ameras *les povres* en fine charité?

Il me semble que vous serez forcé d'y faire l'élision.

Vous corrigez de même le second vers par la suppression de l'article : « Ses denrées à qui vouloit. » Mais je crois qu'il n'y a pas plus de faute que dans le précédent ni dans le suivant. Celui-ci, la règle de l'abbé de Choisy fournit deux moyens pour un de le rectifier : en prononçant « tant *fusse elles*, saines et fortes », ou bien « tant fussent-elles *saine* et fortes ». Je crois ce dernier le meilleur ; mais l'un et l'autre reposant sur cette prononciation populaire à laquelle vous ne croyez pas, il en faut un troisième, et vous le trouvez dans la substitution d'*el* monosyllabe à *elles* : « tant fussent *el* saines et fortes ». Par là vous conservez toutes les syllabes et les liaisons du pluriel, comme on ferait dans la prosodie moderne.

Je n'aurais pas osé prendre cela sur moi, car, de vingt éditions au moins qui sont passées sous mes yeux, aucune ne fournit cette leçon *el*. Or je n'ai pas entendu donner un texte possible, mais un texte bien et duement autorisé, et qui pût à son tour faire autorité; un texte authentique, qui ne tînt rien du postiche. Cela me commandait une grande circonspection à corriger. En effet, telle expression que j'aurais substituée pouvait être parfaitement exacte en soi, mais étais-je bien sûr que je n'effaçais pas une expression originale, particulière à l'auteur ou à sa province; une expression incorrecte, si vous voulez, mais d'une incorrection admise, et d'autant plus précieuse à conserver, que les exemples en seraient plus rares? Ainsi vous auriez voulu que j'eusse retouché cet endroit :

> Et puis je lui faisoie entendre
> Qu'*ilz* (les brebis) mouroient de la clavelée.

« Voilà (dites-vous) un *ilz* qui me paraît fort suspect ! Dans ce qui précède et dans ce qui suit, il n'y a que des féminins se rapportant à *brebis*, et ici on trouve *ilz*, masculin qui ne se rapporte à rien ! Je pense que cet *ilz* cache une faute, et qu'il faut lire *el*, qui est un archaïsme, pour *elle* ou *elles*. »

Oui, cela se pouvait peut-être sans introduire une faute dans le texte; mais toutes les éditions donnent *ilz;* cela mérite considération, car de tant d'éditeurs si peu scrupuleux à changer le texte, comment se ferait-il que pas un seul n'eût corrigé un solécisme aussi apparent et facile à faire disparaître?

Je ne sais si le *Patelin* présente des exemples d'*el* mis pour *elles* au pluriel ; mais y en eût-il, encore n'aurais-je pas dû changer cet *ilz* très-bizarre, je l'avoue, mais qui est certainement de la langue du xve siècle. Dans cette langue de transition, *ils* a servi pour les deux genres, comme nous nous servons de *lui* : *donnez-lui* se rapporte aussi bien à une femme qu'à un homme. Et ce qu'il y a de plus curieux, *ils* a désigné le féminin concurremment avec *elles*. N'est-ce pas un trait à conserver ?

Voici des exemples tirés de Charles d'Orléans :

> Tant que Pasques soient passées,
> Sans resveiller le chat qui dort,
> Fredet, je suis de vostre accort
> Que *pensées* soient cassées,
> Quant aux *miennes, ilz* sont lassées...

Autre exemple :

> Je cuide que ce sont nouvelles ?
> J'oy nouveau bruit ! Et qu'esse là ?
> Hélas ! pourrai-je savoir d'*elles*
> Quelque chose qui me plaira ?...
> S'*ilz* ne sont ou *bonnes* ou *belles*
> Au fort mon cueur endurera...

Je pense que cela suffira pour ma justification. Je n'ai pas voulu m'exposer au reproche d'avoir trop innové et d'avoir fourni un texte épuré par le procédé de Brunck dans ses éditions grecques.

Je me suis toujours souvenu d'une règle de critique que donnait M. Boissonade à ses auditeurs de la Sorbonne. « Quand vous rencontrez, nous disait ce savant homme, plusieurs leçons d'un même passage, attachez-vous à la plus obscure, car il est probable que c'est la vraie, où du moins la plus ancienne, et que les autres n'ont été imaginées que pour remplacer celle-là. »

C'est ce qui m'a fait préférer des leçons que vous condamnez à des corrections de mon cru. Il suffisait que les premières eussent une chance, si faible fût-elle, d'être les véritables : je les ai maintenues ; car enfin qui sait si de cette leçon aujourd'hui insignifiante il ne sortira pas un jour un trait de lumière ? C'est pour-quoi, par exemple, vous avez rencontré un imparfait de l'indicatif écrit par *ai*, tandis que tous les autres le sont par *oy*.

« Il me paraît incontestable (dites-vous) que l'*a* est le résultat de quelque faute d'impression et de copie. Non pas que je conteste le moins du monde à M. Génin ce qu'il affirme avec toute raison, à savoir que cette orthographe dite de Voltaire se trouve dans des textes très-vieux, et était en usage aussi anciennement que l'autre. Il faut pourtant s'entendre là-dessus et faire une dis-tinction : ces formes de conjugaison ne coexistent pas dans les mêmes textes, et elles appartiennent respectivement à des pro-vinces, à des dialectes différents. »

Je puis vous certifier, pour l'avoir soigneusement vérifié, que la finale de l'imparfait en *ai* coexiste avec la finale en *oi* dans la version des *Machabées*, à la suite de celle des *Rois*, dans le célèbre manuscrit de la Mazarine. Je ne sais quelle conséquence on peut tirer de ce fait ni comment il s'explique ; je le livre tel quel à votre sagacité. Ainsi l'orthographe de Voltaire, non-seulement avait cours dès le XIIe siècle, mais encore elle se mêlait dans un même texte avec cette ortho-graphe par *oi*, que M. Nodier et son école estiment le palladium de la langue française contre les novateurs (1).

Et moi, trouvant un exemple de cette orthographe dans le *Patelin* de 1490, je ne l'ai pas osé corriger comme une faute d'impression, encore que cet exemple fût unique ; au contraire, je l'ai recueilli, car je pensais à la version des *Machabées* et au manuscrit de la Mazarine. Je vous fais ma confession entière et vous dévoile le secret de mes scrupules ; c'est à vous qu'il appartient de me condamner ou de m'absoudre : «Vous êtes mon aréopage. »

Ma lettre est déjà bien longue ; cependant je ne saurais la clore sans revenir à cette question de l'hiatus, qui est fondamentale dans ma théorie de la prononciation du vieux français.

Selon vous, j'ai observé la tendance du peuple à pratiquer des liaisons ; j'en ai conclu la répugnance instinctive de notre ancienne langue pour le concours des voyelles ; et j'ai été conduit nécessairement à imaginer le système des consonnes euphoniques intercalaires (2).

Non, ce n'est pas dans cet ordre que les faits se sont passés.

J'ai d'abord été frappé de la quantité de mots qui

(1) *Oï*, la plus française de nos diphthongues, s'écrie M. Paulin Paris avec plus d'emphase que de justesse, car toutes nos diphthongues sont également françaises. Pourquoi ce privilége et cette sympathie ?

(2) « Ce qui l'a poussé (l'éditeur de *Patelin*) à supposer que dans » l'ancienne langue l'hiatus n'existait pas, et que partout où il exis- » tait il fallait imaginer une consonne intermédiaire qui le sauvait,

présentaient une consonne intercalaire, soit médiante, soit dans la terminaison, soit finale.

J'en ai cherché la raison, et j'ai cru la trouver dans un rapprochement qui se présentait de lui-même avec le langage populaire.

La répugnance instinctive du vieux français pour l'hiatus a été ma conclusion et mon point de départ.

Assurément je n'ai pas inventé l's finale caractéristique du sujet, qui fait prononcer *on z-a* (homs a) ; ni le *t* final de tous ces verbes à la troisième personne du singulier, dont sont remplis le *Roland*, la version des *Rois*, les *Moralités sur Job*, les *Sermons de saint Bernard*, la version des *Machabées*, etc., et qui est cause que le peuple dit encore : « *Il at été, — il at évu* la fièvre.* » J'ai pris toutes ces consonnes où je les ai trouvées, et me suis borné à en rechercher la cause générale. Leur rôle était manifeste.

J'ai conclu à la répugnance instinctive de l'hiatus, mais — les mots trahissent toujours notre pensée ! — par hiatus je n'ai pas entendu tout concours de voyelles, ainsi que vous le supposez. Je n'ai pas voulu dire que le vieux français ne souffrit jamais la rencontre de deux voyelles, mais seulement qu'il n'en souffrait pas le heurt, la rencontre désagréable. J'ai moi-même remar-

---

» mais qui ne s'écrivait pas, c'est la tendance qu'a le peuple à faire
» des liaisons et à intercaler des consonnes entre les mots. M. Génin
» pense que c'est une tendance traditionnelle qui témoigne que le
» vieux français avait une répugnance instinctive pour le concours
» des voyelles ; mais, à vrai dire, je ne puis voir sur quoi cela est
» fondé. » (Page 356.)

qué que l'hiatus, tel que le définissent nos traités de
versification, est mal à propos exclu du vers français
moderne, car il y a de ces hiatus très-doux et très-
harmonieux à l'oreille. J'ai dit cela, et avec insistance,
dans mes *Variations du langage français* (1).

Il est donc clair que par répugnance de l'hiatus chez
nos ancêtres, je n'ai pas entendu répugnance à tout
concours des voyelles, mais à un certain concours. Et
c'est tellement vrai, que, parmi les moyens de l'éviter,
j'en ai indiqué un diamétralement opposé à celui de la
consonne intercalaire : celui d'une voyelle intercalaire (2) ; c'était l'*i*. Dans le *Roland*, dans les *Rois*,
qui sont des textes normands, la finale féminine du
participe passé est fortifiée par le *d* ou le *t* intercalaire : *gastée, cruisiee, — gastede, cruisiede*. Au contraire, dans les *Moralités sur Job*, texte bourguignon,
toutes ces finales s'appuient sur un *i* faisant diphthongue ; vous n'y lirez jamais *née, donnée, portée, élevée*,
mais partout *neie, donneie, porteie, éleveie*. Et cette
prononciation, à l'heure qu'il est, est encore en usage
dans toute la Bourgogne et la Lorraine.

Mais, comme vous savez, il n'y a rien d'absolu, et
les caractères les plus prononcés du langage d'une
province ne sont que prédominans et non pas exclu-
sifs. Aussi je ne crois pas que cette articulation *eie*
pour *ée* fût exclue du langage normand. Je ne l'y vois

(1) Page 288.
(2) Introduction du *Roland*, p. 151, et dans le *Patelin*, p. 339.

pas écrite, comme dans les textes bourguignons. J'en infère seulement qu'elle y était moins fréquente. C'est même par elle que je voudrais rendre l'harmonie à ce vers et à tant d'autres qui lui ressemblent :

> Pluies et gresilz *demesureement.*
>
> (*Roland*, II, 765.)

Il m'est impossible d'admettre qu'on prononçât en choquant deux *é* fermés *demesuré-ément ;* ce bégaiement, cette espèce de bêlement est sans exemple dans la langue française. D'autre part, je ne prendrais pas sur moi d'intercaler une consonne arbitraire ; reste donc à prononcer *demesureiement.*

Et j'invoque, à l'appui de mon opinion, vos propres remarques sur le motif de l'ancienne orthographe *hardiement*, *vraiement : ment* est l'ablatif *mente* qui commande l'adjectif au féminin : *vera mente ; — audaci mente ; — non mensurata mente.*

Demesureie pour *demesurée*, à la lorraine.

Vous trouvez ces formes en *eie* écrites en toutes lettres dans les *Sermons de saint Bernard :* — semence *envelimeie ;* nature *entacheie* et porprise ; — miséricorde *donneie ;* — vérité *réveleie*, etc.

Voilà donc la répugnance de l'hiatus qui va chercher le secours d'une voyelle !

Ce n'est donc pas argumenter contre ma doctrine de dire que l'ancien français paraît avoir recherché souvent la rencontre des voyelles. Cette vérité incontestable ne va pas à proscrire la théorie des con-

sonnes intercalaires, théorie appuyée sur des faits matériels, je ne me lasse pas de le répéter. Le caractère
essentiel, la loi régulatrice de notre langue, celle qui
a présidé à la formation de cette *parlure délitable*
entre toutes, ce n'est ni la recherche ni l'évitement de
l'hiatus, c'est l'euphonie. Eh bien, l'euphonie employait
suivant l'occasion l'une et l'autre méthode, tantôt sou-
tenant d'une consonne les chutes trop faibles, tantôt les
appuyant sur une voyelle, toutes deux intercalaires.

Ce manuscrit des *Sermons de saint Bernard* nous
montre aussi le mot *peuvent* constamment écrit *puyent*.
Les gens qui se noient, dit le saint, s'accrochent à ceux
qui les viennent secourir : « Si plongent ensemble od
» ceols k'il *puyent* aggrapeir, ensi k'il à ols ne à ceols
» ne *puyent* faire nule aiue (1). » On ne prononçait
donc pas *ils pueent*, d'après les lois de la convention
moderne ? Il y avait donc là un de ces hiatus désagréables ? Et si le Bourguignon y remédiait par l'insertion de l'*i*, ne suis-je pas autorisé à supposer que
le Normand y remédiait par l'insertion du *v*, chaque
province suivant son habitude ?

Au chant premier du *Roland*, le roi Marsille, dési-
rant se raccommoder avec Charlemagne, lui envoie des
ambassadeurs. Il dit à ses diplomates :

> Par vo saveir se m' *puez* acorder,
> Jo vus durrai or e argent asez.

(1) « Et plongent avec ceux qu'ils peuvent agripper, de façon qu'ils
(les agrippés) ne peuvent porter secours ni aux autres ni à eux-
mêmes. »

Il n'est pas douteux qu'un Bourguignon aurait lu ce texte : *se m'puyez*.

Je crois qu'un Normand l'aurait lu : *se m'pouvez*.

Chaque peuple a dans l'oreille des sympathies et des antipathies, et dans l'organe de la voix des tendances particulières, des instincts d'où résultent les caractères de son langage.

Par exemple, les Ioniens que vous m'avez cités n'auraient pas dit μετὰ χερσι ἔχων, mais μετὰ χερσιν ἔχων. Amis de l'hiatus en général, celui-là leur déplaisait. De même nos pères répugnaient au choc de l'*é* fermé contre une autre voyelle dans le corps d'un même mot. Ils mouillaient cette transition d'un *i*, pris en dehors de l'étymologie : *un léion, un séiau, un fléiau*, pour éviter *un léon, un séau, un fléau*. Par parenthèse, pourquoi le *lion* est-il entré à l'Académie, tandis que le *siau* est resté à l'usage exclusif du populaire ? Est-ce encore une application de la règle *quia nominor leo* ?

J'observe comme une singulière coïncidence que le même procédé euphonique avait cours chez les Grecs. Ainsi le nom de Léandre se prononçait *Léandros*, *Leiandros*, *Liandros*. Musée écrit tantôt Λεανδρος, tantôt Λειανδρος. L'orthographe Ληανδρος, par η, sur une monnaie d'Abydos, a fourni un argument au père Hardouin (quel argument !) pour démontrer que le poëme de Musée était l'œuvre d'un moine inconnu du xiiie siècle (1). C'est par imitation du grec que Silius Ita-

---

(1) *Nummi antiqui populorum et urbium illustrati.* Ce n'est qu'une preuve de l'iotacisme.

licus et Ovide ont fait la première syllabe longue dans
Leander :

> Mille rates vidit Lëandrius Hellespontus.
>> (SILIUS, VIII, 622.)

> Si tibi tale fretum quondam, Lëandre, fuisset.
>> (OVID., *Trist.*, X, 41.)

> Nil nisi Lëandri nomen in ore meo est.
>> (OVID., *Heroid.*)

Il est présumable que dans ces passages il faut prononcer aussi à la grecque *Leiander* ou *Liander*, comme
Pelides pour Πηλείδης.

Ainsi, quand, sur les tréteaux de la parade, Isabelle
et Colombine s'entretiennent du beau *Liandre*, elles le
nomment tout juste comme le grammairien Musée et
la prêtresse de Vénus elle-même. Voilà, j'espère, une
tradition orale qui s'est bien tenue de Héro à *Zirza-
belle*, et des rivages de l'Hellespont au préau de la foire
Saint-Germain ! Henri Estienne, qui a écrit des rapports du grec avec le français, n'a pas remarqué celui-
là, et il en a recueilli un grand nombre qui sont bien
plus contestables, sinon tout à fait imaginaires.

De *sambucus*, le français avait fait *séu* ou *séur* (d'où
notre *sureau*), mais on prononçait, et toute la Picardie, où ce mot s'est conservé, prononce encore du
séyu (1).

Eh bien, n'est-ce pas un renseignement utile pour

---

(1) La Bourgogne aussi, je crois; car l'excellent M. Guérard (a),
lorsque je l'allais voir rue de La Rochefoucauld, où il habitait un

(a) M. Guérard était né à Montbard.

lire correctement ces vers du Dit de Merlin-Mellot : —
Un trésor ! s'écrie la bûcheronne ; et où le prendras-tu,
misérable ? — Où je le prendrai ?

> Au bout de ce courtil, droit dessouz un *séur* (1).
> (C'est un arbre qui est en settembre méur.)

Probablement on prononçait aussi *meyur* ?

Tout se tient, tout s'enchaîne ; c'est pourquoi il n'est
si petite découverte qui n'ait sa portée. La plus mince
parcelle de vérité est précieuse, car avec quoi con-
struira-t-on l'ensemble, si ce n'est avec les détails ?
« Maille à maille se fait le haubergeon. » Ce vieux
proverbe sera l'excuse de tant de *micrologie*, comme
disait mon ancien maître, le bon et docte Mablin.
Félicitez-moi, mon cher Littré, me voici arrivé à
Brindes :

> Brundusium longæ finis cartæque viæque.

pavillon au milieu des vastes jardins de M. de Fortia d'Urban, ne
manquait guères de me proposer un tour de promenade en ces termes :
« Allons ! me disait-il en riant, allons voir mes *séyus*. » Et quand je
partais pour la campagne : « Vous allez tailler vos *séyus* ? »

(1) On voit comment s'est formé *sureau* : *séur* — *sur* — *sureau*.
L'*r* de ce mot provient encore d'une consonne euphonique finale.

INDEX.

A et *e* se substituaient perpétuellement, 166.

Académie (l'), corps littéraire jadis,
s'est transformée en corps politique et aristocratique, 46.

Académie (l') devait repousser l'emploi de *quoique*, conjonction, 17;
— devra restituer *faire chanter*
dans la prochaine édition de son
dictionnaire, 60; — n'a pas accueilli *brocante*, 66; — ne donne
ni *binette* ni *rebiner*, 104; — a
rejeté *dondaine*, 180; — a eu tort
d'admettre *font* comme substantif masculin, 181; — consacre
fort invariable dans *se faire fort*,
290.

Accent. Ce mot n'était pas encore
dans la langue au xII^e siècle, 257.

Accents. On les a introduits à tort
dans les vieux textes, 255 (en note).

Acrostiche composé par Dewes (Du
Wés), 377.

ADAGES ET PROVERBES FRANÇAIS extraits du recueil de Fernand Nugnez, 233 et suiv.

Adjectifs français (les) tirés d'adjectifs latins terminés en *is* ou en
ens n'avaient dans le français primitif qu'une seule forme pour les
deux genres, 182, 183 (en note),
389.

Adjectifs qui étaient invariables en
genre quand ils précédaient immédiatement le substantif, 291,
292.

Adverbes écrits avec ou sans *s* :
pourquoi, 424.

Age vient de la forme ancienne *aé*,
288.

Age des mots facile à reconnaitre,
219.

Ale, terminaison de certains adjectifs, ne date que du xvI^e siècle,
182.

Argot, 70; — recherches sur l'origine de ce mot, 71 et suiv.; —
altération de *jargon*, 73; — termes d'argot tirés du grec, 74.

As, en français, vient du latin *assus, a, um*, 8.

Asso, en italien, l'as aux dés ou aux
cartes, 8.

Autant vous en pend à l'œil, 54.

Avoir toute honte bue, origine et
date de cette expression, 52 et suiv.

Avoutire, avoutre, 119 (en note).

Banqueroute, origine de ce mot,
128.

Bar, bart, bert ou *bard*, radical
signifiant barbe en celtique, 172.

Barbe de Verrue, 211, 212.

Barclay (Alexandre) a donné un
*Traité de la prononciation fran-
çaise*, 375.

Basteaux, 65.

Bateleur, 65.

Bauchart, nom propre, 30.

Bauche, 29.

Baucher, 30.

Bauque, 29.

Béranger impossible à l'Académie,
47.

Bête à deux dos (faire la), 108; —
Shakspeare avait emprunté cette
expression à notre vieux théâtre
français, 109; — Voltaire en ignorait la véritable origine, *ib.*

Bois, racine de *bauche*, 29.

Bonne foi (la) est nécessaire dans
l'érudition et la critique, 209.

Bossuet cité sur *rien moins*, 120.

Bouchée maudite (la), 123 et suiv.
Boucle, 34, 35.
Bouclier, jadis adjectif, 34.
Bouquin, 31 et suiv.
Bourdillon (M.) : jugement qu'il porte sur le poëme de Theroulde, 339.
Brimé, substantif, 102.
Brimer, 101.
Brocantage, 61, 63.
Brocante, 67.
Brocanteur, 60.
Brunet (M.) cité sur Giles Dewes (Du Guez), 376.

Cagots (les), 165.
Calendrier des bergers (le), 371 (en note).
Çamon, 105.
Carte du pays de Cocagne, 95, 96.
Cartouche, poëme, cité, 70.
Caylus (M. de), sur la chronique de Turpin, 226.
Ce a, mon, 106.
Chage, corruption de *charge*, 3, 5.
Chaitreux, 98.
Champ fleury (le), cité, 260 (en note),372 ; — date de cet ouvrage, 373.
Chantage, 59.
Chanter, 59.
Charlatan, 65.
Chartre, a deux racines et deux sens, 63 (en note).
Choisy (l'abbé) cité sur les deux prononciations, 425, 426.
Chrestien de Troyes, 369.
Chrestin, 163, 164.
Chrétien compte pour trois syllabes dans les poésies du XIIIᵉ siècle, 218.
Chrétins, vraie traduction de *christiani*, 165.
Christin n'est autre que Crestin, 164 (en note).
Christin et Christy, noms propres d'hommes chez les Anglais, 164.
Christine, 164.
Chronique de Turpin (la) est mentionnée dans une pièce de 1092, 226 ; — est l'œuvre de Guy de Bourgogne, *ib.* ; — fut composée par un moine nommé Robert, 227 ; — a été répandue en France par

Geoffroy de Saint-André, 325 ; — citée dans Raoul Tortaire, 326 ; — est mise par Calixte II, en 1122, au rang des livres canoniques, 327 ; — manuscrit de la chronique trouvé dans l'abbaye de Saint-Denis en 1160, 353.
Ciampi (M.) a donné une édition de la chronique de Turpin, 323.
Civé, 51.
Civet, 51.
Clercs de la basoche, 203.
Clotilde de Surville, 212.
Cocagne, 91.
Cocaignes (en Languedoc), 94.
Cocquaigne, 91.
Colbert (esclave affranchi), 166.
Colyngburne, 339.
Combien que, 16.
Comédie satirique (début de la), 203.
Confrères de la passion de Notre-Seigneur, 202.
Consonnes consécutives. Jadis on n'en prononçait pas deux, 3. — Principe établi pour la prononciation des consonnes consécutives au moyen âge, 260. — Aujourd'hui on articule les consonnes consécutives, 286.
Consonne finale supprimée dans la prononciation, 260 (en note).
Consonnes intercalaires indifféremment écrites ou omises (exemples de), 424.
Corblet (M. l'abbé) a omis *al'fois* dans son glossaire, 400 (en note).
Cornet à bouquin, 33.
Coxe (Léonard), cité, 372.
Crestin (Guillaume), poëte, 163, 371 (en note).
Crétin, 163 ; — d'où vient le sens injurieux de ce mot, 164 et suiv.
Cretonné, 51.
Ct sonnait dans le corps des mots, mais non à la fin, 274, 276, 277.

Daunou (M.), sur la chronique de Turpin, 324, 328, 353.
Débaucher, 28, 30.
Débiteurs insolvables (usage pratiqué au moyen âge, en Italie, à l'égard des), 426 et suiv.
DE LA PRONONCIATION DU VIEUX FRANÇAIS, 409.

Désaugiers cité sur *s'exbigner*, 104.

Dialectes, 254 ; — M. Ampère n'accorde pas aux dialectes l'importance que leur attribue Fallot, 301.

Dictionnaire de l'Académie, combien il coûte à la nation, 185 et suiv.

Dictionnaire des beaux-arts (le), 191.

Didones (los), sobriquet des Français en Espagne, 97.

Distinction (la) de l'âge des mots est nécessaire, 184.

Dondaine, 178, 179.

Dondé, 179.

Dondon, 178.

Donné (un) ou donnet, 112.

Dosnoi, 110.

Dosnoier, 110.

Double consonne. Le latin du moyen âge témoigne de son horreur pour la double consonne dans le langage parlé, 4 ; — rôle de la double consonne dans la vieille langue, 384, 401.

Dousneier, 111.

Drague, draguer, 160.

Dubois (Jacques), d'Amiens, indique la prononciation de *st* dans le corps des mots, 275 ; — cité sur la consonne finale, 276 (en note).

Du Guez (Gilles), maître de français du roi Henri VIII d'Angleterre, 375 et suiv.; — n'a fait paraître sa grammaire qu'après celle de Palsgrave, 379 ; — a composé des dialogues pour la princesse Marie, son élève, 379, 380 ; — préface de son ouvrage citée, 382 ; — exposition du plan de son livre, 383 ; — note le premier le son d'une voyelle par un signe extérieur au mot, 384 ; — n'a pas inventé l'accent circonflexe, 386 (en note) ; — a donné trois éditions de son ouvrage, *ib.*

E substitué à *i* dans le passage du latin au français, 164 (en note).

Ebaucher, 30.

Eclanche, 139 ; — synonyme de *gauche*, 142 ; — désigne l'épaule, *ib.*

Eclanchi (gaucher), 141.

Ecu couronné, 207.

Ecu d'or (l'), 207.

Embaucher, 30.

Embauchoir, 30.

Embouchoir. Ne devrait pas être synonyme d'*embauchoir*, 30.

Encore que, 15, 16.

Enfans sans souci (les), 203.

Envis, adjectif, 20.

Esclauche, adjectif des deux genres, 143.

Esclaut (gauche), 140.

Esclenche (l'), 141.

Escourgées. Ne s'employait qu'au pluriel au xiiie siècle, 219.

Espimbesche, 42.

Estienne (Henri) ne possède que des notions incomplètes et erronées sur les sources de la langue française, 360 ; — n'a connu qu'une langue de seconde formation, *ib.*

Eu substitué à *ou*, 150.

Euphonie (l') est la loi régulatrice de notre langue, 430.

Exbigner (s'), 104.

Extraits traduits du manuscrit 188 du collège de la Madeleine d'Oxford, 395 et suiv.

Fabliaux (mérite des), 134.

Fabri, 278, 279 (en note).

Faire chanter, 60.

Faridondaine (la), 178.

Faridondé (la), 179.

Faridondon (la), 178.

Fautes d'impression signalées dans le texte original de Palsgrave et dans celui de Du Guez, 406.

Féal, 154.

Féaulté, 154.

Fesser, 219.

Fieffé, 158.

Finale (la) de l'imparfait en *ai* coexistait déjà dans un même texte, au xiie siècle, avec la finale en *oi*, 431.

Font, subst. féminin, 182 ; — apocope de *fontaine*, 183, 184.

Fontaine, 182.

Fonts baptismaux, 181.

Forme *cie* écrite pour *ce*, 434, 435.

Fort (se faire). Dans cette locution *fort* ne doit pas être invariable, 291.

Fouté, subst., 155.

Foutre le camp, 153, 156.

Foutu, adjectif, 155.

Fragment de Valenciennes (le), 331 et suiv.

Frimas, pour mine, 27.

Frime, 25 et suiv.

Fruits secs. 83.

Fruits-secs (un), origine de cette expression, 84.

Frume, 26.

Furetière donne *chanter* avec l'acception métaphorique de *chantage*, 59 ; — dérive *argot* d'Argos, 76 ; — chassé de l'Académie, 193 ; — plan de son dictionnaire plus large que celui de l'Académie, 198.

G était au xiie siècle la caractéristique du subjonctif, 388.

Gail (M.), 290.

Galiani (l'abbé), cité sur *fruits-secs*, 85.

Garde-nationale (des), 87.

Gaude, 94.

Geoffroy le Grammairien, 403 (en note).

Geoffroy, prieur de Saint-André de Vienne. C'est par lui que fut révélée la chronique de Turpin, 226, 229, 325.

Geoffroy Tory, avant Palsgrave, avait tracé le plan d'un vaste travail d'ensemble sur la langue française, 367 ; — indique un canon d'auteurs dont les œuvres devaient servir d'autorité, 368.

Geminata consonans, sens de cette expression, 270 et suiv.

Génitif par apposition (exemples du), 20.

Gigot, diminutif de *gigue*, 144.

Gigotter, 144.

Gigue, 144.

Giguet, 145.

Gingler, 144.

Ginguer, 144.

Goitrou, 99.

Graban (Arnould et Simon), 370.

Grafi, 92.

Grammaire de Palsgrave. A quelle date elle fut composée, 361 ; — est utile pour étudier l'histoire de la langue au xvie siècle, mais non le vieux français, 387.

Grandval, cité, 75.

Guai, 98.

Guaimenter, 100.

Guaitreux, 98.

Guêtres, 98.

Guigner, 145.

Guingois, 145.

Guinguet, 145.

Guinguette, 145.

Guy de Bourgogne. Démêlés de cet archevêque avec saint Hugues, 317 et suiv.

Hiatus (répugnance du vieux français pour l'), 433 ; — ce qu'on doit entendre par *hiatus*, 433, 434.

Hié, au commencement des mots tirés du grec, prononcé autrefois *gé*, 74.

Holdragier, 161.

Hugues, évêque de Grenoble. Son différend avec Guy de Bourgogne, 317 et suiv.

Hugues de Méry, cité, 50 et suiv., 369 (en note).

I valant *ij*, 411 et suiv.

Ien, diphthongue, resserrée en *in*, 164.

Ils mis pour *elles*, 429, 430.

Imparfaits (les) comptaient dans la poésie du moyen âge pour une syllabe de plus qu'ils ne le font aujourd'hui, 215.

In latin traduit en français par *en*, 249.

INTRODUCTION A LA GRAMMAIRE DE PALSGRAVE, 360 et suiv.

J prononcé comme *i*, 175.

Jaçoit que ou jaçoit ce que, 16.

Jacques Duval (*Jacobus Vallensis*), 375.

Jargon, 73 ; — vient de l'italien *gergo*, 73.

Jason, 176.

Jà soit que ou ce que, 16.

Jean-foutre, 153, 157.

Jeovah, 174, 175.

Jobard, 166 et suiv.

Jobelin, 169.

Jobelot, 168.

Jobert (esclave), 166 et suiv.

Jobet. 169.

Jouards et Jovards, 170 (en note).

Joubarbe, 172.

Juxtaposition (la) tenait lieu du génitif marqué par *de :* dans quel
cas, 218.

L finale non prononcée, 448.

Laisser dans la nasse, 9.

La Monnoye cité sur *guingois,* 145.

Langage primitif. La tradition en
était altérée au xvie siècle, 275.

Langue française. Où se trouvent
les élémens de son histoire, 45.
— L'universalité de la langue
française était un fait constaté
avant la naissance de Palsgrave,
374.

Lasciare in asso, 6, 8.

Lasciare in Nasso, 7, 8.

Latin : ce que signifiait ce mot au
moyen âge, 71.

Latinier (interprète), 72.

Laveaux, cité sur *rien moins,* 114.

Le Duchat dérive *argot* de Ragot,
76; — fait venir *brocanteur* de
recantare, 68;— *peu* de *paucum,*
146.

LETTRE A M. F. DINOT, 253 et suiv.

LETTRE A UN AMI SUR L'ARTICLE DE
M. PAULIN PARIS, 308.

Lettre. N'avait point de singulier au
moyen âge, 219.

Lettres royaux, 181, 183 (en note).

Lippi. cité, 129.

Loc pour *lieu,* 150.

Loi salique sur les pendus, 122.

Lombards, 172.

Lunettes des princes (les), 371 (en
note).

Malaustru, 79.

Malestrut, 82.

Malgré moi, solécisme, 18.

Malgré que, 21.

Malostru, 79, 82.

Malotru, 79.

Malotru (l'abbé), 81.

Manuscrit de *Roncevaux* (le), 346
et suiv.

Matter (M.), lettre au directeur de
l'Illustration, 223.

Ménage ne mourut pas du chagrin
de n'avoir pu découvrir l'étymologie de *brocanteur,* 69 ; — dérive *voler* de *volare,* 94, — *guêtres* de *vastræ,* 99, — *gueux* de
quæstor. 101 , — *gigue* de *coxa,*
144, — *peu* de *paucum,* 146.

Mézières (ville), signification de ce
mot, 19 (en note).

Mignet (M.) sur *rien moins,* 118,
119

Moi, jadis adjectif possessif, traduisant *meus,* 19.

Molière cité sur *rien moins,* 116,
117.

Monstier, 220.

Montfleury, cité sur *chanter,* 60.

Moralité, 43.

Morbleu, 173.

Mordieu, 173.

Mots français empruntés au dialecte
napolitain, 93 ; — mots napolitains tirés du français, *ib.*

Mots latins formés sur les mots français, 184, 288.

Mots (les vieux) restaient dans le
langage, au xvie siècle, sous l'empire du vieil usage ; les mots nouveaux entraient avec la marque
de l'usage nouveau, 275, 277.

Mousques. 40.

Mousse (d'un navire), 40.

N et *u* se substituaient l'une à l'autre, 140.

Nasse, 6, 9.

Nasse (être dans la), note sur cette
expression, 6 et suiv.

Nécessité de rechercher et de publier
les traités composés sur la langue
dans le cours du moyen âge, 402
et en note.

Négation enfermée dans l'ellipse
(exemples de), 293.

Nesson (Pierre), 370 (en note).

Noms propres formés du radical
bos (bois), 29 ; — composés du
substantif *font* et d'un article ou
d'un adjectif féminin, 184.

Non. Combinaisons pour diversifier cette négation, 147.

Note que l'on ne sonnait pas deux consonnes consécutives, 306.

Notice biographique sur Palsgrave, 362 et suiv.

O sonnait souvent *ou*, 111.

Ois, terminaison d'une classe nombreuse d'adjectifs s'employant substantivement, 78.

Oui-oui (les) (*gui-gui*), sobriquet des Français à Naples, 97.

Palsgrave cité sur la manière de prononcer les consonnes consécutives en général, 264, 267 ; — a donné un catalogue des mots qui articulent leur *s* dans les syllabes médiantes, 280 ; — forme le pluriel par substitution de l's au *t* ou au *d*, 307 ; — a pris pour modèle de sa grammaire celle de Théodore de Gaza, *ib.* ; — reconnaît qu'il a eu des devanciers et leur rend hommage, 366,374.

Paris (M. Paulin) cité sur la chronique de Turpin, 228 et suiv. ; — sur *courir après quelqu'un*, 366 et suiv. ; — désigne par l'expression fausse de *trécentistes* les écrivains du XIIIᵉ siècle, 355 ; — emploie *céans* pour *léans*,355 ; — son opinion sur la prononciation de la double consonne, 401 (en note).

Pastel, 94.

Patelin (à quelle date fut jouée la farce de), 200 et suiv.

Patois, 77.

Patois, importance exagérée qu'on leur a faite sous le nom de dialectes, 254.

Patouillet, nom propre, 64 (en note).

Patrois (*patrius*), 78.

Patrouiller, 63 (en note).

Pavillon (Etienne), 193 ; — sa lettre à Furetière, 194.

Pays de Cocagne, 89.

Pendus (les), 120 et suiv.

Per, dans les composés du latin, se traduisait *par* en français, 219.

Petit à petit, 152.

Petit Jehan de Saintré (date du), 208.

Petit peu (un), 146, 151.

Peu, substantif, et non adverbe, 147, 149.

Piaucèle (Hugues) : fabliau de *Sire Hain et dame Anieuse*, 130 et suiv.

Pierre ou Perrot de Saint-Cloud, auteur du *Roman de Renard*,369.

Pimbêche, 42.

Pimpe (*bimba*, *bimbo*, en italien), 41.

Pimpesouée, 41.

Pinchbeck, 42.

Pluriels par addition de l's ou du *z*, 307 ; — règle primitive pour former le pluriel, 307 (en note); —règle du pluriel au XVIIᵉ siècle, 307.

Poc prononcé *po* ou *pou*, 150 (en note).

Poil, subst., a formé *peu*, 147 ; — écrit *poi*, *pou*, *pau*, *peu*, *poc*, 148 et suiv.

Poiser (peser), 22.

Pont aux ânes (la farce du), 55 et suiv.

Port vient de *porta*, 289.

Porte-poulet (un), 136.

Porter les culottes, 130.

Porter un poulet, 135.

Pou (pour), 4.

Poulet (billet galant), 135.

Précieuses (les) ont agi sans discernement dans leur réforme orthographique, 385.

Prononciation. Ce terme n'était pas encore en usage dans la langue au XIIᵉ siècle, 257.

Prononciation (règles de) tracées par Du Guez, 306, 307.

Prononciations (deux) existaient dès l'origine de la langue, 423, 425.

Protestant. A quelle époque ce nom commença d'être en usage, 329(en note).

Quayment (un mendiant), 100.

Quémander, 100, 101.

Que écrit en deux lettres *qe*, 398.

Quenes de Béthune, orthographe et vraie prononciation de ce nom, 225 (en note).

Qui chage braise cherche son aise,

dicton vosgien, 2 ; — explication de ce dicton, 5.

Qui qu'en ait, 10 ; — n'est pas un idiotisme du vieux langage, 11.

Quoi que, 14.

Quoique, solécisme, 13 ; — accueilli à tort par Pascal, 15 ; — avait cours dès le XIVᵉ siècle, *ib.*; — n'est pas admis dans le dictionnaire de Furetière, *ib.*; — a été rejeté par Amyot, Rabelais, Montaigne, 17.

R adventice, 63, et en note.

R finale supprimée, 4.

R jadis omise dans la prononciation, 3.

R transposée, 35.

Rabâcher, 37, 39.

Radoter, 137.

Radoter (se), 138.

Raoul de Créquy. poëme apocryphe, 209 et suiv.

Raoul de Houdan, cité, 53.

Ravasser, 39.

Redos, 137, 139.

Redoté, 138.

Reginglette, 144.

Règle de la double consonne, 306.

Regnard, cité sur *brocanter*, 62.

Regnier, cité sur *ravasser*, 39 ; — sur *boire* (subir), 54 (en note).

Reine-Claude (prune). Pluriel de ce mot, 88.

René Macé (frère), 370.

Réponse au post-scriptum de M. Paulin Paris, 352 et suiv.

Représentation dramatique (première tentative de), 202.

Reprouvier (en), 122.

Rien, adverbe, n'avait de valeur négative qu'en vertu d'une négation adjointe, 292 et suiv.

Rien de moins, 117.

Rien moins, 143 et suiv.

Rousard, cité sur *guigner*, 146.

Rose de Créquy, 212.

Rufien, 137.

S doublée avait souvent la valeur du *ch* moderne, 40, 400 (en note).

S finale des substantifs pluriels tan-
tôt était comptée dans la mesure du vers, tantôt non, 424.

Sedaine, 211, 222.

Séu (de *sambucus*) prononcé *séyu*, 438.

Songe d'enfer (le), 52 (en note).

Souée, féminin de *souef*, 41.

Sureau, formation de ce mot, 438, 439 (en note).

Sur mon poids, 22.

SUR QUELQUES POINTS DE PHILOLOGIE FRANÇAISE, 253 et suiv.

T euphonique final, 407.

T final d'un verbe au singulier (*s'escriet*, *appellet*) tantôt se prononçait et comptait dans la mesure du vers, tantôt n'empêchait pas l'élision, 423.

Tanaisie, 51.

Théodore de Bèze cité sur les deux consonnes consécutives, 260, 274 ; — sur la *geminata consonans*, 271 ; — remarque que *b* se prononce dans *absent*, *objet*, *obsèques*, 274.

Toi, autrefois adjectif possessif, traduisant *tuus*, 19.

Tourble, 35.

Tourbler, 36.

Tournoiement (le) de l'Antechrist, poëme du XIIIᵉ siècle, 50 et suiv.; — date de sa composition, 53 (en note).

Traisnel, 162.

Trescher (tresser), 400 (en note).

Trévoux tire *guètres* du bas breton *guettrou*, 99 ; — *peu* de *paucum*, 146.

Tribouil, 36.

Tribulation, 36.

Trois petits pâtés, ma chemise brûle, 126 ; — à quel usage du moyen âge fait allusion cette locution employée dans quelques jeux d'enfants, 127 et suiv.

Trouble vient de *turba*, 35.

Trouvères picards (les), au moyen âge, ont tous écrit en français, 258.

U prononcé *ou*, 175.

U valant *uv*, 414.

$V = b$, 40.

V intercalaire, 415 et suiv.

Vanderbourg (M. de), 212, 221.

Variante du 31 avril, 343 (en note).

Varlet prononcé *valet*, 3.

Votes de quelques académiciens en faveur de Furetière, 198.

Voler vient de *cavoleiare*, 94.

Voyelle intercalaire (i) pour éviter l'hiatus, 434, 435, 437.

Walter de Biblesworth (traité de), 391 ; — cité, 392.

Zigues (les), 75.

FIN DE L'INDEX DU TOME SECOND.

ERRATA.

Page 224, ligne 9 : une des descendante, *lisez* une des descendantes.

— 223, ligne 1re : 5 février 1853, *lisez* 5 février 1854.

— 263, ligne 12 : Norfolk, *lisez* Suffolk.

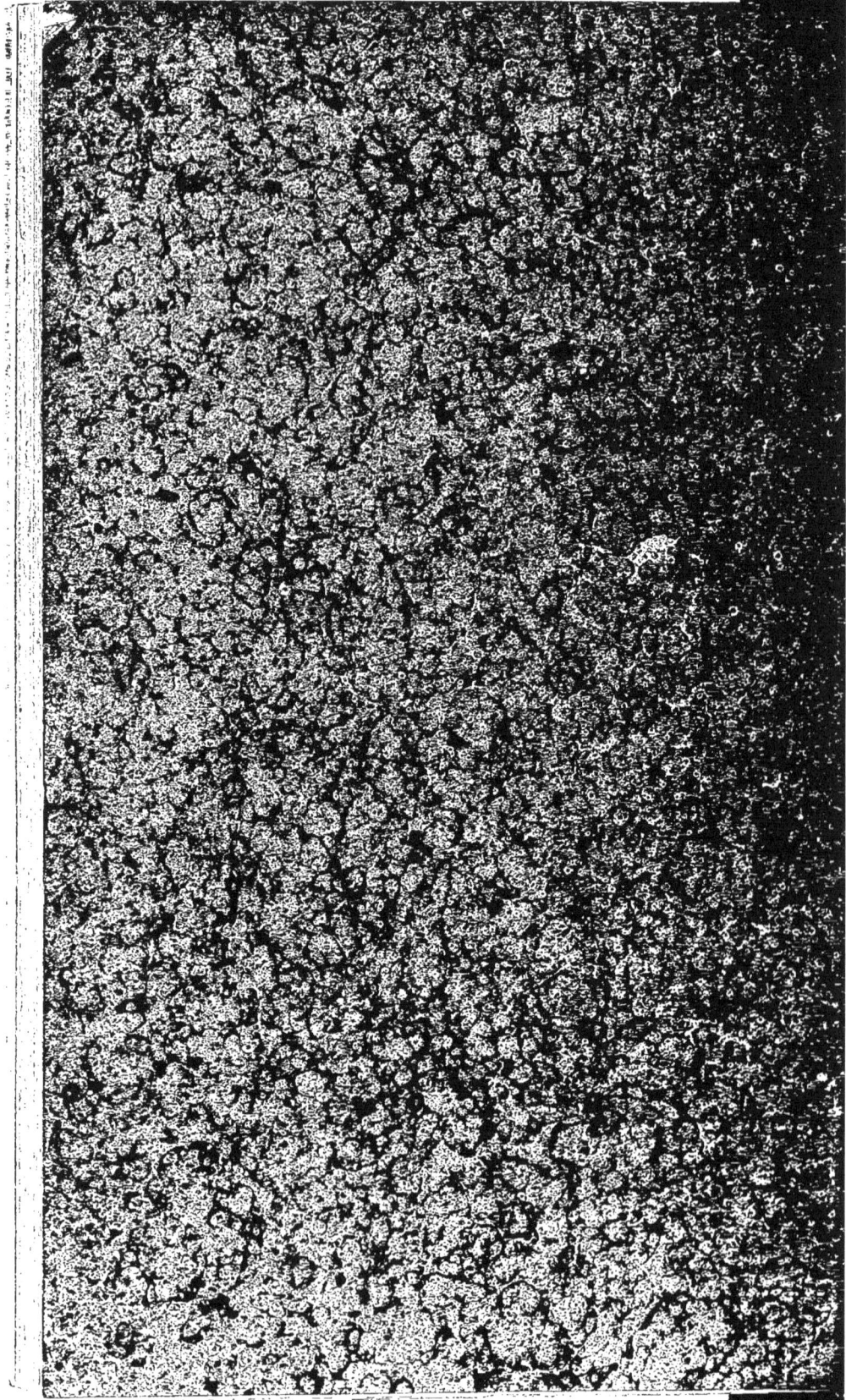

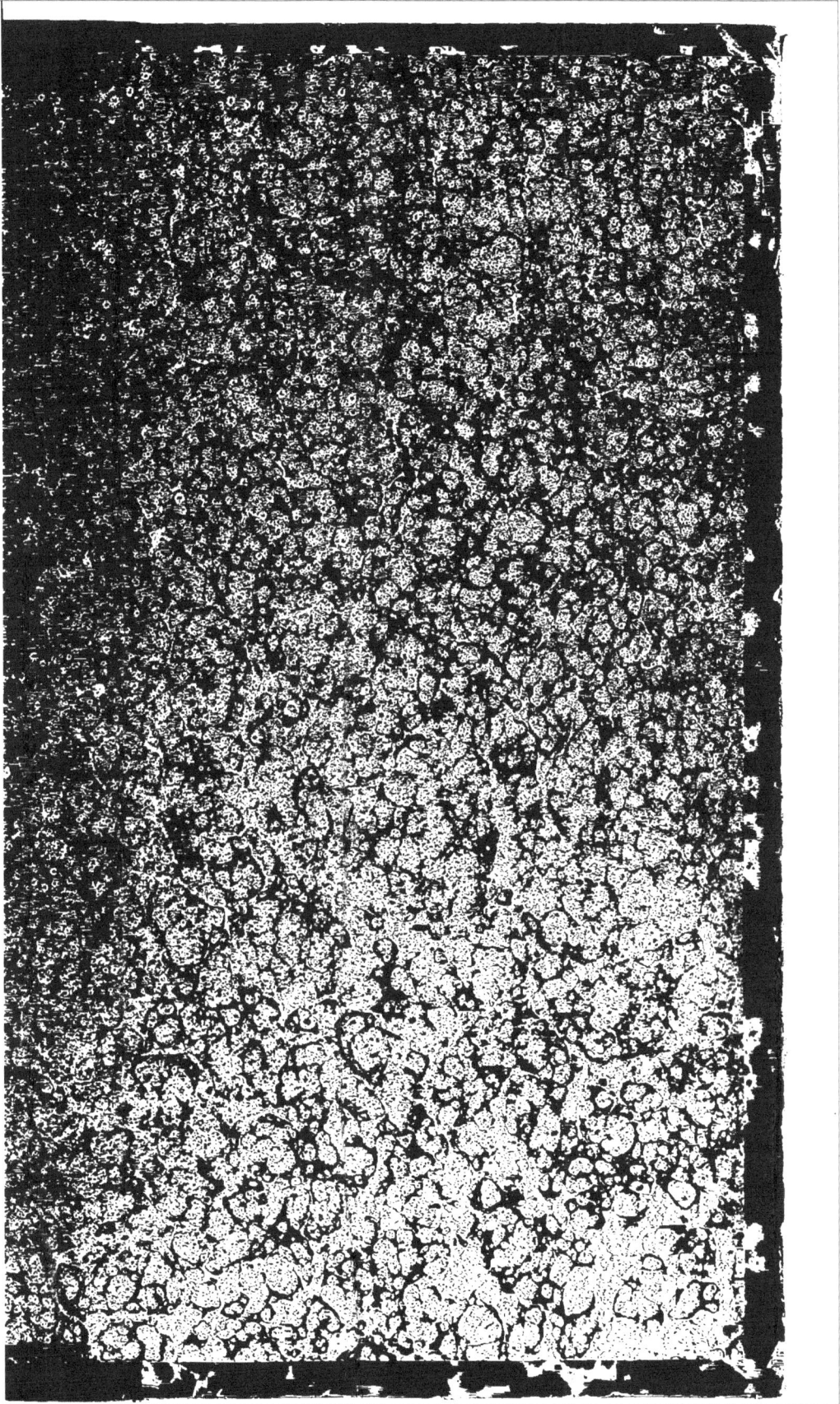

www.ingramcontent.com/pod-product-compliance
Lightning Source LLC
Chambersburg PA
CBHW060952280326
41935CB00009B/696